한류의
빛과
그림자

THE LIGHT
AND SHADOW
OF THE
KOREAN WAVE

THE LIGHT AND SHADOW OF THE KOREAN WAVE

한류의 빛과 그림자

이도흠
조기현
황선혜
천위지에
이정원
조혜원
최은진
박상미
김예나
담옥천
박수진
권혜안
신민정
공양제
함께 지음

한양대학교 출판부

서문

한류는 새로운 갈림길에 서 있다. 국가와 자본, 언론과 지식인이 한통속이 되어 한류의 성과를 과대 포장한 면이 적지 않다. 국가는 한류를 국민에게서 계급의식이나 저항성을 거세하고 문화민족주의를 통하여 하나로 통합하면서 지배 이데올로기를 주입하고 경제적 성과도 거두는 좋은 방편으로 활용하였다. 자본이 볼 때 한류는 소비 욕망을 한껏 조장하는 좋은 자극제이자 이윤을 증대하는 우량 상품이었다. 언론과 지식인에게 이는 대중의 관심을 끌고 조작할 수 있는, 신도 넘어선 우상이었다. 대중들은 국가와 자본과 한류의 생산자들이 한데 어우러져 연출하는 쇼에 열광하며 서사의 주인공과 자신을 동일화하면서 부르주아 문화에 시나브로 길들어진다. 그들은 현실의 모순을 망각하고 계급의식을 상실한 채 자신을 중산층이라 착각하면서 물신(物神)을 숭배하며 과잉 소비를 하고, 문화민족주의에 물들어 민족적 자부심을 강화하며 국가의 동원에 기꺼이 응한다.

그럼에도 한류가 아시아를 넘어 아프리카와 남미의 대중들도 드라마와 노래만이 아니라 여러 장르에 걸쳐 향유하면서 감동하고 의미를 공유하는 초국가적 문화현상으로 자리매김한 것도 엄연한 사실이다. 한류는 지금 대중문화의 본산인 미국이나 유럽에서 하위문화(sub-culture)를 형성하고 있다. 앞으로 한류가 주류 문화에 대한 대항문화(counter culture)나 대안문화(alternative culture)로 나아가며 인류 사회와 문명의 발전에 기여할 수 있을 것인가.

한류는 동아시아 여성과 드라마와 영화에 국한된 한류 1.0, 북미와 유럽으로 확산한 한류 2.0, 전 세계의 대중들이 다양한 한류에 열광하는 한류 3.0을 넘어 비상하고 있다. 2020년대 이후 한국인이나 재외동포의 도움 없이 외국 국적의 현지인들이 자발적으로 주체로 나서서 전 세계적으로 다양한 장르에 걸쳐 한류를 모방한 문화를 제작하여 감상하거나 한류 관련 행사를 주최하는 일이 점점 자주 일어나고 있다. 앞으로 '한국인이 없는 한류'가 보편화하면 한류 4.0이 될 것이다. 꿈으로 끝날지 현실이 될지 알 수 없지만, 미래에 한류가 서양 주류 문화의 대항문화를 형성한다면 한류 5.0이 될 것이다.

하지만 이 시점에서 우리는 냉정하게 돌아보며 인류 문화의 진정한 발전에 기여할 수 있는 좀 더 창조적이고 건전한 한류의 길을 열어야 한다. 맹점이나 한계를 찾아 미리 대비하지 않으면 한류는 더 오랜 시간 유행한다고 하더라도 세계 예술과 문화에 별다른 족적을 남기지 못할 것이다.

한류의 맹점이나 한계는 무엇일까? 필자는 '한류임에도 한국다운 정체성이 사라진 것', '한국 철학이 없는 것', '유럽/미국중심주의를 바탕으로 하거나 플랫폼 제국주의에 종속당하는 것', '체제에 포섭되어 저항성이나 부정성을 거세하고 탈정치/탈역사화하는 것', '문화민족주의가 강한 것', '가부장주의/반공이데올로기/소시민주의/능력주의/승자독식주의 등의 지배 이데올로기를 재현하는 것', '사회적 약자의 목소리, 서발터니티(subalternity)와 타자성이 거의 나타나지 않는 것', '권위적이고 가부장적인 문화와 주입식 인재교육 시스템' 등이라 생각한다. 이것이 보완되지 않으면 한류는 일시적인 유행으로 그친 채 결국 서양의 주류 문화에 포섭당하는 것으로 귀결될 것이다. 이런 내용으로 맨처음에 발표하며 필자들에게 맹점과 이의 지향점과 대안에 대해서만 기술한 글로 책을 엮자고 제안하였다. 하지만 구체적인 각론과 텍스트 분석으로 들어가니, 한류의 장점이 너무 많아 맹점만 기술하기에 어렵다는 의견이 많았다. 결국 한류의 장점과 맹점을 모두 다루는 것으로 수정하였다.

이도흠은 「총론: 한류의 맹점과 지향점」에서 한류의 맹점 가운데 '한국적 정체성의 상실', '한국 철학의 부재'와 '제국 문화의 종속'에 초점을 맞추어 비판적으로 분석하고 대안을 모색하였다. 정체성은 내재된 고유의 것이 아니라 타자에 따라 차이를 갖는다. 한국 문화는 중국, 일본, 서양이란 타자에 따라 '대대(待對)', '정-한-아우름', '대대의 여성성'의 정체성을 갖는다. 대대는 한국인이 뜨거운 국을 먹으며 시원하다고 말하는 것처럼 A or not-A의 이분법이 아니라 A and not-A의 퍼지(fuzzy)이자, 상대방의 눈동자에 비친 내 모습인 눈부처를 바라보면 너와 나의 대립이 무너지듯 대립자를 모셔 하나로 어우러지는 것이다. 한국의 전통 예술은 한의 문화가 아니라 내용과 형식 모두 정과 한이 서로 대대의 관계를 이루며 아우름(신명,

승화/조화, 시김새, 해학)을 이룬 문화다. 강하고 섹시한 서양의 록스타나 할리웃의 스타와 달리 한류의 주인공은 욘사마나 BTS처럼 남성이지만 온화하고 타자의 고통에 공감하고 대장금처럼 여성이지만 주체적이다. 하지만 한류에서 서양다움보다 한국다움을 찾아내는 것이 더 어렵다. 〈대장금〉이나 〈정년이〉처럼 정-한-아우름의 미학을 제대로 구현한 한류는 드물다. 화쟁, 동학 등 고유 사상을 잘 반영한 한류도 없다. 제국과 민족의 관계에서 한류는 정신분열증적 양상, 곧 미국문화에 종속적이면서 글로벌 사우스에 대해선 제국주의적이다. 한류는 오리엔탈리즘을 내면화하여 미국문화를 적당히 순화하고 포장하여 글로벌 사우스에 전하는 한편, 역사와 문화에 대한 강렬한 민족주의적 우월감을 확인하려 한다. 이제 한류는 서발턴의 아픔에 공감하면서 내용에서는 한국 사상으로 심화하고 형식에서는 정-한-아우름의 구조로 형상화하되, 분단모순 등 한국적 특수성을 바탕으로 압축적 근대화와 서구화 경험이라는 아시아적 보편성만이 아니라 불평등과 기후위기 극복 등 세계적 보편성을 종합하여 새로운 비전을 펼치는 대항문화로 나아가야 한다.

조기현은 「OTT 매체 데이터 분석으로 본 한류 영상 콘텐츠의 위상과 한계」에서 넷플릭스를 중심으로 한류 영상 콘텐츠의 위상을 점검하고 한계를 지적하면서 대안을 모색한다. 한류 영상콘텐츠는 2002년을 기점으로 겨울연가의 성공과 월드컵 개최와 맞물리며 세계적인 문화콘텐츠로 자리매김하였다. 하지만 2017년에 봉준호 감독의 〈옥자〉가 넷플릭스를 통해 개봉된 이후 불과 7~8년 사이에 한류 영상콘텐츠의 넷플릭스에 대한 의존도가 지나치게 높아졌다. 3억 명 이상이 가입한 세계 최대의 영상콘텐츠 플랫폼 넷플릭스가 한류 영상콘텐츠의 위상을 급격히 끌어올린 일등 공신이기도 하지만 종속도 심화하였다. 넷플릭스에 대한 매체 의존도가 높아질수록, 한류 콘텐츠의 다양성에 제약이 발생할 수밖에 없다. 이에 넷플릭스의 알고리즘의 틀을 분석하고, 넷플릭스에 대한 다양한 통계를 제시하며 그 위상과 영향력, 제작시스템 전반을 분석하였다. 웹툰, 웹소설과 같은 오리지널 스토리를 영상화하는 과정에서 각색과 제작에 넷플릭스의 시청자 선호도 위주의 알고리즘이 반영되고, 이러한 경향의 양적 확대는 필연적으로 한류 영상의 획일성을 야기한다. 이에 한류의 도약을 위해서는 더 이상 넷플릭스만이 아닌, 한류 영상의 독창성을 수용할 수 있는 한류 플랫폼 매체를 만들어야 한다. 유럽에서 영상 플랫폼 매체로서 공영방송이 새로운 주체로 지속적으로 도전하듯, 공영 OTT 플랫폼 등을 시도해야 한다. 다만, 여기서 '공영'은 '비효율성'이나 '대중적이지 못한' 등을 의미하는 것이 아니다. 이는 한류 창작생태계의 모판이며, 다양한 크리에이터들의 대중문화 공론장이자 한류가 나아가야 할 대안의 길을 뜻한다.

황선혜는 「일본의 20년 한류 읽기」에서 일본 내 한류의 20년 변천사를 조망하고, 이를 바탕으로 발전 방향을 모색하였다. 2003년에 일본 NHK 위성방송에서 방영한 〈겨울연가〉가 폭발적인 인기를 끈 이후 한국 문화에 대한 관심이 치솟자 일본에서는 그 해를 '한류 원년'이라 부른다. 한류가 아시아 전역으로 확산되는 과정에서 일본이 차지한 역할은 결코 빼놓을 수 없으며, 지난 20년 동안 일본의 한류는 네 차례의 큰 변화를 거쳤다. 그리고 지금 많은 사람들이 '다음(NEXT) 한류', 즉 '제5차 한류'의 도래를 기대하고 있다. 한류가 일본에서 더욱 발전하려면, 우선 팬덤을 중심으로 한 소통과 공감을 강화해야 한다. 이는 한류의 지속 가능성을 높이는 중요한 바탕이다. 사회관계망서비스(SNS)와 팬 커뮤니티 플랫폼을 통해 공급자와 수요자가 직접 소통할 수 있는 공간을 지속적으로 발전시키는 것이 필요하다. 다음으로 한류 콘텐츠는 세계적 보편성을 유지하면서도 한국 문화의 고유한 특성을 반영해야 한다. 아울러 일본의 한류는 단순한 문화 수출을 넘어 양국 간에 공감과 소통을 활발히 하고, 협업을 통한 동반성장을 도모하는 방향으로 나아가야 한다. 무엇보다 한류 콘텐츠를 통해 한국의 역사적, 사회적 배경을 더 깊이 이해할 수 있는 기회를 제공하는 것이 중요하다.

천위지에는 「한류 영상 콘텐츠에 나타난 음식의 의미와 재현의 한계」에서 한류 영화와 드라마에 재현된 음식의 문화적 함의를 해석하고 그에 담긴 이데올로기에 대해서도 비판한다. 음식은 단순한 먹을거리를 넘어 한 사회의 일상과 규칙, 문화의 생산 구조를 재현하는 기호로 작동한다. 한류 영화나 드라마에 재현된 음식은 풍부하고 다양하다. 한류 콘텐츠에 나타난 음식은 자국 시청자들의 향수를 불러일으키고 치유할 뿐만 아니라 흥미진진한 스토리텔링과 조합하여 다른 나라 시청자들에게도 감동을 준다. 영화 〈범죄와의 전쟁: 나쁜놈들 전성시대〉에는 세 가지 음식, 곧 술, 중국식 음식, 생선회가 등장한다. 한국에서 술은 권력의 환유이고, 함께 술 마시는 것은 '동석(同席)의 존중과 인정'의 의미를 갖는다. 반면에 중국식 음식은 범죄와 환유를 형성하고, 생선회는 '권력과 고급스러움'의 의미를 담고 있다. 국밥과 라면은 '서민, 간편함, 인스턴트식(사랑, 인간관계)'를 뜻하고, 〈무빙〉 등의 드라마나 영화에 등장하는 '커피, 돈가스, 치킨, 카레'는 '서양화 = 근대화'로 여기는 오리엔탈리즘이 내면화한 것이다.

이러한 재현은 향수를 불러일으키는데, 이는 다분히 자본주의가 만들어내는 환상이다. 음식의 기호가 특정의 메시지로 전달되고 해석될수록 의미의 과잉이 될 수도 있고 도식화에 빠질 수도 있다.

이정원은 「한류 콘텐츠에 담긴 한식의 스토리텔링」에서 한류 콘텐츠에 나타난 한식을 스토리텔링의 관점에서 해석한다. 한류 콘텐츠에서 한식은 단순한 음식 그 이상의 의미를 지니며, 한국 문화와 정서를 전달하는 중요한 매개체로 작용한다. 한류 드라마와 영화 속 음식은 등장인물의 감정과 이야기를 자연스럽게 전달하며, 불고기와 김밥과 같은 음식은 가족애와 연인의 설렘을 상징한다. 또한, 한식은 공동체 의식과 나눔의 문화를 반영하며, '밥상머리 교육'을 통해 한국인의 가치관과 전통이 세대 간에 계승되는 데 중요한 역할을 한다. 한식은 시각적 아름다움과 치유의 기능을 동시에 갖추고 있으며, 비빔밥의 색채 조화나 다양한 반찬 구성은 한국 문화의 섬세함을 보여준다. 영화 〈리틀 포레스트〉나 드라마 〈파친코〉, 〈미나리〉에서는 음식이 위로와 치유, 공동체의 결속을 상징하며, 〈기생충〉과 〈오징어 게임〉에서는 계층 격차와 생존 투쟁을 나타내는 강력한 서사적 요소로 활용된다. 그러나 한류 콘텐츠 속 한식이 지나치게 낭만화하거나 단순한 소비 대상으로 표현되는 문제도 존재한다. 특정 음식이 반복적으로 사용되거나 건강에 해로운 식습관이 강조될 경우 한식의 본래 의미가 왜곡될 우려가 있다. 따라서 한류 콘텐츠는 한식의 역사와 문화적 가치를 더욱 깊이 있게 조명하면서 창의적인 스토리텔링을 통해 한국 음식의 진정한 매력을 전달할 필요가 있다.

조혜원은 방탄소년단의 노래를, 서양 이론으로 분석한 기존 케이팝 연구와 달리 한국적 정서와 미학 관점에서 분석하고 있다. 조혜원은 「BTS 곡 '불타오르네'의 정-한-아우름」에서 〈불타오르네〉에 초점을 맞추어 연구하였다. 이 노래는 단순한 청춘의 열정을 넘어선다. 사회적 억압을 받는 청년들의 감정과 해방을 담고 있으며, 이는 정(情)-한(恨)-아우름이라는 한국적 미학 구조로 해석할 수 있다. 먼저 노래 속 '불'의 의미는 세 단계로 변주된다. 첫 번째 불은 좌절과 억압에서 비롯된 한(恨)의 불이며, 두 번째 불은 자유와 해방을 향한 정(情)의 불, 세 번째 불은 갈등을 극복하고 희망을 창조하는 아우름의 불이다. BTS는 불의 상징을 통해 개인적 한(恨)을 해소하는 것이 아니라 사회적 치유와 연대를 통한 새로운 희망을 창출하는 과정을 보여준다. 또한 BTS와 팬덤(아미)의 관계는 기존 아이돌 문화와 다르다. BTS는 우상으로 군림하는 대신, 함께 불타오르는 존재로서 팬들과 소통하며 연대를 형성한다. 이는 기존의 할리우드가 재현한 강한 영웅적인 남성 서사에서 벗어나 공감과 포용을 강조하는 '대대(待對)의 여성성'과도 연결된다. 결론적으로 〈불타오르네〉는 개인의 분노를 사회적 공감으로 승화시킨다. BTS의 음악은 단순한 청춘의 반항을 넘어 사회적 연대와 치유의 메시지로 확장된다. 이를 통해 BTS는 한국적 정서를 현대적으로 재해석하며 글로벌 케이팝의 새로운 지평을 열었다.

최은진은 「영화가 완성하는 패배의 보고서」에서 봉준호 감독의 영화가 자본주의가 재편한 세계에 대항하는 인식의 지도를 올바로 그려냈는지에 대해 고찰한다. 이를 위해 한국적인 공간을 배경으로 사회 문제를 녹여냈다는 평가를 받은 봉준호의 영화 세 편, 〈살인의 추억〉, 〈괴물〉, 〈기생충〉을 분석 대상으로 삼았다. 한국의 80년대에 좀처럼 풀릴 기미가 보이지 않는 살인 사건을 전면화한 영화 〈살인의 추억〉은 사회적 혼란을 영원한 미궁으로 남게 하는 원인으로서 미국을 지목하며 한국 사회의 문제를 양국 간의 끝나지 않은 역사 내부로 끌어온다. 이어지는 영화 〈괴물〉에서 봉준호는 재난의 연원을 미국으로 특정하며 정치적 저항의 거점을 상상한다. 하지만 그 상상적 해결은 그가 인식하는 견고한 현실의 문제와 정면으로 충돌하며 유예된다. 체제를 문제 삼는 각성 대신 환상 속에 거주하는 하위계급의 갈등을 그리는 〈기생충〉에서 봉준호는 마침내 현재를 뚫고 나갈 동력을 상실한 사회적 현실을 체념적으로 전시한다. 최은진은 이 같은 궤적을 통해 봉준호의 영화가 '신식민지적 현실에 분노하지만 대안과 저항의 불가함을 인정하는 사회적 보고서'라고 결론을 내린다.

박상미는 「〈대장금〉으로 본 한류 스토리텔링의 강점과 맹점」에서 한류 스토리텔링의 발전 방향을 올바로 모색할 수 있는 모범적 사례로서 〈대장금〉의 서사를 분석한다. 〈대장금〉은 '정과 한을 아우르는 서사'다. 대립과 갈등과 한을 더 큰 사랑으로 승화하는 이야기는 해외 시청자까지 감동시킨 한국만의 독특한 스토리텔링이다. 〈대장금〉은 '음식'과 '한의학'이 어우러져서, '생명을 살리는' 독특한 서사를 창조했다. 이러한 한국적 정서에 바탕을 둔 〈대장금〉 이야기의 강점이 세계인을 공감하게 만들어 상업적 성공으로 연결되었다. 한류 드라마 스토리텔링의 맹점을 보완하고 지속적인 발전을 이루려면, 세계적 보편성을 갖춘 독창적인 서사 개발에 힘써야 하고, 전통과 현대를 결합한 감각적인 스토리텔링을 강화해야 한다. 아울러, 한국 철학과 세계관을 반영한 예술성을 구현해야 하며, 인류의 미래에 새로운 전망을 제시하고, 가장 고통받고 있는 서민과 노동자들에게도 희망과 구원이 될 수 있어야 한다.

김예나는 「〈기황후〉로 읽는 팩션 사극의 공백과 젠더 차별의 스토리텔링」에서 팩션 사극인 기황후 드라마가 구성하는 젠더 차별에 초점을 맞추어 분석한다. 한국의 사극은 한류 영향권의 시청자들에게 대한민국, 그리고 그 전에 한반도와 그 주변에 있었던 국가들과 시대를 다루고 있다는 점에서 한국의 전통문화와 역사적 사건과 인물, 시대 배경을 접할 수 있는 가장 대중적인 콘텐츠다. 〈기황후〉와 같은 팩션 사극에서 여성을 주인공으로 내세웠을 때 역사 기록의 부재나 부족으로 인물의 존재 말고는 거의 창작되는 것이 다반사다. 〈기황후〉를 비롯한 여성을 주인공으로 내세운 사극에서 기록의 공백으로 인한 빈 공간이 오히려 이야기를 만들어내는 데 역동적인 플롯을 구성하는 반면, 기존의 가부장적, 그리고 젠더 차별적 시각만을 답습하고 있다. 〈기황후〉를 기존 한류 대표 작품 〈대장금〉과 섹슈얼리티를 중심으로 비교하면, 〈기황후〉의 스토리텔링은 가부장제 이데올로기의 여성 혐오적 시각을 진부하게 반복하고 있다. 앞으로 작품의 인물을 재현하고 스토리텔링을 할 때 젠더 차별적인 부분을 지양해야 하며 한류를 통해 한국의 역사에 친연성을 갖게 될 전 세계 시청자에게 좀 더 수준 높은 콘텐츠를 제공해야 한다.

담옥천은 「〈응답하라 1988〉: 한국 골목 공동체 문화와 중국사회의 공감」에서 〈응답하라 1988〉이 단순한 복고 드라마를 넘어 중국 시청자도 감동시킨 공동체와 인간관계의 면에 대해 분석한다. 한국의 1980년대를 배경으로 한 이 작품은 단순히 과거를 재현하는 데 그치지 않고 현대 사회에서 점차 사라져가는 공동체의 삶을 복원한다. 이 드라마는 골목이라는 공간을 통해 이웃 간의 관계와 연대의 가치를 강조한다. 한국 시청자들에게는 향수를 불러일으키는 요소로 작용했지만, 중국 시청자들에게는 또 다른 방식으로 다가갔다. 중국의 과거 집단 거주 문화, 특히 '통쯔러우(筒子楼)'와 같은 주거 형태에서 경험했던 공동체적 삶과 연결되며 강한 공감을 불러일으켰다. 오늘날 한국과 중국 모두 도시화와 신자유주의적 변화 속에서 공동체 문화가 점차 해체되고 있다. 개인주의적 삶의 방식이 자리잡으면서, 과거에는 당연했던 이웃 간의 교류와 유대가 희미해지고 있다. 이러한 현실에서 〈응답하라 1988〉 속 쌍문동의 골목 공동체는 단순한 과거의 기억이 아니라 현대 사회가 잃어버린 중요한 가치를 상기시키는 장치로 기능한다. 이 드라마가 중국에서 특히 오랫동안 사랑받은 이유는 단순히 한국 문화에 대한 관심을 넘어선다. 그것은 우리가 살아가는 사회에 대한 반성과 더 나은 공동체적 삶에 대한 동경을 담고 있기 때문이다. 이 드라마는 한국과 중국, 나아가 동아시아 사회에서 공동체적 가치가 어떻게 변화해 왔고 앞으로 어떤 방향으로 나아갈 것인지에 대해 숙고하게 한다.

박수진은 「〈슬기로운 의사생활〉: 판타지 공간의 재현」에서 이 드라마에 재현된 한국의 의료 현실의 이상과 현실 사이의 괴리 문제에 대해 천착한다. 이 드라마는 배경을 '율제병원'이라는 공간으로 제한하여 다른 병원과는 다른 판타지를 재현한다. 즉 〈슬기로운 의사생활〉은 이전의 메디컬드라마와는 다르게 의사들의 이야기를 바탕으로 율제병원에서 일어나는 지극히 이상적이고 인간적인 것들을 바탕으로 비현실적인 이야기를 판타지로 꾸며 재현한다. 도덕성과 인간적인 모습을 상실한 우리 사회에서, 드라마는 일상적인 생활에서 꼭 필요한 것들을 강조하고 있다. 드라마는 현실 사회에서는 판타지라 말할 수 있는 상상, 공상 속의 이야기들을 현실의 이야기로 바꿔버린다. 〈슬기로운 의사생활〉은 오늘의 현실적인 문제를 해결하지도, 어떤 방향도 제시하지 않는다. 2025년을 살아가는 우리에게 일어나는 현실은 텔레비전 드라마와는 전혀 다르다. 물론 실제 일어나는 일만으로 드라마를 만들 수는 없다. 하지만 현실 가능한 이야기로 사람의 공감을 얻어야 하는데 〈슬기로운 의사생활〉은 그러지 못했다. 율제병원을 판타지 공간으로 만들어버리고, 신자유주의 체제에서 벌어지는 양상과 반대되는, 이루어질 수 없는 양상들을 그려냈기 때문이다. '슬기로움'만을 강조하여 의사로서 해야 할 일들, 즉 그들이 살아가는 일상에만 집중하여 어떻게 하면 판타지를 더 잘 드러낼 수 있을 지에 대해서만 초점을 맞추고 있다. 슬기란 것은 현실에서 불가능한 일을 인간의 지혜로 극복하여 가능하게 하는 것인데 이 드라마에서 슬기란 그 반대로 불가능한 판타지를 재현하는 방편이다. 이것은 슬기보다 망상에 가깝다.

권혜안은 「〈신서유기〉 시즌 1의 중국 인기 친연성」에서 예능 프로그램인 '신서유기'가 중국에서 폭발적인 인기를 끈 이유에 대해 분석한다. 이 프로그램은 중국에서 한류의 전성기 때 〈1박2일〉의 출연진의 인기와 친근함을 바탕으로 방영되었다. 그러면서도 출연진과 제작진, 출연진과 출연진만이 아니라 출연진과 현지인 사이에 활발하게 소통하여 중국 시청자들에게 공감을 불러일으켰다. 출연진들이 도전과 모험을 통해 보여준 인간미와 소통 방식이 친근함을 줄 뿐만 아니라 한국의 문화와 다른 나라의 문화가 조화를 이룰 수 있는 방안을 제시한다. 프로그램 내에 녹아 있는 일상적 문화 코드는 전통 음식, 풍습, 소통 방식 등 한국의 다채로운 문화적 요소들을 자연스럽게 노출시키며, 이를 기록하고 전 세계에 소개하는 매개체로 기능한다. 한국 예능이 해외 시청자들 사이에서 사랑을 받는 이유는 단순한 오락을 넘어 독창적인 창의성과 인정미를 내세우고, 문화 간의 소통을 앞세워 문화적 소외감을 줄이는 문화 사이의 가교 역할을 하기 때문이다. 한류의 중흥기와 결합된 이 프로그램은 문화적 친밀감과 오락성을 충족시켰으나 한한령 등 외부 요인에 취약한 한계를 지닌다. 이처럼 이 예능은 사회적 영향력을 행사하는 동시에 외부 환경에 종속되는 이중성을 갖는다.

신민정은 「〈나는 신이다〉: OTT와 결합한 K-다큐멘터리의 재현의 위기」에서 2023년 3월에 공개되어 사회에 큰 반향을 일으킨 넷플릭스 오리지널 다큐멘터리 〈나는 신이다〉에 대해 분석하였다. 이 프로그램은 기독교복음선교회(JMS)의 정명석을 비롯한 사이비 교주 4인의 범죄를 폭로하며 사회적 공분을 일으켰고, OTT 다큐멘터리의 새로운 가능성과 한계를 동시에 보여주었다. OTT(Over The Top) 플랫폼의 등장과 함께 다큐멘터리의 성격이 크게 변화하고 있다. OTT 플랫폼은 방송 심의의 제약 없이 전 세계 어디에서나 소비될 수 있는 콘텐츠를 제작하며 보다 자극적이고 감각적인 연출을 앞세운 다큐멘터리를 선보이고 있다. 넷플릭스는 단순한 콘텐츠 유통을 넘어 오리지널 제작에 적극 투자하며 다큐멘터리 역시 상업적 성공을 고려한 방식으로 변화하고 있다. 〈나는 신이다〉는 다큐멘터리의 형식을 빌리지만, 본질적으로 상업적이며 글로벌 소비를 위한 선정적 콘텐츠로 기능한다. OTT 시대의 다큐멘터리는 '진실' 자체보다 '소비 가능한 진실'을 생산하는 경향이 있으며, 이 과정에서 시청자는 '진짜 현실'이 아닌 제작자와 작가에 의해 '재현된 현실'을 받아들이게 된다. OTT의 성장은 독립 다큐멘터리의 제작과 유통 환경을 개선할 것이라는 기대를 모았지만, 오히려 대중성을 앞세운 선정적 다큐멘터리만이 주목받는 현실이 되었다. 〈나는 신이다〉가 넷플릭스 국내 TV 시리즈 1위를 기록하며 거둔 상업적 성공과 동시에 다큐멘터리가 진실성과 윤리성을 희생하며 '재현의 위기'에 빠지고 있는 현실을 돌아볼 필요가 있다. 우리는 이제 다시 질문해야 한다. 다큐멘터리란 무엇인가? OTT 시대의 다큐멘터리는 어디로 가고 있는가?

직접 연극을 제작하고 연출하는 공양제는 「대학로 소극장의 구조적 문제와 대안」에서 한류 드라마나 영화가 성공할 수 있는 저력의 중요한 바탕인 대학로 소극장에 대해 분석한다. 과거는 물론 오늘날의 한류가 있기까지 대한민국 드라마와 영화를 지켜낸 수많은 배우들이 대학로 소극장 출신이다. 하지만 현재 대학로의 소극장은 점차 몰락하고 있다. 대형 뮤지컬의 주연 배우들이나 유명 연예인들이 수천만 원의 출연료를 받으며 대학로에서 공연할 때 대학로 소극장의 무명배우는 최저임금에도 미치지 못하는 출연료를 받으며 생계를 걱정하고 있다. 차라리 제작자의 횡포라면 다행이다. 제작자는 적자에 허덕이고 있다. 도대체 한류 드라마의 기원이라 할 수 있는 대학로 소극장에서 왜 이러한 일이 발생할까. 이는 보통의 배우들이 국가나 기관 등의 지원 없이는 대학로 소극장에서 수익을 절대 창출할 수 없는 '아주 흥미로운' 구조적 문제에서 기인한다. 이의 대안은 최저공연비 지원, 티켓정가 보전제도를 시행하는 것이다.

이 책은 필자와 제자들이 공동 연구한 결과물이다. 민교협 의장을 할 때 전교조 등 진보적인 교육단체와 함께 교육혁명행동 등을 조직하여 나라는 물론 학교 단위에서도 학문공동체를 복원하려 시도했지만 실패하였다. 제자들만이라도 모아 학문적으로 올바른 진리를 추구하되 도덕적 올바름과 정치적 올바름을 종합하는 학문공동체를 만들었다. 필자를 포함하여 모두 서로 '○○샘'으로 부르고 존대어를 사용하며 배려하고 존중하며 지혜를 북돋았다. 그 일환으로 10여 년 가까이 격주로 수요일마다 문학과 예술/문화 이론과 쟁점 등에 대해 세미나를 하였다. 필자가 한 시간 반에 걸쳐 강의하고 난 후에 한 시간가량 밀도 깊게 질문과 토론을 하는 형식이었다. 그러다가 2022년 2학기부터 '한류의 맹점'이라는 주제로 연구자들이 돌아가며 연구계획서, 이어서 초고를 발표하였다. 우정과 사랑의 마음으로 진지하게 토론하며 서로 지혜를 보태주었다. 그렇게 하여 수정한 원고를 놓고 다시, 학회 심사처럼 이 책의 필자끼리 2인이 짝을 이루어서, 2차로 필자가 여러 차례에 걸쳐 전체 원고를 읽으며 검토와 수정 의견을 제시하였다. 그렇기에 이 책의 내용에 관한 모든 문제의 책임은 필자에게 있다.

실로 길고도 험한 여정이었다. 이 자리를 빌려 남다른 진리 탐구욕과 재능을 갖고 함께 연구하고 초고를 쓴 이후에도 1년 이상 여러 차례에 걸친 수정 요청 사항을 인내하며 수용해 준 제자들, 필자의 제자가 아님에도 멀리 일본에서 온라인으로 세미나에 참석하고 원고를 보내주신 황선혜 선생님, 지원해 주신 한국연구원, 어려운 상황에서 기꺼이 책을 출간해 주신 한양대학교 출판부의 여러분께 마음 깊이 감사드린다.

필자를 대표하여

이도흠 씀

차례

제1장

총론 :
한류의 맹점과 지향점

이도흠

- 초국가적 문화현상으로서 한류
- 한국다움이 있는가?
- 한국 철학이 있는가?
- 문화제국주의/플랫폼 제국주의와 한류
- 대항문화의 길–맺음말을 겸하여

한류는 새로운 변곡점을 지나고 있다. 한류는 '한국인이 삶과 현실을 바탕으로 상상하며 사상과 정서를 담아 기호와 이미지로 재현한 다양한 장르의 문화 콘텐츠에 동아시아 대중들이 일으키는 열광적인 문화 소비 현상'에서 "1990년대부터 비서구 국가인 한국에서 발흥하여 전 세계의 대중들이 향유하고 있는 초국가적 문화현상"으로 의미가 확대되었다.[1] 이제 한류는 전 세계적으로 상당한 인기를 누리고 있는 것을 넘어 대중문화의 본산인 미국이나 유럽에서 하위문화(sub-culture)를 형성하고 있으며 주류 문화에 대한 대항문화(counter culture)나 대안문화(alternative culture)로 나아갈 잠재력을 갖고 있다.

하지만, 이 시점에서 우리는 냉정하게 성찰할 필요가 있다. 맹점

---

1 전자는 협의, 후자는 광의의 의미다. 후자는 진달용이 『한류 신화에 관한 10가지 논쟁』, 한울, 2022, 54쪽에서 기술한 것을 참고하였다.

이나 한계를 찾아 미리 대비하지 않으면, 한류가 더 오랜 시간 세계인으로부터 열광적인 사랑을 받는다고 하더라도 인류 문화의 창조적이고 건전한 발전에 별다른 족적을 남기지 못할 것이다.

한류의 맹점이나 한계는 무엇인가? 필자는 '한류임에도 한국다운 정체성이 사라진 것', '한국 철학이 없는 것', '유럽/미국중심주의를 바탕으로 하거나 플랫폼 제국주의에 종속당하는 것', '체제에 포섭되어 저항성이나 부정성을 거세하고 탈정치/탈역사화하는 것', '문화민족주의가 강한 것', '가부장주의/반공이데올로기/소시민주의/능력주의/승자독식주의 등의 지배 이데올로기를 재현하는 것', '사회적 약자의 목소리, 서발터니티(subalternity)와 타자성이 거의 나타나지 않는 것', '권위적이고 가부장적인 문화와 주입식 인재교육 시스템' 등을 한류의 맹점으로 본다. 이것이 보완되지 않으면 한류는 일시적인 유행으로 그친 채 결국 서양의 주류 문화에 포섭당하는 것으로 귀결될 것이다. 이 가운데 세 가지—'한국적 정체성의 상실', '한국 철학의 부재'와 '제국의 종속'에 초점을 맞추어 비판적으로 분석하고 대안과 지향점을 모색한다.[2]

2 '권위적이고 가부장적인 문화와 주입식 인재교육 시스템'을 제외하고 일곱 가지 맹점에 대해 모두 분석하고 대안을 제시한 글을 맨처음에 발표하여 공유했다. 하지만 모두 실을 경우 이 책에서 필자의 지면이 너무 과대하게 차지하여 삭제하고 나머지 다섯 가지는 다른 지면으로 미룬다.

초국가적 문화현상으로서 한류

그간 한류의 성과를 과대 포장한 면이 적지 않다. 국가와 자본이 합작하여 산업발전과 국민의 순응과 통합, 상품 판매를 열망하여 이를 주도하고, 지식인과 언론이 부추기고, 이미 대중문화를 통해 화폐 증식의 욕망과 중산층의 환상, 쾌락적 소비, 문화민족주의와 옥시덴탈리즘, 능력주의에 물든 대중이 열광적으로 호응하였다. 그럼에도 한류는 동아시아를 넘어 전 세계에 걸쳐 초국가적 문화현상으로 자리잡고 있다.

"2023년 11월 10일부터 30일까지 전 세계 26개국의 15세부터 59세까지 대중 2만 5천 명을 대상으로 실시한 설문조사 결과, 응답자의 41%가 그해 한국 드라마(K-드라마)가 자국에서 큰 인기를 끌었다고 답하였고, 27%도 인기가 있다는 항목에 응답하였다. 절반이 넘는 68%가 한국 드라마의 인기에 대해 긍정적으로 답변한 것이다."(*Statista*, April 5 2024) 대중성만 가진 것이 아니라 예술성도 겸비한 작품이 적지 않다. 노벨문학상, 칸영화제 황금종려상, 아카데미 작품상 등 권위 있는 기관과 단체, 비평가집단이나 예술제, 영화제에서 최고의 평가를 받는 작품이나 창작자도 자주 등장하고 있다. 이제 TV 드라마, 영화, 케이팝만이 아니라 게임, 애니메이션, 웹툰, 미용과 한식에 이르기까지 신한류 열풍을 일으키고 있다.

한류 콘텐츠의 내용에 세계 대중이 끌린 것이 첫째 이유이지만, 미디어와 테크놀러지도 한몫하였다. 처음에 올드 미디어를 통해 소비되던 한류는 2000년대 초반에 유튜브, 페이스북 등 소셜미디어를 매개로 전 세계의 문화생산자와 소비자를 하나로 연결하였다. 2019년에는 코로나 19 팬데믹을 계기로 넷플릭스를 비롯한 여러 OTT 서비스 플랫폼을 통해 전 세계 동시간대 1인 미디어 공유시대가 열렸고 한류가 이 혜택을 함빡 누렸다. 전 세계에 걸쳐 수억에 달하는 가구가 〈오징어 게임〉, 〈더 글로리〉 등 한국 드라마를 동시에 시청하였다. 외국의 젊은이들이 한국 바깥의 공간에서 공연장을 가득 메운 채 케이팝에 맞추어 '떼창'을 하거나 거리에서 케이팝을 틀어놓고 아이돌 춤을 그대로 따라 하는 모습이 흔한 풍경이 되었다. 실제로 "2023년에 공식적인 한류 팬은 112개 나라의 1748개의 동호회에 2억 2497만 4073명에 이른다."(한국국제교류재단, 2024.3.1) 이들이 소비하는 한류 상품도 막대하다. "K-콘텐츠 산업의 수출액은 2022년에 132억 달러 4천만 달러(약 17조 3천 800억 원), 매출액은 150조 4천억 원, 한류 콘텐츠산업 사업체 수는 11만 5천여 개, 종사자 수는 65만 1천여 명에 달한다."(이은정, 2024년 1월 5일) "2020년에 1억 7천만 달러로 처음으로 흑자로 반전한 문화예술저작권은 2023년에 33억 5천만 달러 어치를 수출하였으며 11억 달러의 흑자를 냈다."(김희승, 2024.3.20) 한국은 압축적 근대화와 산업화에 성공하여 8위의 무역대국으로 도약하고 시민의 저항을 통해 민주화도 성취한 데 이어서 일약 소프트파워 강국으로 부상하였다.

한류는 한때 특정 지역에 특정의 장르가 유행하여 소비하는 문화에서 전 세계의 다양한 연령층의 대중이 다양한 장르에 걸쳐 제작과 수용에 참여하는 초국가적 문화로 자리잡고 있다. "1990년대부터 일본과 대만, 중국 중심의 아시아의 여성들이 한국 TV 드라마와 영화에 깊은 관심을 가진 것이 한류 1.0이라면, 2008년부터 2017년에 이르기까지 아시아는 물론 북미와 유럽의 젊은 대중들이 드라마와 영화만이 아니라 케이팝과 게임, 애니메이션을 즐겨 향유한 것이 한류 2.0이고, 2017년 이후 전 세계의 대중들이 다양한 한류에 열광하는 것이 한류 3.0이다."(The Ministry of Culture, Sports, and Tourism, 2013)

한류는 지금 근대 예술의 중심인 유럽과 대중문화의 본산인 미국에서 그들의 예술과 문화를 형성하는 소수 문화로 자리매김하였다. '한국인이 없는 한류'가 세계 곳곳에서 자주 만들어지고 향유되고 있다. 한류 관련 단어가 옥스퍼드 사전에 매년 등재되고 고추장, 김치 등 한식의 식재료가 한식당이 아니라 편의점에서 팔린다. 지역도 아시아를 넘어 유럽과 북미, 남미, 아프리카에서도 한류의 열기가 타오르고 있다. 이에 아시아에 한정하여 문화적 근접성(cultural proximity), 곧 유교문화, 한자문화권, 가부장주의, 식민지 경험, 아시아적 근대화라는 역사적이고 사회문화적인 공통 경험과 친근함에서 한류의 원인을 분석하려는 논의는 설득력을 상실하였다.

2020년대 이후 한국인이나 재외동포의 도움 없이 외국 국적의 현지인들이 자발적으로 주체로 나서서 전 세계적으로 다양한 장르에 걸쳐 한류를 모방한 문화를 제작하여 향유하거나 한류 관련 행사를 주최하는 일이 점점 자주 일어나고 있다. 이처럼 '한국인이 없는 한류'가 한류 4.0을 구성하고 있다. 꿈으로 끝날지 현실이 될지 알 수 없지만, 머지않아 한류가 서양 주류 문화의 대항문화를 형성한다면 한류 5.0이 될 것이다.

한국다움이 있는가?

한류에 '한국다움'이 있는가? 한류 콘텐츠에서 과연 '한국다운' 형식과 내용, 정신이 있는가, 미국과 서양, 일본의 대중문화의 모방과 차용이 아닌가? 〈오징어 게임〉의 핵심 게임인 '무궁화꽃이 피었습니다'와 '오징어 가이상'이 일본의 '달마상이 넘어졌다(だるまさんがころんだ)'와 'S-카이센(かいせん)'과 유사하고 둘 다 일제강점기 이전에는 행해지지 않았기에 한국의 전통 놀이가 아닐 수 있다고 말하면 많은 이들이 놀란다. 이어서 질문을 이어간다. "그건 지엽적이고, 아무리 현실 자체가 죽음에 이를 정도로 경쟁하게 만드는 신자유주의적 모순을 반영하려는 의도라고 하더라도 재미와 상생을 추구하는 한국 어린이의 전통 놀이를 상대방을 숱하게 죽음으로 몰아넣으면서 돈을 쟁취하는 살벌한 생존경쟁으로 대체한 것은 한국적인 것과 대립하지 않는가?", "한류의 알짜인 케이-팝에서 가사 빼고 한국적인 것이 있는가?" 그러면 잠시 침묵이 흐르다가 크게 두 종류의 반응이 이어진다. 한 부류는 한류에 세계인이 열광하지만, 모두 미국

과 일본의 대중문화를 모방하거나 수용한 것이기에 그 앞에 '한국적'이란 관형사를 붙일 만한 것이 없다고 본다. 다른 부류는 본래 대중문화란 것이 여러 문화의 수용과 변용에 의한 혼종성(hybridity)의 소산인데 한국적인 것을 운운하는 자체가 시대에 뒤떨어진 문화 민족주의적 발상이라고 반박한다. 이런 질문이나 쟁점에 대해 한류 실체론과 유령론이 맞서고 있다.

동일성에서 차이로

한류의 현상과 현황, 콘텐츠 분석이나 비평은 헤아릴 수 없이 많지만, 한류의 정체성에 관한 논문은 별로 없다. 그런 중에도 한류의 실체론과 유령론에 대해 몇몇 논의가 있었다. 지면 관계상 모두 거론할 수는 없고 의미 있는 주장을 보면, 최민성은 "한류를 이끄는 대중문화 속에서 발견되는 고유성은 무엇인가. 그것은 다른 나라 민족과 내용과 형식에 있어서의 (구별되는) '열정'"(최민성, 2005: 167)이라며 이의 원형을 샤머니즘에서 찾는다. 서은숙은 다문화시대의 맥락에서 한류의 정체성을 찾아야 한다며 "한류의 구체적 내용에서는 인간의 인간에 대한 사랑, 타인에 대한 배려, 인간 간의 조화 등의 정신을 엿볼 수 있다. 또한 경천애인 등의 하늘에 대한 외경, 선비정신 등을 찾아볼 수 있다."(서은숙, 2009: 169)라고 결론을 내리고 유교 및 성리학과 풍류 사상에서 그 연원을 찾는다.

반면에 이와 반대되는 주장도 많다. 케이팝은 "1990년대 이후의 한국 대중음악 중 아이돌이 주축이 되어 생산된 서구 음악 장르,

특히 힙합, R&B, 록, 일레트로닉 음악이 가미된 댄스 음악"을 지칭한다(이수완, 2016: 80). 이런 케이팝의 정의에 잘 함축된 것에서 보듯, "한류의 콘텐츠는 사실 우리의 고유한 문화정체성을 가공한 것이라기보다는 미국적 스타일과 일본의 스타일을 참고해 변형한 측면이 강하게 나타난다. 한류의 콘텐츠는 그 자체로 독자성을 인정받기보다는 글로벌 문화형식들을 흉내내고 변용하여 주변화한 것"이다(이동연, 2006: 45).

실체론과 유령론의 타당성을 따지기에 앞서, 우선 한국의 전통문화와 한류를 구분하는 것부터 필요하다. 판소리나 사설시조와 같은 전통문화에 대해서는 한국적 정체성을 부정하는 자가 거의 없지만, 1990년대 이후에 초국가적 문화현상이 된 한국의 대중문화로서 한류에 대해서는 한국적 정체성을 긍정하는 이가 드물다. 5천 년 동안 유구하게 계승되던 한국의 전통문화는 일제강점기에는 '(민족혼을 부추기는) 불온한 문화'로, 근대화 시기에는 '근대화와 부합하지 않는 봉건 잔재'로 간주되며 점점 타자화하고 주변화하였다. 국가만이 아니다. 1960년대에 근대화와 산업화가 본격적으로 추진되면서 전통의 예술과 문화를 구성한 사회경제적 토대와 삶과 노동의 현장, 공동체, 향유층이 사라지면서 함께 운명을 같이하였다. 신작로를 통해 도시 문명과 상품이 들어오면서 마을은 서서히 자본주의 시장체제에 포섭되고, 개발독재 정권은 전통문화를 전근대적 잔재로 타파할 것을 명령하며 농촌을 개발하고 근대화/산업화론, 반공주의, 가부장주의, 민족주의, 군사주의 등의 지배 이데올로기를 강력하게 주입하며 농민을 국가에 동원하였다. 사회경제적 토대가 변하고 자연과 마을 공동체가 파괴되자 두레와 마을굿과 같은 의례와

놀이도, 이에 기반한 농요(農謠) 등의 문화도 차츰 사라졌다. 그렇게 판소리, 시조창, 가사, 국악, 농악, 탈놀이는 극히 소수만이 향유하는 주변 문화가 되었다.

한국이 일제강점기와 미군정 이후 주로 미국으로부터, 일부는 유럽과 미국의 대중문화를 수용하여 자국화한 일본의 매개를 통해 수용하여 대중문화를 형성하였기에 한류의 모태는 한국의 전통문화가 아니라 유럽과 일본, 특히 미국의 대중문화다. 케이팝은 일본의 엔카와 미국의 로크, 힙합, R&B, 일레트로닉 음악, 드라마는 미국 텔레비전의 소프 오페라(soap opera), 영화는 헐리웃 영화에서 형식, 포맷, 기법, 스타일, 기술, 미학, 서사를 모방하여 약간 변형한 것이다. 세계관이나 사상도 서양의 근대사상이 주류다. 생산의 1차 주체는 서양의 대중문화를 어릴 때부터 선망하고 향유하고 모방하고 공부한 감독, 연출가, 작가, 작곡가와 작사자다. 2차 주체는 이들에게서 작품을 받아 공연하는 배우와 가수다. 그럼에도 아시아를 넘어 대중문화의 본산인 유럽인과 미국인들도 서양의 대중문화와 '다른 무엇'에 끌려 열광하는 것도 엄연한 사실이다.

정체성을 구성하는 것은 차이와 타자다

미국의 대중문화를 바탕으로 하였지만, 필연적으로 한국의 현실이 반영되고 한국인의 정서와 사상이 투영되고 5000년 동안 몸으로 겪으며 몸과 머리에 새겨지고 계승된 문화유전자(meme)가 작동하면서 한류에는 '한국다움'이 담기게 되었다. 이는 한류와 전통문화, 대중문화를 아우른 한국 예술과 문화의 정체성이나 독창성과 접점을 갖는다. 그동안 한국 미학이나 예술론의 대가들이 한국 예술이나 한국미의 정체성이나 독창성에 대해 논한 주장을 압축하여 개괄하면, 1) 자연미의 계열(자연성, 자연스러움, 무기교의 기교, 무작위, 순리, 퍼지 미), 2) 소박미의 계열(소박, 토속, 구수한 큰 맛, 민예적 요소), 3) 세련미의 계열(단정, 균제, 정제, 세련, 원융과 조화), 4) 단순미의 계열(단순미, 절제, 균형), 5) 골계미의 계열(해학, 유머, 익살), 6) 비애(한)와 관련된 계열, 7) 선의 예술론 등이다(심광현, 2003: 81; 권영필, 1994: 70-97).

하지만 실체론과 유령론, 위의 주장들은 몇 가지 문제점을 갖는다. 모두 동일성의 패러다임에서 비롯된 것이다. 대다수가 표층적이며 성급한 일반화의 오류를 범하고 있다. 다분히 유럽중심주의나 오리엔탈리즘을 바탕으로 하고 있다. 무엇보다 문화가 자리하는 위치나 관점, 계급에 따라 다르게 나타난 특수를 보편화한 것이다.

기존의 한국 예술의 독창성이나 정체성에 대한 관점에는 제국의 권력이 구성한 근대적이고 식민지적인 편견이 많이 스며들었다. 한국 예술을 바라보고 평가하는 관점의 중심에는 유럽의 사상과 미학이 자리한다. 유럽과 미국이 구성한 보편에 맞서서 그에 동화하거나 포섭되지 않을 경우 야만으로 배제한 것들을 유럽과 미국의 중심의 인식과 전혀 다르게 읽고 다시 쓰고 다시 존재하면서 새로운 인간으로 거듭나면서 새로운 세계를 여는 것이 탈식민성의 요체다. 탈식민성이란 "특히 식민화하고 인종주의화한 주체들이 모든 차원에서, 다른 모든 가능성을 '향하여' 식민 권력의 매트릭스에 '대항하는' 인식론적이고 존재에 기반한 대응과 실천이자 투쟁과 생존의 형식이다."(Mignolo and Walsh, 2018: 17)

골계미나 소박미는 대다수의 민중문화에 나타나는 특성이며,

세련미는 귀족이나 엘리트 예술의 특성이다. 유럽인은 자신을 중심에 놓고 제3세계의 문화를 중심/문명에 대한 주변/야만으로 자리매김하고 유럽과 대립되는 '토속적/여성적/질박한 미(美)'로 규정하였다. 일제강점기에 일본의 미학자들은 이런 유럽의 오리엔탈리즘을 일본과 한국의 관계에 그대로 투영하여 '일본: 중심, 제국, 문명 대(對) 한국: 주변, 식민지, 야만'으로 이데올로기화하고 구조화하였다. 당시 일본의 미학자들과 이에 동조하는 한국의 미학자들은 크게 둘로 갈린다. 서양의 관점에서 한국 예술과 문화를 열등하게 보는 이들은 한국 문화와 예술의 특성을 '토속적이고 질박한 것'으로 보는 반면에, 야나기 무네요시처럼 긍정적으로 보는 이들은 이것을 부분적으로 인정하면서도 한국 예술이 전반적으로 '(식민지, 혹은 패배한 역사의) 비애'를 담고 있는 것으로 보거나 '질박함'을 오히려 고도의 평범미로 평가하였다. 비애미는 한 주체가 세계의 부조리나 횡포에 맞서서 진정한 가치나 이상을 추구하다가 패배하면서 님이나 벗, 가족, 나라 등 사랑하던 대상을 상실한 비극적 서사에 공통으로 나타나는 보편적 미적 정서다. 이상과 현실의 괴리에서 빚어진 좌절과 절망에서 비롯된 슬픈 정서이기도 하다. 인간의 삶 자체가 이상과 현실의 지난한 괴리를 메우는 과정이고 집단적으로 이상을 완성한 사례는 없기에 로마든, 중국이든, 영국이든 제국에도 비애미로 가득한 시가가 넘쳐난다. 그럼에도 제국주의나 오리엔탈리즘과 같은 제국 중심의 이데올로기를 투영하면, 대개 식민지나 약소국의 문화에서 비애미를 찾아 일반화하는 오류를 범한다.

다음으로 문화의 정체성을 논할 때 가장 중요한 것은 동일성에서 차이로 패러다임을 전환하는 것이다. 모든 존재는 홀로 존재하지 않는다. '달'이 '해'와 관계에서는 '여성, 여왕, 왕비, 변화, 영고성쇠, 부활'을, '하늘'과 관계에서는 '하늘과 땅/신과 인간의 중개자'를, '사람'과 관계에서는 '어머니, 님, 관음보살, 고향, 등불' 등을 의미한다. 이처럼 "언어에는 차이가 있을 뿐이다."(Saussure, 1959: 118) 언어 기호는 타자와 차이/관계/구조 속에서 의미를 갖는다. 내가 토해내는 날숨으로 인하여 내 앞의 대기가 변한다. 날숨으로 이산화탄소가 많아지면 대기 중의 호기성 박테리아(aerobic bacteria)는 줄어들고 혐기성 박테리아(anaerobic bacteria)는 늘어난다. 내 주변의 모든 이들이 나와 똑같이 숨을 쉬며 대기를 변화시킨다. 이렇게 변한 대기를 서로 동시에 들이쉬며 몸으로 집어넣는다. 그러면 모든 이들의 몸이 변한다. 그렇듯, "모든 물질, 생명, 인간은 찰나의 순간에도 서로 조건과 인과(因果)로 작용하면서 서로를 생성시키는 연기적 생성자(inter-dependent becomings)다."(이도흠, 2020: 376)[3]

"사이좋게 잘 지내던 아이들을 눈동자 색이나 종교로 나누면 상대방에게 폭력을 가하는 실험, 대량 학살이 행해질 때면 대상 집단을 타자화하는 혐오 발언(hate speech)이 먼저 행해지는 현실에 잘 나타나듯, 동일성은 차이를 포섭하여 없애거나 없는 것처럼 꾸미고

---

3 이도흠, 《4차 산업혁명과 대안의 사회2-4차 산업혁명과 간헐적 팬데믹 시대》, 특별한 서재, 2020, p. 376. 근대 서양의 존재론은 실체론을 바탕으로 한다. 반면에 틱낫한은 실체론을 넘어서서 연기론에 바탕을 두고 서양의 실체론을 극복하고 'inter-being'의 존재론을 펼쳤다. 하지만 틱낫한의 주장 또한 연기론을 상의적(相依的)으로 해석하는 데 그칠 뿐만 아니라 이렇게 할 경우 존재가 서로 조건과 원인으로 작용하면서 생성하는 역동적인 면을 간과하고 모든 존재가 공(空)인 것과 더 나아가 공이기에 묘하게 존재하는 것처럼 작동하는 것을 설명하지 못한다. 이에 필자는 《인류의 위기에 대한 원효와 마르크스의 대화》(2015)에서 'inter-becoming'을 제안하였다. 하지만 이것 또한 연기론을 상의적으로 해석하는 논리에서 완전히 벗어난 것은 아니어서 《4차 산업혁명과 대안의 사회》(2020)에서는 역동적이고 인과적인 면에 더 초점을 맞추어 'inter-dependent becomings'로 수정하였다.

타자를 상정하고 타자를 배제하고 폭력을 가하면서 동일성을 유지하거나 강화한다. 때문에, 이를 해체하는 차이가 필요하다."(이도흠, 2015: 145-160) "한 후배가 독일로 유학갔을 때 처음에는 하루에도 여러 차례 거울을 보았다고 고백했다. 한국에서는 자기 얼굴이 하얗다고 자부했는데 독일 학생의 더 하얀 얼굴을 보고 자기 얼굴이 노란색임을 절감하였기 때문이다. 그렇듯, 정체성이란 본래 가지고 있던 고유한 것이 아니라 타자와 차이/관계/구조 속에서 타자를 통하여 드러나는 생성자다. 한국과 중국/일본/유럽/미국은 서로 거울이자 타자다. 전통 또한 한국 문화가 고유하게 창조하여 계승한 것이 아니다. 한국은 서양이란 타자를 만나고서 일본이나 미국/유럽에 없는 것을 전통으로 구성하였다."(이도흠, 2019: 89-107)

이렇게 차이로 볼 때, 한국 문화의 정체성은 홀로 존재하거나 형성되는 것이 아니라 다른 문화를 수용하여 혼종성(hybidity)을 이루며 타자와 관계에 따라 다양하게 구성된다. 화하족(華夏族)의 문화와 대립한 동이족(東夷族) 가운데 고조선의 문화는 시베리아 샤머니즘과 고조선의 사상인 삼재(三才)의 차이를 갖는다. 한당(漢唐)시대에 고구려, 신라, 백제, 가야가 중국과 서역, 인도의 문화를 많이 수용했음에도 고유문화의 틀을 유지했다. 당시에 타자인 중국의 문화예술과 차이를 갖는 고구려, 백제, 신라, 가야의 네 나라, 특히 현재 한국 문화의 심층을 형성하는 통일 신라의 문화 예술의 핵심은 삼재와 샤머니즘, 풍류도, 불교가 하나로 융합한 풍류만다라와 화엄 만다라다. 고려는 당(唐)과 송(宋)으로부터 활발하게 문화를 수용했지만, 신라 문화를 계승한 바탕 위에 고려악(高麗樂), 청자, 속요와 같은 독창적인 문화를 창조하였다. 조선조는 명으로부터 문화를 수용하였지만, 유교 이데올로기를 지배적 세계관으로 하면서도 불교와 샤머니즘, 풍류도가 잔존적 세계관으로 작동하였다. 한시, 시조, 아악, 산수화 등 상층의 문화는 유교 이데올로기나 중국 미학과 시론의 구현에 충실하였지만, 사설시조, 향악, 농악, 탈춤, 민화, 판소리, 민요 등은 민중의 세계관을 담거나 중인이나 서민의 미학을 추구하였다. 이와 같은 것이 한국인의 집단무의식으로 작동하고 문화유전자로 전승되며 한류의 형식과 내용에 영향을 미쳤기에, 한류는 서양의 문화를 모방하고 수용하여 서양의 대중문화와 많은 공통점을 가지면서도 분명히 다른 차이의 정체성을 형성한다.

남모심[待對]의 원리와 미학

한국인은 세계를 A and not-A로 본다

한류에 한국다운 정체성이 있는가. 필자는 한국의 문화예술의 심층을 이루는 원리와 구조, 미학을 대대(待對)와 '정-한-아우름'으로 본다. 이것이 중국이나 인도, 일본과 다른 한국 예술의 정체성을 형성하는 근본적인 차이를 만들 뿐만 아니라 21세기의 한류의 심층을 이루는 원리와 구조, 미학으로 작동한다. 한마디로 말해, 대대(待對)/남모심은 퍼지(fuzzy)이자 대립자를 모셔 하나로 어우러지는 것이다.

"이 가운데 큰 뜻은 시각(始覺)이 불각(不覺)을 모시고 불각이 본각(本覺)을 모시며 본각이 시각을 모시는 것을 밝히려 함이다. 원래 서로 모신다는 것(相待)은 자성(自性)이 없다는 것이다. 자성이 없으니 (처음부터) 깨달음도 있지 않을 것이요, 깨달음이 있지 않은 것은 서로 모시는 관계에 있기 때문이다. 서로 모셔서 이루어지니 깨달음이 없지 않을 것이요, 깨달음이 없지 않을 것이기 때문에 깨달음이라 말하는 것이지 자성이 있어서 깨달음이라 하는 것은 아니다."(원효, 1979; 748-중-하)

무지개가 일곱 가지 색인가? 민족마다 무지개의 빛깔은 5가지, 6가지, 7가지 등 차이가 있다. 하지만 실제의 색은 무한하다. 무지개를 자세히 보면 빨강과 주황 사이에도 무한대의 색이 존재한다. 그처럼 세계 자체는 혼돈(chaos)이며 무한하다. 그러나 그리하면 색에 대해 알 수도, 전달할 수도 없으니 이를 '밝음과 어둠'의 둘로 구분하고 이를 바탕으로 빛의 파장이라는 객관적 준거를 설정하고 이에 따라 범주화하여 빨강, 노랑, 초록, 파랑 등의 언어를 부여하였다. 둘로 나누고 객관적 준거에 따라 분별하고 범주화함으로써 혼돈은 코스모스(cosmos)가 되었고 이름을 갖게 되었다.

이에 사람들은 세계를 '하늘과 땅, 신과 인간, 인간과 자연, 이상과 현실, 이데아와 그림자, 정신과 육체, 진리와 허위, 이성과 감성, 주체와 객체, 본질과 현상, 토대와 상부구조, 부처와 중생, 깨달음과 깨닫지 못함, 유(有)와 무(無)' 등 둘로 나누어 인식하였다. 때로는 이로 그치지 않고 전자를 후자보다 우선하는 폭력적 이분법을 취하였다. 하지만 이는 인간이 자의적으로 구분한 것으로 세계의 실상이 아니다. 인간이 자외선과 적외선을 보지 못하고 눈에 보이는 빛 가운데서도 객관적 준거로 범주화한 색깔만 보는 것도 허상이지만, 모든 색을 제대로 본다고 하더라도 이는 객관적 실재가 아니다. 빛 가운데 사물이 흡수하지 않고 반사한 빛만이 인간의 망막에 닿으면 광수용체 세포가 빛을 검출하고 이를 시신경세포가 전기신호로 바꾸어 연합신경세포에 전달하여 뇌의 알고리즘대로 해석한 환상이다. 이처럼 인간은 사물을 있는 그대로 보는 것이 아니라 뇌에서 구조화한 대로 본다.

무지개는 빛이 대기의 물방울에 굴절되고 파장에 따라 분산하여 가시적인 빛깔로 드러난 현상일 뿐이다. 실체[體]는 작용[用]을 통해 현상[相]으로 드러나지만, 우리가 작용과 현상을 통해 유추할 수 있는 것은 실체의 극히 일부일 뿐이다. 우리는 빛이 작용하여 나타나는 수많은 현상 가운데서도 인간이 분명하게 목격하는 현상인 무지개에 대해서도 그것이 몇 가지 색으로 나타나는지조차 잘 모른다. 우리는 입자와 파동의 성격을 모두 가지고 있는 빛의 근본 실체에 대해서 21세기인 오늘날에도 규명하지 못한 부분이 많다. 그러기에 현상과 작용을 바탕으로 세계를 캐고 또 캐면 실체에 다가가기는 하지만 그 실체에 다다르지는 못한다.

서양에서는 플라톤의 이데아론과 아리스토텔레스의 이분법적 모순율을 바탕으로 이분법에 따라 세계의 실체를 인식하려는 것이 주류를 이룬다. 반면에 동양은 실체 너머 관계와 사이를 보는 것이 주류를 이룬다. 지금도 서양 사람들은 우주와 사물, 인간과 사회의 본질을 규명하고 처음 사람을 만나면 "너는 누구인가?"라고 묻는다. 반면에 동양인은 우주와 사물, 인간과 사회의 관계에 주목하고 처음 만나는 사람에게 "너의 부모/형제/친구/선생은 누구인가?"라고 질문한다. 서양은 개인의 자유를 최선의 가치로 지향하고, 동양은 집단의 조화를 가장 중요한 덕목으로 여긴다.

어느 정도 보편성을 공유하지만, 동양 안에서도 관계의 사유는 사상과 논리체계, 지역마다 차이를 보인다. 불교는 연기(緣起)로, 도가와 유가사상은 대대(對待)로, 한국인은 대대(待對)로 세계를 바라보는 것이 지배적인 가운데 이분법적 인식이 스며들거나 뒤섞이는 정도가 다르다.

불교는 모든 존재가 공(空)하다고 본다. 모든 것이 연기(緣起), 곧 다른 무엇과 서로 조건과 인과를 형성하며 생성하고 사라지기 때문이다. 내 앞에 빨갛게 잘 익은 사과가 접시에 담겨 있다면 서양 사람들은 사과가 존재한다고 말한다. 하지만 사과는 씨 없이 존재하지 못하며, 그 씨가 싹이 난 이후 햇빛, 강수량, 토양의 영양분 등이 잘 어우러져서 열매로 자란 것이며, 여기에는 농부, 해와 바람과 구름, 무수한 미생물들이 관여하였다. 다음으로 찰나의 순간에도 변하기 때문이다. 가만히 놔둬도 사과는 술로, 식초로, 오물로 변한다. 사과술을 보고 사과라고 할 사람은 없다. 존재라고 생각한 것이 특정 조건에서 몇몇 요소들의 결합으로 이루어진 것이기에 조건이 달라지면 그것 또한 달라지기 때문이다. 온도나 압력이 변하면 사과는 다른 존재가 된다. 또 사과에서 철분만 뽑아 못을 만들 수 있고 당분만 모아 사탕을 만들 수 있다. 사과는 특정한 조건에서 탄수화물, 철분, 당분, 식이섬유, 단백질 등이 사과 모양으로 결합한 것일 뿐이다. 원인에 따라 생성하는 것이기에 원인이 변하면 다른 결과로 생성하고 나타나기 때문이다. 벌레나 균을 죽이면 벌레 먹거나 병든 사과는 사라진다. 이를 표현하는 언어 또한 자성(自性)이 없이 공하기 때문이다. '사과'를 '배'와 관련을 지으면 '시고 달고 아삭아삭한 과일'이지만, '씨'와 놓고 보면 '열매'의 의미를 갖고, '농부'와 연관시키면 '수확물'이다. 배고픈 이에게는 '먹거리'이지만, 화가에게는 '오브제'이고, 아담에게는 '유혹'이며, 뉴턴에게는 '중력의 법칙을 담고 있는 관찰 대상'이고, 빌헬름 텔에게는 '저항'이며, 미인에게는 '미용식'이다. 이에 불교는 이분법, 더 나아가 세계를 구분하려는 모든 인식 체계를 해체하고 연기로 바라보고 공(空)을 지향한다.

우리의 인식으로는 궁극적 진리를 알 수 없다. 내가 한 사람을 진정으로 사랑하는 것이 100이라면 어떤 언어를 동원하여 표현하더라도 그 사랑은 100에 미치지 못한다. 그처럼 진여실제(眞如實際)는 인간의 언어와 의식을 떠나 있다. 말을 떠나야 진리에 이르지만 세인들은 말없이 진리를 이해할 수 없다. 수행 정진하여 어리석음에서 벗어나 모든 탐욕과 번뇌를 없애면 붓다가 되지만, 아직 고통을 겪고 있는 중생을 구제하려면 다시 세속으로 내려와야 한다. 이 딜레마를 해결하기 위하여 불교는 진여문(眞如門)에서는 깨달음조차 집착이고 공한 것조차 공하다며 끊임없는 해체를 지향하지만, 생멸문(生滅門)에서는 말과 자비행을 방편으로 삼아 깨달음과 열반에 이른다. 쉽게 설명하여, 깨달음의 세계에서는 모든 말을 끊고 오로지 선정을 통하여 궁극적 진리를 깨달아야 한다. 하지만, 일상에서는 아내에게 사랑한다고 말해야 아내도 좋아하지만 그 말을 떠나 상대방의 진심을 보아야 하듯이 말을 방편으로 삼되 말을 떠나 진리를 직시한다. 그것이 바로 손가락을 떠나 달을 보는 것이다.

도가 또한 도(道)를 언어와 의식으로 표현할 수 없는 궁극적 진리로 본다. 그러면서도 그 방편으로 대대(對待)를 활용한다. 모든 사물과 그 운행에 도(道)가 보편적으로 자리하며 이는 대지(大知)에 의

해서만 도달할 수 있다. 하지만 진지(眞知)를 통해서도 이를 계속 상대(相對)로 놓으면서 점차 대지에 이르러 도를 파악할 수 있다.

유가에서는 음양대대(陰陽對待)와 부양억음(扶陽抑陰)이 공존하되, 시대와 사상가, 관점에 따라 전자를 우선하기도 하고 후자를 우선하기도 한다. "대대(對待)는 상반적인 타자를 적대적 관계로 보는 것이 아니라 자신의 존재성을 확보하기 위한 필수적 전제로서 요구하는 관계, … '음중양(陰中陽) 양중음(陽中陰)'이라고 하는 상함적(相含的) 관계(關係), … 상호성취, 더 나아가 운동의 추동력의 근거로 보는 상반상성(相反相成)의 논리, … 같은 성(性), 같은 극(極)끼리는 서로 배척하며 반대되는 성(性)·극(極)끼리는 서로 감응함으로써 조화되고 합일(合一)된다는 상반응합(相反應合)의 논리다."(최영진, 1989: 34-35) 한 마디로 대대는 서로 대립하는 것을 통해 존재하는 것, 순양(純陽)과 순음(純陰)처럼 서로 대립자 안에 머금는 것, 대립하는 것이 서로 조화하며 성취하는 것을 뜻한다. 유가 사상에서는 이분법적 대립을 하나로 아우르려는 음양대대(陰陽對待)와 이분법에 근거하여 세계를 인식할 뿐만 아니라 양을 떠받치고 음을 누르는 부양억음(扶陽抑陰)이 서로 대립하면서 공존한다. 존재론적으로나 인식론적으로는 세계를 음양대대로 바라보지만, 가치론적으로는 땅보다 하늘, 달보다 태양, 신하보다 임금, 자식보다 부모, 여성보다 남성을 떠받든다. "전자는 음이고 후자는 양이며, 전자는 겸비(謙卑)하고 후자는 존귀하다."(이중텐, 2013: 31)

한국인이 뜨거운 국을 먹으며 시원하다고 말하는 이유는?

대대(待對)는 대대(對待)와 단지 한자의 순서가 바뀐 것에 지나지 않지만, 공통점과 더불어 여러 차이를 갖는다. 원효는 고대로부터 유래된 한국 고유의 사유체계를 연기론과 결합하여 대대(待對)의 논리를 터득하였고 더 나아가 부처와 중생, 깨달음과 깨닫지 못함, 진여문과 생멸문, 공과 유(有), 반야과 유식 등 대립적인 개념을 이 논리를 매개로 하나로 아울러 화쟁사상으로 발전시켰다.

인식론적으로 볼 때, 대대는 세계를 A or not-A의 이분법적 모순율이 아니라 A and not-A의 퍼지(fuzzy)적이고 역설적인 논리로 인식하고 표현하고 행동하는 것이다. 낮 12시 1분이라 할지라도 이미 1분만큼 밤이 들어온 것이기에 엄밀히 말하여 낮인 동시에 밤이다. 이처럼 실제 세계는 A-or not A가 아니라 A and not-A, 퍼지(fuzzy)다. 지금도 한국인은 뜨거운 국을 먹으면서 '시원하다'라고 말하고 삶의 최고 순간에 이르렀을 때 '죽인다'라고 표현한다. 이는 최고의 맛이 '시원한 뜨거움'이고 최고의 삶이 '죽이는 삶'이기 때문이다. 이런 표현을 들으면 서양 사람들은 물론 중국인이나 일본인조차 형용모순으로 간주한다.

존재론적으로 볼 때, 대대는 실체론을 떠나 모든 존재자를 연기적 생성자(inter-dependent becomings)로 보는 것이다. 타자란 조건과 인과로 작용하면서 나를 끊임없이 생성하고 변화시키는 상대자다. 그러기에 모든 존재가 공하지만, 서로에게 조건과 인과로 작용하며 끊임없이 나고 사라지게 하는 기능은 수행한다.

대대는 생성론으로 볼 때, 대립자를 내 안에 모셔서 모방하고 수용하고 더 나아가 전혀 다른 지평이나 차원에서 하나로 어우러지는 것을 뜻한다. "아주 가까이 다가가서 상대방의 눈동자를 똑바로 보면 거기에 비친 내 모습이 보이는데 이를 눈부처라 한다. 눈부처를 바라보면, 상대방의 몸인데 내가 거기 들어 있다. 그리고 상대방의 눈부처를 보는 순간에 내 눈동자에도 상대방이 담겨 있음을 깨닫게 된다. 눈부처를 바라보는 순간만큼은 너와 나, 주체와 객체의 경계가 해체되고 상대방을 내 안에 서로 모시는 대대의 관계를 이루게 된다."(이도흠, 2015: 173) 나를 확대하고 같음을 요구하는 것을 멈추고, 타인의 세계로 들어가서 그의 목소리에 귀를 기울이고 다름을 포용하면서 차츰 그와 닮아가는 과정이다. 이슬람교 신자와 기독교 신자가 서로의 교리만 옳다고 하면 서로 대립한 채 아무런 변화가 일어나지 않는다. 하지만 이슬람 신자가 쿠란에 숱하게 나오는 성경의 가르침을 이해하고 기독교 신자가 성경에서 무수하게 겹치는 무함마드의 목소리를 들으면 서로 포용할 것이다. 이처럼 대대는 대립자와 조건과 인과로 연결되어 대립자로 인하여 자신도 생성되고 있는 것을 깨달아 이를 자기 안에 모셔서 모방하고 수용하거나 전혀 다른 지평과 차원에서 하나로 어우러지는 것을 뜻한다. 이에 고대 한국인은 대대를 통하여 세계의 실체에 다가갔고 또 그렇게 표현하였다.

앞의 인용문에서 원효는 깨달음과 깨닫지 못함을 이분법적으로 바라보고 구분한 것을 넘어서서 대대(待對)의 관계로 아우른다. "모든 중생이 불성을 가지고 있다[一切衆生悉有佛性]"는 것이 대승불교의 요체다. 부처와 중생, 깨닫지 못함과 깨달음, 본각과 시각이 대립하는 것이 아니라 전자가 후자를 모실 뿐만 아니라 후자가 전자를 모신다. 금덩이는 땅속에 묻혀 있어도 원래 금덩이의 성질을 가지고 있다. 이처럼 사람의 마음이 본래부터 지극히 맑고 깨끗한 불성(佛性)을 지니고 있으니 이것이 본각이다. 다만, 땅속에 묻혀서 금덩이로서 구실을 하지 못하고 있을 뿐인데 땅 밖으로 나오면 되듯, 불법을 듣고 온갖 번뇌와 탐욕에서 빚어진 어리석음과 미혹함인 무명(無明)에서 벗어나 깨달음을 얻는 것이 바로 시각이다. 중생 안에 불성이 있으니, 유리창의 먼지를 지우면 푸른 하늘이 드러나듯, 누구든 무명을 없애면 자신 안의 불성을 드러내서 부처가 될 수 있다. 무명을 없애는 두 축은 지혜와 자비다. 수행하여 고통의 원인인 모든 번뇌와 집착, 탐욕을 없애고 깨달아 열반에 이르는 것이 지혜다. 그리 수행 정진하여 부처에 이르렀다고 할지라도 단 한 사람이라도 고통받는 중생이 있다면 그는 아직 부처가 아니다. 중생의 고통을 자신의 아픔으로 여기는 것이 자비심이다. 자비심으로 말미암아 다시 중생 속으로 내려와 고통 속에 있는 중생을 부처로 이끄는 그 순간에 진정 부처가 된다. 그러니, 깨달음과 깨닫지 못함, 중생과 부처가 둘이 아니다. 깨닫지 못함 안에 깨달음이 있고 깨달음 안에 깨닫지 못함이 있다. 부처 안에 중생이 있고 중생 안에 부처가 있다. 깨달음은 깨닫지 못함을 통하여 드러나고 깨닫지 못함은 깨달음을 통해 드러난다. 이렇게 대립하는 것이 서로 연기적 관계인 동시에 대대의 관계로 서로 조건과 인과로 작용할 뿐만 아니라 서로를 모시고 있으니 그 자체의 본성이 없는 것이다.

앞에서 기존의 학자들이 한국 문화와 예술의 특성이나 미학에 대해 논한 것 가운데 '1) 자연미의 계열(자연성, 자연스러움, 무기교의 기교, 무작위, 순리, 퍼지 미)만 한국 예술과 문화의 정체성인데 이 또한 대대에서 비롯된 것이다. 자연 자체가 코스모스가 아니라 혼돈(chaos)이기에 자연은 A or not-A가 아니라 A and not-A의 대대에 의해서만 다가갈 수 있다. 한국 건축과 정원, 미술, 음악에서도 대대의 미를 추구하지만, 한류 드라마나 영화, 한식 요리에서 시간과 공간에 이르기까지 '한, 얼추, 대충, 눈대중과 어림짐작'으로 목적이나 완성에 도달하려 한다. 서양은 물론 중국인도 자연의 소리를 인간이 리듬이나 박자로 체계적으로 구분한 것을 음악으로 규정하는 데 반하여, 한국 음악은 자연 자체를 닮으려 한다. 특히, 판소리는 인간이 자연의 소리 자체를 내는 것을 최고의 경지로 여긴다. 이는 한국인들이 자연을 닮으려 하고 자연과 나, 주체와 객체의 관계를 대대의 관계로 바라보기 때문이다.

서사에서도 마찬가지다. 그레마스의 행위소모형(actantial model)으로 서양의 설화를 분석하면 적대자와 조력자의 구분이 뚜렷하다. 서양 설화에서 용은 끝까지 주체를 괴롭히는 적대자다. 하지만《삼국유사》에서 주체에 맞서서 욕망이나 목적을 방해하면서 적대자의 기능을 하던 용이 어떤 사건을 계기로 하여 주체를 돕는 조력자, 구체적으로 호법용이나 호국용으로 변한다. 그 계기를 만드는 것은 대개 주체의 지극한 선과 정성이다. 일상에서도 일본 사람들이 서로 언성을 높여 다투거나 모욕을 주면 결투하거나 평생 원수로 지내는 것과 달리 한국인은 말 한마디나 술 한 잔을 나누며 손쉽게 화를 풀고 다시 친해진다. 한류에서도 반주인공/적대자 안에 주인공/조력자가 있어서 서로 모셔서 서로를 생성한다. 연인이나 부부가 남이 되어 서로 미워하다가도 예사롭게 화해하고 원수였던 인물과도 별로 어렵지 않게 다시 친구가 된다. 또, 주인공은 대개 극단에 서지 않는 중도(中道)의 사고를 하고 행위를 한다. 극단적인 인물은 이런 주인공의 행위를 드러내기 위한 조역에 그친다. 한류의 남자 주인공은 대개 겨울연가의 강준상(배용준 역)처럼 섬세하고 온화하며 상대방의 아픔에 쉽게 공감하고 배려하는 여성성을 갖고, 여자 주인공은 대장금처럼 강한 주체의식과 의지를 갖고 새로운 모험이나 창의적 작업을 하고 자신이 옳다고 여기는 것을 반드시 성취하는 남성성을 갖는다.

이처럼 대대/남모심은 한민족 고유의 사유 방식이자 집단무의식적 대응양식이다. 이는 한국인의 사고와 행동, 예술과 문화, 집단무의식의 심층을 결정하는 논리 구조다. 지금까지 한국인의 특성, 예술과 문화의 정체성에 대하여 수많은 글과 책들이 출간되었지만, 필자는 이 대대를 이해하지 못하였기에 한국 예술과 문화의 심층이나 근본을 보지 못하였다고 단언한다.[4]

정-한-아우름과 한류의 정체성

한국문화는 한의 문화가 아니다

중국이나 인도, 일본, 미국의 영향을 받지 않은 한국의 고유 예술은 모든 대립적인 것이 대대의 관계를 통하여 하나로 어우러지는 '정-한-아우름'의 내적 구조로 이루어진다. "정(情)이란 한 주체나 집

4 이제까지 대대에 대한 기술은 이도흠, 〈원효의 화쟁사상과 탈현대 철학의 비교연구〉, 《원효학연구》제6집, 원효학연구원, 2001, pp. 272-276, 283-288.를 요약하며 일부 보완한 것이다.

단이 타자, 세계, 다른 집단, 사회, 나라, 자연, 우주와 끊임없이 몸과 마음으로 소통하면서 서로 남모심의 관계를 이루어 이를 다른 것과 달리 친하게 느끼고 생각하며 좋아하는 마음의 상태와 이를 지속시키거나 더 좋은 관계로 만들려는 바램이다." 이는 마음에 품은 타자, 세계, 다른 집단, 사회, 나라, 자연, 우주를 동일성의 장 안으로 불러와 다른 것과 구별하고 차별하고 대립시키면서 친근하게 느끼며 자기를 확장하는 실존 양식이다. 정을 품은 이는 그와 나의 경계가 무너지고 하나를 이룬 존재의 합일에서 오는 삶의 충만함과 희열을 추구하며, 때로는 기꺼이 자신의 소멸조차 감당하며 타자성을 구현하는 것으로 인격의 완성을 이루려 한다. 정을 갖게 되면 타자를 사랑하고, 세계와 존재의 합일(合一)을 추구하고, 다른 집단과 가족처럼 유대를 돈독히 하고, 사회와 활발히 상호작용하며 함께 더 나은 사회를 이루려는 바람을 품고, 나라와 자신을 동일시하고, 자연과 물아일체(物我一體)에 이르려 하고, 우주와 범아일여(梵我一如)를 모색한다. 1980년대까지만 하더라도 외국의 거리에서 동아시아인을 만나면 구분이 안 될 정도로 모습이 비슷하지만, 식별법이 있다. 스친 후에 상대방이 한국인 같으면 뒤돌아보는데 그도 돌아보면 거의 한국인이다. 그러면 서로 한국인이냐고 묻고 전혀 모르는 사이라도 마음을 열고 소통하고 환대한다. 만남이 이어지면 그를 다른 사람과 구분하여 친근하게 느끼고 사랑하거나 좋아할 정도로 한국인은 정이 많다.

이 관계가 중단되면 한이 된다. "한(恨)은 내적/외적 요인에 의하여 타자, 세계, 다른 집단, 사회, 나라, 자연, 우주와 나의 관계가 단절된 채 타자로 귀속되어 더 이상 정을 주고받을 수 없고 바람이 좌절되었을 때 그 매정함이나 불의, 그에 내포된 모순과 부조리로 인하여 빚어진 불안, 두려움, 분노, 원망, 슬픔, 설움, 자책, 좌절감이 정과 남모심의 관계를 이루면서 정의 틀 속에서 내면화한 마음의 지속적인 상태다." 사랑한 님이 자신을 떠나거나 죽으면 별한(別恨)이 생기고, 더 이상 합일을 추구할 수 없을 정도로 세계의 부조리함이 지나치면 이를 부정하고 일탈하면서 속태우고, 다른 집단이 등을 돌리면 배신감과 원한을 품고, 사회와 상호작용이 불가능해지면 소외감에 몸서리를 치고, 나라를 빼앗기거나 나라가 자신을 버렸다고 생각하면 상실감에 몸부림을 하고, 정을 둔 자연이 사라지거나 파괴되면 비통해하고, 우주와 단절을 느끼면 두려워하거나 서러워한다. 역사·사회의 장에서는 권력을 상실한 양반이나 귀족, 중인, 서민, 천민, 여성, 장애인, 이주민 등 소수자들이 더 높은 양반이나 귀족, 남성, 비장애인, 정주민 등 다수의 권력을 가진 자로부터 배제되고 부당하게 차별, 억압, 착취 폭력을 당하면서도 더 나은 사회의 바람을 품다가 때로 실천에 나서지만 실패하여 그에 대한 분노와 저항심, 좌절감을 분출하지 못한 채 내면화한, 부조리한 세계에 대한 소극적 대응양식이다.

여기서 가장 중요한 것은 한이 정과 이원적, 대립적, 모순적 관계가 아니라 대대의 관계를 형성한다는 점이다. 얼핏 보면 정과 한은 대립적인 것 같지만, 서양, 중국이나 일본처럼 정의 반대 개념이 한이 아닐뿐더러 슬픔하고도 다르다. 한은 정을 껴안은 슬픔이다. 정이 없으면 한도 없다. 정이 도타울수록 한이 깊어지고, 한이 깊을수록 정도 도타워진다. 다른 나라 사람처럼 정을 끊으면 한도 생기지 않는다. 정을 너무 많이 주었기에 사랑하던 님이 나를 떠나고 심지어 원수가 되더라도 정을 끊지 못한다. 대신 그 대상에 대한 서운함, 서러움과 불만, 관계가 끊어진 뒤에 새롭게 만들어야 하는 새로운 관계와 세계에 대한 두려움과 불안을 자기 혼자 삭여 한으로 쌓는 동시에 서양은 물론 가까운 중국이나 일본 사람처럼 복수하는 것이 아니라 그 대상을 애절하게 그리워한다. 그러기에 님, 자식이나 배우자, 벗, 마을, 나라처럼 정을 많이 주었던 대상일수록 한이 크며, 해소되지 못한 채 계속 마음에 상처를 주며 응결되면 '화병'이 된다. 그러기에 한국인에게는 '미운 정'과 '고운 정'이 함께 공존한다. 자연히 이런 심성은 기호와 이미지를 통하여 표출되고 해소되면서 예술을 형성하였다.

흔히 말하듯 한국 문화와 예술은 한(恨)의 문화가 아니다. 대다수의 학자와 대중들이 한의 문화라고 착각한 것은 정과 한의 관계를 남모심으로 보지 못한 채 이분법적으로 바라보거나 야나기 무네요시의 비애론을 무비판적으로 수용하였기 때문이다. 오리엔탈리즘이나 식민주의를 내면화한 탓에 대다수 학자와 대중 모두 한국 문화의 특성이나 정체성을 거론할 때 상투적으로 거론하는 것이 "숱한 외침과 전란, 식민 지배, 지배층의 가혹한 수탈의 역사적 체험에서 생성된 한"이라는 말이다. 하지만 이는 전형적으로 결과에 과정을 짜맞춘 오류다. 한민족의 역사를 어느 한 지역이나 마을, 공동체로 한정하면, 특정 지역에서 외침과 전란을 겪은 역사적 체험은 그 지역사 가운데 0.001%도 되지 않는다. 지역의 제후국이나 맹주끼리 숱하게 전쟁을 벌인 중국, 일본, 유럽과 비교할 때 평화의 시간은 수십 배 더 길었다.

중세 시대에 어느 나라든 지배층의 수탈로 인하여 민중의 삶은 곤고하였지만, 굳이 비교하면 조선조의 민중이 같은 시대의 유럽, 중국, 일본보다 더 많이 수탈되지 않았다. 조선조는 유교/성리학의 이념에 부합하도록 민본(民本)을 지향하는 도덕경제를 운영하였다. 국가나 왕족과 귀족의 이익이 아니라 철저히 국태민안(國泰民安)을 추구하였다. 19세기에 들어 관료의 부패 등 여러 요인으로 무너졌지만, 공공(公共)과 위민(爲民)을 지향하며 공정(公正)과 공평(公平)에 부합하는 조세정책을 엄격하게 실시하고 구휼책도 두었다.

"조선조 전기에는 대략 양인의 7/10이 자기 토지를 갖고 있었고 초기에는 1/10, 세종조 이후에는 1/20 정도를 조(租)로 냈고 전주(田主)가 이 중 1결 당 2두(斗)의 세(稅)를 국가에 냈다."(김혜승, 2001: 115, 121) "임란 이후에는 점차 정액화(定額化)·지세화(地稅化)가 진행되어, 전세는 영정법으로 1결당 4~6두로 징수액이 감액·고정되었으며, 대동법 이후 호(戶)를 기준으로 부과하던 공물은 결당 12두로 정해졌다."(임성수, 2015: 9) "조선조에 1결당 생산량을 300두로 추정하여 30두를 최고 세액으로 설정하였으니"(유기현, 2022: 239), 19세기에 삼정이 문란해지기까지는 당시 민요의 향유층이었던 평민의 삶은 그리 곤궁하지 않았다. 반면에 "17세기 프랑스 농민의 경우 수확량 가운데 교회에 10%의 십일조, 봉건영주에게 20~30%의 봉건채무(feudal dues), 왕에게 10~20%의 조세(taille)를 내야 했다(Denis Menjot et al, 2023, 224-246). 탈놀이와 판소리, 사설시조의 주요 창작/향유층인 중인(中人)은 주로 하급관리나 전문직 종사자였기에 훨씬 넉넉하였다.

무엇보다 1970년대까지도 한국의 도시든 농촌이든 공동체적 유대가 강하게 유지되었다. 농촌사회에는 정을 바탕으로 서로 함께 일하고 나눈 두레 공동체가 잔존하였다. 서울을 비롯한 도시지역에는 마을 사람끼리 골목을 기반으로 서로 오고 가며 상부상조하는 골목문화가 남아 있었다. 한국의 집은 담장이 있더라도 아이들도 넘을 정도로 낮았고, 대문은 열어두거나 닫아도 평소에는 자물쇠를 채우지 않아 밀거나 당기면 열렸다. 한지를 바른 방문은 누구나 밖에서 문고리를 따서 열 수 있었고, 문고리가 안에 있다 하더라도 손가락에 침을 발라 구멍을 뚫고 열 수 있었다. 언제 침략자들이 올지 몰라 밭과 멀리 떨어진 산꼭대기에 성채를 짓고 그 안에 마을을 형성한 유럽 사람들은 상상조차 할 수 없을 정도로 평화로웠다. 마을 사람들은 심봉사가 젖동냥하여 심청을 키우고 농촌의 거의 모든 마을에서 품앗이와 두레가 행해질 정도로 가족처럼 지냈다. 두레나 마을굿을 행하는 마을에는 1970년대에 이르기까지 수백 년 동안 범죄가 단 한 번도 일어나지 않은 곳이 허다했다.

그런 공동체에서 공동의 노동이나 의례, 놀이, 경험에서 비롯된 노래와 서사를 향유하였기에 구체적이고 해학적이고 공동체적인 것이 주류를 이루었다. 필자는 중국의 시가 가운데 비애미가 강한 노래가 오히려 한국보다 많으리라 본다. 실제로 "주로 중인이 창작/향유한 만횡청으로 분류된 사설시조 116수 가운데 눈물의 감상성을 추구한 시조는 13수에 지나지 않는다. 반면에 해학성을 추구한 시조는 29수에 달한다."(이도흠, 2014: 139) 주로 평민이 창작/향유한 민요는 90% 이상이 노동요다. 해학적인 노래가 슬픈 노래를 압도하고 슬픈 노래도 마지막 구절에서는 승화나 화해를 모색한다.

한국 문화는 한의 문화가 아니라 이를 승화하여 '아우름'을 이루는 문화다. 사랑하는 이의 헤어짐과 죽음, 수탈, 패배, 침략 등의 비극을 맞을 때 한을 맺게 되지만, 한을 품고 있는 한 삶은 늘 슬픔과 분노, 불안과 불만으로 가득한 삶이다. 이에 한국인은 현실의 세계에서든 상상의 세계에서든 지금 여기에서 맺힌 것들을 모두 풀어 이를 해소하고 아우름을 이루려고 한다. "'아우름'이란 부단한 삭임과 공동의 행위, 놀이, 의례, 예술, 깨달음을 통해 나와 타자, 하나와 둘 사이에 맺어진 한(恨)을 더 큰 사랑으로 승화시켜 맺힌 모든 것을 풀면서 신명에 이르거나 바람을 실현하려는 집단무의식적 대응양식이다." 타자에는 사람만이 아니라 세계, 다른 집단, 사회, 나라, 자연, 우주가 포함된다. 하나는 일(一), 하늘, 세계 그 자체, 이상, 진리, 두레를, 둘은 이원적 세계, 땅, 현실, 상대 진리, 일반 사회를 뜻한다. 동물이든 식물이든 대다수의 먹거리를 발효시켜 미생물이 원래 재료에 있던 독소를 영양분과 미각을 높이는 효소나 물질로 바꾸듯, 한국인은 한을 삭여서 풀어버린다. 이렇게 하여 다시 서로 사랑하는 사이가 된다. 세계와 존재의 합일을 이룬다. 다른 집단과 하나의 가족을 형성한다. 사회와 나의 종합을 꾀하고 바람직한 사회를 구현한다. 나라와 나의 혼연일체를 이룬다. 자연과 물아일체(物我一體), 우주와 범아일여(梵我一如)에 다다른다.

한국 전통 예술에서 정-한-아우름

물론 연인이나 자식의 죽음에 넋 놓고 통곡하는 것처럼 단순히 패배적이고 체념적인 한을 표출하는 것도 삶의 조화와 평형을 이루는 한 방편이다. 그렇게 체념적 한을 표출하는 것으로 그친 예술도 많이 있다. 하지만 대개 한에 머물지 않는다.

그림 1 한국 예술에서 정과 한의 아우름 구조

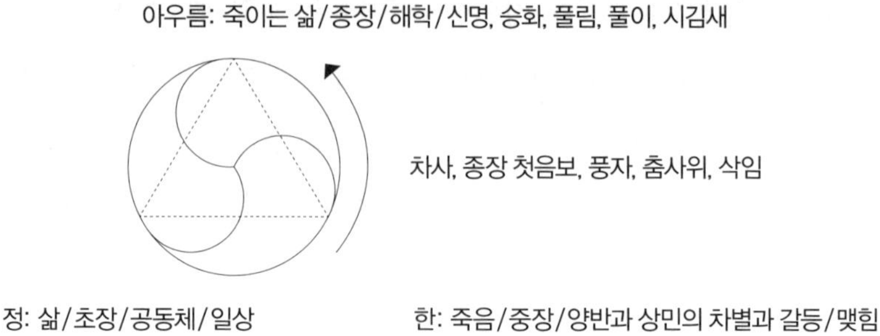

한국 전통 예술에서는 초장이나 앞부분에서 서정이나 한의 동인을 밝히고 중장이나 가운데 부분에서 이를 심화한다. 그러면 향가의 마지막 구의 감탄사인 차사(嗟辭), 감탄형 3음절인 시조의 종장 첫 음보, 판소리와 탈춤의 풍자, 춤에서 춤사위, 행위와 실천에서 '삭임/삭힘'을 매개로 종장이나 마지막 부분에서 모든 대립을 남모심의 관계로 아울러 한을 풀고 신명, 흥(興), 해학, 무심, 시김새로 승화시킨다. 힘이 없을 때, 혹은 상대방이 자신에게 한을 품게 했음에도 사랑할 때, 더 큰 대의를 추구할 때 한을 삭인다. 체념주의, 패배주의, 순응주의에서 우러난 행위가 아니다. 한국어에서 멋과 맛은 통하는데, 윤리적으로는 인욕과 정진을 통한 달관이고, 미각적으로는 곰삭임을 통해서 도달한 남도 음식의 독특한 맛인 개미이며, 미학적으로는 여러 갈등과 대립에서 빚어진 모든 한을 삭이고 풀고서 이룩한 신명이나 승화의 미(美)다.

사회의 장에서는 이 매개의 구실을 하는 것이 삭임/삭힘, 공동의 식사와 공동 음주/집단 춤/굿과 같은 공동체의 집단적 의례나 문화행사, 동학농민전쟁이나 촛불과 같은 집단적 저항행위다. 한국인은 기근, 외침, 독재체제, 경제위기를 맞을 때마다 민중들이 하나가 되어 자신이 재산을 희사하고 목숨을 걸고 싸워 극복하였다.

미학적으로 표현하면, 이 경지를 너와 남, 나와 가족, 나와 마을/나라, 나와 자연/우주의 하나됨을 공동체의 일원으로서 집단적 신명으로 표출하면 흥(興)이 되고, 이를 풍류도, 도교, 불교, 유교, 동학 등의 영향을 받아 개인의 성찰로 내면화하여 긍정과 부정, 선과 악, 희(喜)와 비(悲)의 이분법적 분별 작용을 넘어서는 초월과 해탈의 미감으로 나타나는 것이 무심(無心)이다. 판소리로 치면 시김새 좋은 그늘의 미학이다. "판소리의 시김새라는 말은 광대가 그 스승으로부터 전수받은 판소리 가락을 오랫동안의 피나는 수련을 통하여 충분히 '삭이어서(세련시켜서)' 맛이 들게(고도의 예술성이 갖추어지게) 하는 데 성공하였을 때의 그 예술적 성취의 양상 내지 차원을 나타내는 말"이다(천이두, 1993: 106). "그늘이란 시김새 좋은 판소리에서 빚어지는 웅숭깊은 여운, 맛을 이루는 말"(천이두, 1993: 117-118)로 넉넉하게 모든 것을 끌어안고 아우른 여유에서 나오는 새길수록 깊은 멋이다. "산전수전을 겪으면서 육체적으로나 정신적으로 성숙해진 사람, 여유 있는 사람, 멋이 있는 사람, 제대로 된 사람을 일러 '그늘이 있는 사람'이라 한다."(천이두, 1993: 118)

여기서 '아우름'은 대개 신명(神明)으로 표출된다. 신(神)이란 서양의 God과 다르다. 온 우주와 자연에 깃든 성스러운 영기(靈氣), 우주와 자연의 근본 질서와 원리, 초월적 존재만이 가질 수 있는 힘과 기운, 인간의 마음과 몸의 지극한 본성, 자연과 인간의 생명성을 뜻한다. 신명이란 우주와 자연과 타자와 내 몸이 어우러지며 인간의 몸과 마음에 내재된 지극한 본성과 영기, 생명성이 바깥으로 분출하며 우주, 자연, 타자의 그것과 하나로 어우러짐을 의미한다. 신명은 인간에 내재되어 있다가 음악과 춤, 혹은 술에 의한 쾌락 중추의 자극, 개인의 몰입, 내 몸과 우주의 조응, 집단적 공감과 망아(忘我)가 있을 때 일어난다. 음악을 듣고 춤을 추면서 집단적으로 공감하고 몰입하게 되면 마음과 몸의 변화가 오고 이를 서로 주고받으면서 뇌 속의 쾌락 중추가 자극받아 고도의 흥분상태에 이르고 온몸의 세포들이 우주의 질서와 조응하게 된다. 이러면서 너와 나, 정과 한, 인간과 우주 자연, 성(聖)과 속(俗) 사이의 모든 대립과 갈등을 해소하고 양자가 하나가 되는 순간, 모든 맺힌 액과 살과 한을 풀면서 지극한 흥(興)의 상태에 이른다. 이렇게 하여 무엇이라도 할 수 있는 내 몸의 본성과 기운, 생명성이 솟아나고 미적으로도 지극히 아름답고 멋지게 되는 것이 바로 '신/명이 나는' 것이다.

무당이 굿판에서 연주를 들으며 춤을 추면 어느 순간에 우주와 자연에 깃든 신령이 내려와 몸 안의 신령과 만나 하나가 될 때 신명이 난다. 신명이 난 무당은 신들과 대화하며 인간과 소통을 시키는 중개자의 구실을 하고 미래를 내다보는 통찰력을 갖게 되며, 시퍼런 작두에 올라 몸을 실어도 단 한 방울의 피도 흘리지 않는 초인적인 몸의 상태가 된다. 그리고 이 신명은 굿판에 모인 모든 이에게 전해진다. 굿판에 모인 이들도 신명이 나서 함께 어울려 춤을 추며 액과 살과 한을 풀어버리고 다시 일상으로 돌아간다.

민요, 향가, 속요, 시조 등 한국의 전통적인 시가, 국악, 한국춤, 탈놀이, 판소리 등 인도나 중국, 일본, 미국의 영향을 받지 않은 한국의 전통 예술은 물론 〈대장금〉이나 〈정년이〉처럼 한국다움에 충실한 한류는 거의 모두 형식과 내용 모두 정과 한의 아우름의 심층구조를 이루고 있다. 그러기에 남모심과 정-한-아우름을 모르면 한국다운 예술의 창작과 어느 정도 거리를 두게 된다.

한류에서 정-한-아우름

한류에서 정은 가부장적 질서와 독재체제의 억압과 폭력, 자본주의 체제의 치열한 경쟁과 대립 속에서도 물신주의와 이기심, 이해관계를 넘어 펼치는 주인공들의 따스한 사랑, 우정, 가족애, 인간애로 나타난다. 인간 본연의 고독과 불안, 신자유주의 자본주의 체제가 심화한 물화(reification)와 소외, 경쟁과 각자도생, 불평등 등을 겪고 있는 대중들은 이에 공감하며 몰입한다.

한류에서 한은 권위적 위계질서와 가부장주의 등 봉건적 잔재, 근대화/산업화/자본주의 체제의 모순, 국가폭력에 의한 주인공의 패배나 희생에 따른 슬픔과 고통과 시련, 개인의 죽음/이별/배신 등으로 나타난다. 대중들은 이에 정서적으로 연루되어 함께 슬퍼하거나 분노한다.

아우름은 이로 야기한 모든 고통과 슬픔을 정과 대대의 관계 속에서 삭이면서 스스로 풀어버리거나 한 차원 높은 우정, 사랑, 가족애, 인간애로 극복하고 결국 주인공이 승리하여 새로운 희망과 비전을 펼치거나 '외적 패배를 통한 내적 승화', 곧 서사의 전개상으로는 주인공이 적대자에게 패배하지만, 주인공이 추구하는 선한 주제를 관철하여 비극적 비전이나 해학으로 승화하는 경지로 나타난다. 흥, 신명, 시김새와 그늘, 승화가 바로 아우름의 양상이다. 전 세계의 대중들은 이에 가장 크게 감동하고 열광한다.

예를 들어 〈정년이: 정지인 연출, 최효비 극본, 2024〉에서 정은 천재성을 지닌 윤정년(김태리 분)이 목포 인근의 고향에서 가난하지만 가족과 함께 서로 사랑하고 의지하며 행복하게 사는 삶이다.

한은 가난하고 가진 것 하나 없는 정년이가 여성 국극단 매란에 들어가서 부자에다가 유명한 성악가 어머니를 둔, 성골 중의 성골 허영서(신예은 분)로부터 질투와 시기를 당하며 오로지 재주 하나로 경선에서 이기기 위하여 독공을 너무 열심히 하는 바람에 떡목이 되어 소리를 하지 못하는 것, 친구를 돕다가 매란에서 쫓겨나 고초를 겪는 것, 영화와 텔레비전의 등장으로 국극과 매란 국극단이 위기에 놓이는 것이다.

아우름은 두 천재이자 경쟁자인 정년과 영서가 서로 상대방의 고통을 자신의 고통으로 받아들이고 상대방으로 인하여 성장할 수 있음을 깨닫고 동무가 되고 정년이 거의 시김새의 경지에 올라 마지막 공연에서 대중을 감동시키는 것이다. 〈정년이〉에서 가장 극적인 장면은 서로 빈부 격차가 심한 바탕에 성격, 배경, 코드가 달라 대립하였던 정년과 영서가 남모심의 관계를 매개로 벗으로 전환하는 것이다. 둘은 서로 눈부처를 보게 된다. 정년은 모든 것을 가졌다고 생각한 영서가 판소리를 서양의 클래식에 비하여 천박한 것으로 여기는 어머니로부터 핍박과 시련을 당하였음을 알게 되고, 영서는 정년의 어머니 채공선이 명성이 높은 소리꾼이었다가 목을 다쳐 은퇴한 경험 때문에 정년이 소리하는 것을 격하게 반대하였던 것을 알게 된다. 그런 어머니가 부담이자 장애였던 것도 서로 깨닫게 된다. 그 순간 둘은 적에서 벗으로 변한다. 정년은 떡목이 되었지만 혼신의 연기를 펼친다. 영서는 경선에서 심사위원을 향하여 발표할 필요가 없이 정년이 자신보다 훌륭하기에 왕자로 적격이라고 말한다. 둘은 뜨거운 눈물을 흘리며 포옹한다.

대대의 여성성

21세기에 한류가 서양, 특히 미국 대중문화라는 타자와 만나서 형성하는 가장 큰 정체성은 대대의 여성성이다. 아우름에 젠더적, 인종적, 제국주의적 한을 승화하는 대대의 여성성이 자리하는 것이다. 이에 담긴 이데올로기는 오인규와 장원호 등이 밝힌 여성 보편주의(female universalism)에 가깝기는 하지만 차이가 크다.

한류의 여성 주인공은 영화 〈캡틴 마블(Captain Marvel)〉(2019)의 브리 라슨처럼 생물학적으로 여성이지만 선머슴과 같은 모습을 하고 레이저 발사나 근육질의 격투와 같은 남성적인 힘으로 적을 물리치지 않는다. 〈대장금〉의 장금이처럼 여성스럽게 아름다운 얼굴을 한 주인공이 모성, 배려, 공감, 사랑과 같은 여성성을 바탕으로 하지만 수동적이 아니라 도전 정신과 집념을 갖고 자신이 맞은 위기들을 능동적이고 주체적으로 극복한다. 〈사랑의 불시착: 박지은 극본, 이정호 등 연출, 2019-2020〉에서 윤세리(손예진 분)는 어렸을 때 바닷가에 버려진 트라우마가 있지만 이를 극복하고 밝고 진취적으로 살아간다. 재벌가의 막내딸이지만 독립하여 혼자 힘으로 패션/미용회사를 만들어 성공하여 오랫동안 연을 끊고 살던 아버지로부터 그룹을 물려받으라는 이야기를 듣는다. 북한에 불시착하게 된 것도 직접 스포츠복의 기능성을 실험하려고 패러글라이딩을 타다가 거대한 회오리바람에 휩쓸린 탓이다. 〈갯마을 차차차, 신하은 극복, 유제

원/권영일 연출, 2021〉에서 윤혜진(신민아 분)은 실력과 정의감이 뛰어난 치과의사로 과잉치료 문제로 원장과 대립하다가 내부고발을 하고 이로 수도권의 병원에서 취직이 어렵게 될 줄 알면서도 원장에게 무릎 꿇고 빌면 받아주겠다는 말에 분심이 발동하여 동해안의 작은 어촌마을에 치과의원을 차린다. 여기서도 싹수가 없는 이, 성추행하는 사람들을 응징한다. 두식(김선호 분)을 사랑한다는 것을 각성하자 먼저 고백하고 청혼한다. 나아가 〈우리들의 블루스: 노희경 극본, 김규태 등 연출, 2022〉에서는 여성 인물들이 소외된 자들에 관심과 사랑을 갖고서 여러 장애와 차별, 억압에 맞서서 서로 힘을 합쳐서 이를 극복하는 주체성과 연대적 여성성을 구현한다.

남성 주인공도 마찬가지다. 그는 〈아마겟돈(Armageddon)〉(1998)의 브루스 윌리스처럼 강하고 성적 매력이 넘치고 능력이 출중한 백인 남성 전사가 아니다. 여성스러운 외모를 한 부드러운 성격의 주인공이 공감과 사랑으로 약자를 돌보면서 뜻을 성취한다. 〈겨울연가: 김은희/윤은경 극본, 윤석호 연출, 2002)에서 강준상/이민형(배용준 분)은 부드러우면서 지고지순하게 한 여인만을 헌신적으로 돌보고 사랑하는 남성상으로 전후 장기침체 속에서 남성들로부터 그런 사랑을 받지 못했던 일본의 40-50대 주부들에게 욘사마 열풍을 가져왔다. 〈태양의 후예: 김은숙/김원선 극본, 이응복/백상훈 연출, 2016-2017〉에서 유시준(송중기 분)은 군인정신으로 똘똘 뭉쳐진 장교이지만 상관의 명령까지 어기면서 어린이, 노약자와 사랑하는 이를 우선하여 구하고 돌보는 휴머니스트다. 〈사랑의 불시착〉에서 리정혁(현빈 분)도 북한 총정치국장의 아들임에도 북한에 불시착한 윤세리에게 한없이 부드러우면서 목숨까지 던지는 사랑을 한다. 마초

형의 남성역이 없는 것이 아니지만, 이런 대대의 여성성을 가진 주인공과 대조시키기 위해 조연으로 등장하거나 후경화한다.

BTS의 노래와 춤, 젊음의 저변에 대대의 여성성이 내재한다. 이는 엘비스 프레슬리, 믹 재거, 프레디 머큐리 등 기존의 서양의 록스타들이 갖고 있던 강하고 성적 매력이 넘치는 남성상이 아니다. "감정의 억제와 자기 통제, 이성적 판단에 가치를 두는 지배적 남성성의 시선에 비해 이들은 주변적이고 여성적이며 유아적으로 보일 수도 있지만, 팬들은 BTS의 이런 측면을 '인간적이고 리얼하며 소프트한' 남성성으로 이해한다. … 미국 팬들은 … 트럼프 대통령으로 상징되는 신자유주의적이고 권위주의적인 미국의 동시대 지배적 남성상을 독소적 남성성(toxic masculinity)이라고 부르며 BTS가 보여주는 남성성을 '대안적' 남성성, '반독소적' 남성성(anti-toxic masculinity)이라고 평한다."(한국국제문화교류진흥원, 2020: 61-62) "BTS는 지구상 어느 누구든, 종교, 인종, 성 정체성이 무엇이든 스스로 사랑하고 자신의 목소리를 내라는 보편적인 메시지를 통해 '선한' 영향력을 전파하는 최초의 주체로 등장했다. BTS는 소수자성을 잃지 않고, 즉 아시아인의 특성을 잃지 않고 매력적인 남성으로서 세계를 향해 보편적인 메시지를 담지하는 주체가 되는 데 일단 성공한 것으로 보인다."(한국국제문화교류진흥원, 2020: 65) 물론, 노래 가사의 진정성과 창의성과 함께 유튜브를 통해 보여준 그들의 서사들이 세계의 젊은이를 열광시킨 핵심 요인이다. BTS는 자신들도 평범한 소년과 청년처럼 어리고 부족한 탓에 시련과 불행을 겪고 실수하고 때로 갈등하지만 서로 포용하고 격려하며 하나둘씩 극복하고 성장하는 이야기를 영상으로 보여주었다. "일곱 명의 청년들이 아름답게 보여준 팀으로서의 성장과 성공은 개인 간 쟁투와 경쟁의 세계에 대안적인 성취라는 희망을 안겨주었다."(한국국제문화교류진흥원, 2020: 67)

때문에 한류 팬덤의 대부분은 여성을 중심으로 구성된다. 한류 드라마나 영화를 보면, 여성의 시선에서 육체적으로나 정신적으로 아름다운 여성 주인공이 주체적/독립적으로 역경이나 시련을 극복하는 이야기를 흔하게 다룬다. "여성 주인공이 주어진 환경에서 끝까지 노력하여 모진 어려움을 겪고 성공하는 것이나. 케이팝의 걸그룹이 화려한 춤과 노래로 여성들의 욕망을 과감히 발휘하며 전 세계적으로 인기를 끄는 것을 보면서 전 세계 여성들은 공통적으로 젠더 멜랑코리가 해소되는 환희를 느낀다. 전 세계의 여성들은 젠더, 인종, 탈식민 멜랑코리아(gendered, racial and postcolonial melanchoria) 가운데 하나를 겪고 있는데 한류는 여성의 시선에서 멜랑코리의 원인을 살피고 젠더, 인종, 탈식민적 약자들 안에 쌓인 애환을 풀어주고 그들의 소망을 실현해 준다."(Ingyu Oh and Wonho Jang, 2022: 265-267) 이는 가부장주의, 백인우월주의에 바탕을 두고 강한 남성이 영웅적 주인공으로 서사를 이끌어가는 미국의 영화나 드라마와 커다란 차이를 갖는다. 전 세계 여성들은 공통의 자본주의 체제와 가부장주의, 유색인이나 비서양 여성의 경우 백인우월주의, 미국/유럽 중심주의가 이중/삼중으로 여성을 착취/수탈/억압/배제/차별하여 빚어진 여성들의 소외, 물신화, 우울, 고통, 불행, 불안, 고통, 애환 등의 한에 정서적 연루를 하여 공감하고 더 나아가 아름다운 여성 주인공이 주체적으로 이런 부조리와 비극, 시련을 극복하고 이루어 내는 성취와 승리에 환호한다.

"2023년 1월 1일부터 12월 31일까지 미국 일간지인 〈뉴욕타임스〉에서 보도한 한류 관련 기사 중 사용 빈도가 높은 키워드를 분석한 결과, '한국 관련 콘텐츠가 왜 좋은가?'라는 질문에 연결되는 키워드는 '희망, 사랑, 가족'이었다. 마지막으로 누가 한류를 통하여 사랑과 희망을 느끼는가에 대한 키워드는 '여성, 젊음, 미국'으로 이어졌다. 미국의 젊은 여성들이 한류를 통해 사랑하고 가족애를 돈독히 하면서 희망을 꿈꾸는 것이다."(한국국제교류재단, 2024: 34-35)

이렇게 한류가 백인 남성주의에 대한 대안문화의 지평을 열면서 'Koreaboo'의 뜻도 변하였다. 백인 남성주의에서 한류에 열광한 사람을 희화화/경멸/혐오하는 표현으로 사용되던 이 용어가 점차 긍정적인 의미로 바뀌더니 이제는 마초적인 백인 남성성에 대한 대안의 남성성으로 자리잡고 있다.

이처럼 한류는 장르와 형식, 기법, 스타일을 서양으로부터 차용했지만, 탐욕이나 이익보다 인간적 정(情)을 우선하고 대대의 여성성을 가진 주인공이 온갖 한—곧 세계 자체의 부조리함과 사회모순, 가부장과 국가의 폭력, 여러 장애와 편견, 배제와 타자화, 시련으로 빚어진 소외, 물신화, 우울, 고통, 불안, 불행, 애환, 갈등과 대립—을 공감과 사랑, 우정으로 극복하고 아우름—인간애나 가족애, 사랑의 승리와 성취, 이의 승화에 따른 흥(興)과 신명—을 이룬 서사를 형성하고 있다. 이는 자본주의가 야기한 착취, 물신주의, 소외, 고독, 불안에 지친 대중들, 특히 이에 더하여 인종주의와 가부장주의에 의해 억압되고 배제/타자화한 여성들에게 공감과 환희를 안겨주고 더 나아가 연대의 든든한 끈을 형성한다.[5]

5 이런 면에서 대대의 여성성은 로지 브라이도티의 포스트휴먼 페미니즘과 상통하는 점이 많다

그럼에도 한계는 많다. 〈대장금〉이나 〈정년이〉처럼 정-한-아우름의 미학을 내용과 형식에서 모두 제대로 구현한 한류는 드물다. 절대 다수 드라마와 영화, 케이팝에서 미국다움과 서양다움을 발견하기는 쉬워도 한국다움을 찾아내는 것이 더 어렵다. 능동적인 여성 주인공이 가부장주의나 기존의 관념과 관습을 깨고 사랑을 주도하고 시련을 극복하지만, 세계를 자기 나름대로 해석하고 지향성을 따라 실천하는 주체와는 다소 거리가 멀다. 여성 주인공들은 대개 남성의 시선으로 세계를 해석하고 지향하며 남성에 의존하여 그의 도움을 받아 목적을 성취한다.[6]

(Rosi, Braidotti, *Posthuman Feminism*(Cambridge: Polity, 2021). 이에 대해서는 별도의 지면에서 논한다.

6 지금까지 정-한-아우름의 미학을 포함한 Ⅰ-Ⅱ장은 이도흠(1999), 160-172쪽을 조금 보완한 이도흠(2003), 43-78, 이를 다시 차이의 정체성의 관점에서 한류로 확장하며 보완한 이도흠(2023), 181-213쪽을 거의 그대로 옮겨오며 약간 수정한 것임을 밝힌다.

한국 철학이 있는가?

철학이 없는 예술과 문화는 지속성과 깊이를 갖지 못한다. 인류사를 통하여 수백에서 수천 년 동안 화려한 꽃을 피우고 전 세계적으로 세계관이나 가치관에서 정치와 경제, 사회문화와 일상에 이르기까지 영향을 미친 예술과 문화는 모두 기독교, 불교, 유교, 도교를 바탕으로 한 것이다. 그러면 한국철학이 있는가. 대개 유가, 불가, 도가 철학 모두 인도나 중국에서 온 것이고 한국의 고유 철학은 없다고 말한다. 하지만 한국 고유의 철학이 있으며 이는 지금도 한국인의 사고와 행동, 예술적 재현의 무/의식적 저변을 형성한다. 필자의 관점에서 볼 때, 어느 정도 체계를 갖춘 한국의 고유 철학은 삼재와 풍류도, 화쟁, 동학사상이다.

본격적으로 한국의 고유 철학을 반영한 한류는 없다. 반면에 일본의 애니메이션, 『원령공주』, 『바람계곡의 나우시카』, 『센과 치히로의 행방불명』은 모두 일본의 신도(神道) 사상을 반영하여 세계적인 인기를 끌면서도 많은 영향을 미쳤다. 그렇다고 문화민족주의의 입장에서 한국 철학을 담은 한류를 제작하는 것은 시대착오적이다. 중요한 것은 '지금 여기'다. 21세기 오늘 한국과 인류가 맞고 있는 문제와 위기에 응답할 수 있는 것들을 한국 철학에서 찾아 현재화하여 한류에 담을 수 있을 때만 의미를 갖는다.

샤머니즘과 한류

한국의 샤머니즘을 간단히 정의하면, 세계의 부조리로 인한 비극이나 시련, 장애를 맞았을 때 인간 주체가 '지금 여기에서' 샤먼[巫]를 매개로 초월적 존재-귀신-의 힘을 빌려 모든 재앙을 없애고 다시 삶의 평형, 세계와 조화와 전일(全一)을 이루려는 신앙 양식이다. 예를 들어, 누이가 누구보다 착하게 살아왔음에도 중병에 걸리는 부조리를 맞으면 샤머니즘을 믿는 이들은 천국이나 극락왕생을 염원하거나 하나님이나 부처님께 기도하지 않고 샤먼을 찾아가고, 샤먼은 굿과 같은 의식을 행하여 중병을 걸리게 한 악귀를 쫓아내고 치유하여 지금 당장 가족의 행복을 되찾아 준다.

〈파묘: 장재현 감독, 2024〉는 샤머니즘과 풍수지리 사상을 바탕으로 한 오컬트 영화로 1000만 관객을 동원하고 대만, 베트남, 인도네시아, 호주에서도 인기를 얻었을 뿐만 아니라 청룡상에서 감독상, 여우주연상, 촬영조명상, 미술상을 받아 어느 정도 작품성도 인정받았다. 장손에게 대물림되는 병이란 재앙을 맞아 무당인 화림(김고은 분)을 매개로 파묘와 이장을 하여 '지금 여기에서' 다시 조화로운 삶을 이루려 한 것이나 대살굿, 파묘 등의 재연은 샤머니즘의 본질에 충실하다. 기존의 샤머니즘의 공포물이 일부만 차용하여 공포를 조성하는 데 치중한 것과 차이를 갖는다. 풍수사상과 오행사상도 가미하고 있다. 풍수사들로부터 전해 들은 장재현 감독의 표현대로 파묘란 과거를 꺼내는 것인데 그 과거는 일본 귀신 오니를 매개로 한 임진왜란이었다. 주인공 4인방의 이름은 독립운동가에서 따왔고, 의뢰자 집안은 대부분 친일분자의 이름을 차용하였으며, 적대자의 우두머리인 일본 귀신 오니는 세키가하라 전투에서 1만 명을 넘게 죽이는 전공을 세워 신이 된 다이묘다.

이 영화에 짙게 깔린 국수주의는 문제이지만, 오니의 출현을 이장을 의뢰한 주체인 박지용 일가의 현재의 삶과 연관시킨 것은 기존의 샤머니즘 영화에서 진일보한 것이다. 곧, 현재의 막대한 부가 할아버지의 친일 행위로 비롯된 것이지만 아이의 대물림 병은 그에 대한 업이라는 것이다. 다만, 주술적 세계와 과학적 세계 사이의 치열한 대결이 보이지 않는 것이 흠이다.

앞으로 샤머니즘을 바탕으로 한 한류는 '지금 여기에서' 삶의 모순과 부조리를 치열하게 드러내는 것을 우선으로 해야 한다. 이를 바탕으로 이에 대한 극복과 소망 실현의 방편으로 과학적이고 합리적인 대안이 부재한 상황에서 샤머니즘적 세계를 끌어들이되, 현재와 과거가 부단하게 대화하면서 주술적 세계와 과학적 세계의 대립을 치열하게 전개하거나 과학적 세계를 결합하여 개연성과 현실성도 획득한다면 한 차원 더 높은 지평을 열 것이다.

삼재(三才)/풍류도와 한류

일본 스모는 단판 승부지만 한국 씨름은 세 판을 겨루어 결정한다. 한국인은 모든 겨루기나 내기를 할 때 세 판을 한다. 한쪽이 두 판을 내리 이기는 경우도 있지만, 짝을 잘 맞추었다면 대개 2:1로 결판이 난다. 이 경우 이김과 짐은 남모심의 관계가 된다. 이긴 자도 한 판을 졌기에 겸손할 수 있고, 진 자도 한 판을 이겼기에 좌절하지 않을 수 있다.

제사 때 잔을 올리거나 절하는 것도 세 차례 행하고, 입춘 날 보리를 캐서 그 뿌리가 세 가닥이면 풍년이 든다고 생각한다. 그렇듯 한국인은 모든 것을 셋으로 나누어 사고하고 행하며, 셋은 나쁜 것을 좋은 것으로 변화시키는 계기의 수이자 양자를 종합한 완성의 수다. 우주와 인간 세계의 기본적인 구성 요소이면서 그 변화의 동인(動因)으로 작용하는 천(天)·지(地)·인(人)을 삼재(三才)라 한다. "1과 2와 3에 천(天)과 지(地)와 인(人)을 대입시키며 인(人)을 중심으로 하여 천지의 조화를 추구하고 있다."(이도흠, 1999: 157) 한국인이 휴대전화로 세계에서 가장 빨리 문자를 보낼 수 있는 것도 삼재의 바탕인 천(·), 지(ㅡ), 인(ㅣ), 이 세 가지만으로 무수한 모음을 조합할 수 있기 때문이다.

삼재 사상은 대중문화에서 이항대립구조를 바탕으로 한 근대적 사고의 한계를 극복하고 새로운 지평을 열 수 있다. 서양의 근대 사상은 세계를 진리와 허위, 이성과 감성, 선과 악, 남성과 여성, 서양과 동양, 인간과 자연 등으로 나누고 전자에 후자를 타자화하는 우월권을 준 폭력적 서열의 세계관이다. 삼재 사상은 양자의 사이에 셋을 두어 양자의 대립을 지양하고 둘을 넘어선 새로운 세계를 펼칠 수 있다. 진리 안에도 맥락에 따라 허위가 있다면서 비판적으로 인식하고, 허위 안에도 맥락에 따라 진리가 있을 수 있다며 이를 탐색한다. 이성에만 의존하는 주인공에게 공감을 부여하여 이성이 도덕적 타당성을 갖는 판단이 되게 하고, 감성에 휘둘리는 주인공에게 이성을 갖게 하여 감성이 합리적인 판단과 절제를 하도록 이끈다. 소설, 드라마, 영화에서 선과 악의 이분법을 넘어 선한 자 안의 악, 악한 자 안의 선이 서로 교차하는 좀더 복잡한 서사를 구성할 수 있다. 남성 안의 여성성과 여성 안의 남성성을 찾아 남녀의 이분법을 무화한다. '서양=근대화, 문명', '동양=전근대사회, 미개'의 오리엔탈리즘을 해체하고 서양과 동양, 중세와 근대, 문명과 미개를 서로 거울이자 타자로 놓고 차이를 모색할 수 있다. 인간중심주의가 환경위기와 기후위기를 낳았음을 성찰하며 인간과 자연이 서로 조건과 원인으로 작용하며 서로 생성하는 관계를 주목하는 생태론적 사고를 펼친다.

한국인은 세계에서 명품 등산복을 가장 많이 소비한다. 주말에는 도시 주변의 산들이 사람들로 가득하다. 한국인은 경치가 좋은 산천을 찾아 산책/등산하거나 인근에 자리를 마련하여 술 마시고 노래하고 춤추는 것을 좋아한다. 한반도는 수십억 년 동안 물과 불, 바람에 침식된 땅이 대부분이기에 〈뉴욕타임즈〉의 표현대로 계란판처럼 산이 많은 나라다. 청동기시대부터 마을은 여름 장마나 홍수로부터 안전하고 들과 가까운 산기슭에 자리를 잡아 사방에 산이 보인다. 삼한 시대부터 산을 숭배하여 산신에게 제례를 올리고 노래하고 춤추며 풍류를 즐겼다. 지금도 상당히 많은 마을에서는 산신

당에서 산신제를 지낸다. 풍류도는 한국적 샤머니즘에 산신 신앙과 풍류문화, 두레 등의 한국인의 공동체 의식이 서로 어우러져 이루어진 한국인의 독특한 세계관이자 생활양식이다. 이는 한류에서 물신주의와 화폐증식의 욕망에 빠진 자본주의 체제의 대중들에게 돈과 물적 욕망을 떠나 아름다운 자연을 찾아 모든 사람과 자연이 한데 어울려 풍류를 즐기는 대안의 삶의 모습을 보여줄 수 있다.

"일상의 차원에서 풍류도는 풍류를 통해 신명에 이르려는 한국인의 열망과 미적 지향의 관념 복합체다. 신라인은 아름다운 자연에 신의 정령이 깃들여 있다고 생각하여 섬기며, 산천제(山川祭)를 지내면서 자연과 하나로 어우러져 놀면서 집단 모두가 신명의 상태에 이르는 것을 풍류라 한다. 신라시대에 팔관회, 연등회, 한가위 축제를 열어 왕과 온 나라의 백성이 함께 제사를 지내고 술을 먹고 노래하고 춤추면서 하나로 어우러져 '신명'의 경지에 이르렀다. 서로 어우러져 우주와 내가 하나가 되고 나와 타인의 구분이 무너지면서 최고로 기분이 좋은 흥(興)과 열락(悅樂)의 순간을 한국인은 가장 인간적이고 미적으로도 아름다운 경지라 여겨 신이 내려와 그 신이 드러난다는 뜻으로 '신명, 혹은 신이 난다'라고 표현한다."(이도흠, 1996: 159-185; 이도흠, 2011: 37-39)

샤먼이 접신(接神)할 때 망아(忘我)의 경지에 이르듯, 한국인은 집단적으로 노래, 춤, 공동의 놀이에 참여하며 모든 타자 및 자연과 하나로 어우러지면서 모두 함께 황홀경에 이르는 풍류를 즐긴다. 영어에서 'samulnorian'은 "사물놀이를 하는 사람"이나 "사물놀이에 빠진 사람처럼 집단적인 흥분 상태에 이른 사람"을 뜻한다. 사물놀이 동아리가 아시아를 넘어 유럽과 미국 곳곳에 만들어지며 이들도 신명을 체험하고 있다. 이 신명을 체험하면 모든 스트레스가 사라지며, 신명에 이른 사람은 자기 능력 이상으로 성취를 이루고, 함께 신명을 체험한 사람은 친근한 벗이 된다. 2002 월드컵 때 한국인들이 거리에서 집단적 신명에 빠져 모르는 사람들과 하나가 되어 밤새 같이 술 마시고 노래하고 "대-한민국!"을 외치면서 논 것처럼, 사물놀이만이 아니라 다양한 한류에 신명을 접목하면, 세계인이 하나가 되어 자본주의 체제에서 겪는 소외와 물신주의, 과도한 업무에서 발생한 스트레스를 날려버리고 자연과 주변 사람들과 하나가 되어 집단적 열락에 이를 수 있다. 모든 종교를 아우르는 풍류도의 포용성과 모든 생명에 대한 섬김, 신명은 인종, 종교, 계급을 초월하여 모두 하나로 어우러져 지극한 열락에 이르게 하는 데, 모든 생명을 섬기며 공존을 모색하는 데 유용할 것이다. 이는 예술의 목적과도 부합한다.

화쟁과 한류

화쟁(和諍)이란 대립과 갈등, 딜레마, 모순[諍]을 직시하고 양자의 연기적 관계를 묘파하여 끊임없이 차이를 드러내며 소통하다가 '남모심의 전환'을 하여 하나로 아우르는 것[和]이다. 시민과 국가, 노동과 자본, 남과 북이 치열하게 대립하고 있는데 이를 무시한 채 쟁(諍)의 과정 없이 화(和)에 초점을 맞추면 유신체제를 옹호한 이데올로기나 분단모순을 은폐하고 독재체제를 옹호한 남북 통일론처럼 '거짓 화해'로 귀결된다. 그렇다고 양자 사이의 소통이나 절충이 화쟁이 아니다. 더 많은 이윤을 남기려 수억 원에 이르는 환경비용을 지출하지 않고 비 오는 날 폐수를 몰래 버리는 재벌이 환경운동가들을 '빨갱이'로 생각하였다. 그러다 어느 날 그가 자기 공장에서 버린 폐수를 먹고 자란 물고기를 자기 자식이 먹고 기형아 손자를 낳을 수 있다고 깨닫고서는 정화 장치를 설치하고 친환경기업으로 탈바꿈하는 것이 바로 화쟁이다. 둘 사이의 연기적 관계를 깨닫고 서로를 내 안에 모시는 작업을 꾸준히 하여서 결국 하나가 되는 것이다.

대중들이 가장 이성적이고 보통교육이 실시되던 20세기에 왜 집단학살이 자주 일어났을까? 이의 원인을 한나 아렌트는 '악의 평범성(banality of evil)'과 '순전한 생각 없음(sheer thoughtlessness)'이라고 설명한다. 나치 시대처럼 시민사회가 붕괴되어 비판과 토론이 허용되지 않고 개인의 인격도 파탄이 난 전체주의 사회에서는 평범한 사람들도 순전한 생각 없음의 상태에 놓여 그런 커다란 죄악을 범한다는 것이다. 곧, 악의 평범성(banality of evil)이 행해진다(아렌트, 2006: 380-382). 스탠리 밀그램은 실험을 통해 이를 의무감과 상황의 지배, 특히 '권위에 대한 복종(obedience to authority)' 때문이라 주장하였다(밀그램, 2009: 30, 32, 62). 베트남전에서 장교의 명령에 따라 민간인을 학살한 미국 군인처럼 권위에 저항하지 못하고 굴복하면 그럴 수 있다는 것이다.

하지만 히틀러가 독일 우파 시민을 학살하라고 명령을 내렸어도, 아이히만이 과연 유태인에게 행하였던 것처럼 별다른 생각이나 거리낌 없이 이를 수행했을까? 이러한 의문을 풀어나갈 실마리는 학살 이전에 특정 집단을 타자화하는 정책과 혐오 발언(hate speech)이 앞서서 행해진다는 사실에 담겨 있다. 독일 사회는 흑사병 팬데믹 때를 비롯하여 오랫동안 유태인을 차별하고 배제해왔고, 히틀러와 나치는 수년 전부터 라디오를 이용해 '예수를 죽인 이교도, 유럽 정신을 훼손하는 이방인, 아리안 공동체를 망칠 사악한 이들'이라고 유태인을 비방했다. 이상주의자였던 폴 포트는 캄보디아를 '반자본 반미 농촌 공동체'로 만들면 모든 인민이 서로 나누고 도우며 잘 살리라고 생각하였다. 하지만 그는 극단적인 반미 좌파 이념에 치우치는 바람에 이 이상과 반대되는 '친자본(성향), 부르주아, 친미, 도시, 엘리트'로 타자를 설정하고 이들을 수용소로 보내 격리하고 그래도 별로 효과가 없자 처형하였다. 르완다의 후투족 또한 지속적으로 국영 라디오 방송을 통하여 투치족 바퀴벌레를 섬멸하자는 내용을 주제로 방송을 한 후에 후투족 대통령이 탑승한 비행기의 격추 사건을 투치족에게 둘러씌운 후 대학살과 강간을 단행하였다.

이처럼 대량학살이나 집단적인 폭력은 정치적이고 경제적인 이해관계가 동일성에서 비롯된 타자에 대한 배제와 만날 때 이루어진다. '순전한 생각 없음'이나 '권위에 대한 복종'도 작용하지만 부차적이다. 한나 아렌트도 아이히만의 연기에 속은 것이지만 이 이론을 심리학에 적용한 스탠리 밀그램이나 짐 바르도의 실험도 조작된 것으로 밝혀졌다(브레흐만, 2021: 231-254). 유럽의 아메리카 대륙 정복 시대에 백인 어린이를 전혀 때리지 못하던 선하던 신부가 마야족과 잉카족의 어린이는 아무런 죄책감이 없이 때리거나 죽이는 일이 자주 벌어졌다. 신부가 백인 어린이를 기독교도로 동일화한 반면, 예수님을 믿지 않는 이들에 대해서는 이교도나 악마의 자식으로 타자화하였기 때문이다. 그렇듯 동일성이 형성되는 순간 세계는 동일성의 영토로 들어온 것과 그렇지 못한 것으로 나뉜다. 어떤 사회에서 특정 집단이 다른 분야에서 상실한 정체성을 회복하고자 동일성을 강화하면, 주류 집단은 인종, 종교, 이데올로기, 이념, 입장 등이 다른 존재를 편견으로 바라보고 자신과 구분되는 타자로 규정하고 차별한다. 최근에 유럽이나 미국, 더 나아가 한국에서도 극우 포퓰리즘이 준동하고 파시즘화하는 것도 이와 유사하다. 신자유주의 체제로 인하여 불평등이 심화하고 제조업이 몰락하자 존재의 의미를 상실한 가난한 노동자, 서민, 기독교도, 이대남들이 이주노동자나 외국인, 비기독교도, 좌파, 여성 등을 타자화하여 혐오하고 배제하고 폭력을 가하면서 이 행위를 통하여 자신의 정체성을 찾고자 하는 것이 가장 크게 작용한 동인이다. 이에 대한 대안은 불평등을 완화하고 동일성에서 차이로 패러다임을 전환하여 서로 눈부처를 바라보듯이 상대방을 이해하고 포용하는 것이다.

필자는 들뢰즈와 데리다의 차이 사상, 레비나스의 타자성(alterity)의 철학에서 부족함을 느끼고 원효의 화쟁사상 가운데 변동어이론(辨同於異論)을 재해석하여 '눈부처의 차이론'을 펼친다. 아주 가까이 다가가서 상대방의 눈동자를 똑바로 보면 거기에 비친 내 모습이 보인다. 형상이 부처님과 비슷하다고 해서 대략 16-17세기의 조선조의 한국인이 '눈부처'라고 이름 붙였다. 크리스천은 '눈예수'로 불러도 좋다. 필자는 여기에 크게 세 가지 의미를 부여한다.

첫째, 눈부처란 '나와 남, 주체와 객체의 이분법을 해체하는 '남모심'이다. 눈부처를 바라보면, 상대방의 몸인데 내가 거기 들어 있다. 그리고 상대방의 눈부처를 보는 순간에 내 눈동자에도 상대방이 담겨 있음을 깨닫게 된다. 눈부처를 바라보는 순간만큼은 너와 나, 주체와 객체의 경계가 해체되고 상대방을 내 안에 서로 모시는 남모심의 관계를 이룬다.

둘째, 이는 '내 안의 붓다다움[佛性]/예수다움과 타인 안의 붓다다움/예수다움의 서로 드러남'이다. 설혹 상대방을 때리러 간 사람이라 할지라도 눈부처를 보는 순간 멈출 수밖에 없다. 이처럼 눈부처는 내 안에서 남과 공존하고 섬기려는 붓다다움/예수다움이 드러난 것이다.

셋째, 이는 '동일성에 포획되거나 환원되지 않는 진정한 차이 그 자체'다. 낙엽은 생김새에서 빛깔에 이르기까지 차이가 무한하다. 하지만 푸르던 잎이 물들고 떨어져 사라지는 것을 보고 낙엽을 '무상(無常)'이라고 해버리면 차이가 사라진다. 이처럼 모든 개념은 결국 동일성으로 되돌아간다. 이에 눈부처 차이는 모든 개념을 떠나 공감을 매개로 동일성을 해체하고 '진정한 차이 그 자체'에 이르려 한다(이도흠, 2015: 145~185).[7]

---

7 화쟁을 차이의 사상으로 해석한 것은 필자의 독창적 작업이다. 이는 1999: 131-132에서 처음 행하였고 2001: 288-295에서 라캉, 데리다, 들뢰즈 등과 비교하며 한 장(IV. 차이의 철학과 辨同於異)에 걸쳐 기술하였으며, 이를 다시 2015: 145-185에서 눈부처-차이로 체계화하였다. '차이 그 자체의 눈부처'에 대해 이해하기 쉽게 허구의 이야기로 풀어 설명하면, 독일에 간호사로 취업한 누이가 보내주는 돈으로 대학에 다니던 한 남자가 있었다. 그 누이가 어느 날 독일 의사한테 성폭행을 당해서 자살했다. 그 남자는 독일 의사를 원수처럼 생각했다. 그 남자는 대학을 중퇴하였지만, 열심히 노력해 자그마한 기업을 운영하는 사장에 올랐다. 그는 독일인 의사처럼 되지 않기 위해 노동자 백 명 가운데 오십 명을 이주노동자로 고용하고 그들을 자식처럼 따스하게 대했다. 그런데 어느 날 아들이 와서 "아빠야말로 독일 의사야!"라고 말하고는 집을 나가버렸다. 왜 그랬을까? 그의 아들이 아버지 공장의 이주노동자 가운데 흑인 여성을 데려와 결혼한다고 하자, 그 남자가 미래의 손자가 흑인의 혼혈아라고 차별받을 것을 감당할 수 없다고 말했기 때문이다. 아들이 집을 나간 후 그는 밤새워 성찰하며, '내 안의 독일인 의사'를 발견하고 다음 날 아침 전화를 해서 아들과 그 흑인 여성 이주노동자와 소풍을 갔다. 그 남자는 여성 이주노동자에게 누이의 이야기를 한 후에 진심으로 사죄했다. 둘 다 눈물을 흘리며 포옹했다. 그 순간 그 남자, 그 남자 안의 독일인 의사, 여성 이주노동자, 그 여성 이주노동자 안의 누이—이 네 자아는 하나가 되었다. 바로 이렇게 공감을 매개로 모든 동일성을 완전히 해체하고 하나가 되는 경지가 바로 '눈부처 차이'다.

한류에서 빨치산과 토벌군, 국군과 인민군, 우파와 좌파, 기독교도와 이슬람교도 등 적대적인 국가나 인종, 종교는 물론, 치열하게 대립하거나 갈등 관계인 서사에서 그들을 다시 동일성으로 환원되지 않도록 진정한 화해와 치유를 이끌려고 할 때, 대량학살이나 그에 준하는 폭력의 근본 원인을 밝히는 동시에 진정한 화해와 치유를 도모하려 할 때 눈부처 사상은 유용할 것이다.

동학사상과 한류

"동학사상을 한 낱말만 남긴다면 '인내천(人乃天)', 곧 사람이 하늘이라는 것이다. … 동학은 신분, 계급, 젠더, 나이에 구분 없이 모든 이들의 존엄과 평등을 주장한다."(이도흠, 2022: 405-406) "동학은 농민을 중심으로 천민까지 아울러 탐관오리와 부호배의 처벌을 포함한 정치 개혁이며, 신분해방, 여성해방, 조세개혁, 토지개혁 등 봉건모순을 극복하는 운동이며, 서양만이 아니라 청과 일본까지 반대하며 반외세의 민족자립을 추구하며, 집강소처럼 민중적이고 민주적인 의사결정체제를 수립하고, 사회개벽과 인간정신의 개벽을 종합한 후천 개벽의 사회를 비전으로 제시했다. 무엇보다 농민과 동학교도들은 이념에 머물지 않고 직접 죽창을 들고 혁명운동에 나섰다."(이도흠, 2022: 413) 동학은 종교이자 철학이자 혁명의 비전이다.

그러기에 동학은 단지 동학농민전쟁이나 천도교/도에 관련된 것만의 사상으로 그치지 않는다. 아시아, 아프리카, 남미에서 서양과 다른 세계관을 가진 세상을 꿈꿀 때, 유럽과 미국도 포함하여 전 세계 어느 나라든 민중들이 스스로 주체가 되어 변혁을 꾀할 때, 서민들이 일상에서 생태적이고 평등하며 공동체 지향적인 사상을 바탕으로 서사를 펼칠 때 사상의 기반을 형성할 수 있을 것이다.

문화제국주의/플랫폼 제국주의와 한류

제국의 경제적 수탈과 정치적 종속은 거의 일방적이지만 문화는 유사하면서도 다른 차이를 보인다. "문화란 의식과 무의식, 이성과 감성, 유전적 능력과 더불어 잠재성과 가능성을 가진 다양한 주체들이 특정한 사회경제적 토대와 맥락에서 자연과 세계에 맞서서 자신의 목적을 구현하기 위하여 세계관과 이데올로기의 영향 아래 세계를 해석하고 지향하며 여러 실천을 행하는 것들이 서로 부딪치고 영향을 미치고 어우러지며 인정투쟁, 담론투쟁, 헤게모니 투쟁을 하는 장이자 정신적이고 물질적인 삶의 총체다."(이도흠, 2022: 11) 이에 문화적 주체들은 전승되거나 공유하는 사상, 가치관, 형식, 관습, 규범, 도덕, 종교, 의례, 놀이, 예술 등을 기억한 것을 바탕으로 다른 문화와 교류하고 소통하면서 끊임없이 모방과 창조, 작용과 반작용, 포섭과 배제, 지배와 저항, 해석과 헤게모니 투쟁을 벌인다. 그러기에 혼종성(hybridity)은 필연이다.

한 나라의 문화가 제국에 포섭되더라도 완전히 종속되는 것만은 아니다. 지배자는 포섭과 굴복을 위하여 "나를 닮으라"고 하는 동시에 차별과 구별 짓기를 통하여 권력을 유지하기 위하여 "같아서는 안 된다"라고 한다. 피지배층 또한 지배문화를 닮으려 모방하는 동시에 저항하며 차이를 만든다. 이 모순과 차이 속에서 혼종성이 발생하기에, "혼종성은 식민지 권력, 그 변환의 힘과 고착성에 포함된 생산성의 기호이다. 그것은 부인(disavowal)을 통한 지배의 과정을 전략적으로 역전시키기 위한 명칭이다. … 그것은 차별과 지배의 모든 위치들에서 필연적으로 변형과 치환이 나타남을 보여준다. 그것은 식민지 권력의 모방적이고 나르시즘적인 요구를 해체하고, 그 동일화 과정을 전복의 전략 속에 재연류시켜서, 권력의 시선 위에 피차별자의 응시를 되돌린다. 왜냐하면 식민지의 혼종성은 양가적 공간의 분절화이며, 그 양가적 공간에서 권력의 의례가 욕망의 장소에서 실행되면서, 권력의 대상들을 규율적인 동시에 산포적(disseminatory)으로 만들기 때문이다."(바바, 2002: 225-226)

혼종성을 통해 제국과 식민의 문화를 이분법으로 재단하는 기존의 문화제국주의론을 지양할 수 있다. 혼종성은 문화교류와 헤게모니 투쟁의 양상이기도 하다. 하지만 제국의 중심에서 제국의 언어로 글쓰기를 하며 제국에 협력한 호미 바바 자신처럼, 이론과 이데올로기로서 혼종성이나 양가성은 제국에 대해 치열하게 저항하거나 제국을 해체하기보다 합법적인 범위에서 온건하게 맞서거나 어느 정도 협조적인 자들의 텍스트와 담론에서 나타나는 이중성이나 분열이다. 이는 이분법을 넘어 중심과 주변의 문화를 보게 하는 대신에 탈역사화, 탈맥락하여 역사적이고 사회적인 분석과 대안, 정치적 주체들에 의한 저항이나 사회경제적 토대의 변혁을 은폐한다. 무엇보다 초국적 문화자본이 한계에 이른 제국의 문화를 보완하기 위하여 제3세계의 문화를 제국의 문화에 적당히 뒤섞어서 상품화하여 자본을 축적하고 결국 제3세계의 문화 가운데 중심의 관점에서 상품성이 떨어지거나 불온한 면을 거세하고서 중심의 문화 안에 편입시키는 것을 간과한다.

혼종화를 통해 문화는 단순하게 혼합하는 것을 넘어서기에 제국의 문화도, 식민지의 문화도 아닌 제3의 문화가 생성된다. 그렇다고 제국의 문화와 이데올로기든, 식민지의 문화와 이데올로기든 완전히 사라지지 않는 것이 아니라 잔재한다. 제국과 식민지 사이의 거시권력에서 주도집단과 수용집단 사이의 미시적 권력관계, 헤게모니, 이데올로기 투쟁, 수용자들의 취향에 따라 그 비율은 달라진다. 때문에 혼종성을 이유로 문화제국주의적 관점이나 민족주의적 해석을 헛수고인 것처럼 비판해서는 안 된다.

반면에 탈식민성은 "특히 식민화하고 인종주의화한 주체들이 모든 차원에서, 다른 모든 가능성을 '향하여' 식민 권력의 매트릭스에 '대항하는' 인식론적이고 존재에 기반한 대응과 실천이자 투쟁과 생존의 형식이다."(Mignolo and Walsh, 2018: 17) 이는 식민권력 매트릭스가 만들어 놓은 보편에 맞서서, 그에 동화하거나 포섭되지 않을 경우 야만으로 배제한 자들이 유럽 중심의 인식과 전혀 다르게 읽고 다시 쓰고 다시 존재하면서 새로운 인간으로 거듭나면서 새로운 세계를 여는 것이다.

이런 관점에서 볼 때, 한류는 다분히 오리엔탈리즘을 내면화하고 있다. 앞 장에서 말한 대로 한류 자체가 미국 대중문화의 형식과 기술을 그대로 차용하였을 뿐만 아니라 그에 담긴 오리엔탈리즘과 이데올로기도 수용하였다. 당연히 미국과 한국 문화 사이에 이분법적 재현 체계가 굳건하게 자리잡았다. 한국전 직후에 미국 영화를 보고 자란 헐리웃키드에게 미국은 '근대적이고 민주적이고 합리적일 뿐만 아니라 크고 잘살고 강한 제1의 나라'였다. 그에 반하여 한국은 '전근대적이고 전제적이고 비합리적/주술적일 뿐만 아니라 작고 못살고 약한 약소국'이었다. 미 군정기로 기원이 올라가지만, 한국전 직후에 차관 및 원조물자와 함께 본격적으로 유입된 미국의 대중문화는 한국인에게 '선진과 전범'으로 인식되며 선망의 대상이었기에 절대적인 모방이 대세를 이루었다. 한국 대중문화의 목표는 미국의 원본에 가까이 다가가는 것이었다. 당시에 가수나 배우에 대한 최고의 찬사는 미국의 누구와 비슷하다는 말이었고 아예 옷이나 제스처, 목소리를 흉내내기도 하였다. 노래든, 드라마든, 영화든 미국과 조금만 비슷한 점이 있어도 언론과 대중은 마치 최고 수준에 이른 것인 양 호들갑을 떨었다. 따라서 그에 담긴 미국중심주의, 백인남성주의, 능력주의, 승자독식주의, 상업적 휴머니즘, 몰계급적 로맨티시즘, 개인주의, 소시민주의 등의 이데올로기와 미국 중산층의 삶의 양식과 이미지, 욕망을 별다른 저항이나 비판 없이 수용하였다.

문화제국주의론이나 오리엔탈리즘론은 이제 수정이 필요하다. 제국의 문화 텍스트에 담겨 있는 오리엔탈리즘이나 유럽중심주의 등 제국의 이데올로기가 제국의 지배와 수탈을 합리화하는 것을 비판하고 저항하여 민족문화를 건설하는 것은 지금도 유효하다. 하지만 모든 것이 제국과 식민, 중심과 주변으로 칼로 가른 듯이 가를 수 없다. 이제 이 이분법을 지양하고 신자유주의 체제와 디지털 사회의 맥락에 맞게 변용해야 한다.

한류 이전의 한국 대중문화의 문화적 모순 가운데 핵심은 미국과 서양의 문화 식민지라는 점이었다. 한류 이후 아날로그 사회에서 디지털 사회로 변하면서 양상이 변하고 있다. "신한류에서 디지털 플랫폼은 전통 미디어를 대체하고 있다. … 문화소비가 더 이상 문화상품의 소유를 의미하지 않는 시대에 유튜브와 넷플릭스 등은 TV와 영화관 등을 대체하는 중이다."(진달용, 2022a: 44) "미 제국주의가 플랫폼을 통해 지속되고 있다고 해도 과언이 아니다. … 플랫폼은 미국이 지배하는 새로운 형태의 유통자이자 생산자로 기능해 왔다."(Jin, 2015: 69) "플랫폼 제국주의(platform imperialism)는 기술 격차뿐만 아니라 지적 재산권, 상징적 헤게모니, 사용자 상품 등의 형태로도 나타나며, 이러한 문제들은 자본이 소수의 미국 기반 플랫폼 소유자에게 집중되어 글로벌 격차를 확대하는 결과를 낳는다."(Jin, 2015: 12) 인터넷에서 미국의 정보와 이미지가 점유하는 비중은 대략 80%에 이른다. 넷플릭스, 페이스북, 구글, 유튜브, 트위터, 아이폰 등의 글로벌 플랫폼은 모두 실질적으로 미국의 영토다. 미국의 플랫폼은 단지 막대한 경제적 이익을 독점하는 것만이 아니라 상징과 이미지를 지배하고 전 세계의 사용자들이 자신들의 형식과 알고리즘에 따를 것을 강제하며, 때로는 텍스트의 내용에도 영향력을 행사한다. 플랫폼의 격차가 경제적 격차만이 아니라 문화적 격차를 야기하는 것이다.

대표적인 사례가 〈오징어 게임〉이다. 해당 콘텐츠는 황동혁 감독이 직접 대본을 쓰고 만든 넷플릭스 오리지널 작품이다. "2021년 말에 넷플릭스를 통해 전 세계 80개 국가 이상에서 1위에 오르면서 큰 인기를 끌었다. 오징어 게임이 공개된 지 23일 만에 전 세계에서

1억 3200만 가구가 시청하였다. 넷플릭스가 2140만 달러(약 253억 원)를 투자했는데 그 41.6배에 이르는 8억 9110만 달러(약 1조 550억 원)의 수익을 창출하였다. 그럼에도 넷플릭스가 지적 소유권을 가졌기에 황동혁 감독은 각본료와 감독료를 모두 합해 2억 원을 받았을 뿐이다."(김서원, 2021.10.17.; Shaw, 2021. 10.17) 이것만이 아니다. 넷플릭스는 투자하는 조건으로 작품의 내용에 일정 정도 제한을 가한다. 이 제한의 핵심 기준은 시청률과 넷플릭스의 가치관, 서사와 형식, 배우에서 세밀한 조명과 말씨에 이르기까지 알고리즘에 따라 조사한 시청자의 선호도다. 곧 신자유주의 자본주의의 이윤추구와 제국의 가치관, 시청자의 반응과 알고리즘에 의하여 역사와 사회, 민족은 거세된다.

당연히 대안은 한류의 주체들이 운영하는 플랫폼을 만드는 것이다. 제3세계에서 글로벌 플랫폼을 구축하려는 도전이 없었던 것은 아니지만 중국을 제외한 거의 모든 나라가 실패하거나 주변화하였다. 2000년대 후반까지 이용자가 4000만 명에 이를 정도로 인기가 있었던 싸이월드(Cyworld)는 페이스북, 트위터, 인스타그램에 밀려 겨우 명맥만 유지하고 있다. "넷플릭스는 작년(2023년) 한국 시장에서 매출 8233억 원, 영업이익 121억 원을 기록했다. … (반면에 MBC, SBS, KBS가 공동으로 설립한 POOQ와 SK브로드밴드가 합작하여 만든 국내 OTT 인) 웨이브는 791억 원, 티빙은 1420억 원의 적자를 냈다(성유진, 2024년 4월 15일). 전혀 빛이 보이지 않는 것은 아니다. 2020년에 BTS공연을 위해 '방방콘 더 라이브'를 개설하였는데 75만 6600명이 시청하였고(김지혜, 2020.6.15.), 2021년에 블랙 핑크의 공연 때 'YG Palm Stage'를 개설하여 'YG PALM STAGE-2021 블랙핑크: THE

SHOW'를 공연했는데 28만 명이 접속하였고 100억 원 이상의 매출을 올렸다(이재훈, 2021.2.1.).

제국은 언제 어디든 존재한다. 제국은 정치나 사회경제, 법과 제도의 영역만이 아니라 사유와 실천은 물론, 이미지와 무의식의 영역까지 지배하고 있다. 곳곳에 스며 있는 제국에 대한 분석과 비판, 제국의 이데올로기 신화가 깃든 담론에 대한 대항담론과 대항 신화와 이미지의 형성, 문화산업에 대한 저항으로서 민족/민중문화 건설, 중심으로부터 편입된 문화생산물의 내용, 형식과 양태에 대한 반제국적이고 민중적인 관점에서 다시읽기와 다시쓰기를 행해야 한다. 하지만 근본적으로 제국을 해체하는 패러다임과 저항, 탈영토화가 필요하다.

제국과 민족의 관계에서 한국 대중문화는 이중적이다. 세계 8위의 무역 대국에 이르는 한국은 미국과 글로벌 사우스 사이의 반주변으로서 제국과 주변부의 중개 역할을 하면서 미국에 종속되어 제국으로부터 수탈당하는 동시에 글로벌 사우스에 대해서는 제국적 착취를 하고 문화적 지배력을 확보하는 데 국가적 역량을 동원하는 아제국주의(sub-imperialism)적 자세를 유지하고 있다. 이런 지경학적 위상에서 한류는 분열적 양상을 보인다. 미국문화에 굴종적이면서 글로벌사우스는 지배하려 한다. 한류는 오리엔탈리즘을 내면화하여 미국 문화를 적당히 순화하고 포장하여 글로벌 사우스에 전하는 한편, 5천년 역사와 문화에 대한 강렬한 민족주의적 우월감을 확인하려 한다. 한류는 글로벌 사우스의 대중들의 의식에 영향을 미쳐 문화적 지배력을 확보하면서 문화상품은 물론 이미지를 제고하여 일반 상품의 판매증대를 도모한다. 미국문화의 제국주의적

속성에 대해서는 아직 비판하고 저항하는 것이 필요하다. 그럼에도 한류는 문화민족주의와 아제국주의적 자세를 모두 지양하고 눈부처-차이로서 아시아, 남미, 아프리카와 공존공영을 모색해야 한다.

대항문화의 길
— 맺음말을 겸하여

한류가 미국이나 유럽 대중문화에 대해 대항문화의 자리를 차지할 것인가. 세계적으로 유명한 패션 잡지 〈엘르Elle〉는 한류 특집을 K-월드(K-World)라 명명하며 한류 특집호를 발간하였다. 이 잡지는 "한국이 전 세계적으로 호소력을 갖는 대중음악, TV 드라마, 미용 및 패션 트렌드로 세계를 휘저으면서 조용히 할리우드의 가장 큰 경쟁자가 되고 있다. 이번 주 엘르에서는 우리가 살고 있는 K-월드(K-World)를 기념하여 특집을 마련한다."라고 취지를 밝혔다(Chong, Aug. 17. 2021). K-world는 아무래도 문명비평가 기 소르망(Guy Sorman)이 배는 맥도널드로, 머리는 맥킨토시로 채우듯 미국 문화를 중심으로 하고 유럽, 캐나다, 호주를 주변부로 한 세계를 뜻하는 '맥몽드(Mc-Mond)'에 대항하는 개념어로 사용한 듯하다. 그럴 만큼 한류가 미국의 대항 문화가 될 수 있는가.

한류 붐이 불게 된 배경은 "한국 대중문화 콘텐츠의 내용과 경쟁력이 비약적으로 좋아진 점, 동아시아에서 급속도로 경제가 발전하였는데 문화가 이를 따라가지 못하는 문화적 진공상태를 경쟁력이 있는 한국 문화가 채운 점, 디지털 소셜 네트워크의 발달, 열정적인 기업가와 개인들의 노력" 등이 어우러진 것이다(한국국제문화교류진흥원, 2020: 75-76). 어느 정도 맞는 분석이지만, 이것만으로는 대항문화로 성장할 수 없음은 명확하다.

한류가 대중문화의 본산인 미국에서 이제 소수문화의 위상에 이른 것은 분명하다. "2019년에 한국의 문화콘텐츠를 경험한 미국의 15세에서 59세 사이의 대중 500명을 대상으로 실시한 설문조사에 따르면, 응답자의 14%가 K-드라마가 미국에서 매우 인기가 있다고 답하였고, 38.6%은 꽤 인기가 있다고 답했고, 30.8%는 매니아들 사이에서 인기가 있다고 답했다. 응답자의 83.4%가 긍정적인 답변을 한 것이다."(Statista, Jan 22 2024)

미국에서 아시아 문화는 '모델 마이너리티'다. 아시아인들은 마약을 하거나 범죄에 가담하는 자가 히스패닉이나 흑인과 비교하여 현저히 적다. "아시아계 미국인은 다른 유색인종과 달리 겸손과 지혜, 준법정신을 보유하고 있고 미국 주류사회의 규범과 질서를 신속히 수용·실천해 성공적으로 주류사회의 일원으로 안착하고 있다."(한국국제문화교류진흥원, 2022: 59) 하지만, "오직 그가 좋은 타자일 때에만 그가 지닌 차이를 존중하겠다는 식의 태도는 타자 윤리가 아닌 일방적인 동화에 지나지 않는다."(바디우, 2001: 33-34) 모델 마이너리티 담론은 백인 외의 인종을 위계화하고 아시아계를 타자화하고 주변화하는 기능을 전략적으로 수행한다. 이 담론은 인종차별 문제가 사회제도와 구조적 모순에서 기인하는 것이 아니라 특정 인종의 고유한 특성이나 능력 때문인 것으로 위장한다. 곧 히스패닉과 흑인이 아시아인처럼 착실하게 열심히 살지 않아서 가난하다는 편견을 형성하고 세 인종 사이에 갈등을 조장한다. 더 나아가 미국 사회에 뿌리 깊게 자리하고 있던 인종 차별의 모순을 은폐하고 사회 체제를 정당화한다. 자본주의의 불평등과 모순, 폭력을 은폐하고 개인주의와 기회 균등, 능력주의의 미국신화를 강화한다. 반면에 아시아인을 똑똑하고 공부를 잘하지만 성적으로 무력하고 남성성이 결핍된 존재로 이미지를 구성한다.[8] 하지만 이런 이데올로기와 편견을 보기 좋게 해체한 것은 BTS다. BTS는 앞장에서 기술한 대로 백인 남성주의를 대체하는 남모심의 남성성을 보여주고 있다. 미국에서 BTS팬이 주로 젊은 여성인 것은 이 점과 무관하지 않다. "BTS는 머리만 가지고 있던 아시아인에게 몸을 돌려주었다."(같은 책: 64)

이런 점에서 대항문화를 논할 때 BTS가 미국에서 성공한 요인은 시사하는 바가 있다. "BTS는 흙수저 아이돌로 불릴 만큼 대형기획사에서 공장형으로 만들어지지 않고 노래를 스스로 만든 주체였으며, 이들이 전하는 메시지가 신자유주의 시대에 청년세대가 경험하는 불안정한 삶의 조건과 숨 막히게 하는 경쟁 시스템을 비판하면서 수용자의 공감을 이끌었고, 전 세계의 젊은 팬이 아미라는 글로벌 수용공동체를 형성하였으며, 다양한 인구통계학적 배경을 가진 BTS 팬덤은 적극적이고 능동적으로 팬 활동에 참여하고 이를 계기로 공동체 의식을 다져나가고 있으며, BTS와 아미가 함께 '선한 영향력'을 발휘하고 있고, 아미가 한국어 노래 가사를 영어로 자발적으로 번역하여 내부 결속을 다지며 영어중심주의에 도전하고 있

8 한국국제문화교류진흥원, 같은 책(2022) 61-62쪽을 참고하되 필자가 일부 수정함.

다."(한국국제문화교류진흥원, 2022: 53-56) BTS의 성공사례를 통해 우리는 두 가지를 알 수 있다. 한류에서 가장 중요한 것은 창조와 '공감'이다. 공감은 정서적인 것만으로 충분하지 않다. 대중들의 한과 고통, 슬픔에 응답하는 것이어야 한다.

한류의 성공 요인에 대해 한국 문화만의 특성 때문이라는 관점이나 혼종화에 성공하며 세계적 보편성을 추구한 때문이라는 관점 모두 장님 코끼리 만지기 식으로 한 면만 본 것이다. 한류의 성공 요인은 한국적 특성을 담으면서도 세계적 보편성을 지향하면서 전 세계 대중들의 고통에 공감하면서도 독창적인 서사와 구성, 이미지를 창출한 데 있다. 다시 말하지만, 가장 민족적인 것이 세계적이라는 괴테의 말은 유효하다. 대신 국가주의나 문화민족주의의 자세는 확실하게 지양해야 한다. 이는 시대착오적일 뿐만 아니라 혐한의 바탕이 된다.

지금 지구촌은 6대 복합위기, 곧 기후위기, 불평등의 극대화와 자본주의 체제의 위기, 패권의 변화와 전쟁의 위기, 인공지능 및 3/4차 산업혁명과 노동의 위기, 공론장의 붕괴와 민주주의 위기, 간헐적 팬데믹의 위기에 직면해 있다. 이는 한계에 이른 자본주의 체제가 부문별로 발현된 모순이다. 근본적인 대안은 자본주의를 넘어 새로운 사회로 이행하는 것이다. 〈오징어 게임〉과 〈기생충〉의 성공은 텍스트의 내적 요인을 떠나면 신자유주의 자본주의 체제의 모순을 다루었다는 점이 전 세계인의 공감을 이끌었다. 이것으로 그칠 수 없다. 한류는 6대 복합위기 상황에 있는 고통에 공감하되 이를 넘어 비전을 제시해야 한다. 한류가 대항문화가 되려면 유럽과 미국에 없는 한국의 사상과 형식을 바탕으로 하되, 대항의 패러다임과 비전을 펼쳐야 한다. 현 자본주의 체제와 다른 세계와 사회, 사람의 모습을 노래로, 서사로 보여주어야 진정한 대항문화가 될 것이다.

이제 한류는 동일성이 아니라 차이를 만들면서 세계적 보편성을 지향해야 한다. 『예기(禮記)』, 「악기(樂記)」의 "같으면 서로 친하게 되고 다르면 서로 공경하게 된다(同卽相親 異卽相敬)"라는 구절을 패러디하여 말하면, "공통점은 우리를 친하게 하고 차이는 우리를 깊이 있게 한다." 수용자의 입장에서 공통점은 공감, 차이는 낯설게하기나 창조와 관련된다. 신자유주의 체제가 야기한 불평등과 사회 격차의 심화, 과도한 경쟁심, 물신주의, 기후 위기에 대한 두려움, 청소년의 갈등, 고민과 사랑과 우정, 좌절과 분노 등의 문제는 한국적 상황에서 빚어진 문제이자 세계적 보편성을 갖는다. 이런 것들은 국경과 민족을 떠나 서로 공감하게 한다. 서구 문화에 없는 정을 바탕으로 한 따스한 휴머니즘과 가족애와 우정과 사랑, 남모심의 여성성과 남성성 등 차이들은 신선한 충격과 이에 따른 성찰과 관심을 불러일으킨다. 흥과 신명은 연령과 젠더, 종교, 인종을 초월하여 모두 하나로 어우러지면서 흥겹게 한다.

플랫폼 제국주의가 점점 거세지는 상황에서 한국다움을 완전히 상실한다면 한류라고 할 수 없다. 한류는 한국다움을 유지하고 분단모순 등 한국적 특수성을 바탕으로 하되, 압축적 근대화와 서구화 경험이라는 아시아적 보편성만이 아니라 인권과 동물권, 불평등과 기후위기 극복 등 세계적 보편성을 종합해야 한다. 앞으로 기후위기, 불평등, 패권의 변화와 전쟁의 위기 등 복합위기와 신자유주의 체제의 모순 등 여러 모순으로 인한 세계인들, 특히 소수자나 사회적 약자의 아픔에 공감하고 이들의 고통을 치유하면서 사회적 분석을 바탕으로 새로운 비전을 제시하되, 내용에서는 한국과 서양의 철학으로 심화하고 형식에서는 정-한-아우름의 구조로 형상화한 한류를 기대한다.

참고문헌

권영필 (1994). 한국전통미술의 미학적 과제. 한국미학시론. 서울: 고려대 한국학연구소, 70-97.

김서원 (2021.10.17.). 250억 들인 오징어 게임, 1조원 넘는 가치 창출. 〈중앙일보〉.

김지혜 (2020.06.15.). BTS, 온라인 콘서트 '방방콘 The Live'로 107개 지역 75만 아미 만났다. 〈경향신문〉.

김회승 (2024.03.20.). K-콘텐츠의 힘…문화예술 무역흑자 10억 달러 첫 돌파. 〈한겨레신문〉.

김혜승 (2001). 조선조 경제체제에 있어서 문제점과 그 요인: 국가의 농민과 토지와의 관계를 중심으로. 한국정치학회보 vol.35 no3, 한국정치학회, 107-128.

밀그램, 스탠리. 정태연 역 (2009). 권위에 대한 복종. 서울: 에코리브르.

바디우, 알랭. 이종역 역 (2002). 윤리학. 서울: 동문선.

바바, 호미. 나병철 역 (2002). 문화의 위치-탈식민주의 문화이론. 서울: 소명출판.

브레흐만, 뤼트허르. 조현욱 역 (2021). 휴먼카인드. 서울: 인플루엔셜.

서은숙 (2009). 다문화시대 한류의 정체성과 방향. 인문콘텐츠 6, 인문콘텐츠학회, 157-184.

심광현 (2002). 한국의 미와 예술. 대중매체와 국어교육. 제주국어교사모임.

아렌트, 한나/김선욱 역 (2006). 예루살렘의 아이히만. 서울: 한길사.

원효 (1979). 금강삼매경론, 한국불교전서 1권. 서울: 동국대출판부.

유기현 (2022). 조선왕조 실록 기반의 전세(田稅) 정책에 관한 연구-답험손실법 및 공법(貢法)을 중심으로. GRI연구논총 제24권 2호, 경기연구원, 237-266.

이도흠 (1996). 新羅人의 世界觀과 意味作用에 대한 硏究. 한민족문화연구 1집, 한민족문화학회, 135-194.

______ (1999). 화쟁기호학, 이론과 실제-화쟁사상을 통한 형식주의와 마르크시즘의 종합. 서울: 한양대출판부.

______ (2001). 원효의 화쟁사상과 탈현대철학의 비교연구. 원효학연구 6집. 원효학회, 249-298.

______ (2003). 한국 예술의 심층구조로서 情과 恨의 아우름-화쟁사상을 중심으로, 미학·미술학 연구 17, 43-78.

______ (2009). 한국 예술과 문화의 구성원리와 한류, 한류와 한사상. 서울: 모시는사

람들. 267-304.

_____ (2011). 삼재, 풍류도, 한국철학사전, 한국철학사전편찬위원회. 서울: 동방의 빛.

_____ (2014). 만횡청류 사설시조에서 통속성의 미적 범주와 양상. 국어국문학 169집, 국어국문학회, 111-143.

_____ (2015). 인류의 위기에 대한 원효와 마르크스의 대화. 서울: 자음과모음.

_____ (2019). 동아시아 문학, 새로운 패러다임과 방법론. 비교문학 77. 한국비교문학회, 85-117.

_____ (2020). 4차 산업혁명과 대안의 사회2-4차 산업혁명과 간헐적 팬데믹 시대. 서울: 특별한 서재.

_____ (2022). 18-19세기 한국문학, 차이의 근대성-유럽중심주의와 민족주의를 넘어. 서울: 소명출판.

_____ (2023). 한류에서 차이의 정체성에 관한 연구. 한국언어문화 85집, 한국언어문화학회, 181-213.

이동연 (2006). 아시아문화를 상상하기-문화민족주의와 문화자본의 논리를 넘어서. 서울: 그린비.

이수완 (2016). 케이팝, Korean과 Pop Music의 기묘한 만남, 인문논총 73권 1호, 77-103.

이은정 (2024.01.05.). K콘텐츠 수출액 132억 달러 '역대 최대'…이차전지·전기차 넘어, 〈연합뉴스〉.

이재훈 (2021.02.01.). 블랙핑크·유튜브 특급 '더 쇼' … 28만여 명 접속·매출 100억↑, 〈뉴시스〉.

임성수 (2015). 조선 후기 전결세 징수와 '중간비용' 연구. 대동문화연구 92집, 성균관대학교 대동문화연구원, 7-51.

진달용 (2022a). 글로벌 미디어 플랫폼과 한류의 문화콘텐츠산업, 황해문화 115, 39-55.

_____ (2022b). 한류 신화에 관한 10가지 논쟁. 서울: 한울.

천이두 (1993). 한의 구조 연구. 서울: 문학과지성사.

최민성 (2005). 한류 지속의 동력으로서 한국 문화의 정체성, 인문콘텐츠 6, 인문콘텐츠학회. 163-177.

최영진 (1989). 역학사상의 철학적 탐구-주역의 음양대대적 구조와 중정사상을 중심으로, 성균관대 박사학위논문.
한국국제교류재단 (2024년 3월). 2023 지구촌 한류현황. 제주: 한국국제교류재단.
한국국제문화교류진흥원 (2020). 한류에서 교류로. 서울: 한국국제교류문화진흥원.
한국국제문화교류진흥원 (2022). 한류, 다음. 서울: 한국국제교류문화진흥원.

Chong, Dale Arden (Aug 17 2021). The 6 Must-Know Korean Fashion Brands to Have On Your Radar, *Elle*.
Ingyu Oh and Wonho Jang (2022). From Globalization to Glocalization: Configuring Korean Pop Culture to Meet Glocal Demands, in edited by Victor N. Roudometof and Ugo Dessi, *Handbook of Culture and Glocalization*. Nothampton, Ma: Edward Elgar Publishing.
Jin, Dal Yong (2015). *Digital Platform, Imperialism and Political Culture*. New York and London: Routledge.
Mignolo, Walter D. and Walsh, Catherine E. (2018). *On Decoloniality: Concepts, Analytics, Praxis*. Durham: Duke University Press.
Saussure, Ferdinand de/(tr). Wade Baskin (1959). *Course in General Linguistics*. New York: Philosophical Library.
Shaw, Lucas (2021.10.17.). Netflix Estimates 'Squid Game' Will Be Worth Almost $900 Million, *Bloomberg*.

The Ministry of Culture, Sports, and Tourism (2013). Characteristics of the Korean Wave by Period, (http://nationalatlas.ngii.go.kr/pages/page_2043.php#prettyPhoto[img1]/0/). 2024년 9월 5일 검색.
Statista (Jan 22 2024). K-drama Popularity in United States 2019. (https://www.statista.com/statistics/1017862/south-korea-korean-drama-popularity-us/). 2024년 9월 5일 검색.
Statista (April 5 2024). K-drama Popularity Worldwide 2023. (https://www.statista.com/statistics/999239/south-korea-korean-drama-popularity-worldwide/). 2024년 9월 5일 검색.

제2장

OTT 매체 데이터 분석으로 본 한류 영상 콘텐츠의 위상과 한계

조기현

- 데이터 분석을 통해 살핀 한류 영상콘텐츠의 위상과 확산 양상
- 넷플릭스 매개 한류 영상콘텐츠의 한계와 대안
- 맺음말

우리는 OTT(Over The Top) 매체 시대를 살아가고 있다. OTT 매체란 TV 위에 올려진 셋톱박스(Top)처럼 유무선 네트워크를 통해 디지털 영상신호를 수신하고 이를 처리하여 각종 디지털 영상, 음향 재생 기기에 출력할 수 있는 모든 디지털 매체를 의미한다. 쉽게 말해 스마트폰, 노트북, 데스크탑, 스마트 TV, 플레이스테이션 등과 같은 매체들이다.

스마트폰의 보급과 인터넷 통신 기술의 발달이 영상 콘텐츠 시청 장소와 시간의 제한성이라는 기존 패러다임을 뒤엎었다면, 초대형 LED TV, 빔프로젝터와 같은 대형 영상 출력 매체의 대중화는 영상 경험 극대화 시공간을 사적 시공간으로까지 확대한다. 가정집에서 영화관처럼 영상 콘텐츠에 집중적으로 장시간 몰입할 수 있게 된 것이다. 특히, 지난 3년간의 COVID-19라는 초유의 비대면 환경은 제작. 유통. 배급, 상영 등 영상콘텐츠 시장구조 전반에 지각변동을 가져왔다. 넷플릭스와 같은 OTT제작 배급사가 국내 진출 2-3년 만에 국내외 영상콘텐츠 제작시장을 장악하였고, 디즈니와 같은 거대 헐리웃 제작사나 아마존 같은 유통 공룡까지 OTT시장에 뛰어드는 등 'OTT매체 전성시대'가 열린 것이다.

대중은 OTT 매체를 통해 전 세계에서 제작된 영상 콘텐츠를 실시간으로 선택하고 시청하며 사적공간에서 그 경험을 반복할 수 있는 극도의 '콘텐츠 폭발'을 경험한다. OTT매체는 시간, 공간, 문화권역의 물리적 한계를 뛰어넘는 대중문화 확산의 촉매제가 되었고, 이로 인해 대중문화 콘텐츠 제작 체계에 지각변동이 일어나게 된다.

급격한 매체 환경의 변화는 한류 확산 과정에도 큰 영향을 미쳤다. 과거 한류가 확산되는 과정을 살피면, 〈겨울연가〉와 같은 인기 드라마가 제작되고, 상영이 종료되면 아시아권으로의 판권 수출, 수입국가의 방영, DVD 제작 등이 이루어졌다. 지금과 비교하면 상당히 더딘 과정을 통해 한류 콘텐츠가 확산된 것이다. 해외에서 인기를 끌고, 팬덤이 확산되고, 관련 외국 관광객이 급증하며, 촬영지 중심의 관광지 개발과 같은 현상들이 영상 콘텐츠 제작 후 수년에 걸쳐 진행되었기 때문이다.

그러나, 최근 〈오징어 게임〉에서 볼 수 있듯, 한국에서 제작된 한류 영상 콘텐츠는 넷플릭스와 같은 영상 플랫폼을 통해 전 세계에 실시간으로 소개되고 시청된다. 전 세계 시청자가 동시에 실시간 시청 순위를 확인하고, 버튼 하나로 작품을 볼 수 있다는 점에서 과거 한류 확산 과정과는 전혀 다른 양상을 보인다. 한류 영상 콘텐츠가 OTT플랫폼에 공개되고, 높은 시청율을 보이자 동시에 해당 영상 콘텐츠와 관련된 팬덤이 형성된다. 작품에 출연한 한국 배우의 인지도를 높임과 동시에 관련 문화 즉, 옷, 음식, 놀이문화, 그림, 예술, 음악, 심지어 화장과 같은 코디네이션에 이르기까지 작품과 연계된 한류 문화 일체가 거의 즉각적으로 확산된다. 해외 시청자, 특히 해외의 팬덤은 유튜브와 같은 SNS를 통해 한류 문화 콘텐츠를 해석하고 재생산하기 시작한다. 즉, 새로운 한류 문화를 자신들의 시각으로 해석하고 재확산시키며, 이를 다시 전 세계에 유통시킨다. 관련 산업은 과거 이런 류의 인기를 활용하여 작품 출연 배우를 섭외하고 단발성 광고를 찍던 수준에서 벗어나 작품을 통해 형성된 팬덤이 궁금해하는 문화 일체를 상품화하고 이익을 추구한다.

우리나라와 지구 반대편에 위치하였기에 서로 낯설고 이질적이며, 상대방의 문화에 대한 공감 형성이 전무하다시피 한 중남미 국가를 예로 들어 보자. 콜롬비아의 시청자가 넷플릭스의 실시간 Top10 랭킹과 같은 추천시스템을 통해 53일간 전 세계 넷플릭스 시청순위 1위를 기록했던 〈오징어 게임〉과 같은 한류 대표작을 시청한다고 가정하자. 이 시청자들은 생존게임 형식의 흥미로운 드라마 서사에 빠져 들며 생애 처음으로 한국의 남북 분단 상황, 양극화되고 불평등한 한국 사회상, 한국인의 외모, 음식, 놀이문화, 언어, 한국의 거리 풍경 등 낯선 한국문화 전반을 경험하게 된다. 〈오징어 게임〉 시청 직후 그들은 SNS 등을 통해 초록색 운동복으로 상징되는 한국 의복, 음식, 여행, 출연 배우 등 온갖 문화 요소를 콜롬비아뿐 아니라 중남미 지역에 실시간으로 재생산하고 확산시킨다. 예를 들어, 〈오징어 게임〉이 인기를 끌자 '무궁화 꽃이 피었습니다' 게임에 나오는 인형 조형물을 남미 거리의 교통질서 유지를 위한 대형 조형물로 설치한다. 그리고 남미 대중은 이를 SNS에 실시간으로 올리며 남미 대중과 전 세계 네티즌에게 오징어 게임의 '무궁화꽃이 피었습니다'게임과 캐릭터들을 확산시킨다.

하지만, 한류의 확산 속도가 빨라지고, 그 영향력이 커질수록 우리에게는 많은 과제가 주어진다. 한류콘텐츠 연구자들은 과거처럼 단순히 한류 작품 분석이나 평론을 하는 데 그쳐서는 최근 한류의 흐름을 제대로 분석하거나 확산 양상을 주도할 수 없게 되었다. 예컨대, 과거와 달리 연구자들은 한류 영상 콘텐츠가 어느 대륙, 국가 시청자들에게 어떤 양상으로 선호되고 시청되는지에 대한 객관적 데이터를 수집해야 하고, 세계 각지의 한류 팬덤 형성의 다양한 양상을 분석해야만 한다.

이런 문제 인식 아래 이번 글에서는 한류 영상 콘텐츠의 시청 형태, 선호도 등을 분석하고, 한류 확산과 관련된 정량적 데이터 분석을 통해 한류의 지역적, 문화적, 장르적인 한계를 분석하고자 한다. 또, 한류 영상콘텐츠가 넷플릭스와 같은 특정 OTT 스트리밍 서비스에 과도하게 의존하여 전파되는 구조의 문제점을 짚어보고, 이를 통해 한류 영상 콘텐츠가 직면한 구조적 문제를 분석할 것이다. 그리고 한류가 국지적 문화현상이 아닌, 전 세계인들의 보편적 대중문화 흐름을 주도할 수 있는 강력한 '전 세계적인 문화적 영향력'을 지속할 수 있는 대안을 모색하고자 한다.

데이터 분석을 통해 살핀 한류 영상콘텐츠의 위상과 확산 양상

플릭스 패트롤(flix Patrol)의 크롤링 데이터(Crawling Data)

크롤링(crawling)은 크롤러(crawler)라 불리우는 소프트웨어를 통해 필요한 웹 사이트에 접속하여 실시간으로 정보를 검색하고, 분류하여 필요한 정보를 수집해 오는 작업을 의미한다. 플릭스 패트롤은 이런 데이터 크롤링(crawling)을 통해 넷플릭스 등의 OTT, VOD의 영상콘텐츠를 실시간 데이터로 수집하고, 이에 대한 시청률을 집계하여 각종 매체의 콘텐츠 관련 시청 순위 정보 등을 제공하는 사이트이다. 주로 넷플릭스, HBO, 디즈니플러스, 프라임, 파라마운트, 훌루 등의 플랫폼을 분석하고, 메인화면에 각 플랫폼 별 실시간 콘텐츠 시청 순위를 제공한다.

예컨대, 매일 정해진 시간에 세계 90개국의 넷플릭스 Top10 순위를 영화와 TV쇼 2개 영역별로 나누어 관련 데이터를 크롤링(crawling)하고 순위별 점수를 부여한다. 국가별 1위는 10점, 2위는

9점, … 10위는 1점으로 각 국가별 순위 콘텐츠에 55점을 부여하여 총점을 계산하고, 이를 누적하여 순위를 산정하는 방식이다.

또한, 플릭스 패트롤은 넷플릭스뿐 아니라, 아마존 플러스, 디즈니플러스. HBO 등 가장 많은 시청자 수를 보유한 주요 플랫폼 앱(사이트)별로 점수(point)를 부과하여 실시간 혹은 여러 기준의 기간별로 영상콘텐츠의 순위를 알리고 있다. 플릭스 패트롤의 화면 구성은 아래 캡쳐 화면과 같다.

그림 1 플릭스 패트롤(www.flixpatrol.com) **메인화면**(2025.2.7 기준) **캡쳐**

하지만 플릭스 패트롤의 메인화면에 등장하는 포인트 순위 방식에는 약간의 문제가 있다. 예를 들어, 국가별 시청자 수를 고려하지 않는 것이다. 가입자 수가 7천만 명이 넘는 북미지역 넷플릭스 가입자 수와 400만 밖에 되지 않는 대한민국의 넷플릭스 가입자 수 차이를 고려하지 않은 채 시청 순위별 콘텐츠에 국가별로 동일한 포인트를 부과한다. 하지만 플릭스 패트롤이 전체 순위뿐 아니라, 국가별 순위 등 대단히 다양한 데이터를 제공하기 때문에 메인화면에 나오는 순위산정 방식의 일부 문제만으로 플릭스 패트롤의 데이터를 무시할 수 없다. 또한, 넷플릭스가 서비스되는 세계 94개국의 OTT 시청 및 넷플릭스 가입 여건이 완전히 다르기에, 일부 국가의 OTT가입자 비율이 적더라도 각 국가별 시청 순위는 각 국가의 시청자 선호를 반영할 수 있는 표본 샘플이 될 수 있다는 점을 고려해야 한다.

사실상 OTT가입을 위해서는 초고속 인터넷 통신망이라는 인프라가 충분히 갖추어지고, 불법 스트리밍 등 유통시장을 교란하는 요소에 대한 국가의 법률적, 실제적 제재가 존재하는 시장구조가 형성되어 있어야 한다. 하지만 일부 국가의 경우 인구수 대비 넷플릭스 가입자 비율이 적다 하더라도 현실적으로 불법적인 방식의 시청자 수 비중이 상당이 높은 것으로 추정할 수 있다. 예컨대, 2023년 8월 기준으로, 인도는 약 14.2억 인구 중 넷플릭스 가입자 수는 0.6%에 해당하는 993만 명으로 추산된다. 그러나 인도가 VPN(가상사설네트워크)를 통한 불법 스트리밍 서비스로 악명이 높은 점 등을 고려하면, 실제 시청자 수는 추산이 불가능할 정도로 많을 것이다. 그럼에도 0.6% 가입자의 시청성향이 전체 불법시청자의 성향에 대한 표본이 될 수 있다. 그렇기에 플릭스 패트롤이 제공하는 데이터는 OTT매체를 통한 영상 콘텐츠 시청의 전반에 대한 유의미한 자료로 간주될 수 있다.

한류 영상콘텐츠 위상 데이터 분석

플릭스 패트롤이 제공하는 데이터를 통해 확인할 수 있는 첫 번째 사실은, 미국을 제외하고, 한류 영상콘텐츠뿐 아니라 대부분의 영상콘텐츠는 제작 국가가 포함된 대륙과 언어권 외에는 선호도가 현저히 떨어진다는 점이다. 우리는 언론보도 등을 통해 일부 한류 영상 콘텐츠가 홍콩, 인도네시아, 일본, 싱가포르와 같은 아시아권, 혹은 일부 북미지역 시청자에게 폭발적 인기를 누리는 것을 알고 있다. 그러나, 각 국가에서 시청하는 콘텐츠의 생산 권역별 현황을 살

그림 2 플릭스패트롤(www.flixpatrol.com) 2024년 2분기 지역별 Netflix 선호도[1]

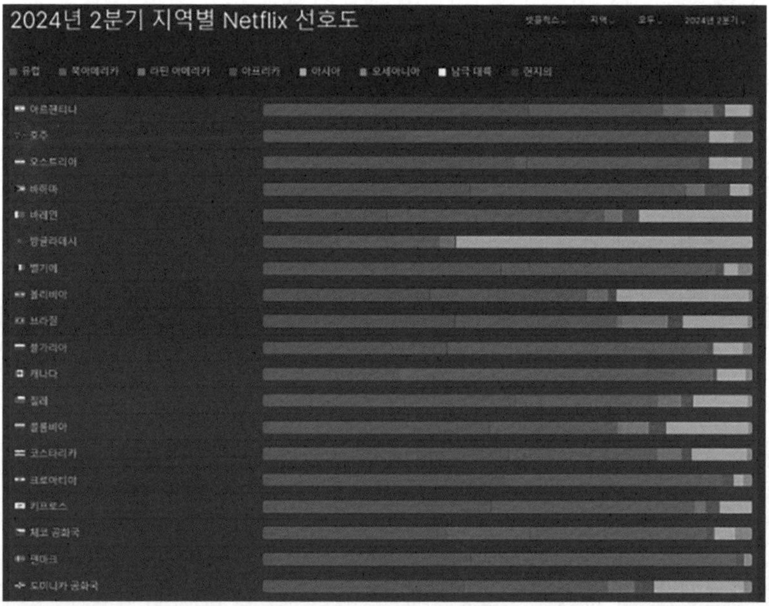

1 [그림2] 이하 플릭스 패트롤 사이트 관련 화면 캡쳐시 한국어로 번역하였고, 이를 캡쳐하였다.

피면, 아시아 대륙은 아시아 대륙 콘텐츠를, 그 외 지역은 북미, 특히 미국 콘텐츠를, 유럽은 유럽지역의 콘텐츠를 시청하는 성향이 매우 강함을 확인할 수 있다. 이는 〈그림 2〉를 통해 확인할 수 있다.

두 번째로, 한류 영상콘텐츠는 넷플릭스 플랫폼 위주로 확산된다는 점이다. 플릭스 패트롤은 넷플릭스뿐 아니라, 넷플릭스와 같은 83개의 영상 스트리밍 OTT 플랫폼을 모두 크롤링한다. 우리가 한류의 성공적인 사례로 언론 등에서 언급하는 콘텐츠는 대부분 아시아 지역, 혹은 일부 북미지역의 넷플릭스에서 공개하는 Top10 순위를 그 근거로 한다. 그러나 넷플릭스를 제외하면, 나머지 82개 플랫폼에서 2023년 기준 한류 콘텐츠가 시청 순위, 기간, 시청 시간 등 다양한 기준 중 Top10에 들어간 예를 찾을 수 없다. 아마존 프라임 가입자가 2억 명, 디즈니가 1.5억 명 등을 고려할 때, OTT매체에서 아시아, 북미지역을 제외한 다른 지역에서의 한류 콘텐츠 성공은 넷플릭스 플랫폼에 편중된다고 볼 수 있다.

세 번째로, OTT 매체 시장에서 넷플릭스 플랫폼이 차지하는 비중이 매우 크다는 점이다.

그림 3 플릭스패트롤(www.flixpatrol.com) 전 세계 구독자별 스트리밍 서비스(2024년 하반기 기준)

넷플릭스가 2023년 말 기준으로 전 세계 3억 명 이상의 가입자, 그리고 불법적인 계정공유, VPN(가상사설네트워크)를 동원한 불법 스트리밍 등을 고려할 때 최대 4억 명 이상으로 추산되는 전 세계 192개국의 시청자를 보유하고 있다는 사실에 주목해야 한다. 넷플릭스는 2023년에 6개월 간 약 93,455,200,000시간으로 추산되는 콘텐츠별 시청시간 현황보고(파일명 What_We_Watched_A_Netflix_Engagement_Report_2023Jan-Jun)를 자사 홈페이지에 공개하였다. 이는 23년 5월 23일 북미지역에서 불법적인 계정공유를 제한하는 등 수익 확대를 위한 다양한 정책 시행에 앞선 조치였다. 이 과정에서 넷플릭스는 가입자수 약 2.6억 명 외에 기기공유를 통한 합법적 공유 시청자 수와 중국, 인도 등의 불법스트리밍 서비스 이용자의 수를 1억 명으로 추정하였다. 그러나, 일부 조사에서는 불법시청자의 추산방식에 따라 최대 10억 명 이상이 넷플릭스를 시청하는 것으로

그림 4 플릭스패트롤(www.flixpatrol.com) 전 세계 가입자별 최다 스트리밍서비스 지도 (2024년 말 기준)

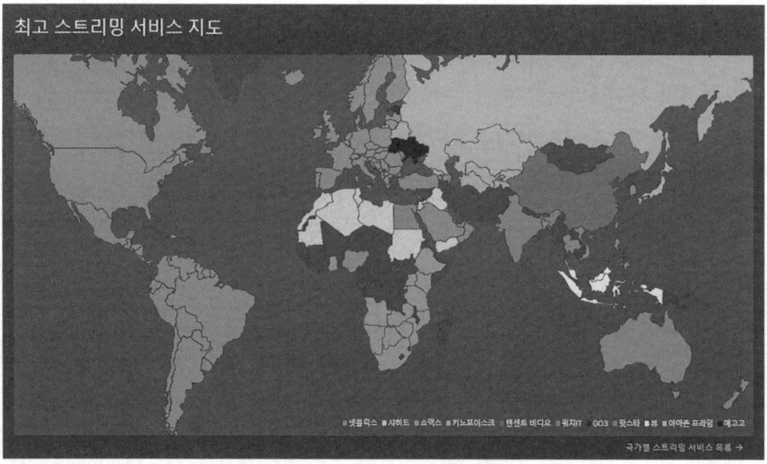

추산하기도 한다. 그리고, 넷플릭스가 제작한 영상콘텐츠, 즉 넷플릭스 오리지널은 다른 플랫폼에 제공되지 않는다는 폐쇄적인 구조도 고려해야 한다.

또한, 위의 서비스 지도에서 확인할 수 있는 것처럼, 넷플릭스는 북미, 중남미, 오세아니아, 유럽대륙에 이르기까지 국가별 OTT 시청자 순위 1위를 가장 많이 확보한 OTT 매체이다. 즉, 한류콘텐츠가 넷플릭스를 통해 순위권에 포함되기 시작하면, 이는 미국과 아시아권뿐 아니라, 유럽과 중남미에 즉각적으로 소개된다는 의미이며, 한류 영상콘텐츠의 확산 가능 지역과 국가에 유럽과 중.남미, 오세아니아 대륙이 우선적으로 포함된다는 의미다.

네 번째로, 넷플릭스 위주 한류 확산에는 한계가 있다는 점이다. 아마존 프라임이 북미지역과 일본, 인도지역에서 1위 플랫폼이며, 중국은 텐센트비디오가 1위 플랫폼이며, 인도네시아를 포함한 동남아시아권은 아이플릭스가 1위, 서아프리카 지역은 샤히드와 GO3가 1위라는 데이터 역시 많은 점을 시사한다. 한류의 확산이 주로 넷플릭스가 1위 OTT매체로 자리한 지역 위주로 이루어지고 있다는 것이다, 다만, 전체 OTT매체의 시장 규모가 큰 북미, 일본, 인도 지역 등에서는 1위가 아닐지라도 넷플릭스 시청자 수가 많기 때문에 이 지역 역시 한류영상콘텐츠 확산이 활발하게 이루어진다는 점을 고려해야 한다. 또한, 아마존 플랫폼 등은 아래 그림과 같이 북미지역과 일본, 인도 외에는 시청자 확보가 미미하다는 점에서 전세계적인 한류영상콘텐츠 확산과 관련된 분석 플랫폼으로는 넷플릭스가 상대적으로 의미가 있다.

그림 5 플릭스패트롤(1www.flixpatrol.com) 2024년 국가별 아마존 프라임 가입 현황 발췌

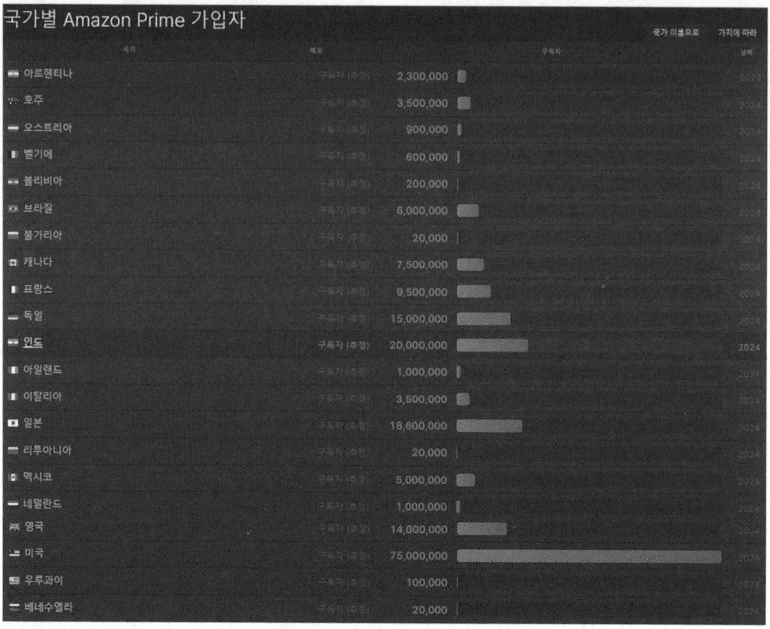

한류 영상콘텐츠 대표작 데이터 분석

〈오징어 게임〉은 넷플릭스 첫 스트리밍 서비스일 기준 28일 동안 전체 가입자의 가장 많은 시청과 조회가 이루어진 TV쇼 부문 영상콘텐츠 1위로 집계된다. 또한, 2023년 상반기 기준 〈더 글로리〉, 〈피지컬 100〉 등 한류 영상콘텐츠가 20위 권에 3편이나 자리한다. 2023년 이전에도 〈이상한 변호사 우영우〉 등 많은 한류 영상콘텐츠가 수년 간 넷플릭스 상위권을 차지하였다. 이는 시청 시간, 순위점수 등 다양한 데이터를 통해 입증된다.

심지어, 영어, 스페인어 작품을 제외한다면, 사용 인구수가 1억 명 미만인 소수 언어로는 유일하게 한국어 작품이 넷플릭스 시청 상

그림 6 플릭스패트롤(www.flixpatrol.com). 2023년 12월까지, 넷플릭스에서 가장 많이 본 영화 및 TV프로그램 순위표

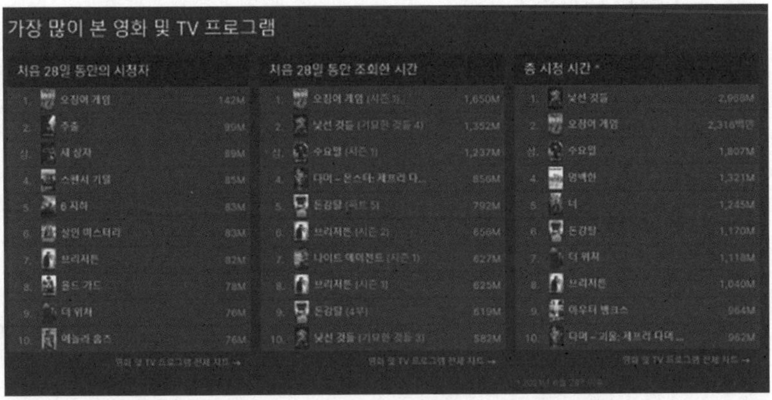

위순위를 차지하고 있다. 예컨대, 〈이상한 변호사 우영우〉는 2022년 9월 2주, 3164만 시간 시청으로 비영어권 드라마 부문 정상에 올랐을 뿐 아니라, 같은 시기 영어권 드라마 3위 임퍼펙트(2407만 시간)보다 더 많은 시청시간을 기록하였다. 단, 플릭스 패트롤 데이터상 넷플릭스를 제외한 아마존, 디즈니 플러스 등에서는 한류콘텐츠가 순위권에 위치하지 않는다. 하지만 이는 해당 플랫폼이 영어권 위주로 시청자 구성이 이루어지며, 디즈니처럼 특정 제작사의 콘텐츠 위주의 스트리밍 서비스라는 특성 때문이다.

이처럼 한류 영상 콘텐츠는 세계에서 가장 많은 시청자와 서비스 제공 국가수를 확보하고 있는 넷플릭스를 통해 한국 개봉 및 공개와 동시에 실시간으로 전 세계 192개국에 동시 제공되고 있다. 그리고 국가 기준으로 미국 콘텐츠를 제공하면 넷플릭스 내에서 가장 선호도가 높은 영상콘텐츠 제작 주체로서 한류가 자리함을 알 수 있다.

넷플릭스 매개 한류 영상콘텐츠의 한계와 대안

한류 영상제작시장을 뒤흔든 넷플릭스

북미지역 등에서 큰 상업적 성공을 거둔 넷플릭스는 한국 영상콘텐츠 산업과 한류에 주목하고 접근하기 시작한다. 2016년 봉준호 감독의 〈옥자〉 제작 투자를 시작으로 넷플릭스는 2016년부터 2021년까지 한국에 11억 달러를 투자하였고, 2023년에는 향후 4년간 25억 달러를 투자하겠다는 계획을 발표한다.

넷플릭스는 2017년 봉준호 감독의 〈옥자〉 제작비 전액을 투자하며, 영화관(극장)과 넷플릭스(인터넷스트리밍서비스) 동시개봉이라는 새로운 시도를 하였다. 기존의 한국영화 배급체계를 무너뜨렸다는 점에서 국내 영화계의 많은 비판이 있었다. 이 외에도 넷플릭스는 500억으로 추정되는 막대한 제작비를 흥행여부와 관계 없이 전액 부담하는 등 한국 영상콘텐츠 시장 장악을 위한 행보를 시작하였다. 그러나, 그들은 소위 거대 다국적자본의 한국영화 시장 진출이라는 부정적 여론을 의식하여 봉준호 감독의 제작 전반에 관여하지 않고, 단순한 투자, 배급사로서의 역할만을 하였다. 그러나 넷플릭스는 옥자 제작 이후 자신들이 숨겼던 진짜 전략을 드러내기 시작한다. 넷플릭스는 소위 공동-커미션(Co-Commision)투자 방식을 적용하기 시작한 것이다(넷플릭스 오리지널과는 별개이다).

넷플릭스는 tvN 및 협력사와 공동-커미션으로 2018년 공개된 〈미스터 선샤인〉을 제작하였다. 이 드라마의 성공 이후 넷플릭스는 스튜디오드래곤 지분 5% 인수와 동시에 CJ ENM과의 계약을 통해 2020년부터 2022년까지 21편 이상의 시리즈를 공동-커미션 방식으로 제작한다. 이러한 제작 방식은 국내 제작사들에게 글로벌 스트리밍 서비스라는 경제적 가치와 문화적 위상을 높일 수 있는 방식으로 인식되었다. 이에 넷플릭스는 시장 지배력을 갖게 되면서 자체 제작 시스템에 부합한다고 판단되는 대본과 감독 등을 선택하여 tvN 1순위, JTBC 2순위, 그 외 지상파 3순위로 제작을 의뢰하는 방식으로 이를 확대한다.

넷플릭스의 성공을 확인한 국내외 투자 자본은 넷플릭스와 비슷한 방식으로 한류 영상을 생산하고, 유통하려는 국내 OTT 매체 플랫폼들을 창업하거나 기존 OTT업체에 투자를 확대한다. 대표적인 사례로 CJ ENM의 티빙, SK의 웨이브, 쿠팡의 쿠팡플레이 등이 있다. 그러나, 코로나19 시기를 지나면서, 〈그림 7〉처럼 CJ 등 국내 대기업 플랫폼의 시장 점유율이 급격히 넷플릭스에 잠식되었다. 웨이브 등 기존 OTT업체들은 합병 등을 통해 몸집을 불리는 등 넷플릭스와의 경쟁을 위해 노력했지만, 한류 영상콘텐츠 제작시장에서 넷플릭스 지배구조는 나날이 공고해지고 있다.

그림 7 사용자가 가장 많은 OTT앱 순위[2]

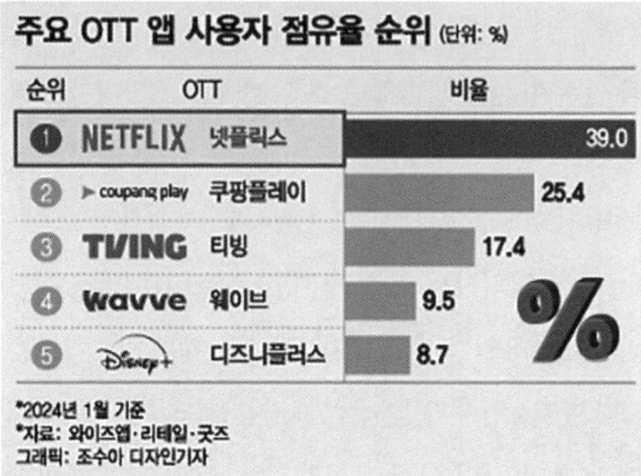

넷플릭스는 드라마 등의 영상 콘텐츠 제작 시 기존 국내 제작사들의 상상을 뛰어넘는 투자금액을 제시하며 전형적인 지배자본으로서 독점구조를 공고히 하는 전략을 사용한다. 넷플릭스는 한국 드라마, 영화 특유의 탄탄한 한류 스토리라인의 강점을 인지하고, 〈옥자〉 이후 자금력을 기반으로 한국의 영상제작시스템과 콘텐츠 창의성을 모조리 빨아들이는 블랙홀이 된 것이다.

2016년 이후 넷플릭스는 〈옥자〉로 한국시장 진출을 시도한 이후 2022년 4월에 일종의 새로운 경영지침을 발표한다. 초기 〈옥자〉 제작 과정에서 자신들은 투자만 할 뿐 모든 제작은 봉준호 감독에게 일임한다는 방침을 뒤엎은 것이다. 넷플릭스는 새로운 경영지침에 따라 국내 제작사의 수익률을 제한하거나 자신들의 제작 방식을

---

2 (조수아, 2024.02.18., 머니투데이[더차트]) OTT앱 사용자 2000만 넘었다… 부동의 1위는 넷플릭스, https://news.mt.co.kr/mtview.php?no=2024021510504495130)

더 많이 적용할 것을 요구한다. 예컨대, 외부제작사에게 지급하는 방송 라이센스 비용을 25%로 제한하거나, 넷플릭스 오리지널 제작 시 순수제작비에 25~30% 마진을 더해 제작비를 지급하던 정률적 방식을 일정 금액으로 한정 짓는다. 이는 수익률 제고를 위해 한류 작품의 각본, 줄거리에 소위 성공이 검증된 넷플릭스 제작시스템을 적용하겠다는 의도였다.

과거, 한류의 대표적인 성공사례로 유명한 〈겨울연가〉는 일본판권을 NHK에 270억 원에 매각했고, NHK는 1억 1000만 달러 상당의 DVD세트 45만 장을 판매하였다. 또, 2013년 SBS는 〈별에서 온 그대〉를 중국 온라인 비디오 플랫폼 아이치이에 회당 3만 5000달러, 시리즈 전체를 74만 7000달러에 판매하였다. 그리고 아이치이는 중국 내 광고 판매 및 구독료로 8890만 달러 이상의 수익을 올린다. 그러나 당시 한국의 제작사는 판권 외 해외 수익배분 구조에서 소외되었다. 따라서 한류 제작사가 큰 성공을 거두어도 소위 블록버스터급 작품에 진입하기 위한 충분한 수익을 확보하지 못한 채 영세한 제작과 투자구조를 벗어날 수 없었다.

넷플릭스는 이러한 한류 제작체계를 거대자본으로 뒤흔들었다. 넷플릭스는 〈미스터 선샤인〉 공동 커미션 제작비 3900만 달러의 70%를 스튜디오드래곤에 투자하는 등 기존 제작사가 거부할 수 없는 막대한 제작비를 투자하며 해외판권을 독점하였다. 그리고 넷플릭스의 해외수익과는 별개로 제작사 스튜디오드래곤은 이전과 달리 투자금액의 70%를 넷플릭스를 통해 쉽고 빠르게 회수하였고, PPL, 국내 VOD 수익을 통해 제작비의 40% 이상의 수익을 창출하는 성공을 거두었다.

이러한 체계 변화는 국내 제작사들의 일종의 넷플릭스 수직계열화 현상을 초래하였다. 국내 일부 유명 작가, 배우들의 몸값을 천정부지로 오르게 하였으며, 결과적으로 이러한 수준의 제작비를 감당할 수 있는 넷플릭스 공동-커미션 작품들은 자신들의 기준에 맞는 양질의 시나리오와 아이디어에 대한 독점적 선택권을 행사하며 지배구조를 급속도로 강화하게 되었다. 이처럼 유례없는 속도의 한류 영상콘텐츠 제작 인프라 전반에 대한 양극화와 넷플릭스 독점 현상은 한류의 핵심이었던 탄탄한 서사구조와 다양한 소재, 저예산 구조이지만 제작자와 배우들이 보여준 창의성과 다양성, 역동성이라는 보이지 않는 인프라 구조를 위축시킬 수 있는 구조를 만들게 된다.

불과 몇 년 사이에 국내 영상제작 생태계는 네이버(N-스튜디오), 카카오엔터테인먼트, 스튜디오드래곤(CJ ENM) 등 소위 조 단위 금액으로 기업가치 평가를 받는 대기업과 넷플릭스의 공동커미션 제작체계 참여사와 넷플릭스 오리지널로 급격히 재편되기 시작하였다. 이러한 대기업 중심의 시장구조가 공고해 질수록 〈겨울연가〉를 제작했던 팬엔터와 같은 중소 제작사는 독창적 작품 시나리오를 확보하더라도 독자적으로 투자를 받거나 제작하는 것이 거의 불가능해질 것이다.

예를 들어, 넷플릭스 오리지널 시리즈 〈경성크리처〉의 경우, 총 10화의 제작비가 700억 원에 달한다. 회당 제작비가 70억 원에 육박한 것이다. 독창적이거나 흥행 가능성이 있는 시나리오, 기획안을 소유한 작가, 감독이 이런 제작비를 자체적으로 투자받는 것은 거의 불가능한 상황이다. 따라서 우수한 창작자는 넷플릭스와 같은 대기업 플랫폼에 제작을 제안할 수밖에 없고, 결국 우수한 시나리오나 감독이 거대 플랫폼에 더 집중되는 한류 독과점 현상이 벌어진 것이다.

넷플릭스 오리지널 영상제작시스템

넷플릭스는 영상 스트리밍 서비스를 시작하면서 자체 영상 콘텐츠 추천 시스템(일명 Quntumm System)을 개발하여 왔다. 이 시스템은 시청자 선호도 알고리즘에 기반하여 넷플릭스가 제공하는 모든 영상 콘텐츠 관련 데이터를 분석하고, 개별 시청자에게 각자의 선호도에 맞는 영상콘텐츠를 자동으로 추천하는 알고리즘이다. 영화와 OTT매체의 흥행과 선호도의 두 개념에는 약간의 차이가 있다. OTT매체의 선호도는 모든 가입자의 절대적 시청 시간 내에서 상대적 시청시간 비율이지만 영화의 선호도 즉, 흥행은 제한된 상영일정과 상영관이라는 조건 내에서의 티켓판매 절대량이다. 넷플릭스 알고리즘의 목적은 개별 시청자가 상대적으로 선호하는 콘텐츠를 맞춤형으로 추천하여 선호도 즉, 시청자의 절대시청시간을 확대하고, 고객 만족도를 높여 가입자 수를 극대화하는 것이다. 넷플릭스는 여기에서 한 걸음 더 나아가 추천 알고리즘을 역설계(Reverse-Engineering)하여 시청자가 더 선호하는 영상콘텐츠 자체 제작시스템을 만든다.

최근 할리웃 영화사, 혹은 투자사들은 영화제작 시 투자대비 수익 극대화를 위하여 시나리오나 개봉 전 영상을 빅데이터 분석 및 인공지능을 활용한 사전분석을 통해 투자 수익률을 예측하거나 위험도를 측정하는 개별 시스템(알고리즘)을 만들어 활용해 왔다. 예컨대, 에피고직스(Epagogix)사(社)의 위험(Risk) 관리시스템, 피지올로지(Fizziology)사(社)의 이프스코어(Eff-Score)를 통해 제공되는 무비트래커(Movie-Tracker) 추천시스템, 드림웍스(DreamWorks)사(社)의 감성분석 시스템`(sentiment-analytics) 등이 있다.

에피고직스(Epagogix)의 위험관리시스템은 AI로 대본을 분석하여 해당 영화가 박스 오피스에서 얼마나 성공할지를 분석하고, 영화제작과정에서의 패턴인식 및 위험회피를 통해 투자자에게 잠재적 위험도를 사전에 인지하고 대비할 수 있도록 한다. 피지올로지(Fizziology)의 이프스코어(Eff-Score)를 통해 제공되는 무비트래커(Movie-Tracker) 추천시스템은 소셜미디어의 광범위한 데이터 크롤링(crawling) 분석 및 이를 통한 각종 트랜드 파악을 하여 성공 가능성을 예측하고, 이를 점수로 부여한다. 그리고 이러한 결과분석을 실제 영화개봉 후의 성과와 비교하여 신뢰성을 검증하고, 개선해 나가는 방식이다. 드림웍스(DreamWorks)의 감성분석 시스템(sentiment-analytics) 역시 빅데이터 파이프라인이라는 데이터 통합시스템을 통해 소셜미디어 등의 데이터를 수집, 처리하고 인공지능을 통해 대중의 감성을 분석하고, 이를 영화제작과 마케팅 전략에 활용한다.

그러나 시나리오 집필부터 제작 과정 전반에 데이터 분석 결과를 적용하는 시스템을 채택한 것은 넷플릭스가 처음인 것으로 알려진다. 앞서 언급한 수익 관련 알고리즘이 투자위험 회피와 분석에 초점을 맞추고 있다면, 넷플릭스는 수 차례의 추천시스템 알고리즘 공모대회를 개최하며 선호도에 기반한 추천-제작의 독창적 알고리즘을 시도한 것이다.

이렇게 스트리밍 서비스 시장지배자로 올라선 넷플릭스가 축적된 자사 알고리즘 분석기반 데이터와 거대 자본을 바탕으로 사용자 추천시스템을 역설계하여 자사의 고유 영상 콘텐츠 제작에 나섰다는 것은 대단히 놀라운 시도였다. 예를 들어 보자. 기존의 전통적인 할리웃 영화제작자들과는 달리 넷플릭스는 영상콘텐츠 제작과 관련한 노하우가 전혀 없음에도 불구하고 자사의 데이터 분석 알고리즘만으로 영국 BBC 드라마 〈하우스 오브 카드(House of Cards)〉를 분석하고, 이를 리메이크하는 시도를 한다.

먼저 넷플릭스는 BBC의 4부작 드라마 〈하우스 오브 카드(House of Cards)〉의 판권을 인수한 뒤, BBC드라마 시청자의 성향과 반응을 분석하고 그들의 공통점을 추려낸다. 하루 평균 3000만 건의 동영상 재생기록과 400만 건에 달하는 이용자 평가, 300만 건이 넘는 검색 정보와 위치정보, 단말기 정보를 분석한다. 시청 과정 중 어디에서 일시 정지가 일어나고 되감기가 이뤄지는지를 모두 분석하고, 심지어 영상물의 색깔 톤과 음량까지 조사한다. 게다가 닐슨 등 시장조사업체의 메타데이터, 페이스북, 트위터 데이터까지를 모두 분석한다.

분석 결과, BBC원작을 본 사람들은 데이빗 핀쳐(David Fincher) 감독과 배우 케빈 스페이시(Kevin Spacey)를 특히 좋아한다는 점을 확인했다. 분석 결과에 따라 두 사람을 연출과 주연배우로 선정한다. 그리고 시청자 데이터 분석을 통해 드라마 제작 전반에 간여하는 시스템을 채택한다. 예를 들어, 시청자 성향 분석을 통해 시즌 전체를 한꺼번에 서비스하는 시스템을 구축한다. 이는 넷플릭스 드라마 시청자의 '몰아보기'성향에 대한 통계적 분석에 기반한다. 시청자 선호도에 의해 배우를 결정하고, 원작 서사의 에피소드별 분량을 확대하거나 강조하고, 순위(Ratings) 분석을 통해 영상의 선정성이나 자극도를 조정하며, 화면의 분위기를 어둡게 하거나 밝게 하고 자신들의 영상 장르 문법을 결정한다.

1999년에 제작된 〈블레어 위치(The Blair Witch Project)〉 같은 양방향 영화는 상영 전 시청자에게 서사의 배경이 되는 단서, 예컨대 실종 사건에 대한 'WANTED'포스터를 접하게 하여 페이크 다큐(Fake Documentary)를 실제 사건으로 인식하게 만든다. 실제 사건을 인식한 시청자는 인터넷 커뮤니티 등을 통해 소위 '행동 유도성(affordances)'을 경험한다. 그리고 그러한 시청자 반응을 관찰한 제작자는 영화의 서사에 그 반응을 극대화할 수 있는 요소를 추가한다. 시청자의 사전 반응이 영화서사에 일부분 영향을 미친 것이다. 그러나 넷플릭스의 영화 제작시스템은 시청자에 대한 빅데이터 분석 알고리즘을 통해, 어떤 조건에서 어떤 서사 요소를 갖춘 영화가 얼마만큼의 관객들에게 선호되는지를 예측하는 데 그치지 않고 시청자 선호도를 영화서사의 결정적 변수로 만들어 버린다.

그 결과 2013년 넷플릭스가 오리지널 콘텐츠로서 처음 스트리밍 서비스를 제공한 〈하우스 오브 카드(House of Cards)〉는 넷플릭스 최초의 히트작이 된다. 데이비드 핀처 감독은 에미상 감독상을, 케빈 스페이시는 골든글로브 TV드라마 부문 남우주연상을 차지한다. 2013년 넷플릭스의 순이익은 설립 이후 사상 최고치인 37억 5000만 달러에 달하게 된다. 이후에 넷플릭스는 지속적인 오리지널 콘텐츠 제작 전략과 공동-제작, 단순 투자 등을 통해 스트리밍 서비스기업에서 콘텐츠 제작기업으로 변신하였고, 현재는 디즈니와 경쟁하는 세계 최고의 제작-유통기업이 되었다.

넷플릭스는 빅데이터 분석을 통해 제작진에게 자신들의 데이터 분석 결과를 제시하고, 이를 영상제작 전반에 관한 지침으로 활용하였다. 넷플릭스는 이런 과정을 통해 가입자가 선호하는 콘텐츠를 추천할 뿐 아니라, 제작할 수도 있다고 자신한 것이다. 넷플릭스가 내세운 영상 추천과 제작시스템은 시청자 선호도 기반이며, 결과적으로 최대 다수의 시청자를 확보할 수 있는 일종의 흥행 공식을 추천시스템 알고리즘과 관련 데이터 분석을 통해 영상서사 제작 및 구성의 주요소로 만든 것이다. 전통적 관점에서 영상콘텐츠의 성공 공식은 수치화하거나 측정하기 힘든 것으로 간주되었다. 그러나 넷플릭스의 빅데이터 분석과 추천 알고리즘은 기획, 제작, 투자 과정에서부터 시청자 선호도를 예측하고 제작방식과 투자 규모를 결정하는 기준으로 자리잡게 된다.

물론, 데이터 분석을 통해 제작을 시도한 곳은 넷플릭스만이 아니었다. 데이터 분석에 둘째가라면 서러워할 아마존은 넷플릭스의 〈하우스 오브 카드(House of Cards)〉와 비슷한 시기에 〈알파 하우스(Alpha House)〉를 내놓았다. 백악관과 상원의원이라는 비슷한 소재에도 불구하고, 소위 흥행성적은 극명하게 갈라졌다. 당시 많은 콘텐츠 분석 연구자들은 프로젝트 제작자의 역량이나 직관적 능력에 주목했지만, 실제 알트장르 문법이나 그들의 제작시스템 전반을 분석하여 그 요인을 연구한 사람은 거의 없었다. 당시 넷플릭스의 추천시스템 알고리즘과 알트 장르라는 개념 등 알고리즘과 인문학 이론에 대한 통전(統全)적인 연구가 필요하다는 인식이 부족했기 때문으로 추정한다.

그림 8 아마존 프라임의 알파하우스와 넷플릭스의 하우스오브 카드 소개 화면 캡쳐

넷플릭스–한류 제작시스템과 그 한계

넷플릭스는 한류 영상 시장에 진출하기 전에 한류 콘텐츠 스토리 전개의 강점을 분석해 왔다. 예컨대, 그들은 성공한 한류 드라마의 서사구조가 로맨틱 장르에 강점을 보였다는 점에 집중한다. 넷플릭스에서 공동-커미션으로 제작한 한류 영상콘텐츠는 영화보다는 주로 드라마 장르에 치중되어 있다. 예컨대, 〈겨울연가〉 이후 플릭스 패트롤에서 확인할 수 있는 일본 넷플릭스 스트리밍 서비스 상위 10위권에는 한류 드라마인 〈사랑의 불시착〉, 〈이태원 클라쓰〉, 〈사이코지만 괜찮아〉, 〈스타트업〉, 〈김비서가 왜 그럴까〉가 포함되어 있다. 그 가운데 넷플릭스와 공동 커미션으로 제작된 작품은 〈이태원 클라쓰〉, 〈사이코지만 괜찮아〉, 〈스타트업〉 세 작품이다.

지면 관계상 이 작품들의 서사와 장르구조 분석을 별도로 하지는 않겠지만, 대부분 '로맨스' 장르 특징을 보인다. 〈이태원 클라쓰〉, 〈사이코지만 괜찮아〉, 〈스타트업〉뿐 아니라, 〈미스터선샤인〉, 〈신입사관 구해령〉, 〈배가본드〉, 〈동백꽃 필 무렵〉 등의 넷플릭스 공동-커

미션 작품은 기존 한류 드라마 제작진이 시도할 수 없던 블록버스터급의 제작비를 투입할 수 있었다. 이러한 영향으로 최근 일련의 넷플릭스 공동-커미션 제작 한류 드라마는 로맨스 블록버스터라는 이름으로 분류된다. 그뿐 아니라, 넷플릭스는 한발 더 나아가 〈인간수업〉 등의 오리지널 작품을 통해 강력한 여성 캐릭터, 페미니즘, 진보적인 젠더(Gender) 내러티브를 한류 작품에 덧입혔다는 평을 받기도 한다.

그림 9 플릭스패트롤(www.flixpatrol.com) 화면캡쳐. 넷플릭스 오리지널 시청시간 순위

	TITLE	TYPE	PREMIERE	GENRE	COUNTRY	HOURS
1.	The Night Agent \ season 1	TV Show	2023	Action		812,100,000
2.	Ginny & Georgia \ season 2	TV Show	2021	Drama		665,100,000
3.	The Glory \ season 1	TV Show	2022	Thriller		622,800,000
4.	Wednesday \ season 1	TV Show	2022	Fantasy		507,700,000
5.	Queen Charlotte: A Bridgerton Story \ season 1	TV Show	2023	Drama		503,000,000
6.	You \ season 4	TV Show	2018	Crime		440,600,000
7.	La Reina del Sur \ season 3	TV Show	2011	Drama		429,600,000
8.	Outer Banks \ season 3	TV Show	2020	Drama		402,500,000
9.	Ginny & Georgia \ season 1	TV Show	2021	Drama		302,100,000
10.	FUBAR \ season 1	TV Show	2023	Action		266,200,000
11.	Manifest \ season 4	TV Show	2018	Thriller		262,600,000
12.	Kaleidoscope \ season 1	TV Show	2023	Crime		252,500,000
13.	Firefly Lane \ season 2	TV Show	2021	Drama		251,500,000
14.	Physical: 100 \ season 1	TV Show	2023	Reality Show		235,000,000
15.	Crash Course in Romance \ season 1	TV Show	2023	Comedy		234,800,000
16.	Love Is Blind \ season 4	TV Show	2020	Reality Show		229,700,000
17.	Beef \ season 1	TV Show	2023	Comedy		221,100,000
18.	The Diplomat \ season 1	TV Show	2023	Drama		214,100,000
19.	Perfil falso \ season 1	TV Show	2023	Drama		206,500,000
20.	Vikings: Valhalla \ season 2	TV Show	2022	History		205,500,000

여기서 우리가 주목해야 할 것은 넷플릭스 오리지널 작품이다. 넷플릭스 오리지널은 한류처럼 넷플릭스가 진출하고자 하는 현지 문화권의 최고의 작가, 배우, 제작사, 엔지니어에게 투자는 하되 제작에는 어느 정도 독립성을 주는 공동-커미션 제작 방식과는 다른

전략을 사용한다. 대규모 넷플릭스 오리지널 콘텐츠 제작 방식은 데이터 분석에 의한 시청자 요구분석을 통해 주로 원작을 리메이크하거나, 넷플릭스의 서사 규칙에 부합하는 시나리오, 감독 등을 발굴하여 독점 콘텐츠를 확보하여 OTT서비스 시장에서의 우위를 차지하고자 하는 전략이다.

넷플릭스 오리지널 제작 서사의 특징은 넷플릭스의 알트(Alt) 장르 분류 등 추천시스템의 핵심이론을 역설계(Reverse Engineering)하여 추정할 수 있다. 알렉시스 매드리걸(Alexis Madrigal)은 디 어틀랜틱지(The Atlantic) 기고를 통해 넷플릭스는 추천시스템의 알트 장르 분류 문법을 #지역(Region) + 수식어(Adjectives) + 장르(Noun Genre) + 원작(Based On…) + 배경(Set In…) + 시대(From the…) + 주제(About…) + 나이(For Age X to Y)…와 같은 방식으로 분류한다고 요약한다.

쉽게 설명해 보자. #지역(Region)은 시청자의 거주지, 혹은 성향에 따른 시각적 '선호', 문화적 상상력을 자극하는 요소이다. 영화뿐 아니라, 모든 서사물의 '배경'이라 할 수 있는 요소이다. #수식어(Adjectives)는 영화를 보았을 때 느낄 수 있는 직관적이며 감성적인 한줄 평에 가깝다. 영화 전체의 분위기나 관객이 느낄 수 있는 감정적 흐름의 결론에 해당할 수 있는 부분이다. #장르(Genre)에 해당되는 부분은 보편적으로 공상과학이라는 장르가 제공하는 스토리 전개나 배경을 직관적으로 드러내준다. #원작(Based on…)을 드러내는 문구는 시청자의 경험치를 상기하여 기대감을 제공하는 요소이다. #주제(About)는 장르와 유사하지만, 재회 연인이라는 문구를 통해 로맨틱한 전개와 그 결말의 양상을 예측하게 해 주는 요소이다. #나이(For Age X to Y)는 등급제한과 관련되며, 자신이 공감할 수 있는 연령대의 이야기인지를 확인해 주는 요소이다. 이런 요소를 묶어, "시스템에 맞서 싸우는(장르) + 가슴 뭉클한(수식어) + 다큐멘터리(장르)"와 같은 넷플릭스만의 알트 장르 분류가 성립된다.

넷플릭스가 자사 파트너쉽 헬프 센터(Partnership Help Center) 등을 통해 제공하는 자사의 Netflix (KOREA) Metadata Template에는 전문가들의 작품 분석을 위한 29개의 Column(분석 항목)이 존재하며, 이런 데이터 작성을 위한 자세한 작성 방법(Instructions), 참고자료(Reference Section) 등을 제공한다. 그리고 이러한 분석은 시간이 지남에 따라 많은 양의 데이터를 수집, 저장 및 분석할 수 있도록 일관된 방식으로 구조화되어 다른 데이터를 설명해 주는 메타데이터로 정리된다. 넷플릭스는 이렇게 축적된 메타데이터를 자사 고유의 알고리즘을 통해 분석하고, 시청자가 가장 선호할 수 있는 프로그램을 화면상 직관적 방식으로 추천해 주는 시스템을 발전시켜 왔다. 그리고, 이 데이터를 제작에 반영한 것이다.

그림 10 KOREA Metadata Template Sample. 부분캡쳐

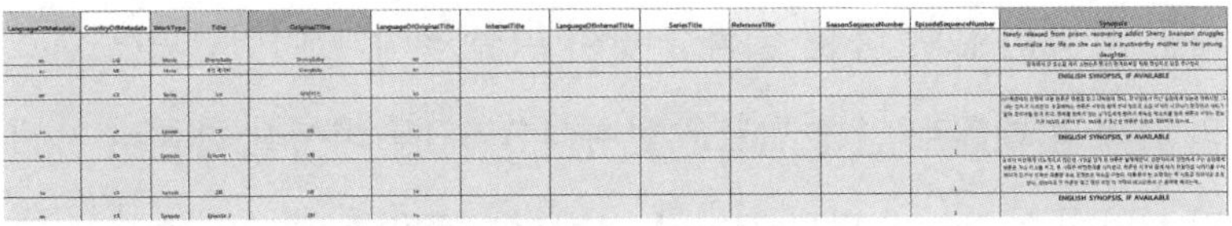

이에 넷플릭스는 이러한 적용이 가장 손쉽고, 분명하게 드러나는 원작의 각색이라는 장르에 집중한 것이다. 한국에서 제작되는 넷플릭스 오리지널 역시, 이러한 원칙을 적용한 것은 분명해 보인다. 예컨대, 하우스오브카드 제작사례처럼 데이터 수집과 분석이 용이한 원작의 각색, 특히 한류의 경우 웹소설, 웹툰을 각색하여 제작하는 방식을 선택한 것으로 보여진다. 한걸음 더 나아가 웹소설-웹툰-넷플릭스오리지널이라는 한류 제작방식으로 자리잡게 한 것이다.

그러나 국내 특정 플랫폼이 주도하는 웹소설과 웹툰시장이 대중들의 댓글, 클릭수, 구독수에 목을 매는 것은 주지의 사실이다. 성공한 웹툰작가가 각종 예능프로에 출연하여 자신의 수십억 연봉을 부각할수록 웹소설, 웹툰 시장은 극심한 경쟁에 내몰렸다. 이런 극심한 경쟁은 우수한 작품을 만드는 원동력이 될 수도 있지만, 반대로 웹툰, 웹소설 작품이 자극적 소재, 유행을 따르는 서사의 획일화, 구독자의 연령대 불균형으로 인한 문화적 보편성 상실 등을 가져오는 부작용의 원인이 될 수 있다.

만약, 이런 현상의 심화로 인해 K-웹툰과 K-웹소설처럼 넷플릭스가 선호하는 한류콘텐츠의 근원적 소재가 한계를 드러내고, 그 결과 넷플릭스 한류영상콘텐츠가 전 세계 시청자의 외면을 받기 시작한다고 해 보자. 넷플릭스에게 한류 영상콘텐츠가 수익성을 상실한 상품으로 전락하는 순간 그들은 황폐화한 한류 창작생태계를 버려둔 채 미련 없이 다른 상품을 찾아 떠날 것이다. 이러한 넷플릭스의 독과점 폐해로 인해 새로운 한류 4.0, 5.0을 이어갈 한류의 자생적 토양이 무너지게 되는 것이다. 그래서 넷플릭스 주도의 한류는 언젠가 한류의 정체성과 다양성뿐 아니라, 한류 생태계 전반을 무너뜨릴 수 있다는 비판에서 자유롭지 못한 것이다.

그림 11　2023년 넷플릭스 오리지널 한국 드라마

No.	넷플릭스 시리즈	시청수(views)	공개
1	연애대전		2023년 2월
2	퀸메이커		2023년 4월
3	택배기사(네이버웹툰)	330만	2023년 5월
4	사냥개들(네이버웹툰)	1200만	2023년 6월
5	셀러브리티		2023년 6월
6	D.P.2(네이버웹툰)	880만	2023년 7월
7	마스크걸(네이버웹툰)	1850만	2023년 8월
8	도적 칼의 소리		2023년 9월
9	너의시간속으로		2023년 9월
10	이두나! (네이버웹툰)	1270만	2023년 10월
11	정신병동에도 아침이 와요(네이버웹툰)	890만	2023년 11월
12	스위트홈2(네이버웹툰)	980만	2023년 12월
13	경성크리처		2023년 12월

출처: 머니투데이 2024.5.24. 네이버 웹툰, 6월 나스닥행 이상무…주식 플랜 관리자 선임 기사 중, 그래픽 이지혜

한류를 지배하는 디지털 플랫폼 제국, 넷플릭스

모바일인덱스 사이트(https://www.mobileindex.com) 통계에 따르면, 구글의 동영상 플랫폼 유튜브는 2024년 2월 기준, 국내 월간 활성사용자수(MAU)가 4564만 명에 이른다. 국내 1위 플랫폼 기업 네이버의 4361만 명을 앞선 수치이다. 월간 인스타그램 활성사용자 수(MAU)를 보자. 인도는 무려 3억 6000만 명이 넘는다. 2024년 4월 기준, 전 세계 20억 명이 인스타그램에 접속하여, 게시물을 올리고 타인의 게시물을 읽으며 소통하고, 거래하며 삶을 구현해 간다. 이러

한 거대 디지털 플랫폼들을 단순히 사용자수 1위 어플리케이션, 혹은 거대기업이라는 단편적 용어로 설명할 수 있을까? 넷플릭스가 전 세계 영상콘텐츠 시장을 독점하며, 대중문화 서사에 끼치는 영향력을 극대화하고, 세계 문화콘텐츠 창작시장을 획일화하는 현상을 어떻게 설명해야 하는가?

이를 위해 먼저 디지털 플랫폼의 정의를 내려보자. 디지털 플랫폼에 대해서는 다양한 견해가 쏟아져 나오고 있다. 시장참여자 즉, 수요, 공급자가 거래를 이어가는 디지털 프로세스가 이루어지는 프레임워크 혹은 컴퓨팅 프로세스가 구축되는 기술적 기반이라는 견해들이 제시되고 있다. 그러나 필자는 인문학적 관점에서 이러한 거대 디지털 플랫폼의 의미를 새롭게 정의해 보고자 한다. 디지털플랫폼은 "전 세계 인터넷 사용자들의 지식과 사고를 통해 만들어진 콘텐츠의 저장소이고, 소통과 상호작용의 공간이며, 수요자와 공급자에 의한 시장경제활동이 이루어지는 거대한 시장이며, 나아가 인간의 삶을 구현해내는 가상의 공간이다"라고 정의하겠다. 디지털 플랫폼은 인간의 사고, 즉 상호인지작용을 통해 가상의 공간(영토), 구성원(인간), 공간을 통제하는 절대적 권력(국가)이라는 개념을 구현하고 있다.

그림 12 https://www.socialpilot.co/bolg/instsgram-stats-infographic의 태그라이브 번역, 편집(https://www.taglive.net) 캡쳐

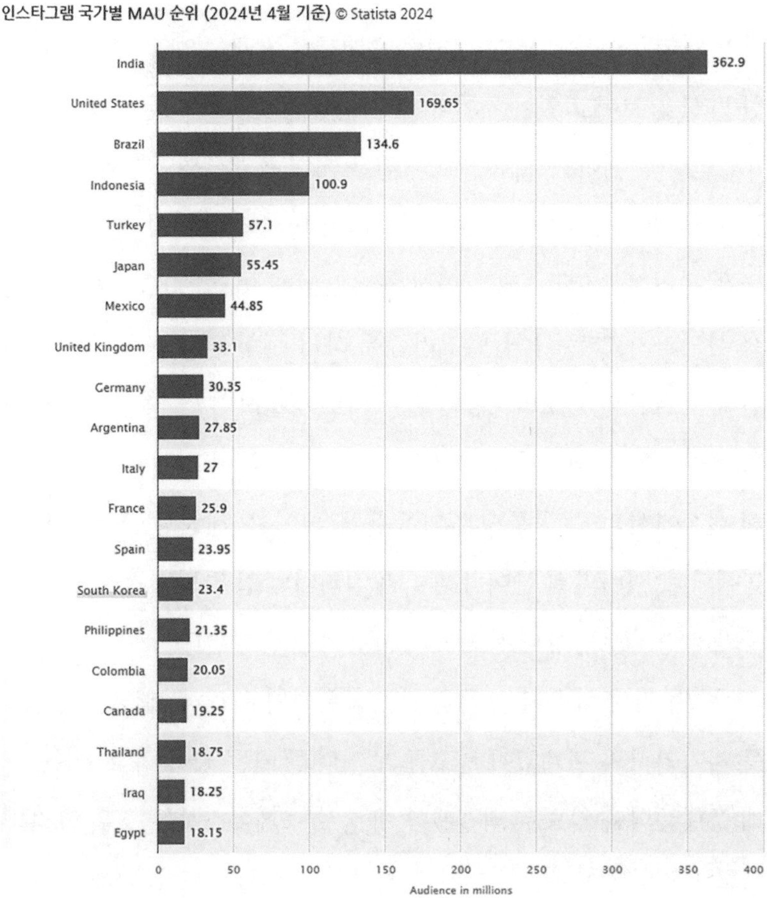

이 개념을 해석하자면, 디지털 플랫폼은 가상공간에서, 그리고 가상공간에 참여하는 사용자의 현실공간에서의 모든 질서와 규칙을 정하며, 사용자가 이탈하지 않고 플랫폼에 충성심을 유지하는 범위 내에서 무엇이든 할 수 있는 절대적 권력을 가지고 있는 주체를 의미한다. 플랫폼의 창조자이자 운영자는 단순한 매개체가 아닌, 국가 이상의 권력과 기능을 가지고 있는 것이다. 심지어 타 플랫폼과

의 경쟁을 통해 사용자를 흡수하고자 하는 침탈, 전쟁의 양상을 보이기도 한다. 역사는 이러한 개념과 성향을 국가를 넘어선 제국, 나아가 제국주의라 부른다. 디지털 플랫폼은 제국주의와 대단히 유사한 양상을 보이고 있는 것이다.

인스타, 페이스북, 유튜브와 같은 거대 플랫폼의 콘텐츠 사용자는 기본적으로 생산자이다. 매일 수 억 명의 사용자가 페이스북에 글을 올리고, 자신이 찍은 영상을 유튜브에 업로드하고 있다. 플랫폼 사업자가 만든 규칙, 알고리즘에 따라 생산물이 공유되고 소비된다. 유트브와 인스타그램의 릴은 서로 경쟁하며 더 많은 사용자를 확보하려 한다. 식민지 쟁탈전에 버금가는 상황이 전개된다. 이를 위해 현실에서의 법적 분쟁과 다툼은 물론이고, 해킹과 같은 약탈이 진행되며, 서버의 분산이나 페이퍼 컴퍼니와 같은 방법 등으로 현실 국가의 경계를 넘어서 전 세계의 사용자를 흡수한다.

수억 명의 사용자는 콘텐츠를 공유하기 위해서 세금을 지불하듯 자기의사와 관계없이 광고를 보거나 구매를 해야 하고, 이는 거대 플랫폼의 수익으로 직결된다. 유튜브나 페이스북은 소위 크리에이터에게 영상콘텐츠의 대가를 지불하지 않거나 또 금액을 지불하더라도 자신들 수익의 극히 일부만을 지불한다.

그림 13 https://kr.investing.com/equities/nvidia-corp-financial-summary 화면 캡쳐

NVDA 재무제표

연간 | 분기별 | 고급 재무제표

TTM = 12개월 추적분 | MRQ = 가장 최근 분기

NVDA 손익 계산서 »

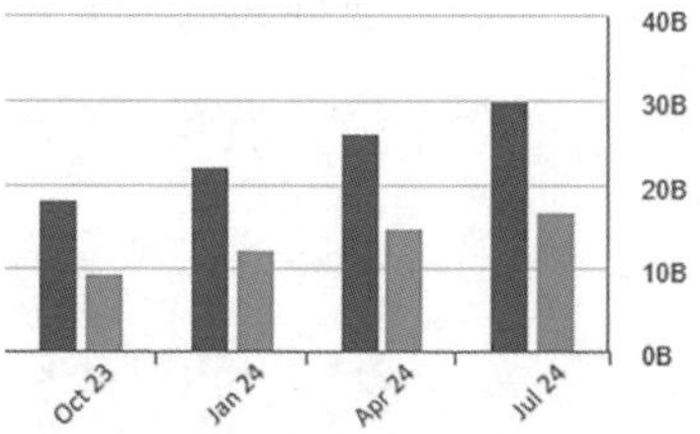

매출총이익률 TTM	75.98%
영업이익률 TTM	61.87%
순이익률 TTM	55.04%
투자수익률 TTM	96.11%

■ 총매출 ■ 순이익

마감 기준:	2024년 07월 28일	2024년 04월 28일	2024년 01월 28일	2023년 10월 29일
총매출	30040	26044	22103	18120
총 이익	22574	20406	16791	13400
영업 이익	18642	16909	13614	10417
순이익	16599	14881	12285	9243

소위 최근 M(magnificient)7이라는 애플, 마이크로소프트, 알파벳, 아마존, 테슬라, 엔비디아, 메타를 보자. 인공지능 관련 칩을 생산하는 엔비디아의 매출총이익율은 75%를 상회한다. 이들 M7은 인공지능 관련 기업이자 거대 플랫폼 연관 기업들이다. 알파벳의 구글과 유튜브, 메타의 페이스북과 인스타그램이라고 설명하면 이해가 더 쉬울 것이다. 1650년까지 네덜란드 동인도회사의 연 수익률이 27%였으며, 같은 기간 동인도회사의 주가는 8배가 넘게 상승했다. 인플레가 없던 시기의 수익률로는 놀라운 것이지만, 식민지에 대한 착취가 수반되기에 가능한 일이었다. 그런데, 2023년 1분기 기준 M7의 수익률은 45.4%에 달했으며, 주가 상승률 역시 특정 기간 동안에는 동인도회사를 상회한다. 이런 상황에서, K-드라마, K-영화,

K-문화콘텐츠는 지속될 수 있는 것일까?

진달용은 다음과 같이 말한다. "미 제국주의가 플랫폼을 통해 지속되고 있다고 해도 과언이 아니다. … 플랫폼은 미국이 지배하는 새로운 형태의 유통자이자 생산자로 기능해 왔다."(Jin, 2015: 69) 또한, "플랫폼 제국주의(platform imperialism)는 기술 격차뿐만 아니라 지적 재산권, 상징적 헤게모니, 사용자 상품 등의 형태로도 나타나며, 이러한 문제들은 자본이 소수의 미국 기반 플랫폼 소유자에게 집중되어 글로벌 격차를 확대하는 결과를 낳는다."(Jin, 2015: 12) 이러한 견해에 따르면, 소수의 미국기반 플랫폼 소유자는 단순히 문화의 매개자가 아닌, 지배자가 될 수 있다는 것이다. 즉, 넷플릭스는 시장의 독점, 거대자본의 힘, 알고리즘을 통한 시청자 선호도 위주의 문화 서사 주도를 통해, 창작의 다양성과 특정 지역문화의 정체성을 흔드는 양상을 보였다. 이는 플랫폼 특성에 정확하게 부합한다.

넷플릭스는 2023년부터 4년간 한류 영상콘텐츠 제작에 25억 달러를 투자하겠다는 계획을 발표하였고 이를 실행 중이다. 그리고 넷플릭스 오리지널 문법이 한류 영상콘텐츠 서사 구조의 근간을 뒤흔드는 소리 없는 변화 역시 지금도 진행 중이다. 그리고. 이 모든 상황은 한류의 위기로 연결된다. 제국주의에 비유될 만큼 시장지배력을 강화한 넷플릭스 플랫폼이 한류의 정체성이나 독창성을 보는 관점은 시청자의 선호도와 수익이라는 두 개의 코드로 압축될 뿐이다. 과거, 제국주의가 식민지 문화의 다양성과 독창성을 파괴한 것처럼, 넷플릭스와 같은 일방적 구조는 결국 다양성과 독창성을 파괴하는 결과를 낳게 되지 않을까?

넷플릭스를 넘어선 한류 대안

한류의 위기는 넷플릭스의 "〈오징어 게임〉, 〈종이의 집: 공동경제구역〉, 〈수리남〉, 〈더글로리〉, 〈소년심판〉, 〈마스크걸〉, 〈이두나〉와 같은 오리지널 콘텐츠가 기존의 한류 작품처럼 한국다움, 한국철학을 반영하는 한류 작품으로 평가될 수 있을까?"라는 질문으로 이어진다. "2023년 한해에 제작된 13편의 넷플릭스 오리지널 작품에 한류 타이틀을 붙이는 것은 타당한 것일까?"

한류는 〈겨울연가〉, 〈대장금〉과 같은 초기 성공작부터, 〈옥자〉, 〈기생충〉에 이르기까지 뛰어난 작가, 감독, 배우들에 의해 상대적으로 열악한 제작 여건 속에서도 한국적 소재를 바탕으로 독창적인 서사를 창작하여 이를 세계에 이를 알려 왔다. 독창적인 서사의 근간에는 한국다움, 한국적 철학 기반의 역동적 창의성이 있었기에 대항문화로 자리하거나 로맨스와 같은 틈새 장르를 통해 열악한 자본의 문제를 극복할 수 있던 것이다.

그러나, 넷플릭스가 192개국의 동시 서비스라는 세계화를 구축하고, 그들이 구축한 전 세계 대중문화 수용자의 선호도에 기반한 한국 드라마 제작시스템으로도 한류의 독창성이 유지될 수 있을까? 이런 양상을 한류의 문화적 혼종성 확산으로 부를 수 있는 것일까? 이런 문제를 분석하고, 극복하지 않는 한 한류는 한계에 부딪힐 것이다.

〈오징어 게임〉, 스페인 드라마의 리메이크작 〈종이의 집: 공동경제구역〉에 나오는 가면, 탈 문화적 유니폼, 세트장을 방불케 하는 구조물 배경 등은 전 세계 시청자들의 문화적 교집합을 최대화하기 위해 한국적 맥락을 최대한 배제한 보편적 문화 장치일 수 있다. 언어 장벽을 낮추기 위한 다양한 기호의 사용 역시 마찬가지이다. 〈오징어 게임〉은 도형기호(○△□), 가면, 유니폼, 색의 대비 등 이항 대립적인 기호 구조를 통해 게임 내 질서를 구조화한다. 456명의 참가자, 상금 456만 달러라는 숫자의 설정 등도 비언어적인 기호로 다양한 해석과 흥미를 불러일으킨다.

하지만 상업적 측면이 아닌 문화적 측면에서 넷플릭스가 제작한 오징어 게임에 한류라는 말을 선뜻 붙이기 어려운 측면이 존재한다고 이야기할 수 없는 것일까? 넷플릭스의 세계 1위 시청작이라는 현상에 현혹되어 아이들의 게임을 잔혹한 생존게임으로 치환한 대목을 한국적 정서로 설명할 수 있을까? 아니, 성공에 가려져 이런 질문조차 주저하고 있는 것이 아닐까? 〈오징어 게임〉 수익률의 불합리한 분배를 이야기하기에 앞서, 이 작품에 한국적 정서와 특유의 한국철학이 부재하였다는 분석을 감히 시도할 수 없는 것일까? 이러한 질문은 자금의 넷플릭스 서사에 대한 근본적인 질문이기도 하다.

OTT매체간의 치열한 경쟁은 급격한 상황변화를 불러일으킨다. 넷플릭스가 그간의 시장점유 속도 만큼이나, 아니 더 빠르게 경쟁에서 패배하고 사라진다 해도 이를 이상하다고 생각할 사람은 없을 것이다. 지금까지 논의한 넷플릭스 중심의 한류 영상콘텐츠 확산과 위기는 어느새인가 디즈니로, 아니면 또 다른 제3의 인공지능 창작업체로 넘어갈지 모른다. 이 글을 쓰고 있는 시점에도 인공지능 특히, 생성형 AI를 통한 글쓰기나 이미지, 영상 생성기술은 가히 상상을 초월할 정도로 빠르게 진보하고 있다. 그렇기에 지금 논하는 한류의 위기 극복 대안은 더욱 본질적인 부분에 초점을 맞추어야 한다. 특히, 대중문화의 본질이라 할 수 있는 인문학과 철학적 대안이 포함되어야 한다.

따라서, 적어도 한류의 부흥을 원하는 한국의 문화산업 관계자, 창작자 모두는 넷플릭스 비판을 넘어서 인문학과 기술이 공존하는 새로운 한류의 흐름을 위한 우리만의 대안을 모색해야 한다. 이를 위해 시청자 선호도, 수익률과 같은 가치를 잠시 멈추고, 한류의 다양성을 심을 수 있는 모판이 될 새로운 플랫폼을 모색할 필요가 있다.

그림 14 독일 공영방송사 ZDF의 OTT플랫폼(https://www.zdf.de/) **첫 화면 캡쳐**(구글번역)

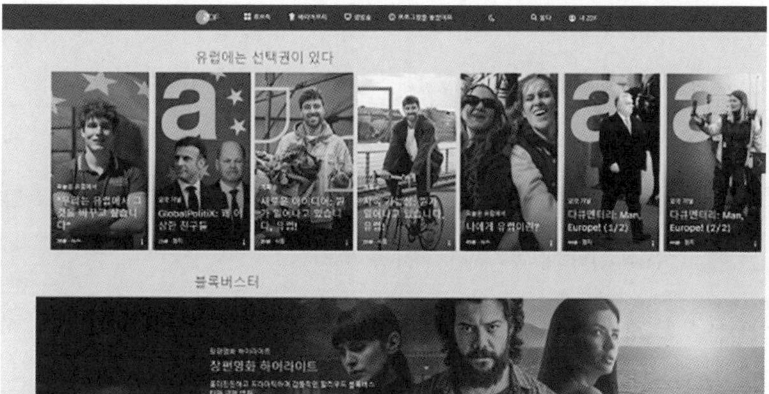

2021년 독일 공영방송 아르떼(ARD)와 쩨데프(ZDF)는 공동 OTT스트리밍 서비스를 논의한 결과 공동의 추천 알고리즘을 개

발 및 운영키로 합의하였다. 나아가 더 이상 공영방송 영상콘텐츠를 넷플릭스에 제공하지 않고 두 공영방송 외에도 도이치란트라디오(Deutschlandradio) 등 독일의 모든 공영방송이 연대하여 공영 OTT 서비스를 제공하기로 했다. 독일 공영방송사 ZDF의 홈페이지이자 OTT플랫폼의 첫 화면 문구는 '유럽에는 선택권이 있다(Europa hat die Wahl)'이다. 이것이 무슨 의미이겠는가? 이들은 오스트리아, 스위스 등 유럽문화를 포괄하는 유럽 통합 플랫폼(European Collenction)으로 나아가고자 한다.

프랑스 역시, 공영방송 프랑스 텔레비지옹이 M6, TF1 등의 민영 방송사와 통합 OTT플랫폼 살토(Salto)를 만들었다. 그러나 독일과 프랑스 모두 공영방송사 간의 기업문화 차이, 상업방송과 공영방송의 서로 다른 목적성 등으로 인해 순탄치 않은 상황을 겪고 있다. 그럼에도 독일남서부방송(SWR) 등 많은 지역방송이 이 연합에 참여하고 있다는 보도가 이어지고 있다. 이러한 시도는 넷플릭스, 디즈니 등에 대항하는 유럽 고유의 대중문화 플랫폼의 필요성을 반증하는 것이며, 우리에게 많은 시사점을 준다.

이러한 시도들처럼 우리도 한류-공영방송OTT와 같은 한류중심 공영플랫폼 매체를 설치하자는 논의를 시작하자는 것이다. 물론, 한류 생태계의 공공성을 담보하는 플랫폼 제작에는 많은 현실적 어려움이 있을 것이다. 그러나 당위성이나 어려움에 앞서 이러한 논의 자체가 아직도 공론화되지 못하다는 것이 더 이상해 보인다. 너무 순식간에 한류영상콘텐츠의 주도권이 유튜브나 넷플릭스로 넘어갔다고 자조하지만, 그 이전에도 몇몇 대기업의 OTT플랫폼만 눈에 띌 뿐이었다. 넷플릭스의 경쟁자로서 OTT플랫폼을 구축했던 국내 대기업들조차 태생적으로, 또 궁극적으로 한류의 정체성과 한국적 철학과 같은 일종의 '한류의 공적 가치'를 자사의 이익보다 우선할 수 없다는 것은 분명해 보인다. 그렇기에, 한류 X-차 웨이브를 논하기에 앞서, 한류 창작 생태계의 다양성 보존을 위한 공공플랫폼 논의가 시작되어야 한다. 정부는 콘텐츠진흥원, 한국전파연구원 등 한류를 주도할 수 있는 기구를 통해 통합적 한류-공론장 플랫폼을 만들고, KBS와 같은 공영방송을 한류OTT-공영플랫폼으로 전환하는 등의 논의를 시작해야 한다.

우리는 어느새 넷플릭스를 한류 영상 확산의 은인(恩人)으로 간주하는 것 같다. 한국인에게 최고의 한류 영상 제작자, 한류 확산의 가장 신속하며 효율적 경로, 전 세계 최다 한류 시청자 보유 플랫폼은 어느새 넷플릭스로 인식되는 것 같다. 그래서 대안 한류 플랫폼 모색을 공론화하자면 일부 대중들이 거부감을 갖는지 모른다. 사람들은 소위 시청율과 같은 시장경쟁 체제에 맞지 않는 비효율적 공영방송의 이미지나 과거 한국영화 스크린쿼터제의 부정적 측면을 떠올리는 것이다. 그러나 한류 인기가 사그라들기 시작하는 순간, 공공플랫폼은 한류 생태계의 지속가능성을 보장하는 근원적 모판이 될 수 있다. 정확한 비유가 아닐지라도, 과거 헐리웃 영화가 한국 영화시장을 장악하던 시절, 소위 '스크린 쿼터제'가 한국 영화의 모판 기능을 어느 정도 수행했다는 것을 부인하기 어려울 것이다. 필자는 공공플랫폼이 즉각적으로 넷플릭스와 경쟁하여 승리하자는 것이 아니다. 기본적으로 지금의 한류 영상의 세계적 위상을 지속 가능케 하는 모판으로서 역할을 담당하자는 것이다. 그렇기에 우리는 공공플랫폼에 대한 '공론'을 시작하고 이를 이어가야 한다.

맺음말

한류 영상콘텐츠는 OTT 매체, 특히 넷플릭스 플랫폼을 통해 즉각적이고 광범위하게 세계적인 위상을 확보할 수 있게 되었다. 과거에 〈겨울연가〉로 대변되는 영상 콘텐츠가 판권판매를 통해 해외로 수출되고 공영방송과 DVD로 소비되던 시대에서, 제작과 동시에 실시간으로 192개국 이상에서 동시 시청이 가능한 시대가 되었다. 이러한 제작, 시청 환경의 급격한 변화는 한류의 확산 양상에 큰 영향을 미치게 되었다.

그러나 앞서 살핀 것처럼 한류 영상콘텐츠가 넷플릭스와 같은 특정 거대 플랫폼을 통해서만 전 세계에 소개되는 상황으로 인해 한류 영상콘텐츠의 확산이 넷플릭스로 제한되는 경향이 있다. 또, 넷플릭스와 같은 OTT매체를 통해 한류 영상콘텐츠가 급격히 확산되었지만 아직은 아시아와 북미지역을 제외한 타 대륙에서는 특정 몇몇 작품 외에는 한류 영상콘텐츠의 시청이 미미함을 확인하였다. 그리고 넷플릭스는 한류 영상콘텐츠의 창작 과정에 자신들의 제작

시스템을 개입시키고 있다. 넷플릭스는 한국만이 아닌 전 세계 시청자의 최대 선호도를 끌어내고자 하는 제작 전략을 채택하였고, 이를 한류 작품 제작에 적용한 것이다.

그러나 전 세계 시청자의 최대 선호도라는 경영전략이 한류의 독창성, 특히 한국다움, 한국철학과 같은 한국적 가치와 공존할 수 있는지에 대한 의문이 제기된다. 즉, 넷플릭스의 제작 전략을 문화적 혼종성의 산물이라고만 설명하기에는, 선호도라는 상업적 성공의 가치가 문화를 종속시킨다는 비판에서 벗어나기 어려워 보인다. 한류 작품이 문화권역을 뛰어넘는 상업적 확장성을 지닐수록 한국다움, 한국철학과 같은 한류 본연의 가치들이 상실될 수 있다. 근본적으로 '다수의 선호'는 다양성과 공존하기 어려운 가치이기에, 한류 문화의 창의성과 역동성이 파괴될 가능성이 있다. 그리고 이러한 종속은 당연히 한류 영상 콘텐츠의 양상을 변화시킨다.

물론 한류는 단순히 한국문화의 수월성을 드러내기 위한 문화민족주의의 발현이 아니기에 타 문화를 수용하고, 포용하며 새롭게 발전되어야 한다. 그러나 넷플릭스의 제작 전략은 한류를 타 문화의 수용이나 혼종성의 확산이 아닌, 다수 시청자의 선호도라는 획일성으로 몰아가는 것이다. 넷플릭스나 디즈니가 문화적 혼종성에 대한 어떤 정책을 내세우거나 선언한 적이 있는가? 그러나 대중은 보편의 가치라는 큰 틀로, 대중문화는 끝없는 생명력으로 수많은 이종성과 다양성의 도전을 본연의 생명력으로 포용하고 발전시켜 새로운 문화를 싹 티우는 모판이 되어왔다. 그렇기에 넷플릭스의 선호도 정책은 시간이 흐를수록 한계에 부딪히게 될 것이다. 그러므로 한류는 넷플릭스와 같은 OTT 매체에 한정될 수 없으며 한정되어서도 안

된다.

한류라는 일련의 흐름에서 OTT플랫폼이 보여주는 현재의 한류 영상콘텐츠 양상은 역설적으로 한류의 심각한 위기를 보여준다. 그렇기에 우리는 넷플릭스의 영상추천-제작시스템을 넘어서 한국다움과 한국철학과 같은 한국다움에 세계의 문화를 포용하여, 대중문화의 서사를 창조해 나가는 한류 영상추천-제작시스템을 모색해야 한다. 이를 위해 문화적 포용과 혼종성, 한류에 대한 방향을 논하는 공론장을 더 활발하게 열어가야 한다. 소규모 영상콘텐츠 제작자, 그리고 다양한 문화예술 장르의 크리에이터들과 대중, 그리고 정부가 함께 연대하여 열린 공론장과 한류-공영OTT 플랫폼을 만들 수 있다면 우리는 한류 확산의 새로운 양상을 목격하게 될 것으로 확신한다.

아직 어떤 OTT매체도 콘텐츠 생산 분야 전체를 완벽하게 독점하지는 못하고 있다. 시장 경쟁은 여전히 한 치 앞을 알 수 없는 치열함으로 가득하다. 그렇기에 더욱 우리는 시급하게 한류를 위한 대안을 모색하고 실천해야 한다. 여기에는 수천 년을 이어져 온 한국 대중의 지혜와 통찰, 포용력이 필요하다. 덧붙여, 대중이 아파하며, 갈망하는 내면의 무의식을 읽어내고, 인공지능이나 빅데이터 분석을 도구화하되 인간을 우선하는 인문학적 통찰이 새로운 대안 모색을 주도할 수 있어야 한다. 한류 영상 서사에는 데이터 분석이나 알고리즘만이 아닌 대중의 무의식에 잠재된 아픔과 희망을 읽어내어 더 나은 인간 세상에 대한 메시지를 포함되어야 한다. 그리고 이를 인류에게 주어진 환유와 은유의 언어, 영상기호의 서사로 표현해야 한다. 다시 한번 강조하자면, 이를 위해 한류의 한계, 맹점과 대안을 논의할 수 있는 대중문화 공론장과 한류-공영OTT플랫폼과 같은 대안의 길을 열어가야 한다.

참고문헌

김민식, 이가희 (2017). 디지털플랫폼과 인공지능(AI)의 이해. 정책정보포털 제29권 18호, 정보통신정책연구원, 1-19.

문성길 (2017). 넷플릭스하다. 서울: 스리체어스.

박소정, 장인희, 홍석경 (2021). 일본 내 글로벌 SVOD 서비스를 통한 한국 드라마 수용, 한국언론학보 65권 3호, 122-162.

영화진흥위원회 (2016). 영화기술 · 영화관 시설설치기준(SPS-KCINE 1000: 2017).

조영신 (2014). 넷플릭스의 빅데이터, 인문학적 상상력과의 접점, 정보통신정책연구원.

하윤금 (2016). 〈태양의 후예〉 열풍과 K-드라마의 매력, KOCCA 포커스 16-03호.

Hyun Jung Stephany Noh (2022). Romantic blockbusters: the co-commissioning of Korean network-developed K-dramas as 'Netflix originals', *Journal of Japanese and Korean Cinema Volume 14, 2022 - Issue 2, Pages 98-113 | Published online: 08Sep2022.*

Jin, Dal Yong (2015). *Digital Platform, Imperialism and Political Culture*. New York and London: Routledge.

Flixpatrol, How is the ranking position and the ranking points calculated?, https://flixpatrol.com/about/how-it-works/

The Atlantic (2014, Jan, 2). How Netflix Reverse-Engineered Hollywood, https://www.theatlantic.com/technology/archive/2014/01/how-netflix-reverse-engineered-hollywood/282679/

머니투데이 (2024.02.18.). [더차트] OTT앱 사용자 2000만 넘었다… 부동의 1위는 넷플릭스, https://news.mt.co.kr/mtview.php?no=2024021510504495130

미디어 이슈 & 트렌드 MEDIA ISSUE & TREND Vol.49 2022 3×4, 기획리포트 [공영방송의 OTT], https://www.kca.kr/Media_Issue_Trend/vol49/index.html

연합뉴스 (2022.09.14.). '우영우' 넷플릭스 비영어권 드라마 7주 연속 1위… '수리남' 5위, https://www.yna.co.kr/view/AKR20220914017400005

한겨레 (2023.04.26.). 넷플릭스의 4년 25억 달러 투자, 정말 "파격적"일까?, https://www.hani.co.kr/arti/culture/culture_general/1089267.html

중앙일보 (2020.02.12.). '아카데미 루저' 넷플릭스, '기생충' 흥행 숨은 공신 됐다, https://www.joongang.co.kr/article/23704325#home

조선일보 (2023.03.26.). [홍익희의 홍미진진 경제사] [18] 근대 최초 증권거래소와 유료정보지, https://www.chosun.com/opinion/2023/03/19/4WBWWXOQ4JGYHKSFNXVEMBJQCA/

제3장

일본의 20년 한류 읽기

황선혜

- 20년의 한류 실체, 감격과 욕망
- 또 하나의 한류, 혐한
- 산업과 문화의 갈림길에 서서

10년이면 강산도 변한다는데, 일본에 온 지 어느새 20년, 강산이 두 번이나 바뀌었다. 20년이라는 세월은 갓 태어난 아기가 어른이 되어 사회적으로 인정받기까지 걸리는 시간과 같다. 일본 NHK 위성방송에서 한국 드라마 〈겨울연가〉가 방영된 2003년을 일본에서는 '한류 원년'이라고 부른다. 강산이 두 번 바뀌고 한 인간의 성장 역사를 만드는 20년, 일본의 한류는 2023년 20주년을 맞았다.

일본을 포함한 아시아에서는 '한류'로, 세계에서는 'K-Culture'로 대표되는 한국의 대중문화가 확대될 수 있었던 것은 무엇이었을까? 한 편의 드라마, 한 곡의 노래, 한 명의 감독, 한 명의 작가가 이뤄낸 것이 아니다. 그리고 줄거리가 좋다, 퍼포먼스가 뛰어나다, 아이디어가 기발하다는 단정적인 이유로 급성장한 한국 콘텐츠의 비결을 꼽을 수 없다. 분명한 것은 '한류', 'K-Culture'는 단순한 붐에 그치지 않고 20년간 도전과 성공, 실패를 반복하며 세계 시장에서 주목받는 우수한 수출 문화상품으로 성장해 왔다는 것이다.

어느 날 등굣길에 일본 초등학생들이 큰 소리로 이야기하는 것을 들었다. "이거 알아? 한국에서는 다루마상가고론다(だるまさんがころんだ/무궁화꽃이 피었습니다)[1] 게임에서 움직이면 죽는다고." "너무 무섭다. 정말 그래?" "응, 한국 드라마에 나오는 거야."

일본에서는 칠월칠석(七夕)이 되면 사람들이 많이 모이는 곳에 크리스마스트리와 같은 큰 나무에 각자의 소원을 적어 장식하는 풍습이 있다. 우리 아파트에서도 매년 로비에 칠월칠석 장식을 설치하고 입주민들이 각자의 소원을 적은 종이를 나무에 걸어둔다. 우연히 읽은 '트와이스가 나를 알아봐 줬으면'이라고 정성스럽게 적힌 소원을 잊을 수 없다.

드라마 〈겨울연가〉에서 시작된 60~70대 원조 한류 팬들 사이에서도, 한류라는 단어조차 모르는 초등학생들 사이에서도 한국의 콘텐츠는 일본과의 교류와 소통을 촉진하는 역할을 하고 있다. 다양한 세대가 한류를 소비하며, 이는 두 나라 사이의 문화적 유대와 상호 이해를 증진시키는 중요한 요소로 작용하고 있다.

한류(韓流)는 1990년대 후반 중국에서 한국 드라마의 방영을 계기로 탄생한 단어이지만, 지금은 한국의 대중문화, 엔터테인먼트, 콘텐츠를 대변하는 용어로 자리잡았다. 한류가 아시아 전역으로 확대된 시발점에서 일본의 역할을 빼놓을 수 없으며, 지난 20년 동안

---

1 〈오징어 게임〉에 등장하는 게임 '무궁화꽃이 피었습니다'는 일본어로 다루마상가고론다(だるまさんがころんだ)로 번역되었다. 다루마상이고론다는 에도 시대부터 시작된 것으로 전해지며, 당시 어린이들이 광장과 골목에서 이 놀이를 즐겼다는 기록이 있다. 2014년에 개봉한 일본 영화 〈신이 말하는 대로〉에서 이 게임이 데스 게임으로 등장하는데, 〈오징어 게임〉이 일본 작품을 도용했다는 논란이 일었다.

일본에서의 한류는 네 번의 큰 변화를 겪었다.[2] 현재 많은 사람들이 '다음(NEXT) 한류', 즉 '제5차 한류'를 기대하고 있다. 한류는 긍정적인 발전과 지속적인 성장을 이룰 수 있을까?

한류는 지난 20년 동안 일본에서 큰 변화를 겪으며 자리잡아 왔다. 그러나 한류가 외부에서 접하는 한국 문화를 상징하는 것으로, 이를 받아들이는 과정에서 한국의 의도와는 다르게 전달될 가능성이 있다. 이는 한국의 문화적 정체성을 유지하는 데 어려움을 초래할 수 있고, 특히 국가 간 사회정치적 상황에 많은 영향을 받는다는 점에서 기대와 우려가 공존한다. 일본은 한국과 역사, 정치, 경제 등 얽히고설킨 관계로 정치적, 외교적으로 민감한 문제가 발생하면 일본 내에서 한류에 대한 부정적인 인식이 확산할 수 있으며, 이는 궁극적으로 경제와 산업에 영향을 미칠 수 있다. 물론 긍정적인 기대도 있다. 일본의 한류는 시장성을 확대하고 한국 문화에 대한 인식을 높이는 것으로 그치지 않는다. 이는 한일 간 협력을 통해 소통과 교류를 기대할 수 있기 때문이다. 일방적인 문화의 흡수와 향유에 그치지 않고 상호 협력을 통해 새로운 문화를 창조하고, 두 나라 간의 이해를 증진시키는 데 중요한 역할을 할 것이다.

일본에서의 20년 한류는 그동안의 변화와 현황을 바탕으로 앞으로의 발전 방향을 모색해야 할 시점이다. 한류가 받아들여진 과정을 통해 일본 한류의 한계와 취약점을 분명 발견할 수 있을 것이다. 하나의 문화가 확립되기까지 20년은 결코 오랜 시간이 아니다. 일본의 '20년 한류'를 통해 '향후 20년의 한류'의 청사진을 제시하고,

---

2 〈표 1〉 일본 한류의 변천 참고하기 바람.

풍부하고 건전한 문화로서 지속 가능할지 충분한 논의가 필요한 때이다.

20년의 한류 실체, 감격과 욕망

네 번의 한류와 두 번의 견제기

한류는 산업뿐만 아니라 사회와 문화에도 큰 영향을 미쳤으며, 특히 문화적인 측면에서는 한류 팬덤의 생성, K-Culture의 확산, 한국 문화의 세계화라는 세 가지로 요약할 수 있다. 일본에서는 2003년 NHK 위성방송에서 방영된 드라마 〈겨울연가〉를 계기로 제1차 한류가 시작되었고, 이후 2, 3, 4차 한류가 이어지면서 수많은 한국 드라마와 음악, 영화 등이 일본에 소개되었다. 콘텐츠를 통해 일본 사람들은 한국의 문화와 역사를 간접적으로 접하며, 친근한 존재임을 실감하고, 한국 사람들도 일본을 방문하는 외국인 관광객 수에서 상위권을 차지할 정도로 양국 간의 교류가 활발해진 것은 사실이다.

표 1　일본 한류의 변천

<table>
<tr><th>구분</th><th>2002년</th><th>2003년</th><th>2006년~</th><th>2007년~</th><th>2012년~</th><th>2016년~</th><th>2020년~</th></tr>
<tr><td></td><td>한류의 여명</td><td>1차 한류</td><td></td><td>2차 한류</td><td>한류의 침체기</td><td>3차 한류</td><td>4차 한류</td></tr>
<tr><td>콘텐츠</td><td>TV아사히
〈이브의 모든것〉</td><td>NHK
〈겨울연가〉</td><td>한류 콘텐츠 견제 1</td><td>동방신기
소녀시대
KARA
BIGBANG</td><td>한류 콘텐츠 견제 2</td><td>TWICE
BTS</td><td>〈기생충〉
〈사랑의 불시착〉
〈이태원 클라쓰〉
『82년생 김지영』
Beyond Live
BANG BANG CON
NiziU</td></tr>
<tr><td>미디어</td><td>방송</td><td>방송</td><td>방송</td><td>라이브
방송</td><td>BS방송</td><td>라이브
인터넷
SNS</td><td>인터넷
OTT
라이브 스트리밍
애플리케이션</td></tr>
<tr><td>장르</td><td>드라마</td><td>드라마</td><td>드라마</td><td>음악</td><td>음악</td><td>음악
소비재
커뮤니티</td><td>드라마
음악
출판
웹툰</td></tr>
<tr><td>관련 산업</td><td></td><td>DVD
잡지</td><td>DVD
잡지</td><td>CD/DVD
잡지
식료품</td><td></td><td>화장품
패션
여행</td><td>코리아타운 상권
전자상거래</td></tr>
<tr><td>팬</td><td>드라마
배우</td><td colspan="2">드라마
배우</td><td>K-POP
드라마</td><td>드라마
배우
K-POP</td><td>K-POP
한국 상품</td><td>드라마
K-POP</td></tr>
</table>

구분	2002년	2003년	2006년~	2007년~	2012년~	2016년~	2020년~
연령	50세 이상 여성	50세 이상 여성		35~49세 여성/ 50세 이상 여성	35~49세 여성/ 50세 이상 여성	13~19세 남녀/ 35~49세 여성/ 50세 이상 여성	13~19세 남녀/ 20~34세 여성/ 35~49세 여성/ 50세 이상 여성 20~34세 남성/ 35~49세 남성/ 50세 이상 남성
팬덤		드라마 프로모션 이벤트 팬미팅		음식 문화 팬클럽		한국어 패션 라이프 스타일 공유 문화	커뮤니티 동료 의식 가족 문화

출처: 황선혜 (2023). "문화교류와 콘텐츠 비즈니스의 변모". 국중호 외. 수평화된 한일관계. 서울: 박영사.

〈표 1〉은 일본 내 한국 콘텐츠 비즈니스 및 미디어 관계자, 연구자 등 전문가를 대상으로 한 조사를 통해 지난 20년간 일본 내 한류의 변천과 특징을 정리한 것이다. 4차에 걸친 일본의 한류는 드라마에 국한되지 않고, 음악, 영화, 웹툰, 소설 등 콘텐츠 장르의 확장을 가져왔으며, 한국어, 음식, 여행, 패션, 미용 등 타 산업에도 영향을 미쳤다. 한류 팬덤 역시 초기에는 한국 드라마, K-POP 등 콘텐츠를 접한 팬층이 소비의 중심이었지만, 이후 콘텐츠에 그치지 않고 음

식, 언어, 패션, 관광 등 관련 산업으로 확대되어 한국의 다양한 문화로 연결되고 있다. 한국 콘텐츠만 소비하는 것이 아니라 한국 문화를 이해하고 교류하기 위해 관련 산업으로 확대된 것으로 보인다. 비단 일본만의 현상은 아닐 것이다. 2021년 10월, 영국 옥스퍼드 영어사전에 26개의 한국어 단어가 새롭게 등재되었다. 새로 등재된 단어를 보면, 동치미, 김밥, 삼겹살 등 한국 음식과 누나, 언니 등 가족관계 및 호칭, 대박, 먹방 등 신조어 등도 포함돼 있다.

한편, 20년 동안 두 차례의 한류 콘텐츠의 견제기가 존재했다. 당시 일본의 미디어와 사업자에게 시청자 호응이 낮은 국내 드라마보다는 한국에서 방영된 재미있고 시청률 높은 한국 드라마를 적절한 금액으로 일본 판권을 양도받아 방영하는 것이 효과적이었다. 그러나 해외 비즈니스를 겨냥한 고품질, 고예산의 한국 드라마가 속속 등장했고, 판권비용이 날로 치솟았다. 이에 따라 한국 드라마의 판권 사업을 꺼리는 경향이 두드러졌고 그 시기가 첫 번째 한류 콘텐츠 견제기인 2006년 전후였다.

두 번째 견제기는 콘텐츠 산업뿐만 아니라 일본 내 한류 전반의 침체를 꼽을 수 있다. 2012년 이명박 전 대통령의 독도 방문과 일왕 언급으로 최악의 한일관계를 맞이했고, 그 여파는 일본 미디어를 비롯한 민간 기업의 비즈니스까지 영향을 미치며 순식간에 한류는 음지의 문화로 전락했다. 일본 지상파의 한국 드라마 편성이 중단되고 한국 방문을 자제하는 움직임이 표면화되면서 한류를 선호하는 취향조차 반국가적인 행위로 간주될 정도였다. 당시 독도를 방문한 연예인이 출연한 한국 드라마나 예능 프로그램 구매를 자제하고 한류 행사가 잇따라 취소되는 등 10년 넘게 이어진 한일 문화산업 교류는 한 번의 정치적 퍼포먼스로 물거품이 됐다.

이보다 1년 전인 2011년에는 다카오카 소스케라는 일본인 배우가 일본 지상파 채널의 한국 드라마 편성 비율이 점점 높아지는 것에 대한 발언을 계기로 한류 반대 시위가 벌어진 적이 있다. 물론 특정 방송국의 편향적인 보도와 한류 강요에 항의하기 위한 목적이었다고 하지만 일장기와 플래카드, 기미가요 제창 등은 정치와 문화의 관계를 연결한 것을 절실하게 보여주었다.

앞서 언급했듯이, 한류는 외부에서 접하는 한국 문화이며, 국가 간의 사회정치적 상황, 특히 일본과의 관계에서 큰 영향을 받는다. 일본이 자국의 이익을 위해 한국의 문화를 끌어들여 폄훼하고 경제적, 산업적으로까지 영향을 미치고 있는 것을 간과할 수 없다.

한류는 이윤을 추구하는 산업인가?

1) 다양성과 상업성 사이

일본 내 한류의 발단이 된 드라마가 〈겨울연가〉다. 만약 〈겨울연가〉가 일본 TV에서 방영되지 않고 기존 한국 드라마처럼 비디오 대여점에 진열된 작품 중 하나였다면 지금과 같은 한류 열풍은 일어나지 않았을지도 모른다.

2021년 6월, 당시 드라마 제작사 도레미 엔터테인먼트의 김운호 대표는 한국드라마제작사협회가 주최한 '2021 방송영상콘텐츠 산업 세미나'에서 드라마 〈겨울연가〉의 해외 진출에 대해 발표했다.

"드라마 〈겨울연가〉는 총제작비 30억 원에 해외 수익만 290억 원의 수익을 창출했다. (중략) 드라마 제작사인 팬엔터테인먼트는 일본과 아시아 각 지역에서 매체별 계약을 진행했다. 그 결과 방송권, 주문형비디오(VOD), 온라인 스트리밍, 출판, 상품, 공연과 음원, 애니메이션 라이선스 계약을 통해 지적재산권(IP) 활용과 그에 따른 다양한 사업 전개를 경험했다. (중략) 해외 진출로 방송권 판매에 그치지 않고 DVD, 출판, 상품, 이벤트 등 드라마에서 파생된 상품의 저작권료가 수익이 되고, 드라마 삽입곡인 OST(오리지널 사운드 트랙)까지 매출에 이바지하는 것을 실감했다."(김윤호, 'OTT 시대, 드라마 제작사의 고민과 도전#1 OTT 시장 전망 및 제작사의 역할')

〈겨울연가〉 이후 일본을 비롯한 해외에서 한국 드라마에 대한 수요가 증대하면서 방송국과 드라마 제작사들은 기획 단계에서 해외 미디어 및 유통사를 대상으로 선판매를 진행하기 시작했다. 또한, 해외에서 다각적으로 드라마를 활용할 수 있도록 권리 확보도 활발했다. 방영된 드라마뿐만 아니라 국내 편성이 확정되지 않은 기획 단계에서 해외 비즈니스를 전제로 해외 현지 수요에 맞춰 비즈니스를 전개할 수 있는 드라마 제작이 필요하다는 것을 인식한 것이며, 그 성공 사례가 〈겨울연가〉였다.

당시 콘텐츠 시장 규모가 미국에 이어 2위였던 일본 시장에서 〈겨울연가〉처럼 성공하기 위해서는 어떤 드라마가 인기를 끌 수 있을까? 한류스타가 출연하고 유명 감독과 인기 작가가 만든 작품이라고 단편적으로 말한 관계자도 있지만, 사실 그것만으로 반드시 성공할 수 없다는 것이 엔터테인먼트 산업의 현실이다.

한 발짝 나아간 것은 '장르'였다. 그 힌트는 역시 〈겨울연가〉에 있었다. 〈겨울연가〉는 일본에서는 2003년 NHK 위성방송인 BS2에서 첫 방송과 재방송을 거쳐 1년 후인 2004년부터 지상파 NHK 종합채널에서 방송되었고, 최종회는 20%가 넘는 높은 시청률을 기록했다. 이런 기세를 이어가고자 NHK는 〈겨울연가〉의 후속작으로 〈아름다운 날들〉, 〈올인〉 등 순수한 사랑을 애절하게 그린 '한국형 멜로드라마'를 연이어 방송했다. 한국에서 높은 시청률과 호평을 받은 멜로드라마는 일본에서도 한국 드라마 팬들에게 사랑을 받았지만, 한편에서는 드라마마다 비슷한 주인공 설정과 식상한 줄거리 전개에 질렸다는 의견도 분분했다.

당시 한국 드라마를 애청한 시청자들의 대부분은 50대 이상으로, 그들이 10, 20대에 인기를 끈 작품은 로맨틱 코미디 소녀만화였다. 평범한 한 소녀가 경쟁자와 갈등을 통해 재능을 꽃피우고 성장하는 과정을 그린 〈유리가면〉, 밝고 긍정적인 고아 소녀가 주변의 편견에 굴하지 않고 사람들의 사랑을 받으며 성장하는 과정을 담은 〈캔디 캔디〉 등이 대표적이다. 당시 로맨틱 코미디 장르의 만화를 읽고 설레고 두근거렸던 10, 20대가 성인이 되었다고 가정하면, 바로 한국 드라마의 팬층과 겹친다.

멜로드라마 다음으로 주목한 것은 '로맨틱 코미디'였다. 러브스토리와 로맨틱 코미디 두 장르를 집중해서 한국 드라마를 연이어 수출한 결과, 한국 드라마 시청자의 이탈을 막고 대표 장르로 자리잡을 수 있었다. 〈풀하우스〉, 〈내 이름은 김삼순〉, 〈궁〉이 인기 작품으로, 송혜교, 현빈, 주지훈은 작품을 통해 한류스타로 탄탄한 입지를 굳혔다.

한편, 중년 여성을 중심으로 한 한국 드라마의 팬층을 남녀노소를 불문하고 폭넓은 세대로 확대하는 것 또한 중요한 과제였다. NHK는 편향된 시청자와 장르에서 벗어나고자 〈겨울연가〉와 동시에 한국의 시대극 드라마를 방영했다. 총 54회 분량의 장편 드라마 〈대장금〉은 2004년 NHK BS2, 2005년부터 약 1년간 NHK 종합 채널에서 방영되었다. 조선시대 궁녀들의 고군분투하는 이야기와 화려한 궁중요리, 권력투쟁, 한의학, 그리고 우정과 사랑 등 다양한 팬층을 사로잡는 요소가 가득했다. 신분에 얽매이지 않고 범죄 사건을 조사하는 여성의 활약이 화제가 된 〈다모〉, 조선시대에 실존했던 기생의 일대기를 그린 〈황진이〉, 판타지 요소를 가미한 시대극으로 볼거리가 가득했던 〈태왕사신기〉 등 한국의 역사와 전통문화 등을 화려하게 영상화한 작품들로 주목을 받았다.

멜로드라마, 로맨틱 코미디, 시대극이 일본 시청자들에게 사랑받은 이유는 무엇일까? 한국의 멜로드라마는 강한 감정 표현과 복잡한 인간관계로 일본 시청자들의 마음을 사로잡았다. 〈겨울연가〉와 〈천국의 계단〉 같은 드라마는 운명적인 사랑과 비극적인 스토리로 공감을 불러일으키며 깊은 감동을 전했다. 또한 주연과 조연을 막론하고 배우들의 연기와 드라마틱한 음악이 시청자들의 감정 이입을 도운 것도 한몫했다.

또한 로맨틱 코미디는 코믹한 요소와 달콤한 로맨스를 절묘하게 결합하여, 경쾌한 템포와 유모가 돋보였다. 이러한 비일상적인 설정은 현실에서 잠시 벗어나 즐길 수 있는 재미를 제공했다. 〈내 이름은 김삼순〉과 〈미남이시네요〉 같은 작품에서는 배우들이 주고받는 대사의 리듬과 코믹적인 캐릭터 간의 상호작용이 특히 인상적이었다.

시대극의 경우, '왕'이란 절대적 군주를 중심으로 한 역사적 배경과 정치적 갈등이 현대 사회와 다를 바 없이 묘사되었다. 특히 〈대장금〉, 〈동이〉 같은 드라마는 격동적인 역사 속에서 여성의 성장 이야기와 인간애를 중심으로 전개되며 일본의 시대극에서는 보기 드문 설정으로 신선하게 다가왔다. 감정적이며 로맨스와 휴먼 드라마가 강조된 점도 일본 시청자들에게 매력적으로 작용했다. 또한, 시대극의 장엄함을 화려한 의상과 웅장한 세트, 그리고 음식 등을 통해 시각적으로 표현한 것도 주요 특징이다.

이어 도전장을 내민 것은 '장르물'이었다. 일본에서는 형사(경찰), 의료 등 특화된 장르 드라마의 인기가 높다는 것을 인식하고 〈부활〉, 〈마왕〉과 같이 복수극이나 액션 요소를 가미한 연출이 볼거리인 작품도 제작되기 시작했다. 대표적인 드라마는 〈아이리스 IRIS〉인데, 일본 지상파TV인 TBS의 밤 9시 '수요 극장'에 방영, 한국 드라마가 처음으로 일본 지상파의 황금 시간대에 편성되어 주목받았다. 이러한 장르의 다양성과 확장을 위한 노력과 도전은 지금도 계속되고 있다.

죽음의 게임과 향수를 불러일으키는 어린 시절 놀이를 혼합한 〈오징어 게임〉은 비영어권 시리즈 중에서도 현재까지 넷플릭스 전 세계 시청 1위를 독보적으로 차지하고 있다. 그 뒤를 이어, 세계적인 관심 소재인 좀비와 한국의 고교 생활을 접목해 새로운 공감을 불러일으킨 〈지금, 우리 학교는〉이 9위를 기록하고 있으며, 12시간에 이르는 긴 에피소드에도 불구하고 10위권 내를 꾸준히 지키고 있다. 이런 장르물과는 대조적으로, 1988년 서울 도봉구 쌍문동을 배경으로 5명의 친구와 그 가족들의 일화를 그린 〈응답하라 1988〉, 한국 상류사회의 교육열과 학력 지상주의 세계를 생생하게 그려낸 〈SKY 캐슬〉, 그리고 1999년 의과대학에 입학생 주인공들이 병원 안팎에서 펼치는 감동적인 이야기와 출연자들이 밴드 연주가 인상적인 〈슬기로운 의사생활〉은 한국의 사회, 가족, 인간상을 섬세하게 묘사했다는 호평을 받았다.

이처럼 최근 한국 드라마의 장르는 다양해지고 있다. 장르의 다양화는 다양한 수요에 접근할 수 있는 작품을 만들고 이는 해외 진출의 다각화와 직결된다. 뮤지컬, 로맨스 판타지, SF, 디지털 캐릭터와 실사의 융합 등 장르의 진화에 따라 기술의 발전도 눈부시다.

드라마 제작사들은 드라마에서 발생하는 부가가치를 더욱더 높이기 위해 줄거리의 세계관에 맞는 장소 선정에 신경을 쓰고 있다. 지역과의 협업을 통한 제작비 절감 측면의 목표도 있지만, 주된 목적은 드라마 촬영지를 관광하는 성지순례라는 새로운 비즈니스를 창출하는 것이었다. 성공 사례라면 〈겨울연가〉의 남이섬, 〈대장금〉과 〈올인〉의 제주도를 꼽을 수 있다. 〈아이리스 IRIS〉는 제주도와 일본 아키타현을 촬영지로 삼아 일본과 한국 양국의 드라마 팬과 관광을 연계한 것으로 주목받았다.

이처럼 일본 시장을 의식한 한국 드라마의 다양한 시도는 결국 콘텐츠 시장의 확대와 한류의 인지도를 높이고 지역 관광을 촉진하고 지역 문화를 알리는 계기로서 충분한 효과를 거둔 것으로 보인다. 그러나 시장을 의식한 산업적 측면을 중시하고 수요의 요구에만 치우친 점은 아닌지 우려스럽다. 미남미녀 재벌 후계자, 신데렐라 성공담, 한발 늦고 무딘 경찰 조사, 사랑을 위해 희생을 선택하는 주인공 등 순정 만화와 같은 설정과 연관성 없는 줄거리 전개 등이 마치 한국 문화를 대표하는 것처럼 허상을 전달했을 수 있다. 또한, 제작비 조달을 위한 간접광고 상품이나 촬영 협조 장소가 마치 최고의 한국처럼 비친 것은 분명하다.

2) 한류 드라마, 정말 한국 문화 맞니?

'라면 먹고 갈래요?',[3] '아이스크림 사러 갈까?'[4]

한국 드라마를 본 적이 있다면 이 두 문장의 의미를 짐작할 수 있을 것이다. 밤에 출출해서 함께 라면을 끓여 먹자 와는 다른 의도이며, 술자리에서 남녀가 아이스크림 사러 가자는 것 역시 다른 의미를 지닌다. 최근 한일 합작 드라마로 주목받은 일본 드라마 〈아이 러브 유(Eye Love You)〉에서 한국 유학생인 윤태오(채종엽)가 모토미아 유리(니카이도 후미)에게 술자리에서 건넨 대사로, 한국식 문화 코드로 자리잡은 듯하다.

드라마, 영화, K-POP 등을 통해 간접적으로 접하는 한국 문화가 혹시 고정관념을 전달하고 있는 것은 아닐까 하는 의구심이 들 때가 있다. 단순한 상업적인 영상이나 엔터테인먼트를 넘어 문화적

---

3 '라면 먹고 갈래(요)'는 호감 있는 남녀 사이에서 같이 있고 싶다는 의미가 포함되어 있다. 영화 〈봄날은 간다〉에서 은수(이영애)가 상우(유지태)를 유혹할 때 '라면 먹을래요?'라고 사용한 대사에서 시작한 것이 시초다. 이후 〈김비서가 왜 그럴까〉, 〈철인왕후〉, 〈사랑의 불시착〉, 〈뷰티 인사이드〉 등 다수의 한국에서 남녀 관계를 표현할 때 사용된다. 때로 라면은 인스턴트식 사랑의 의미도 갖는다.

4 '아이스크림 사러 갈까?'라는 표현은 술자리나 회식 자리에서 호감 있는 상대에게 그 자리가 재미없을 때 함께 나가자고 한 의미의 대사이다. 드라마 〈알고 있지만〉에서 선후배가 모인 술자리가 재미없었던 박재언(송강)이 유나비(한소희)에게 말한 대사이다.

요소를 담은 미디어로서, 이를 소비하는 과정에서 한국 문화에 대한 이해와 영향이 크다는 것은 부정할 수 없다.

2022년부터 조사이(城西)국제대학 미디어학부에서 '한류 엔터테인먼트 실천'이라는 과목을 개설했다. 드라마, K-POP, 영화, 웹툰, e스포츠, 메타버스 등 각각의 장르별 비즈니스 구조와 글로벌 진출을 소개하고, 수강생들은 한국 콘텐츠의 소비자 관점에서 그룹별로 장르별 사례연구를 발표하고 질의응답 하는 형식으로 수업을 진행한다. 특히 드라마, 영화, 애니메이션 등 영상 장르 수업에서 일본 학생들이 십중팔구 거론하는 것이 영상 속에 담긴 한국 문화다. 허구 장르이지만 영상 속 한국 사회의 현실과 설정은 매우 사실적으로 그려져 있다. 수업 중에 발표된 한국 드라마 몇 편을 소개하고자 한다.

흥미로운 점은 작품에 등장하는 소품, 의상, 헤어스타일을 통해 한국 사회를 이해하고 등장인물을 통해 시대를 상징하는 것으로 받아들이는 경향이 강하다는 것이다. K-POP에 관심이 많은 수강생들이 대부분이어서인지, K-POP 제1세대 아이돌이 등장하는 드라마 〈응답하라 1997〉은 수업 중 많이 언급되는 작품 중 하나이다. 〈응답하라 1997〉에서 인기 아이돌 그룹 H.O.T.의 열혈 팬으로 등장하는 여주인공 시원(정은지)의 기상천외한 팬클럽 활동은 요즘 시대에는 상상할 수 없는 모습이다. 방송국 앞에 줄을 서고 경쟁자 그룹의 팬과 기 싸움을 하는 등 1990년대 한국의 오타쿠, 덕후를 충분히 실감할 수 있다. 가상의 애완동물을 키우는 게임기 '다마고치', 무선 호출기(삐삐), 그리고 IMF의 국가 위기 등 한국 드라마의 시대상이 잘 반영된 작품으로 꼽았다. 한국 상류사회의 교육열과 학력 지상주의 세계를 생생하게 그려낸 〈스카이캐슬〉에 등장한 스터디큐브, 스탠드 조명, 책상, 명상실, 집중력을 높이는 몬드리안 그림 등 대학입시 수험생들에게 최적의 환경을 제공하는 부모의 열정과 학벌주의가 소품에 충분히 반영되어 있다고 한다.

그리고, 한국 드라마에서 독립적이고 강인한 개성 있는 여성상이 담겨 있다는 의견이 많았다. 〈이태원 클라쓰〉, 〈사랑의 불시착〉, 〈갯마을 차차차〉가 대표적인 작품으로, 강한 의지와 독립심을 가지고 자신의 목표를 위해 어려운 상황에 맞서고 사회적 제약과 편견을 극복하는 점이 인상적이었다고 한다. 또한 여성이 다양한 직업과 사회적 역할을 가지고 직장에서의 성공, 경제적 자립, 사회 활동 등 다양한 영역에서 활약하는 모습을 한국 드라마의 특징으로 꼽았다.

한 편의 드라마를 완성하는 데는 몇 년이 걸린다고 한다. 그리고 허구 드라마의 세계를 가장 사실적으로 묘사하기 위해 현지 조사는 매우 철저히 이루어진다고 한다. 드라마의 영상 속에는 이른바 허구의 세계가 그려지는데, 현실과 괴리 없이 얼마나 현실감 있게 표현하느냐가 관건이다. 그렇다면 현실의 연장선에서 한국 드라마가 보여주는 한국 사회와 문화는 무엇일까? 수업을 통해 한국 드라마는 한국의 표상, 한국다움이 한국의 다양한 가치관과 생활양식을 이해하는 것과 직결되며, 그 매개체로 한국 드라마가 중심에 서 있다는 것을 매번 실감한다. 한국 문화의 관심과 이해를 높이는 데 한국 콘텐츠가 큰 역할을 하고 있지만, 잘못된 묘사나 과장된 표현은 한국 문화에 대한 고정관념을 고착화시킬 수 있다. 시대를 대표하는 문화를 가장 잘 반영하는 공간으로서 한국 드라마의 정체성은 지속해서 추구할 필요가 있다.

철저한 벤치마킹의 산물, K-POP

1) 빈틈 시장 공격에 성공한 K-POP

일본에서 학계, 산업계를 막론하고 많이 받는 질문 중 하나는 K-POP의 글로벌 성공 비결에 대한 것이다. 어떤 관점에서 접근하느냐에 따라 그 답은 천차만별일 것이다. 글로컬(Glocal)[5]적 요소와 커뮤니케이션의 관점, 비즈니스 구조와 미디어 활용 측면에서도 다양한 견해가 존재한다. 하지만 무엇보다도 음악을 기술 시스템으로 재해석한 점이 아닐까 싶다. 음악은 소리의 예술이며, 감정을 전달하고 문화를 공유하는 수단으로 발전해 왔다. 시대를 반영하고 인간의 예술적 표현을 리듬과 음색, 이야기를 담아 전달한다. 그러나 K-POP은 이러한 예술적 표현과 문화 공유의 수단을 넘어 시스템을 특화했다. 이런 접근은 비단 K-POP에만 국한된 것이 아니다. 일본의 J-POP도 모닝구 무스메, AKB48 등 걸그룹의 육성 시스템은 이미 존재했다. 다만 K-POP은 '현지화'와 '초국가적인 협업'의 제작 형태를 더한 것이다. 현지화의 1단계로 가수 보아(BoA)를 예로 들 수 있고, 2단계로 트와이스처럼 교포와 외국인 멤버를 활용한 다국적 그룹 시스템으로 발전시켰다. 그 다음은 니쥬(NiziU)[6]와 같이 일본

---

5 글로컬(Glocal)이란 지구 규모, 세계 규모를 뜻하는 글로벌(Global)과 지역을 뜻하는 로컬(Local)이라는 두 개의 영어 단어를 합친 합성어이다. 주로 글로컬 한 사업이나 글로컬 인재 등으로 쓰인다.

6 니쥬(NiziU)는 프로듀서 박진영이 계획한 'K-POP 3.0' 프로젝트의 기반으로 일본 소니뮤직과 한국 JYP엔터테인먼트의 한일합동 글로벌 오디션 프로젝트 'Nizi Project'를 통해 최종 순위 상위 9명으로 결성된 걸그룹이다. 멤버 전원 일본인으로 2020년 6월 30일, 디지털 미니 앨범

현지인으로만 구성된 그룹이 탄생했다.

세계 음악 산업의 2위인 일본에서 K-POP은 어떻게 성장할 수 있었을까? 앞서 언급한 시스템 등은 일본만의 특징으로 꼽을 수 없다. 다만 K-POP이 일본에 진출할 당시 J-POP의 현황과 한계점을 살펴볼 필요가 있다.

일본 한류의 변천에서 드라마에서 음악으로 전환된 계기는 동방신기, 소녀시대, 카라, 빅뱅이 일본에 데뷔한 2006년, 2007년이다.[7] 당시 J-POP은 남자 아이돌은 쟈니즈 소속사의 그룹들, 그리고 걸그룹은 AKB48이 주류를 이루었다. 일본 J-POP 걸그룹을 대표하는 AKB48은 2005년 '만나러 갈 수 있는 아이돌'이란 콘셉트로 데뷔해, 도쿄 아키하바라의 전용 극장인 AKB48 극장(AKB48 Theater)을 거점으로 거의 매일 공연했다. 매체를 통한 먼 존재가 아닌, 팬들이 멤버들을 가까운 존재로 느끼고 응원하며 그 성장 과정을 공유함으로써 지금까지 지지를 받아왔다. 당시 획기적인 콘셉트와 전용 극장을 통한 팬과의 소통은 J-POP 걸그룹 전성기를 가져왔고, 뛰어난 가창력과 퍼포먼스보다 멤버들의 성장 이야기가 팬심을 자극했다. 그 결과 남성 오타쿠를 중심으로 절대적인 팬층을 형성했다.

반면 일본의 남성 아이돌은 대형 연예기획사인 쟈니즈 소속 그룹이 J-POP 시장의 중심이었고, 각종 음악방송과 CF 등 TV 매체에서 쟈니즈 그룹이 독식하고 있었다.[8] 남자 아이돌만큼은 다른 연

〈Make you happy〉의 한일 동시 발매를 통해 데뷔하였다.

7 〈표 1〉 일본 한류의 변천 참고하기 바람.

8 쟈니즈 사무소는 일본의 대표 연예인 기획사로 1964년에 쟈니 키타가와가 창업, 1975년에 주식회사로 설립하였다. 남성 아이돌 그룹의 프로듀싱 등을 중심으로 사업 전개했다. 창업자인

예기획사 소속의 그룹이 대중매체에 노출되는 경우는 거의 없었고 10대에서 50대, 60대까지 폭넓은 연령대의 여성 팬을 확보한 쟈니즈 아이돌 그룹은 J-POP 시장에서 독보적인 존재였다.

이때 일본 음악 시장에 등장한 것이 동방신기, 빅뱅, 소녀시대, 카라였다. 당시 동방신기와 빅뱅 등은 남자 아이돌 그룹이었지만 K-POP의 범주에서, 독보적인 쟈니즈 그룹을 의식할 필요가 없었고, 일본 TV 매체도 마찬가지였다. AKB48을 중심으로 한 J-POP 걸그룹도 남성 오타쿠 팬이 주류를 이루었고, 소녀시대, 카라 등의 출현으로 30대, 40대 일본 여성을 중심으로 팬층이 확대되었다.

2차, 3차 한류를 끌어온 일본의 K-POP은 드라마 중심의 50, 60대 원조 한류 팬들의 영향이 컸다는 것이다. 즉, 한류 드라마에 빠진 할머니, 어머니의 직간접적인 영향을 받은 손녀, 딸이 SNS를 통해 K-POP을 접하면서 자연스럽게 한국 문화의 친근감으로 이어진 것이다. 트와이스, BTS 등 아티스트의 활약과 함께 가족을 통한 한국 문화에 대한 친근감이 깔려 있었다. 가족 간 소통 수단으로 한국 드라마와 K-POP이 두드러지면서 공유 문화로 자리잡았고, 제4차 한류의 K-POP 팬덤 생성으로 이어졌다는 것이다.

쟈니 키타가와에 의한 성가해 문제로, 2023년 10월 17일에 주식회사 SMILE-UP(스마일 업)으로 사명을 변경했다. 같은 날에 새로운 에이전트 회사 STARTO ENTERTAINMENT(스타트 엔터테인먼트)를 설립해, 소속 연예인의 매니지먼트 업무를 이관했다. 현재 스마일 업은 성가해 관련해 피해자 보상 업무에 전념하고 있으며, 보상 후 폐업할 예정이다.

2) 아이돌 음악을 뛰어넘어, 뮤직비디오

수업 시간에 교실에 들어서면 항상 볼 수 있는 풍경이 있다. 일본 학생들이 삼삼오오 모여 자신이 응원하는 K-POP 그룹 멤버들의 브이로그를 보며 웃고 떠드는 모습이다. 신곡의 뮤직비디오를 보면서 한 편의 영화를 감상한 듯이 분석하고 비평하기도 한다. 흥미로운 점은 K-POP의 뮤직비디오를 홍보 영상이 아닌 단편 영화로 받아들이고 있다는 점이다.

K-POP 관계자들은 한결같이 K-POP 그룹이 성공하기 위해서는 네 가지 요소가 필요하다고 주장한다. 그것은 '매력적인 외모', '멋진 무대 퍼포먼스', '영화 같은 뮤직비디오(MV)', '세계 유행을 반영한 음악'이다. 그중에서도 뮤직비디오가 세계 진출의 열쇠를 쥐고 있다고 강조한다. 뮤직비디오는 CD 판매를 촉진하기 위한 마케팅-광고 수단인 것은 물론 홍보 영상의 효과를 넘어 하나의 작품으로 볼 수 있는 장르로서 높은 예술성을 가지고 있다. 음악의 세계관과 메시지를 비주얼과 서사로 보여줌으로써 언어의 이해를 넘어 공감과 감동을 줄 수 있다.

K-POP은 뮤직비디오를 통해 보는 음악의 시대를 열며 그룹의 음악 콘셉트를 대중에게 전달하고 있다. BTS 프로듀서인 방시혁 씨는 한 프로그램에서 그룹 멤버들과 함께 음악과 뮤직비디오의 완성도를 높이기 위해 노력해 왔다고 말했다. 앨범과 뮤직비디오 제작 준비 단계는 그들의 완벽함에 대한 집념이 최고조에 달하는 시기로, 앨범 준비 기간에 들어가면 연습이 공식 일정으로 바뀌며 연습에 집중하기 위해 다른 활동은 거의 중단된다. 이에 대해 일각에서는

경제적으로 손해를 보는 것 아니냐는 우려의 목소리도 있지만, 부끄럽지 않은 수준의 작품을 만들기 위해 어떤 손실도 각오하고 있다고 결성 초기부터 멤버들과 자신에게 다짐했다고 한다.

세계 팬들은 K-POP을 좋아하는 이유로 뮤직비디오와 무대 퍼포먼스를 꼽는 경우가 많다. 아무리 영어 가사를 써도 해외 팬들이 그 노래의 의미와 세계관을 모두 이해하기는 쉽지 않다. 그래서 K-POP은 음악을 가장 쉽게 이해할 수 있는 수단으로 퍼포먼스와 뮤직비디오의 완성도를 높여왔다. 음악은 춤으로 듣고, 음악의 콘셉트는 뮤직비디오로 재현한다. 새로운 앨범이 발매되면 사람들이 가장 먼저 보는 것은 뮤직비디오다. 뮤직비디오는 음악과 함께 그 아티스트와 앨범의 콘셉트, 메시지, 세계관을 모두 담고 있다.

BTS의 뮤직비디오는 모두 '성장'의 세계를 표현하고 있다. 학교, 청춘, 유혹, 사랑…. 그들은 음악을 통해 같은 세대를 살아가는 팬들에 대한 공감을 '성장 서사'에 담아내고 있다. 그들의 뮤직비디오는 '세상을 이해시키는 것'보다 '세상을 있는 그대로 보여주는 것'에 중점을 둔다. 사회의 규율과 질서에 얽매이지 않고 내면의 목소리에 따라 사는 것이 삶을 정의하는 것이라고. 새로운 예술성과 이 예술성을 발휘한 메시지가 뮤직비디오를 통해 전 세계 팬들에게 호소하고 있다.

3) 음반사 중심의 J-POP, 매니지먼트사 중심의 K-POP

누가 아티스트를 프로듀싱하는가.

사실 여기에 일본과 한국의 큰 차이가 있다. 일본에서는 소속사에 소속된 아티스트라도 음악 비즈니스 음반사가 주도한다. 한편, 한국에서는 매니지먼트사가 음악 활동과 비즈니스를 관리하고 있다.

일본의 음악산업은 제조, 유통, 홍보·광고, 음원권, 저작권 등을 음반사가 주도하고 있으며, 각각의 분배 비율은 때에 따라 다르지만 대체로 제조(프레스)가 15%, 유통(디스트리뷰터를 포함) 25%, MV 제작을 포함한 홍보·광고가 20%, 음원권이 16%, 저작권이 6%로, 나머지 18%가 수익이 되는 구조로 수익 분배를 하고 CD를 제작하는 레이블은 음반사의 한 부서로 분업화한다.

반면 K-POP은 매니지먼트사로, 일본 법인이 있는 경우 직접 레이블을 만들기도 하며, 예산부터 제작, 제조, 유통, 운영까지 음악 비즈니스의 프로세스를 통제한다. 아티스트 발굴부터 육성, 데뷔곡 음원 작업, 뮤직비디오 제작, 안무, 홍보, 광고 등 매니지먼트사가 담당한다.

이러한 양국의 음악 산업의 구조적 차이에 대해 전문가들은 기획을 우선시하는 한국과 시장 인프라를 중요시하는 일본의 차이점이라고 말한다. K-POP의 경우 한 곡이 세상에 나오기 위해 매니지먼트사의 준비가 많고 제작 예산도 자유롭게 책정할 수 있다고 말한다. 또한, 온라인 디지털 음원 서비스가 일찍 도입된 것에 대해서는 전통적인 음반사가 존재하지 않았던 것도 일본 음악 산업과 다른 이유 중 하나라고 한다.

거대한 음악산업 인프라를 유지하기 위해 동종업계 간 균형을 유지하는 일본 음악산업에 비해 K-POP 매니지먼트사의 사업 전개는 매우 민첩한 편이다. JYP엔터테인먼트는 2018년부터 아티스트별로 독립적인 사업 운영을 하겠다고 선언했다. 음악 제작부터 홍보까지 모든 업무를 담당하는 하나의 팀이 하나의 아티스트 그룹을 담당할 수 있도록 경영과 운영을 바꿨다.

매니지먼트사의 역할이 확연히 다른 J-POP과 K-POP. 한편에서는 K-POP의 시스템에 대해 적지 않은 비판도 존재한다. K-POP의 시스템에 대해 장기간의 연습생 시스템이 비인간적이라는 점, 매니지먼트사의 규격화에 맞춘 공장형, 조립식의 대량 생산 등 우려의 목소리도 있다. 해외에서는 K-POP의 'K'가 한국을 상징하며, '한국 음악=K-POP=아이돌 음악'으로 편향된 음악과 다양성 부족을 지적하고 있다.

2022년 3월, BTS의 리더 RM은 솔로 앨범 〈인디고〉의 홍보를 위해 스페인을 방문해 현지 언론 〈엘 파이스〉와 인터뷰를 진행했다. 담당 기자는 비인간적인 아이돌 시스템과 조립식 K-POP의 한계 등을 지적했지만 RM은 70년의 짧은 역사에서 세계가 한국을 주목하고 한국 문화를 즐기는 것은 끊임없는 노력과 에너지 투자라고 답했다.

K-POP의 새로운 미래를 고민하다 보면, 1970년대 한국의 포크와 록 음악이 떠오른다. 서정적이면서도 사회적 부조리와 억압에 저항하는 메시지를 담아, 잔잔한 기타 반주에 맞춰 때로는 속삭이듯, 때로는 외치듯 노래로 표현했다. 김민기, 양희은 등 포크 가수들은 아티스트라기보다 그 시대의 대변자라는 이미지가 강했다. 신중현과 같은 록 음악가는 사회 변화를 주제로 한 음악으로 젊은이들의 마음을 움직였다. 그러나 군사독재정권이 들어서면서 검열과 제약이 시작되었고, 결국 대중음악은 결국 댄스와 발라드로 정착되었다. 이 과정에서 사회적 메시지는 약화되었고, 대중적이고 상업적인

성향의 음악이 주류를 이루게 되었다. 반면에 비슷한 시기인 1970년부터 발전한 일본의 록은 지금도 건재하다. 사회의 부조리, 병폐, 차별, 저항, 자유 등 사회적 메시지와 예술적 표현이 지속적으로 이어져 왔으며, 다양한 음악적 장르로 독자적인 정체성을 유지하며 발전해 왔다. 한때 일본의 음악 프로듀서로부터 "K-POP은 대부분 아이돌 음악인데, 왜 밴드나 록 음악은 없느냐?"는 질문을 받은 적이 있다. 지금 돌이켜보면, 그 질문은 대중의 마음을 읽고 메시지를 전달하는 음악의 본연의 역할이 K-POP 아이돌 음악에서 부족하다는 지적이 아니었을까 싶다.

또 하나의 한류, 혐한

한류(韓流)가 한류(寒流)로

한류가 한국에 대한 긍정적 이미지 형성에 영향을 미치지만, 부정적인 이미지 형성을 대표하는 것이 혐한(嫌韓) 현상이다. 일본 사회에 '혐한'이라는 용어가 널리 자리잡게 된 것은 야마노 샤린(山野車輪) 씨의 〈만화 혐한류〉(신유샤, 2005)의 영향이 컸다. 〈만화 혐한류〉는 한국을 경멸하는 혐오 발언의 논리적 근거를 제공하며 혐한 활동을 확대하는 계기가 되었다. 한국을 비하하는 용어는 '혐한'으로 시작해 반감이 커지면서 '반한(反韓)', '비한(非韓)', '악한(惡韓)', '한한(恨韓)' 등 새로운 용어가 속속 등장했다.

2005년 〈만화 혐한류〉를 계기로 일본 사회에서 혐한을 비롯해 한국을 비하하는 용어가 등장했지만, 혐한 의식은 그 전부터 분명 존재해 왔다. 혐한 의식의 원인은 역사적, 정치적, 경제적, 문화적 요인이 얽혀 있으며, 시기와 특정 상황에 따라 다르게 나타난다.

가장 큰 원인은 식민지 역사 경험과 우월감이 두 나라 간의 역사적 갈등을 부추기고 있다는 점이다. 일제강점기 동안 한국이 일본의 식민 지배를 받았던 역사는 깊은 상처를 남겼고 위안부 문제, 강제 징용, 독도 영유권 등은 여전히 해결되지 않은 상태로 남아 있다. 이에 더해, 양국의 정치인들이 지지층 결집을 위해 반한, 반일 감정을 자극하는 정치적 퍼포먼스가 갈등을 심화시키기도 한다. 이러한 정치적 논쟁은 미디어를 통해 확산되면서 양국 국민들 사이에게 혐한 정서를 키우고 있다.

역사적, 정치적 요인 외에도 최근에는 경제적, 문화적 요인이 더 큰 영향을 미치고 있다. 일본 경제의 침체는 '잃어버린 30년'이라는 표현이 있을 정도로 장기화하고 있다. 반면, 한국은 2000년대 이후 경제 성장과 더불어 드라마, K-POP 등 한류 콘텐츠의 세계적 성공을 거두며 일본 내에서 경계심을 불러일으키고 있다. 특히, 일본의 원작 중심 TV 드라마보다 무한한 주제와 뛰어난 영상미를 자랑하는 한국 드라마가 선호되고, J-POP 아이돌 그룹과 달리 24시간 소통을 강조하는 K-POP이 주목받으면서, 한국의 경제적 및 문화적 영향력이 확대되면서 일부 반감을 형성하기도 한다.

또한 한국과 일본의 문화적 가치관의 차이도 혐한 감정에 요인이 된다. 직설적이고 감정을 솔직히 드러내는 한국인의 정서와 상대방에 대한 배려를 중시하고 개인의 감정을 절제하는 일본인의 정서는 대립과 불신을 낳기 쉽다. 이러한 문화적 가치관의 차이로 인한 오해와 불신은 큰 갈등으로 이어질 수 있다.

마지막으로, 외국인에 대한 배타심도 혐한 의식의 요인 중 하나로 볼 수 있다. 노령화 사회로 접어든 일본에서는 외국인 인력이 미래 경제의 주요 노동력으로 인식되고 있지만, 실제로는 배타심이 강하게 작용하고 있다. 〈만화 혐한류〉도 한국계 거주민에 대한 불만을 적나라하게 표현하고 있다.

혐한의 원인은 단순히 하나의 요인으로 설명할 수 없지만, 미디어와 인터넷 커뮤니티의 역할은 간과할 수 없다. 혐한을 조장하는 서적, 기사, 방송, 인터넷 채널 등이 이러한 감정을 확산시키며, 특히 인터넷에서는 가짜 뉴스와 왜곡된 정보가 퍼져 양국의 부정적인 감정을 더욱 심화하는 것은 사실이다.

이에, 제1회 학봉상 연구지원을 통해 필자가 공동연구로 참여한 〈일본 출판 미디어의 혐한의 현황과 비판적 고찰〉의 일부를 요약한 내용을 소개하고자 한다.[9] 일본 출판 매체의 혐한 의식 조성과 그것이 일본인의 대(對)한국 의식에 어떤 영향을 미치고 있는지를 분석한 내용이다. 이를 통해 혐한 서적의 발행과 혐한 의식의 관련성이 어떤 것인지 비판적으로 고찰하는 것이 연구 목적이었다.

〈그림 1〉에서 볼 수 있듯이 1998년부터 2016년까지 출판된 혐한 서적은 총 230권, 그중에 2005년 이후가 89%인 205권을 차지했으며, 55개 출판사에서 발행됐다. 혐한 의식을 일본 사회에 정착시킨 2005년 〈만화 혐한류〉에 이어 이듬해 〈만화 혐한류 2〉 (신유샤, 2006)이 출간되었으며, 두 권을 합쳐서 65만 부 이상 판매되어 일본 사회에 일정한 관심을 가진 층이 존재함을 보여주었다. 혐한 서적이 다

---

9 학봉상(서울대 법과대학 주최 / 재단법인 학봉장학회 후원)은 재일 동포 사업가였던 고 이기학 선생(1928~2012, 이기학, 호: 학봉)의 뜻과 이념을 기리고 그 유지를 계승하기 위해 제정된 것으로 2015년 제1회를 개최함. 제1회 학봉상은 「한일 문화 교류와 양국 관계의 미래」를 주제로 논문과 연구지원을 공모함. 공식 사이트 https://law.snu.ac.kr/hb_award/.

그림 1　혐한 서적의 출판 추이

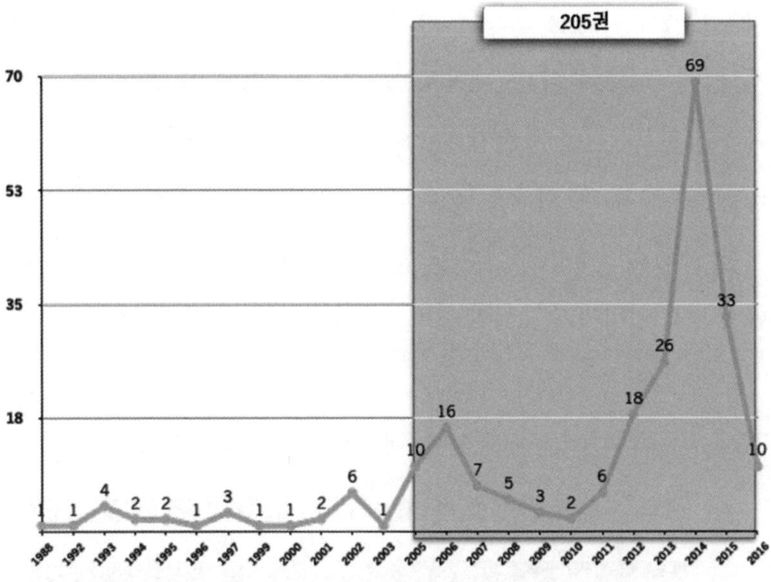

출처: 이홍천, 김미림, 이경은, 황선혜(2016). 일본 출판 미디어의 혐한의 현황과 비판적 고찰.

루는 주제(복수 선택)를 17개 항목으로 분류해 조사한 결과, '정치'가 혐한 서적의 94.1%로 가장 많았고, 다음으로 역사 63.8%, 사회문제 44.7%의 순이었다. 반면 문화는 27.6%, 경제는 26.3%로 상대적으로 적었다. 즉 한일 간 상호 교류가 많은 문화와 경제는 상대에 대한 이해도가 높은 분야로 혐한 서적의 주제로 다뤄지는 비율이 낮은 것으로 분석됐다.

출판 미디어가 전하는 혐한 의식이란 어떤 것일까? 혐한 관련 기사나 책을 읽은 경험이 있는 일본인을 대상으로 한국에 대한 감정, 인식, 행동을 주제로 조사했다. 〈그림 2〉와 같이 한국에 대한 이미지와 감정의 정도를 측정하기 위해, '한국', '한국인', '한국 문화', '한국 사회', '한국 정치'에 관한 감정 정도에 대해 설문조사를 실시했다. 각 항목 중에서 '매우 좋아한다'와 '대체로 좋아한다'를 합친 비율이 높게 나타난 항목은 '한국 문화'(28.3%)였다. 한편 각 항목 중에서 '매우 싫어한다'와 '대체로 싫어한다'를 합친 비율이 가장 높게 나타난 항목은, '한국 정치'(72.7%)로 나타났다. 전체적으로 보면 '한국 문화'(41.0%)와 '한국인'(47.9%)을 제외한 모든 항목에서 '매우 싫어한다'와 '싫어하는 편이다'를 합친 비율이 50%를 넘어 한국에 대한 부정적 이미지가 긍정적 이미지보다 큰 것으로 나타났다.

그림 2 한국 전반에 대한 이미지와 감정의 정도

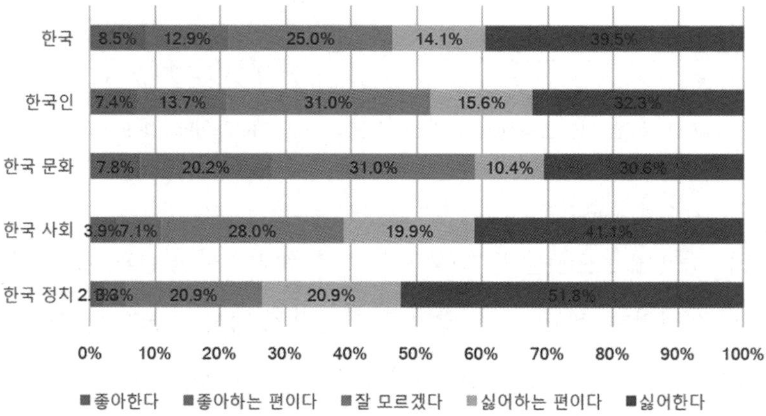

출처: 이홍천, 김미림, 이경은, 황선혜(2016). 일본 출판 미디어의 혐한의 현황과 비판적 고찰.

한국에 대한 이미지 형성에 큰 영향을 미친 요인을 조사한 결과, 〈그림 3〉과 같이 '영토 문제'(63.9%), '과거 한일 관계'(59.4%), '인터넷 정보'(54.3%), '일본 TV 뉴스와 정보 프로그램'(51.9%), '일본 신문이나 잡지'(46.6%) 순으로 나타났다. 이 외에도 한국 연예인과 스포츠 선수(39.2%), K-POP(33.5%), 한국 영화 및 드라마(39.9%), 한국 음식(35.0%), 한국 전통문화(34.3%) 등 한국 관련 콘텐츠도 이미지 형성에 영향을 미치는 것으로 나타났다. 이런 결과는 한류가 한국에 대한 긍정적인 이미지 형성에 기여하고 있음을 보여준다. 20년이라는 역사를 거치며 일본에서 하나의 문화로 자리잡은 한국 콘텐츠는 혐한 현상 속에서도 한국 문화에 대한 공감을 잃지 않고 문화교류의 가교로 중요한 위치를 차지하고 있다.

그림 3 한국·한국인에 대한 이미지 형성에 영향을 미친 것

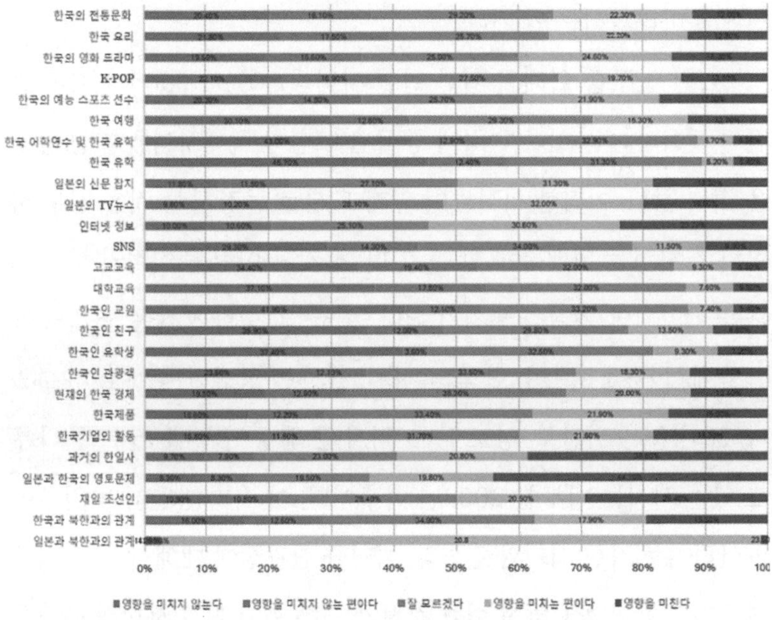

출처: 이홍천·김미림·이경은·황선혜(2016). 일본 출판 미디어의 혐한의 현황과 비판적 고찰.

혐한은 한국에 대한 민족차별 및 배타주의를 조장하는 것으로, 유엔 인종차별 철폐조약 제4조에 대한 위반이다. 혐한은 단순히 한국을 향한 반감이 아니라, 배타주의적 요소를 포함하여 '자신(일본)

이외를 배척'하는 심리가 반영된 현상이다. 하지만 우리는 혐한에 대해 얼마나 깊이 이해하고 있을까? 중요한 것은 배타주의와 차별의 본질을 찾아내고 이를 개선하는 것이다. 혐한 감정의 실체는 일본 사회 내부에 존재하는 대립과 민족주의의 부상과 관련이 있다. 이는 단기간에 만들어진 현상이 아니라, 일본의 근대화 시기에 등장한 '아시아를 경시하고 서양과 어깨를 나란히 하는 일본'이라는 제국주의적 역사 경험의 잔재일 가능성이 크다. 따라서 혐한을 일시적인 현상이나 한국과 중국에서 등장하는 경계심이라는 단선적인 측면에서 바라봐서는 안 된다.

이번 연구를 위해 수집한 혐한 서적의 80%가 2005년 이후 출간된 것이라는 사실은 한국과 중국을 포함한 국제사회에 미친 충격은 적지 않다. 이러한 서적들이 인기 도서로 등장하는 것은 일본 사회의 건전성을 위태롭게 할 수 있다. 하지만 이런 충격적인 부분에 눈을 빼앗기면 본질을 놓치기 쉽다. 205권의 혐한 서적은 55개의 출판사에서 출간됐으며, 한국의 정치, 역사를 중요한 주제로 다루었다. 그 내용은 위안부, 영토 문제, 역사 문제 등이 주를 이루며, 다루고 있는 시기는 대부분 2002년 이후이다. 이 시기는 한류가 일본에 확산하기 시작한 시기와 겹친다. 이러한 연관성에 대해서는 더 많은 연구와 고찰이 필요하며 혐한 감정의 근본 원인과 그 사회적 배경을 이해하는 것은 중요하다. 이를 통해 우리는 배타주의와 차별의 본질을 파악하고, 이를 극복하는 방안을 모색할 수 있다. 일본과 한국 간의 문화교류는 이러한 혐한 감정을 줄이는 데 중요한 역할이며, 양국 간의 상호 이해와 협력을 강화하여 혐한 감정을 해소하고, 건강한 문화교류를 이어갈 수 있기를 기대한다.

한류와 혐한, 두 시선의 공존

2024년 봄학기가 시작되면서 일본 대학생들을 대상으로 실시한 '한류란', '한류의 이미지', '한류가 미친 영향'에 대한 설문조사 결과는 여러 가지 통찰을 제공한다. 설문조사에서 '한류란'에 대한 질문에 대한 응답은 한국, 한국 대중문화, 한국 엔터테인먼트로 정의되었고, '한류의 이미지'는 K-POP, 한국 드라마, 한류 스타에 집중되는 경향이 여전히 강했다. 반면, '한류가 미친 영향'에 대해서는 다양한 응답이 나왔다. 미용 의식부터 일본 내 코리아타운, 한국 앱 사용률, 오디션 프로그램 증가 등 일상생활의 변화를 엿볼 수 있는 내용이 많았으며, 무엇보다 한일관계 개선에 대한 기대를 표현한 학생들도 상당수 있었다.

흥미로운 점은 젊은 세대의 응답과 부모나 조부모 세대의 의견 차이이다. 〈그림 4〉의 한국에 대한 친근감 조사에서 부모나 조부모 세대는 여전히 한국에 대해 친근감을 느끼지 않는다는 응답이 많았다. 이는 세대 간의 한국에 대한 경험과 인식 차이를 반영한 것이다. 앞서 언급한 혐한 의식 현황 조사에서 한국에 대한 경험이 혐한 이미지, 혐한 의식과 밀접한 관련이 있음을 확인할 수 있었다. 한국을 경험한 적이 있는 사람들은 혐한 감정을 덜 느끼는 경향이 있으며, 반대로 한국을 경험하지 않은 사람들은 혐한 감정을 더 많이 느끼는 경향이 있다. 일본 사회와 정치에 대한 불만은 혐한 이미지와는 관련성이 있지만, 혐한 의식과는 직접적인 관련성이 적다. 그러나 혐한 데모는 일본 사회와 정치에 대한 불만과 관련이 있음을 보여줬다. 이는 일본 사회의 정치적, 사회적 모순이 외부로 방출되는 사례로서 해석될 수 있다.

현재 일본은 두 세대가 두 가지 시선으로 한국을 바라보고 있다. 하나는 과거 세계 2위 경제 대국으로서의 화려함을 그리워하는 세대이다. 이 세대는 잃어버린 30년의 세월로 인해 상실감과 분노를 느끼며, 급성장하는 한국에 대한 혐한 의식으로 이를 표출한다. 다른 하나는 한류를 통해 태어나고 성장한 세대이다. 이들은 한일 간의 활발한 문화교류 속에서 한국을 긍정적으로 바라보는 시선을 가지고 있다.

이러한 세대 간의 시선 차이는 미래 한일 관계에 중요한 변화를 가져 올 것이다. 사회 주류 세대는 시간이 지나면 바뀌기 마련이다. 한국 문화를 즐기는 일본의 10대, 20대가 30대, 40대가 되어 일본 사회를 이끌게 되면, 한일 관계의 판도는 크게 바뀔 가능성이 있다.

결론적으로 한류는 일본에서 세대 간의 시선 차이를 형성하며 한일 관계에 큰 영향을 미친다. 앞으로 일본 사회의 주류 세대가 바뀌면서, 한일 간의 문화교류는 더욱 활발해지고, 정치적, 역사적 갈등도 완화할 가능성이 크다. 이를 위해 지속적인 문화교류와 상호 이해가 중요하며, 양국 간의 긍정적인 관계 발전을 위한 노력이 필요하다.

산업과 문화의 갈림길에 서서

일본의 20년 한류를 몇 장의 글로 정리하는 것은 사실상 불가능하지만, 주요 시사점을 통해 한류의 맹점을 분석해 볼 수 있다.

첫째, 한일 관계라는 역사적, 정치적 요소이다. 과거 양국 간의 역사 문제와 정치적 갈등은 한류에도 큰 영향을 미쳤다. 예를 들어, 한국과 일본 간의 역사적 갈등으로 인해 혐한 감정이 고조되면서 한국 콘텐츠에 대한 불매 운동이 벌어졌다. 이는 양국의 경제적 보복 조치로 이어져, 한류가 정치적 상황에 의해 쉽게 휘둘릴 수 있다는 점을 보여준다.

둘째, 시장성을 중시한 산업적인 측면이다. 한국은 1997년 IMF 위기를 겪으며 내수시장의 불안과 협소함을 극복하기 위해 해외 시장 개척이 필요했다. 일본은 지금도 콘텐츠 시장 규모에서 세계 3위, 특히 음악 매출 규모에서는 세계 2위 시장이므로, 일본에서 성공하면 세계 시장에서도 성공할 가능성이 높다. 이러한 경제적 이유로 일본 시장을 타겟으로 한 한류 콘텐츠가 많이 제작된 건 사실이다.

셋째, 한국 문화의 다양성과 포용성의 부족을 꼽을 수 있다. 일본의 한류는 한국 문화의 다양성과 포용성이 부족하다는 비판을 받기도 한다. 이는 철저한 해외 진출 및 수익을 목적으로 한 제작 구조와 고부가가치 콘텐츠 중심의 제작 때문이다. 이러한 콘텐츠는 한국적인 특성보다는 보편성과 인간상을 담는 경향이 강하다. 이는 한류 콘텐츠가 더 많은 사람들에게 다가갈 수 있는 장점도 있지만, 한국 문화의 독특한 매력을 충분히 전달하지 못하는 단점도 있다.

그렇다면 다음의 한류에 우리는 무엇을 기대할 수 있을까? 다음의 한류는 양국 관계에 긍정적인 영향을 미칠 수 있을까? 한류가 단순히 호불호를 넘어서 친밀감을 통해 상호 이해와 교류를 실천할 수 있을까?

2023년 일본 내각부가 실시한 '외교에 관한 여론조사'에 따르면, 〈그림 4〉와 같이 18~29세, 30~39세는 50% 이상이 한국에 친근감을 느낀다고 응답했다. 2020년 발표한 조사에서는 18~29세만 친근감을 느끼지만, 30~39세는 다른 세대와 같이 친근감을 느끼지

그림 4 한국에 대한 친근감

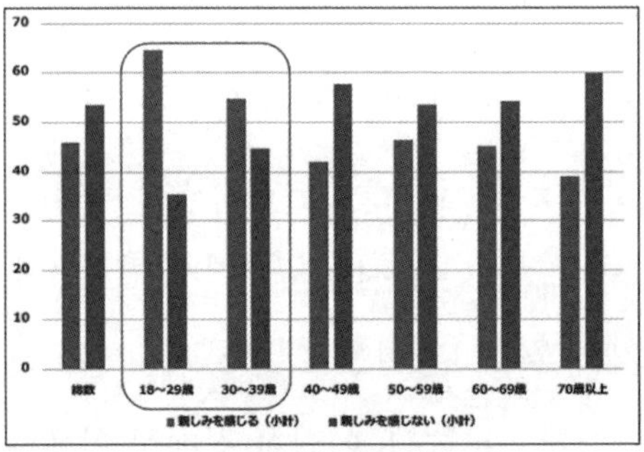

2022년 10월 조사

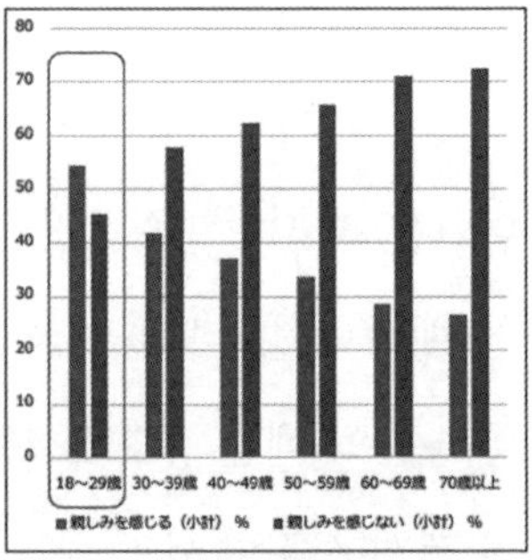

2020년 10월 조사

출처: 일본 내각부(2023). 외교에 관한 여론조사.

않는다는 응답에 과반수 이상이었다.

한국 콘텐츠 비즈니스 구조는 오랫동안 공급자(프로듀서, 배우, 아티스트 등)와 수요자(드라마, K-POP의 사업자, 팬 등) 사이에 시장성을 중시하는 수직적 관계를 형성해 왔다. 이는 콘텐츠를 중심으로 판매자와 구매자라는 단순한 경제관념이 지배해 온 구조라고 볼 수 있다. 그러나 SNS의 발달로 인해 이 관계는 변하고 있다. 공급자와 수요자가 직접 소통하는 팬덤 공간이 생겨나면서, 단순한 경제적 관계를 넘어선 '공감'과 '소통'이 중요해졌다. 이 새로운 팬덤 공간은 문화적 실천의 장이자, 함께 웃고 응원하는 교류의 장으로 발전하고 있다. 또한, 팬덤을 기반으로 한 새로운 콘텐츠나 비즈니스 모델도 등장하고 있다. 예를 들어, 팬 커뮤니티 플랫폼에서 개별 메시지 서비스, 화상 전화 이벤트, 온라인 사인회, 데일리 동영상 등 다양한 서비스와 콘텐츠가 제공되고 있다. 이러한 변화는 콘텐츠 비즈니스의 패러다임을 바꾸고 있으며, 팬덤과의 직접적인 소통이 새로운 비즈니스 기회를 창출하고 있다.

문화는 전통적으로 생산력이 높은 국가나 풍부한 정보를 가진 조직이 주도해 왔지만, 앞으로는 특정 국가나 조직이 중심이 아니라 같은 가치관이나 세계관을 공유하는 공간이 중심이 될 것이다. 한국과 일본이 함께 만드는 콘텐츠를 통해 양국 간의 관계를 더욱 발전시킬 수 있을 것이다.

일본의 한류 20년은 피상적인 이해와 고정적 이미지, 일시적인 추세로 끝나지 않았다. 오랜 시간 동안 일방적인 문화 전달과 수용을 넘어 충분한 공감대가 형성되었고, 협업을 통한 동반 성장의 방법도 모색되었다. 한국의 문화 산물을 접하고 친근감을 느끼는 일본의 한류 소비자에게 한국의 다양한 문화와 역사적, 사회적 배경을 더 깊이 이해할 수 있는 기회를 제공하는 것이 과제이다.

미래의 건전한 한류를 기대하며, 무엇보다도 한일 양국의 미래 지향적 관계를 꿈꾸며, 일본의 한류에 거는 기대는 다음 네 가지이다.

첫째, 팬덤을 중심으로 한 소통과 공감의 강화는 한류의 지속 가능성을 높이는 중요한 요소이다. SNS와 팬 커뮤니티 플랫폼을 통해 공급자와 수요자가 직접 소통할 수 있는 공간을 지속적으로 발전시켜 나가야 할 것이다.

둘째, 한류 콘텐츠는 세계적 보편성을 유지하면서도 한국 문화의 고유한 특성을 반영해야 한다. 이를 통해 더 많은 사람들이 한국 문화를 깊이 이해하고 공감할 수 있어야 한다.

셋째, 일본의 한류는 단순한 문화 수출을 넘어 양국 간의 공감과 소통을 강화하고, 협업을 통한 동반 성장을 도모하는 방향으로 나아가야 한다. 한국과 일본이 함께 만드는 콘텐츠를 통해 양국 간의 협력과 관계 발전을 도모할 수 있다. 이는 단순한 경제적 이익을 넘어서, 문화적 교류와 이해를 증진시키는 데 중요한 역할을 할 것이다.

넷째, 한류 콘텐츠를 통해 한국의 역사적, 사회적 배경을 더 깊이 이해할 수 있는 기회를 제공하는 것이 중요하다. 이를 통해 일본의 한류 소비자들이 한국 문화를 더 잘 이해하고, 양국 간의 상호 이해와 우호 관계를 증진시킬 수 있다.

강산이 두 번 바뀌고, 한 인간의 성장 역사를 만드는 20년 동안 일방적인 문화 전달과 수용이 아닌 충분한 공감대가 형성되었고 협업을 통한 동반 성장의 방법도 찾았다. 한국의 문화 산물로 콘텐츠를 접하고 친근감을 느끼는 일본의 한류 소비자에게 한국의 다양한 문화와 역사적 사회적 배경의 깊이를 제시할 방안이 앞으로 과제다.

참고문헌

강준만 (2020). 한류의 역사. 서울: 인물과사상사.

홍석경 (2020). BTS 길 위에서. 서울: 어크로스.

박선민 (2020). 케이팝 인사이트 서울: 북코리아.

정길화, 서정민, 홍경수, 임종수, 이성민, 김윤지, 유건식 (2022). 오징어 게임과 콘텐츠 혁명. 서울: 인물과 사상사.

김영순, 구문모, 조성면, 이미정, 오장근 (2010). 문화산업과 문화콘텐츠. 서울: 북코리아.

이홍천, 김미림, 이경은, 황선혜 (2016). 일본 출판매체 혐한 의식의 현황과 비판적 고찰. 서울: 서울대학교 법학전문대학원.

황선혜 (2019). 논픽션 방송의 해외 전개 가능성을 확대하기 위한 로컬라이즈 매니지먼트의 제작 프로세스-한일 방송콘텐츠를 중심으로. 일본: 게이오기주쿠대학.

______ (2022). 한일관계의 바람직한 모습-수직관계에서 수평관계로. 일본: 아카이시쇼텐.

______ (2023). 문화교류와 콘텐츠 비즈니스의 변모. 국중호 외. 수평화된 한일관계. 서울: 박영사.

______ (2023). 한국 콘텐츠의 글로벌 전략-한류 드라마, K-POP, 웹툰의 미래 지도. 일본: 세이카이샤.

______ (2025). 한국 드라마 전사(全史)-세계적으로 연속 히트를 칠 수 있었는가? 일본: 디스커버 트웬티원.

일본 관광청 (2024.03.22.). 방일 외국인 여행자 수 · 출국 일본인 수 (https://www.mlit.go.jp/kankocho/tokei_hakusyo.html). 2025년 2월 10일 검색.

Oxford University Press (2021.10.07.). Daebak! The OED gets a K-update (https://www.oed.com/discover/daebak-a-k-update/?tl=true). 2025년 2월 10일 검색.

TBS 드라마 〈Eye Love You〉 (https://www.tbs.co.jp/EyeLoveYou_tbs/). 2025년 2월 10일 검색.

한겨레신문 문화 (2023.03.16.). RM "음악은 특정 기분에 빠뜨리는 주파수의 축적, 장르 무의미". (https://www.hani.co.kr/arti/culture/culture_general/1083512.html). 2025년 2월 10일 검색.

The Trade Desk (2023.04.27.). 일본 동영상 서비스(OTT)의 이용 동향 조사 (https://prtimes.jp/main/html/rd/p/000000017.000035203.html). 2025년 2월 10일 검색.

GEM Standard (2024.02.16.). 정액제 동영상 서비스 시장 5000억 엔 이상 (https://gem-standard.com/columns/786). 2025년 2월 10일 검색.

일본 내각부 (2023.02.13.). 외교에 관한 여론조사 (https://survey.gov-online.go.jp/). 2025년 2월 10일 검색.

제4장

한류 영상 콘텐츠에 나타난 음식의 의미와 재현의 한계

천위지에

- 기호로서의 음식: 〈범죄와의 전쟁〉에서 재현
- 한국인의 식탁과 재현의 한계
- 노스탤지어를 넘어서

한류 콘텐츠에 나타난 음식은 풍부하고 다양하다. 〈대장금〉은 드라마의 영향력으로 조선시대 전통 한식의 매력을 장금이라는 훌륭한 여성과 그의 전기적인 일생을 통해서 세계에 전파한다. 영화제에서 한국 영화 역사를 새로 쓴 〈기생충〉에 등장한 한우 짜파구리는 빈부격차와 계급 문제를 보여주는 도구로 사용된다. 큰 인기를 끌어낸 〈별에서 온 그대〉에서 여자주인공의 털털한 성격을 나타내는 데 중요한 소품으로 활용된 치킨과 맥주는 '치맥'이라는 조합을 정석으로 만든다. 한류 콘텐츠에 나타난 음식은 자국 시청자들의 노스탤지어를 불러일으키고 치유할 뿐만 아니라 흥미진진한 스토리텔링과 결합하여 다른 나라 시청자들도 감동시킨다. 음식과 먹기의 관행은 일상생활의 가장 평범하면서도 중요한 것이라는 말을 반박할 수가 없는 것처럼 시청자들이 한류 콘텐츠의 기둥인 영화와 드라마에 등장하는 음식에 대해 더 많은 관심을 가질 수밖에 없는 것은 사실이다.

〈리틀 포레스트〉를 보면, 음식은 서사에서 주된 위치를 차지하며 작품의 주제를 표현하는 데 효과적인 기능을 한다. 감독과 연출은 각본이나 미장센을 설계할 때 의도적으로 음식을 사용하기 때문에, 관객들은 음식이 가지고 있는 의미와 상징을 쉽게 포착할 수 있다. 이와 결이 다르게 슬며시 등장하는 음식들도 생각보다 훨씬 더 깊은 뜻을 담고 있다. 스토리텔링에서 서사의 중심이 되거나 주된 역할을 수행하는 것이 아니라 음식을 제외해도 스토리텔링에 지장이 없이 주변적으로 등장한 음식은 이 글에서 '부차적 음식'이라고 명명한다. "감독의 의도와 무관하지만, 화면에 집어넣게 된 음식은 그 이상의 역할을 수행할 수 있는가? 작가가 대본을 쓸 때 무의식으로 애용하는 식당 종류가 왜 고정되어 있는가? 기호학적으로 은유와 환유를 이용하여 음식의 기표가 어떤 의미를 지니고 있는가?"-이런 궁금증을 풀기 위해 이 글을 시작한다. 구체적인 분석 텍스트가 필요하여 한국 조직폭력배 영화 〈범죄와의 전쟁: 나쁜놈들 전성시대〉(2012)와 드라마 〈내 남편과 결혼해줘〉(2024), 〈무빙〉(2023) 등을 선택했다. 세 작품에서 부차적으로 활용된 음식은 자신이 가지는 의미를 통해 알게 모르게 인물 간의 관계와 위계질서를 표현하고 인물 간의 에피소드에 흥미를 덧붙인다. 무엇보다도 중요한 것은 음식에 대한 계획적인 선택을 들여다보면 한국 사회에서 이미 내면화된 것들도 함께 성찰하여 이를 통해 한류의 맹점을 찾아낼 수 있는 것이다.

기호로서의 음식
: 〈범죄와의 전쟁〉에서 재현

술

"마실 것과 먹을 것 간에 중요한 차이가 있다. 즉, 먹을 것은 아침, 점심, 저녁 순서대로 규칙적으로 배열되고 있는 반면에 마실 것은 비교적 고도로 조직화되어 있지 않다는 지점이다."(Douglas, 1975: 61-81) 물을 마신다는 것은 의례적 요구보다 생리적인 수요에 더 치우치며 물은 식사보다 더 편하게 획득할 수 있기 때문이다. 그러나 술은 마실 것 중의 특별한 존재로서 역사, 지리, 문화 등 맥락에서 특유한 음주문화가 형성된다. 술은 식사만큼 복잡한 사교적 규칙과 문화적 의미를 가지고 있을 뿐만 아니라 물처럼 편하게 다양한 자리에서 섭취될 수 있다. 음식보다 영화에 훨씬 더 빈번히 등장하면서도 음식만큼 중요한 상징적 의미를 담고 있다. 영화에서 술은 제한되지 않고 자유롭게 등장한다. 영화를 시작한 지 30분도 안 됐는데 술을 먹는 직접적인 장면이나 술병만 나오는 간접적인 장면이 벌써 6번이나 거듭될 정도로 술은 누아르 영화에서 중요한 기능을 한다. 술은 한국 조직폭력배 영화에서 권력과 지배, 공동체 간의 연대, 충돌과 저항, 감정의 분출 등 다양한 역할을 할 수 있으며 영화의 서사에 따라 간혹 정반대의 기능도 수행한다.

〈범죄와의 전쟁: 나쁜 놈들 전성시대〉(이후 〈범죄〉로 약함)의 시작 부분을 보자. 인서트로 최익현(최민식 역)과 일본 야쿠자가 손잡고 호텔 도박 사업을 함께 시작하고 동맹을 맺는 장면을 보여준다. 흥미로운 것은 한국 누아르 영화에서 맹약 신을 연출할 때 종이에다 만년필로 사인하는 대신에 하나의 술잔으로 번갈아 가면서 술을 마시는 화면을 선택하는 것이다. 술은 여기서 연합을 뜻하는 데 계약서보다 더 강력한 효과를 지니고 있다. 하나의 잔으로 술을 함께 먹는다는 것은 친목을 위한 교류를 넘어서 서로의 신뢰와 성의를 보여주고 생사고락을 함께하는 공동체 의식을 강조하는 행동으로 간주된다. 독을 타면 다 같이 죽어야 하고 상대방을 믿지 못하면 술을 마시기 꺼린다. 따라서 술은 자신의 솔직함과 상대방에게 베푸는 믿음을 보여주는 강력한 소통의 수단으로 사회적 기능을 가진다. 영화에서 하나의 잔으로 술을 마시고 맹약하는 행동은 조직폭력배 구성원 전체가 똑같이 이익을 나누는 '하나가 됨'을 확인하고 그들만의 장(場)을 만들어준다.

술은 관계가 시작되는 것일 뿐만 아니라 인물 간의 관계가 끝나는 것도 표현할 수 있다. 최익현의 동료들과 상사 조 계장은 모두 부패 비리 공무원인데 제보자의 고발로 단체로 처벌받을 상황에서 조 계장(김종구 역)이 한 명에게 누명을 혼자 뒤집어쓰게 하자는 장면에서도 술이 교묘하게 등장한다. 혼자 마지막에 착석한 최익현은 앉자

마자 본인이 누명을 쓰는 사람이 된다는 결정을 듣게 된다. 조 계장은 이 결정을 말하고 최익현에게 술을 권한다. 최익현에게 이 술은 마시면 누명을 쓰고, 동시에 동료들과 관계를 끝내겠다는 의미를 지니고 있다. 최익현은 술을 거절하고 싶지만 거절할 수 없다. 이때 조 계장이 건네주는 술은 그의 권력을 의미하고 최익현이 어쩔 수 없이 받아 마시는 술은 그와 조 계장의 권력관계를 뜻한다. 다시 말해, 이 소집단의 핵심 지배자인 조 계장은 아무 힘도 없는 복종자인 최익현보다 높은 지위를 가지기 때문에 같은 소주인데도 조 계장이 권하는 술의 지위도 저절로 더 높아진다. 최익현은 자신보다 권력이 더 큰 사람이 건네주는 술을 거절하지 못하는 장면으로 조 계장의 협박 같은 제안도 거절하지 못하는 결과를 암시한다. 이 장면에서 술은 권력의 환유로 사용되며 한국 사회에서 권력이 약한 사람이 권력이 강한 사람에게 복종해야 하는 암묵적 규범을 의미한다.

다시 이 장면을 뒤돌아보면, 최익현이 도착하기 전에 조 계장과 다른 세관 동료들은 이미 술을 먹고 있었다는 것도 의미심장하다. 최익현이 술자리에 합류하기 전에 술은 서로의 협력, 신뢰, 수락, 그리고 친밀감 등 긍정적인 정서를 뜻하지만, 최익현이 착석한 후 완벽히 정반대의 의미를 드러낸다. 함께 마시는 술은 이때 오히려 위압, 거부, 협박 등 폭력적인 권력관계의 메시지를 전달한다. 조 계장은 형식적으로 누가 부양해야 하는 가족이 적냐고 물어보고 누명을 쓰는 사람을 정한다. 그렇지만 최익현이 늦게 도착하는 바람에 이 질문의 정답은 이미 그가 없는 상황에 확정된다. 어쩌면 최익현을 겨냥하여 질문을 던진 것일지도 모른다. "술은 강력한 커뮤니케이션의 매체이기 때문에 술자리의 동석 여부가 특정 개인의 커뮤니케이션 연결망에서의 귀속과 배제를 알려주는 단서가 된다."(천성수, 2012: 1) 기호학적으로 동석에 존중과 인정이라는 의미를 부여할 수 있다. 먹고 마시는 것은 인간 생리적, 본능적으로 가장 중요한 행위이기 때문이다. 함께 식사하고 마시는 행위는 자신의 본능과 목숨을 동석한 사람에게 맡기는 행동과 다름이 없고 상대방과 안전한 동료임을 확인할 수 있다. 그만큼 상대방에게 보여주는 존중과 신뢰가 크다. 타인을 기다리지 않고 먼저 혼자 먹는 것, 다 같이 먹자고 약속하는 데 지각하는 것, 어른보다 먼저 젓가락질하는 것 등이 예의 바르지 않은 행위로 보이는 것도 동석이라는 행위가 개인과 사회의 커뮤니케이션에서 가진 서로 인정하고 신뢰하고 존중하는 깊은 의미를 깨뜨리기 때문이다. 최익현을 빼고 식사와 술자리를 시작하는 행동 자체는 이미 암묵적으로 최익현을 그들의 음주공동체에서 배제하는 것을 의미한다.

중국집 음식

외식의 꽃으로 여겨지는 짜장면은 한국에 있는 중국 음식점의 대표 메뉴다. 많은 한국 영화, 특히 조직폭력배나 경찰이 나오는 범죄 영화나 누아르 영화에는 중국 음식점이 빠지지 않고 등장한다. 철가방을 들고 경찰서에 들락거리는 배달원, 도박과 암거래 장소로 쓰이는 중국 음식점, 중국 음식점에서 패싸움을 기다리는 조직폭력배들, 짜장면을 배달로 시켜 게걸스레 먹다가 바빠서 먹던 것을 그대로 두고 일어나는 경찰들. 이들은 한국 영화에 자주 나타나는 중국집 음식에 관한 모습들이다. 그러나 중국 음식점은 한류 영상 콘텐츠에 무의미하게 그냥 등장하는 것이 아니다. 그 많은 음식 가운데 왜 하필 다른 나라의 음식점 요리, 그 많은 영화 장르 중에 왜 하필 범죄 영화, 이런 의문의 해답을 구하면서 한류 콘텐츠에서 중국 음식점 음식의 기호학적 상징을 함께 파악할 수 있다.

〈범죄〉에는 배경으로 활용되는 조직폭력배들이 함께 짜장면을 시켜 먹는 장면을 제외하고 중화요리는 두 번이나 더 등장한다. 한 번은 최익현이 최형배(하정우 역)한테 사과하러 갈 때 최형배가 혼자 동궁(東宮)이라는 식당에서 중국요리를 먹는 장면이다. 다른 한 번은 전국적으로 조직폭력배들을 체포하기 시작한 무렵 최익현이 김판호(조진웅 역)와 부산 화국(華國)반점에서 대책을 상의하고 최익현이 '10억짜리 전화번호부'를 꺼내는 장면이다. 서로 다른 식당이긴 하지만 같은 종류인 중국 음식점이며 비슷한 중화요리들이 상에 놓인다. 이때 음식의 맛보다 넓은 식당 안에서 단둘이 안전하게 비밀 이야기를 마음껏 할 수 있는 은밀한 공간이 더 중요하다.

여기서 동궁은 최익현이 최형배한테 용서를 빌려고 초청받지 않았는데 스스로 찾아오는 공간이다. 최형배는 최익현이 사과하는 말에 응하지 않고 조용히 중국요리를 먹는데 최익현이 최형배의 눈치를 보고 분위기 파악해서 말을 끊고 퇴장한다. 대화하는 도중 최익현이 같이 한 잔 해도 되냐고 물어본다. 최형배는 잔에 있는 고량주를 단숨에 마셔버리는 행동으로 최익현의 합석하자는 제안을 소리 없이 거절한다. "사람은 음식과 먹기 관행을 통해서 서로 간의 호의적이거나 악의적인 관계를 확인한다."(Levi-Strauss, 2005: 190-230) 즉, 영화 속에서 음식과 먹기 관행을 통해 음식이 가지는 사회적 의미를 활용해 그들의 관계를 드러내는 장치로 활용한다. 이 장면을 통해 음식을 먹고 있는 사람이 음식을 먹지 못하는 사람의 합석 여부를 결정하는 권력을 가지고 있으며 비교적 우위에 있다는 것을 쉽게 파악할 수 있다. 앞에 술자리 합석의 맥락과 비슷하듯 함께 밥 먹는 것은 서로 간의 관계를 확인하고 결속력을 강화하는 의미가 있다. 합석을 거부하고 함께 먹지 않는다는 것은 자신과의 관계를 끊고 상대방을 자신의 단체에서 배제하는 것과 다름이 없다.

이 장면에서 한 가지 더 흥미로운 지점은 최형배가 최익현의 합석 요청을 거절할 뿐만 아니라 부하 조직폭력배들과도 함께 먹지 않는다는 것이다. 이 장면을 그냥 보면 특별하다고 생각하지 않을 수도 있지만 다른 나라의 누아르 영화와 비교하면 차이점이 드러난다. 예를 들면 홍콩 영화 〈무간도〉에서 조직 두목인 예영효(오진우 역)가 부하들과 함께 포장마차에서 야식을 먹으면서 이야기 나누는 장면이 종종 나온다. 이런 비교를 통해 홍콩 조직폭력배들은 느슨한 위계질서를 가진 데 비하여 부산 조직폭력배들은 엄격한 위계질서를 유지하고 있음을 짐작할 수 있다. 동궁과 다르게 부산 화국반점에서 최익현과 김판호는 각자 테이블에 양쪽에 편한 자세로 앉아 함께 요리를 먹고 술을 마신다. 이 장면에서 김판호는 체포당할 상황이고 최익현도 연루되지 않기 위해 자신의 인맥으로 김판호를 달래주고 이 판에서 벗어날 수 있도록 적극적으로 해결책을 상의하고 있다. 같은 음식이지만 합석하고 함께 식사하는 장면은 동궁의 상황과 뚜렷한 대조를 이룬다. 음식과 먹기 관행으로 〈범죄〉가 교묘하게 최형배와 최익현, 그리고 김판호 세 사람 간의 복잡한 관계를 보여준다.

여기서 더 깊게 생각해야 하는 것은 최익현이든, 김판호든, 이 조직폭력배 두목들이 희한하게 육체적으로 다치거나 정신적으로 상처 입었을 때 하나둘씩 중국 음식점으로 찾아오는 점이다. 중국 요릿집은 인물에게 심리적이고 신체적인 피난처로 기능한다(박소영, 2019: 58-60). 다양한 매체 영상에서 중국 음식점은 묘하게 조직폭력배와 연관되어 있다. 중국 음식점은 저렴하면서도 방이 있고 독주를 마실 수 있어 비밀스러운 거래를 하기 적당한 장소이기 때문으로 보이지만 더 깊은 연관성이 존재한다.

범죄 영화를 보면 조직폭력배든, 검찰이나 형사든 인물들은 함께 밥을 먹다가 그릇을 내려놓고 긴급출동해야 하는 장면이 종종 있다. 1960~70년대 다양한 외식 메뉴가 아직 개발되지 못했던 때에 밖에서 힘들고 바쁘게 일하면서도 금전적으로 여유가 없는 이들 사이에 단체로 빠르게 배달되고 저렴한 중국요리에 대한 수요가 급부상하였다. 〈범죄〉에서 스쳐 지나가는 화면이긴 하지만 대동호텔의 준공식을 거행하기 전에 최형배의 오른팔인 박창우(김성균 역)는 적대 세력인 김판호가 호텔에서 소란을 피울까 봐 부하들을 로비로 부른다. 이때 조직원들이 로비에서 다 같이 식사하는데 메뉴는 바로 중국요리다. 조직폭력배의 특성상 성원들이 몇십 명 함께 밥 먹는 경우도 많다 보니까 다 같이 먹어도 큰 부담이 되지 않으면서도 각자의 혀의 욕구를 충족시킬 수 있는 최상의 선택은 중국요리다. 짜장면이든, 짬뽕이든 애초에 배고픈 항구 부두 노무자들과 가난한 재일 중국 유학생들을 위해 손쉽게 구할 수 있는 재료로 싼값에 맛있게 먹을 수 있는 취지에 맞춤한 음식이기 때문이다.

언제나 출동 준비하고 있다는 것은 밥 나오는 속도와 밥 먹는 속도가 빨라야 한다는 말이다. 1960년부터 1992년까지 민족중흥의 사명을 완수하기 위해 한국에서 전반적인 산업화가 시작되었다. 산업화 초기에 집약적 산업의 구조적 특징에 따라 속도가 관건이었고 짧은 시일 내에 서구 수백 년의 산업화 성과를 따라잡으려는 것도 결국 속도를 올리는 것밖에 방법이 없었다. 따라서 외국인 노동자들이 인사말 빼고 제일 먼저 배우는 한국어가 '빨리빨리'라는 설이 나올 정도로 한국의 특유한 '빨리빨리' 문화가 자리잡는다. 평균 3분이면 준비된 식재료 상태에서 완성된 요리로 만들 수 있고 금방 불기 시작하니 빨리 먹지 않을 수도 없는 짜장면은 한국의 '빨리빨리' 문화와 잘 어울리는 음식이다. 게다가 식당으로 이동하는 시간을 절약해 주는 배달까지 중국 음식점은 한국인의 조바심을 달래준다.

한국 중국요리의 토착화 과정을 살펴보면 짜장면을 비롯한 중국 음식점 요리는 명색이 중국 음식이지만 맛부터 조리법, 재료까지 중국요리로서의 특징을 잃고 한국적인 특징을 가진 지 이미 오래되었다. 지난 세기 초부터 중국 산동(山東)의 화교들이 인천에서 최초의 중국집인 공화춘(共和春)을 개업하고 거기서 최초로 한국 짜장면을 개발하였다. 처음에 한국화한 중국 음식은 화교들이 만들고 화교들이 소비하는 형태로 갔다가 외식 문화의 발달과 도시 인구의 급증으로 중화요리가 토착화되기 시작하였다. 70년대 중후반 이후 화교에 대한 정부의 차별 정책들로 인해 화교 사회가 급속히 위축되었고, 한국에 있는 중국 음식점은 한국인이 운영하고 한국인에 의해 소비되는 한국음식점으로 탈바꿈하였다(양세욱, 2009: 156-181).

"음식이 '편입'과정을 통해 특정 집단의 정체성뿐만 아니라 개인의 정체성까지 확립하고 규정한다. 음식은 단순한 먹을거리가 아닌 인간 사회의 기호로 작용한다. 즉, 사람들이 음식 그 자체만 섭취하고 배설하는 것이 아니라 그것보다 미각적 경험을 통해 더 넓은 문화적, 상징적인 의미와 이미지를 섭취하고 배출한다. 섭취와 배출은 '내부'와 '외부'의 개념과 연계된다. 피슐러는 음식물이 신체의 '외부' 세계와 '내부' 세계 간의 장벽을 넘는 것을 '편입'과정이라고 보고 이 체내화의 과정은 개인의 정체성과 뗄 수 없는 중요한 관계가 있다고 지적한다."(Fischler, 1988: 279) 이를테면 음식 섭취는 외부에서 온 그 음식이 지닌 특정한 상징적 속성을 먹는 사람에게 전달하고 먹는 사람이 이 상징적 속성을 자신의 몸에 편입시켜 다시 몸 밖으로 드러내는 것이다. 뿐만 아니라, 이 과정은 먹는 사람을 조리체계에 편입시키고 관련 집단에 편입시키는 것이기도 하다. 음식을 섭취함으로써 그 음식은 자아가 되는 만큼 편입 과정은 커다란 불안과 긴장, 그리고 위험의 원인이 될 수 있다.

다시 〈범죄〉에 등장한 중국집 음식과 짜장면을 바라보면 영화는 다른 나라의 음식인 짜장면을 섭취하고 체내화하는 행동이 편입 과정에서 자신의 긴장과 불안을 유발할 수 있는 것을 이용해서 조직폭력배의 위험과 연관 지어 환유 관계를 만들어 의미를 부여한다. 사실 토착화하면서 한국적인 정체성이 형성되는 한국 중국요리에는 이미 '중화'가 없다. 그러나 〈범죄〉는 범죄자들의 모임에 중국 음식점을 등장시켜 영화에서 중국집 음식과 범죄의 환유를 만든다. 한국인에게 중국에 대한 사대주의와 콤플렉스 방출로서 혐중 정서가 모순적으로 공존하고 있다. 이는 의도했든 의도하지 않았든 수용자들에게 반중/혐중 정서를 유도한다.

생선회

어회(魚膾)라고 불리기도 하는 생선회는 원래 한국에도 있었던 음식이지만, 대개 일본의 생선 요리인 사시미를 한국식 요리법으로 재해석하는 음식이다. 근대에 들어오면서 음식 보관에 사용되는 냉동 기술이 발달하자 일본 전역의 음식점에서 신선한 해산물을 날로 손질하고 회를 떠서 접시 등에 담아 내놓는 사시미가 주요 메뉴로 등장하였다. 일제강점기 때 한국이 일본의 식민지로 전락하여 일본식 사시미도 점차 조선팔도에서 퍼져나갔다. 식민지 시절을 겪으면서 생겨난 결과로서 해방 후에 '왜식(倭食)'이라 불렸던 사시미는 생선회로 대체되었고 여전히 고급 음식으로 일본 요리옥이나 한정식 요정에서 빠지지 않는 주요 메뉴였다. 생선회의 개발을 통해 일본과 한국 두 나라의 역사적인 맥락을 다시 한번 입증할 수 있고 문화적으로 많이 섞였다는 것도 확인할 수 있다. 그러나 한일 문화적인 하이브리드(혼종)의 산물로서 생선회는 영상 매체에 나타날 때 그보다 훨씬 더 다양하면서도 깊은 사회적인 함의를 지니고 있다.

항구도시인 부산은 풍부한 해산물 자원으로 생선회가 다양하고 맛있는 도시 중의 하나로 유명하다. 부산을 배경으로 한 〈범죄〉에서도 당연히 생선회를 다양한 형식으로 여러 번 등장시킨다. 최익현과 최형배의 사업이 커질수록 영화 뒷부분에 생선회가 주요 메뉴인 고급 한정식과 일식당에 등장하는 횟수가 많아진다. 그러나 가장 처음으로 등장하고 가장 중요한 역할을 하는 장면은 최형배와 최익현이 마약 판매에 성공한 후 둘이서 바닷가에 있는 바위 위에서 막 잡은 신선한 생선을 현장에서 손질하고 회로 만들어 이를 먹는 장면이다.

먼저 요리하는 주체가 누굴까가 중요하다. 사실 원시 부족 시대부터 수렵-남성, 채집-여성이라는 생존 패러다임은 이후 젠더 분업에 크게 영향을 끼친다. 따라서 일반적으로 아내는 늘 가정에서 요리를 준비하고 남편의 취향에 맞게 음식을 요리해야 하며, 남편은 음식을 즐기는 사람으로 마음에 들지 않으면 '정당'하게 아내에게 화를 낼 수 있다. 페미니즘 운동이 발전하면서 이런 현상은 많이 개선되긴 하지만, 요리는 여전히 여성적 가사노동으로 여겨진다. 잘생긴 남성 배우가 방송에서 요리하는 모습을 보여주면서 '요리하는 남자'라는 이미지를 활용해서 큰 매력 포인트로 인기를 끌어내는 현상도 '요리는 여성적이다.'라는 인식이 대중에게 무의식적으로 잠재하기 때문이다. 그러나 〈범죄〉의 이 장면에서 생선을 손질하고 요리하는 사람은 조직폭력배의 두목인 최형배다. 이 장면에서 일반적으로 생각하는 식사를 준비하는 사람에게서 드러나는 여성성을 최형배에게서 찾을 수 없다. 오히려 날 것, 그리고 끈적거리고 혐오스러운 것을 극복하는 것으로 그의 남성성과 폭력성을 잘 드러낸다. 그들의 마약 사업의 이익을 나누어 준 듯이 최형배는 날카로운 칼로 생선을 분리해 나눈다. 여기서 영화는 아직 칼질한 최형배를 이익 분배를 주도할 수 있는 권력자인 것으로 암시한다. 아직 살아 있는 생선의 배를 가차 없이 갈라 내장을 꺼내면서 최익현과 새로운 사업을 얘기하는 최형배의 모습은 그가 일처리가 깔끔하고 과감하다는 것도 느끼게 만든다.

요리해 준다는 이 행위 자체도 의미심장하다. 음식은 인간에게 생존을 유지하기 위한 기본 조건이자 쾌락과 욕망을 충족시킬 수 있는 원천이다. 음식이 인간에게 중요한 만큼 요리라는 행위에 의미를 부여할 수밖에 없다. 외식이란 자본주의 체제의 특별한 양상을 제외하고 요리 행위는 공동으로 내포된 의미가 있다. 친밀감과 신뢰감이다. 다시 말해, 요리해 주는 사람이 음식을 제공함으로써 음식을 먹는 사람과의 친밀감과 유대를 강화하고 먹는 사람이 요리해 주는 사람의 음식을 통해 의심 없이 생명 유지가 필요한 영양소를 섭취함으로써 신뢰를 보여준다. 부모와 자식, 여인, 친구 등 이런 사이에 자주 일어난다. 〈범죄〉에 등장한 이 장면은 두 사람이 처음으로 연합해서 성공한 그 직후이다. 최익현과 최형배의 사이는 처음부터 좋은 것이 아니다. 조직폭력배의 규칙도 모르고 출신과 촌수만으로 최형배 앞에서 웃어른의 허세를 부린 적도 있는 최익현이 최형배에게는 신경 안 쓰고 무시해도 되는 사람, 서로 각자의 지위와 역할, 권력의 선을 명확하게 긋고 사는 사람으로 여겨진다. 그러나 마약 판매의 성공으로 최형배는 최익현의 가치와 능력을 발견하고 최익현을 중시하며 대부님이라고 부르기 시작한다. 이처럼 인물 간의 태도와 관계의 변화는 바닷가에서 생선회를 직접 손질하고 같이 나누어 먹는 장면을 통해 은밀하게 재현된다.

다음으로 생선회라는 음식 자체의 의미를 알아보자. 어떤 특정한 음식이나 먹기 습관은 굉장히 강한 남성성을 의미할 수 있고 어떤 음식이나 먹기 습관은 그와 정반대일 수 있다. 한국에서 고단백이고 타우린과 오메가3 지방산이 풍부한 생선회는 건강음식으로 각광을 받고 있다. 생선의 영양 가치는 이미 학술적으로 인정을 받고 있으나 사람들은 건강만을 위해서 생선회를 섭취하는 것이 아니라 개인의 문화에서 차지하는 위치와 가치도 음식 섭취의 목적 중의 하나다. 18세기 때 음식을 제공하는 방식은 사회 계급의 규범을 잠재하고 있어서 정교한 요리 수단, 진한 조미료, 복잡한 테이블 매너 등을 통해 식객의 위엄을 드러냈다. 그러나 산업혁명이 일어나고 인구가 농촌에서 도시로 이동하면서 인력 부족으로 인해 전통 농업은 산업화에 접근할 수밖에 없었다. 식품산업의 탄생으로 불량식품이 생산되었고, 가공 통조림식품이 식탁에 가득 차게 되었다. 건강과 맛보다 편리함이 더 중요해지기 때문이다. 2차 세계대전이 끝나고 경기가 되살아나면서 산업문명과 글로벌 확장의 속도가 빨라지자 사람들은 속도와 효율성에 더 많은 관심을 기울였다. 이 영향으로 미국을 비롯한 나라에서 패스트푸드 산업이 빠르게 부상하였다. 미지의 음식에 대해 갖는 인간들의 생득적 불신으로 사람들은 인공 색소, 가공식품, 인공감미료 및 방부제 등 인공 첨가물에 대해 건강에 안 좋은 영향을 미칠 수도 있다는 불안에 빠진다. 무첨가, 천연, 신선함에 대한 숭배가 커져 생선회, 굴, 샐러드 등 날로 먹는 음식들이 점점 추앙을 받게 된다. 원시인처럼 짐승을 털과 피가 있는 채로 먹는 것이 아니라 현대인들이 생식을 처리하는 것은 굉장히 복잡하고 번거롭다. 생선회를 예시로 들면 민물고기보다 기생충 감염률이 조금 낮지만 값비싼 바닷물고기를 원재료로 선택하고 회의 식감과 육질을 유지하기 위해 요리사에게 훌륭한 칼질을 요구한다. 날로 먹는 것이기 때문에 신선도를 위해 원재료 운송 및 보관도 전문 기술과 기계가 필요하다. 따라서 생선회는 그냥 생선고기를 날로 먹는 것이 아니라 그 뒤에 담겨 있는 것을 먹는 것인 만큼 생선회는 비싸고 고급스러운 음식이 된다. 음식은 소비되는 하나의 상품으로서 사람들이 자신의 주체성을 구성하고 타인과 구분하는 기능을 수행한다. 사람들의 건강과 신선도에 대한 갈망, 생선회를 제공하는 데 필요한 인력, 재력, 기술 등 전부 생선회의 상징적 이미지를 창출한다. 이를테면 사람들이 상품으로서 희소하고 값비싼 생선회를 소비하고 섭취하는 행위는 생선회를 둘러싼 이미지를 통해 문화적 가치를 자아로 전이시키는 것이다. 값비싼 생선회를 섭취함으로써 자신이 갈망하는 높은 사회적 신분을 확인하며, 생선회는 음식 중에 높은 지위를 차지하게 된다.

실제로 한국은 오래전부터 날것에 대한 인기가 이미 많았다. 조선 정조 때 파격적이고 개성적인 작품을 창작한 것으로 유명한 문인 이옥(李鈺)은 생선회에 대해 언급한 적이 있었다. 이옥은 "대개 석화의 쓰임은 회가 최고이고, 무치는 것이 다음이고, 젓갈로 만드는 것이 그다음이고, 죽을 만드는 것이 또 그다음이고, 전을 만드는 것이 그 다음이고, 국으로 만드는 것이 제일 못하다"라고 말했다(이옥, 2009: 123-124). 이처럼 조선시대부터 고급 음식에 들었던 생선회는 결코 서민의 음식은 아니었음에도 불구하고 오히려 계급성과 위계질서의 상징이자 신분의 표시였다.

생선회의 특별한 이미지는 일식집에서 생선회를 먹는 것이 고관대작들의 비밀스러운 모임을 뜻하는 것으로도 짐작할 수 있다. 인간들이 음식의 위계질서를 아비투스로 받아들이고 자신의 무의식으로 내면화시킨다. 따라서 자신도 모르게 어떤 음식이 어떤 자리에 적합하고 어떤 음식이 어떤 자리에 적합하지 않다고 생각하는 경우가 발생한다. 〈범죄〉에서 협력 회의나 뇌물로 매수, 정치계 고위직과 유착 등 목적성 강한 자리는 대부분 고급 요정에서 일어나며 등장인물들이 둘러앉는 식탁 한 가운데 반드시 생선회가 메인으로 나오는 것이 좋은 예시다. 음식의 위계질서는 음식이 가지고 있는 힘을 기반으로 성립된다. 따라서 거세하지 않은 동물과 육식동물, 그리고 날고기를 음식의 위계질서 모델에서 매우 강함에 위치시킨다. 생선회는 물론 비교적 약한 위치에 속한 생선고기이긴 하지만 날것의 속성으로 음식 위계의 높은 위치로 올라갈 수 있다. 이런 음식을 섭취하는 것은 그것의 강인함과 공격성을 섭취하는 것으로 간주된다. 이처럼 힘과 권력을 상징하고 고급스러움과 특별함을 드러내는 생선회는 고관대작들의 자아 섭취 욕망을 충족시키며 개인의 정체성과 잘 부합할 뿐만 아니라 이를 재확인시킨다. 이처럼 지배계층들이 선호함이 역으로 생선회의 지위를 올려 놓는다.

'네가 먹는 것이 바로 너이다(man ist, was man isst).'라는 독일의 격언처럼 음식을 통해 인간에 대해 알아볼 수 있을 뿐, 음식 그 자체를 통해 인간들의 정체성과 서로의 관계, 그들이 나타내고 싶어 하는 자신의 욕망 등에 관해서도 탐구할 수 있다. 음식은 다른 무엇보다도 위계적이고 폭력적이며 음식에는 확실하고 엄격한 질서가 있다는 것을 엿볼 수 있다.

한국인의 식탁과 재현의 한계

음식은 객관적인 존재이지만 음식을 둘러싼 전통과 문화, 그리고 생각은 주관적이고 맥락적인 사회의 반영이다. 때문에 음식을 통해 한류를 전파하는 과정에서 피할 수 없는 문제들도 일어날 수밖에 없다. 역사적 요인과 객관적 현실로 인해 한류 콘텐츠에 나타난 음식과 먹기 관행과 그에 대한 일부의 비평은 여전히 진부한 이미지와 의미부여 속에서 벗어나지 못하고 있다. 사극 같은 경우 역사적 오류가 너무 많고 현대극 같은 경우 외래 음식이 너무 많으며 재현의 과정에서 음식의 이미지가 정형화된 틀에 빠져 이데올로기가 주입된다.

한국은 중세 시대의 문화 중심국인 중국, 근대시대에 식민 통치를 강행한 일본, 그리고 현대 이후 끊임없이 간섭하고 개입하는 미국 등 일련의 대국의 문화적 침략에 대하여 저항과 식민화가 혼종되어 있다. 조선조에도 소중화(小中華)를 자처하며 사대주의가 압도하면서도 조선적인 문화를 창조하려는 흐름도 있었다. 일본문화에 대해서는 고대 시대에 일본에 문화를 전수한 선진 문명이란 자부심 때문에 민족적인 저항성이 압도하고 일본문화의 수용에는 소극적이었다. 해방 이후 미국 대중문화는 한류의 모태가 되었다. 미국 대중문화에 맞서서 한국적인 성향을 드러내기도 하지만 이는 약하고, 미국 문화에 대한 선망과 모방이 강하다. 한국 젊은 세대의 정신을 좌우하는 아이돌, 예를 들면 BTS(방탄소년단) 같은 이들은 미국 시장에 진출하는 것을 영광이라고 보고 유명 아이돌 그룹 NewJeans(뉴진스)의 가사나 뮤직비디오를 보면 (대형 파티를 즐기고 밤새 드라이브하는) 미국 하이틴의 삶에 대한 동경이 곳곳에 나타난다. 중국 문화에 대한 혐오가 이전부터 있었지만, 사드 배치 이후 한중관계가 악화하자 중국에서는 혐한이, 한국에서는 중국문화에 대한 혐오가 표출되었다. 한류 영상 콘텐츠에서 음식을 재현할 때 이런 경향을 나타내면 아래와 같은 한계가 보인다.

중국집 음식 = 조선족 = 범죄

앞서 설명하듯 부적절한 음식을 체내화하는 것은 혐오, 내지 자아의 추방을 낳을 수 있다. 따라서 음식 재료의 외관이나 냄새, 촉감 등만으로 인간의 혐오 정서를 일으키는 것보다 도덕적 및 개념적으로 불결하기 때문에 문화적으로도 역겨워해야만 혐오감을 유발하는 것이 더 정확하다(Fischler, 1988: 285). 다시 말해, 고결성을 위협할 수도 있어서 애매모호한 것은 경계를 해체할 우려가 있다. 자장면이 중국 음식인지, 한국 음식인지 분류하기 어렵기 때문에 감정적으로 혐오감을 불러일으킬 수 있으나 이 혐오감을 앞서 설명한 중국 음식과 범죄의 환유를 통해 중국과 조선족으로 전이한다. 정의하거나 알지 못하는 음식에 대한 불안과 자신이 아닌 다른 민족에 대한 긴장은 자신을 오염시킬까 봐, 자아의 고결성이 위험에 처할까 봐 강력한 배타적 정서를 유발한다. 현실에서 이런 불안과 불쾌를 유발하는 원천은 내부로부터 쫓아낼 수 없으므로 대중문화 작품에서 협소한 민족주의로 나타난다.

일부의 한류 영화와 드라마는 중국 음식점 요리를 즐겨 먹는 잔인하고 흉악한 조선족 캐릭터를 등장시켜 조선족을 부정적으로 묘사하고 반중, 혐중 정서를 유도한다. '짱깨'는 원래 '주인장'을 뜻하는 중국어 '짱궤이(掌櫃)'에서 온 말이지만 중국 식당의 주인만이 아니라 일하는 직원을 비하하는 용어로도 사용한다. 혐중 정서의 영향으로 편견을 가지는 사람은 악의적으로 중국에서 넘어온 요리와 조선족에게 도식화되고 진부한 이미지와 부정적인 의미를 부여한다. 범죄를 저지르는 조선족을 중국이라는 나라 전체와 동일시하여 자신의 열등감을 자신이 종속됐던 중국을 비하함으로써 해소한다. 이런 재현은 대부분 조직폭력배 영화에 나타난다. 창작자들은 범죄 영화에 실제 일부 중국인과 조선족이 불법행위를 일으킨 현실을 일반화하고 여기에 배타적 민족주의를 작동시켜 중국 음식과 범죄의 환유를 구성한다.

예를 들면, 〈신세계〉에서 정청에 고용된 조선족 킬러가 정청이 죽고 나서 장례식장 밖에서 아무 슬픔이나 분노 없이 음식을 먹는 장면이 있다. 이어 이들은 이자성에게 다시 고용돼 강 과장과 경찰서장을 죽인다. 조선족을 불충하고 불의하며 돈만을 위해 모든 짓을

다 할 수 있는 인간성이 부족하고 잔인한 폭력적인 이미지로 묘사한다. 더 큰 논란을 일으키는 영화는 〈청년경찰〉이다. "이 동네 조선족들만 사는데 밤에 칼부림도 많이 나요. 여권 없는 범죄자들도 많아서 경찰도 잘 안 들어와요. 웬만해선 길거리 다니지 마세요."라는 말은 〈청년경찰〉의 대사다. 이 영화에서 조선족, 대림동 등 중국에 관련한 낱말에 공포와 범죄의 색을 칠한다. 혐오와 배제의 감정이 스며들어 있다. 이는 민족적 편견일 뿐만 아니라 대국을 폄하하여 민족적 우월감을 확보하려는 열등감의 발로다.

굳어진 서민 음식 이미지

한국 음식의 특성은 국과 찌개 등 국물문화가 발달하였다는 것이다. 그러나 라면이나 국밥 등 이른바 서민 음식의 대중성은 오히려 이런 음식들의 이미지를 고정시킨다. 한국 드라마나 영화에서 부잣집 아들의 사치스럽고 안일한 삶을 강조하기 위해 재벌을 '서민의 음식'을 먹을 줄 모르거나 아예 들어본 적도, 먹어본 적도 없는 '멍청한 사람'으로 자주 묘사한다.

국밥은 흔히 보이는 이른바 '서민의 음식'중의 하나이다. 최근 뜨거운 이슈를 끌어내는 드라마 〈내 남편과 결혼해줘〉에 주인공의 흑기사로 등장한 재벌 3세 유지혁(나인우 역)은 바로 이런 인물이다. 드라마에 여러 번이나 거듭하여 나오는 장면은 유지혁이 국밥을 먹을 줄 모르는 장면이다. 국밥을 서투르게 먹는 모습을 보여주며 이때 여자주인공은 마치 국밥 먹는 법을 가르쳐주는 선생님처럼 '국밥에 부추를 넣어야 한다.', '밥을 국에 말아 먹어야 한다.'와 비슷한 말을 당연한 듯 재벌 3세에게 가르쳐준다. 겉으로 보면 못할 것 없어 보이는 부자도 모르는 것이 있고 멍청하고 서투른 행동으로 매력을 얻을 수 있으며 서민한테 배워야 한다는 내용은 시청자들에게 은밀한 쾌락을 제공한다. 그러나 음식과 먹기 관행은 정태적이 아닌 동태적이다. 먹는 방법도 당연히 먹는 사람에 따라 달라지고 정해진 같은 음식 문화 아래에도 사소한 자유가 있다. 여러 수단을 동원하여 음식을 통해 권력자나 지배층을 폄하하는 재현 방식은 한국 시청자들이 지배자의 권력에 대해 한편에서는 동경하는 동시에 한편에서는 저항하는 양가적인 정서와 모순적인 심리 상태를 가지고 있는 것을 보여준다.

해외여행을 떠나도 캐리어에 라면 몇 개 집어넣는 사람은 한국인밖에 없을 것이다. 한국 남녀 사이에서 한 사람이 상대방에게 호감을 가지고 같이 지내자고 할 때 "라면 먹고 갈래(요)?"라는 말을 사용한다. 영화 〈봄날은 간다〉에서 은수(이영애 역)가 상우(유지태 역)를 유혹할 때 '라면 먹을래요?'라고 사용하였고 그 후에도 〈사랑의 불시착〉 등에서도 활용되고 있다. 특히, 〈봄날은 간다〉에서 라면은 인스탄트식 사랑도 의미한다. 한국인만큼 라면을 즐겨 먹는 나라를 찾기 힘들 정도로 라면은 한국 사회 문화에서 큰 의미를 지니고 있다. 그럼에도 불구하고 라면은 한류 콘텐츠에 재현된 이미지의 다양성이 점차 사라지고 있으며 라면에 대한 의미를 해석할 수 있는 폭이 좁아지고 있다. 물론 음식은 원재료의 가격과 요리 기법의 정교함과 복잡성, 아니면 오래전부터 대대로 전해온 음식의 계급 등 여러 요소로 자연스레 위계질서가 존재하지만, 대중문화 콘텐츠를 통해 이런 위계질서를 경직시키는 것은 결코 올바른 재현이 아니다.

한국적인 것? 탈한국적인 것

식사는 인간에게 단순히 필요한 영양소만을 얻는 데에 머무르지 않고 더 큰 목적이 있는 활동이라고 볼 수 있다. 음식은 영양학적 가치를 통해 인간의 생리적 욕구를 만족시켜 주는 동시에 다양한 맛으로 미각적인 쾌락을 자극하며 음식의 부차적 가치로 인간의 정신적 욕구까지 충족시킨다. 이에 음식과 식사가 인간 사회에서 맥락적인 의미를 지니며 문화를 반영하고 창조하여 새로운 의미를 재생산하는 것은 의심할 여지가 없다. 그러므로 한류 콘텐츠에서 음식을 활용해서 시대적 요소 또는 전체 맥락을 제시하는 작품은 적지 않다. 2023년에 호평받았던 슈퍼히어로 드라마 〈무빙〉은 바로 이런 예시다.

〈무빙〉은 음식을 주제로 등장하지 않았으나 인물 설정이나 인물 간의 관계에 특별한 역할을 하는 중요한 부차적 음식이 돈가스, 커피, 치킨 이 세 가지다. 드라마에서 남자주인공 김봉석(이정하 역)의 부모가 데이트하고 사랑에 빠지는 장소는 돈가스를 파는 경양식 식당이다. 돈가스에는 김봉석 엄마인 이미현(한효주 역)과 남편 김두식(조인성 역)의 사랑이 담겨 있다. 김두식이 떠나고 혼자 아들을 키우게 되는 이미현은 돈가스 식당을 운영하여 생계를 이어간다. 돈가스가 과거에 한국에서 인기가 많았던 이유를 쉽게 알 수 있다. 일본은 근대화의 한 방편으로 육식을 권장하였고 원래 이태리 음식에서 유

래하여 돼지고기를 밀가루나 빵가루를 묻혀 튀긴 포크 커틀릿(pork cutlet)을 돈가스(豚とんカツ)로 명명하고 대중음식화하였다. 이는 일제 강점기에 한국에 전래되었다. 한국인은 근대화 과정에서 서양인처럼 몸을 키우고 튼튼하게 만들고 싶은 욕망을 품게 된다. 밀가루나 빵가루를 묻힌 돼지고기를 포크와 나이프로 썰어서 먹는 돈가스는 심리적으로나 생리적으로 한국인들의 욕망을 충족시킨다. 돈가스를 나이프로 썰면서 스테이크와 다름이 없는 음식이라고 스스로 최면할 수 있다. 일본은 서양을 모방하여 근대화하였고, 조선은 일본을 모방하여 근대화하였기 때문에 돈가스에 "서양=근대화"라는 오리엔탈리즘을 내면화하였다.

이와 비슷한 이야기 구조를 가진 음식은 커피이다. 〈무빙〉에서 커피는 두 가지 형태로 등장한다. 하나는 이미현을 일정한 습관이 있는 여자로 김두식을 유혹하려고 일부러 매일매일 자판기 커피를 마시는 것으로 보여준다. 결국 커피를 별로 안 좋아하는 두 사람은 상대방에 대한 사랑으로 자판기 커피만 좋아하게 된다. 다른 하나는 암호명 구룡포인 장주원(류승룡 역)이 다방 레지 황지희(곽선영 역)를 만나는 순간 사랑에 빠져서 그때부터 황지희의 커피 배달을 자주 시키고 같이 방에서 무협소설 내용을 대화하는 에피소드에 사용된다. 여기서 커피는 다른 형태지만 똑같은 로맨스 장치로 쓰인다.

마지막은 치킨이다. 장주원은 아내 황지희가 죽고 나서 딸 장희수(고윤정 역)를 먹여 살리기 위해 가맹이 쉽고 조건이 별로 까다롭지 않은 치킨집을 운영하기 시작한다. 극적인 피날레 후에 북한 초능력자를 자신의 치킨집에서 알바생으로 일하게 하고 가족처럼 평화롭게 지내는 장면도 나온다.

여기서 한 가지 중시해야 하는 것은 이 세 가지 음식은 모두 근대에 새로 한국에 들어온 음식들이라는 점이다. 다른 나라의 음식을 한국 사회에 편입시키는 과정은 굉장히 복잡하다. 앞서 설명한 바와 같이 사람들이 음식 그 자체만 먹는 것이 아니라 그것보다 더 넓은 이데올로기적, 구조적인, 실제적인 의미를 섭취하고 배출하기 때문이다. 다시 말해, 다른 나라의 음식을 한국에 편입하면 식사를 통해 한국인이 그 음식이 지닌 특정한 상징적 속성을 수용하게 되고, 한국인이 이 속성을 자신의 몸에 편입시켜 다시 몸 밖으로 배설하고 결국 사회적 맥락에 다시 반영된다. 문제는 〈무빙〉은 이 중요한 편입과정을 제대로 재현하지 못하고 있다. 급한 대로 외래 음식을 적극적으로 활용하고 개량하고 현지화하여 자기 음식인 것처럼 전화시킴으로써 서양인들에게 인정받고 싶다는 욕구가 한민족에 내면화한다. 〈무빙〉이 소재로부터 미국 할리우드식 초능력자, 슈퍼히어로를 따라할 뿐만 아니라 음식까지 한국 정체성을 드러내지 못하고 이른바 내면화한 오리엔탈리즘을 뜻밖에 보여주는 점은 한류 영상 콘텐츠의 또 하나의 맹점이다.

노스탤지어를 넘어서

"음식의 원재료, 조리 방법, 섭취 습관 등 음식문화는 한 사회의 일부지만 그 사회의 일상과 규칙, 문화의 생산 구조 등 민족의 원형적 의미를 드러낼 수 있다."(김호연, 2012: 222) 그래서 음식은 인간 사회에서 단순히 먹을거리의 역할을 넘어서 인간 사회를 반영하는 기호로 작용한다. 음식을 통해 한류 영상 콘텐츠를 다른 시각으로 재해석하는 의미도 여기에 있다. 어떤 특정 음식은 높은 사회적 계급 위치나 높은 신분, 또는 사회적으로 우월한 심미적 기호와 연관되어 있지만, 어떤 특정 음식은 낮은 사회적 계급 위치나 낮은 신분, 또는 빈곤 상태를 상징한다. 따라서 특정한 음식 선호나 먹기 관행은 본질적으로 다른 집단과 자신의 집단을 구별하고 차이를 드러내는 방식이자 수단이다. 음식의 중요성은 인간들이 생각하는 것보다 훨씬 더 광범위하고 심층적이다.

한국인들의 식탁을 살펴보면 치킨, 라면, 돈가스, 카레 등 다양한 음식들이 있는데 한국인들은 이런 음식들을 보고 자신의 어린 시절을 떠올리면서 과거를 그리워하며 향수를 불러일으킨다. 과거의 아름다움은 그때 그 당시에 미지의 세계를 탐색하는 설렘과 미래를 예측할 수 없지만 앞으로 쭉 나아가는 용기이다. 어렸을 때 어머니가 해준 부글부글 끓고 있었던 김치찌개를 먹고 싶은 이유는 그 김치찌개의 맛도 맛이지만 어머니와 훈훈한 관계의 유대와 김치찌개 먹으면서 어머니와 마음껏 상상하고 이야기했던 자유로운 미래와도 관련이 있다. 한국인들은 음식에 정을 많이 싣는다. 그래서 음식이 제공해주는 경험은 사람들을 노스탤지어에 빠지게 한다. 그러나 노스탤지어에 마케팅이 작동되는 순간부터 추억에 간직되었던 아름다운 것들은 조금씩 변질되기 시작한다. 순수한 감정을 이용당할 수도 있다.

맥루한은 '미디어는 메시지다'라고 말한다. 미디어는 음식에 관련한 모든 것을 담아내려고 한다. 그중에 노스탤지어도 당연히 포함되어 있다. 영화를 비롯한 대중문화 예술에서 음식과 식사행위를 둘러싼 다양한 이미지, 예를 들어 자리 배치, 식공간의 분위기, 음식의 색과 플레이팅 등 시각적인 장치들이(백승국, 2002: 103) 모두 시청자들에게 향수를 느끼도록 제공된다. 그러나 이러한 재현은 진정한 향수에 담긴 것인지 자본주의가 짜내는 환상인지 잘 구별해야 한다. 한류 콘텐츠는 이처럼 음식을 기표로 잘 활용하여 시청자들에게 부가되는 기의를 인식하게 하는 방식으로 특정한 메시지를 전달하지만 그렇게 할수록 오히려 의미의 과잉이 될 수도 있고 도식화에 빠질 수도 있기 때문이다.

참고문헌

김정하 (2013). 부산 향토음식문화의 형성과정 고찰 -생선회와 어묵을 중심으로-. 세계해양발전연구 22, 21-42.

김호연 (2012). 대중영상매체를 통해 바라본 한국 음식문화의 재인식. 순천향 인문과학논총 31(3), 221-243.

류진아 (2019). 부산의 장소성과 향토음식에 대한 인문학적 고찰. 지역과 문화 6(4), 1-21.

박소영 (2019). 범죄영화에 나타난 부산 음식의 위계와 상징 〈친구〉와 〈범죄와의 전쟁〉을 중심으로. 한국연구 3, 37-65.

박재환 (1999). 술의 사회학. 파주: 한울.

백승국 (2002). 영화 속 음식 기호를 찾아서, 기호학으로 세상 읽기. 서울: 소명출판.

양세욱 (2009). 짜장면뎐(傳): 시대를 풍미한 검은 중독의 문화사. 서울: 프로네시스.

유중하 (2018). (검은 유혹, 맛의 디아스포라) 짜장면. 고양: 섬앤섬.

이가비 (2022). 중국 영화 속에 나타난 음식 메타포의 문화적 함의. 커뮤니케이션과 과학 8, 75-78.

이옥 (2009). 완역 이옥 전집3: 벌레들의 괴롭힘에 대하여. 서울: 휴머니스트.

이종수 (2013). 서울 음식문화 정체성 스토리텔링. 인문과학 98, 147-184.

______ (2014). 해항도시 부산과 인천의 음식문화 변동 분석. 해항도시문화교섭학 10, 95-133.

정명섭 (2021). 한국인의 맛: 짜장면부터 믹스커피까지, 한국사를 바꾼 아홉 가지 음식. 서울: 추수밭.

주영하 (2011). 음식 인문학: 음식으로 본 한국의 역사와 문화. 서울: 휴머니스트.

______ (2013). 식탁 위의 한국사: 메뉴로 본 20세기 한국 음식문화사. 서울: 휴머니스트.

주준위 (2020). 영화 속 음식 문화 연구. 식품공업 10, 70.

천성수 (2012). 시론: 한국인에서 음주의 사회적 의미. 당뇨병(JKD) 13(2), 57-60.

허상월 (2018). 영화에서 음식의 미학적 은유에 대해 얕게 이야기해보기. 신문구도간 2, 126.

Beardsworth, Alan (2010). *Sociology on the Menu: an Invitation to the Study of Food and Society*. 박형신 정헌주 옮김 (2011). 메뉴의 사회학. 파주: 한울.

Bourdieu, Pierre (1995). *(La) Distinction*. 최종철 옮김 (2005). 구별짓기 문화와 취향의 사회학. 서울: 새물결.

Claude Levi-Strauss (1964). *Mythologiques 1: Le cru et le cuit*. 임봉길 옮김 (2005). 신화학1: 날것과 익힌 것. 파주: 한길사.

Douglas, M. (1975). Deciphering a Meal. *Daedalus 101*(1), 61-81.

Fischler, C. (1988). Food, Self and Identity. *Social Science Information 27*(2), 275-292.

Lupton, Deborah (1996). *Food, the Body and the Self*. 박형신 옮김 (2015). 음식과 먹기의 사회학. 파주: 한울.

제5장

한류 콘텐츠에 담긴 한식의 스토리텔링

이정원

- 공동체와 가족을 둘러싼 한식의 사회적 상호작용의 비밀
- 한식의 아름다움과 치유음식의 이야기: 밥상 위의 위로와 희망
- 문화적 공감과 심리적 안정감이 있는 한식의 치유적 힘
- 한식의 치유를 담은 스토리텔링: 한류 콘텐츠의 매력과 과제

한류 드라마에서 빼놓을 수 없는 요소 중 하나가 바삭한 치킨과 콜라, 그리고 김이 모락모락 나는 라면이다. 하지만 한류 콘텐츠 속 음식은 단순히 배를 채우는 수단 이상의 의미를 지닌다. 한식에는 한 입 베어 물면 펼쳐지는 한국 문화의 풍경이 있다. 한류 드라마에서 음식은 주인공들의 감정과 이야기를 자연스럽게 전달하는 매개체 역할을 한다. 음식은 대사 없이도 주인공의 감정과 상황을 효과적으로 전달한다. 가족과 함께 나눠 먹는 불고기는 따뜻한 가족애를 상징하고, 연인과 함께 즐기는 김밥은 설렘과 낭만을 표현하기도 한다. 또한, 떡볶이와 라면처럼 우리 일상 속 음식들은 평범한 행복과 위로를 선사하며 시청자들의 공감을 불러일으킨다. 한식은 단순한 맛 이상의 의미를 지니고 있다. 한류 드라마 속 음식은 한국 문화의 고유성과 함께 감동과 희망을 전달한다. 가족, 친구, 이웃과 함께 나눠 먹는 한식은 사회적 연대와 공동체 의식을 나타내고, 인간관계 형성과 유대감을 높이며, 음식을 함께 나누고 공유하는 배려의 모습까지 보여준다.

한식의 다양성은 한류 드라마에서 만날 수 있다. 한류 드라마를 통해 우리는 불고기, 비빔밥, 김치와 같은 전통 한식뿐만 아니라 떡볶이, 순대, 라면, 김밥, 치맥과 같은 퓨전 한식까지 다양한 한국 음식들을 만나볼 수 있다. 이러한 음식들은 한국의 다양한 식문화를 보여주고, 특정 지역이나 시대, 사회적 상황과 관련된 이야기에 음식을 배경으로 연결짓기도 한다. 한류 드라마 속 음식, 한 입 베어 물면 한국 문화의 따뜻한 이야기가 입 안 가득 퍼지게 될 것이다.

한류 드라마 속 음식은 단순한 먹거리 이상의 의미를 가지고 한국 문화의 풍경을 담고 있으며 이야기에 깊이를 더하고 시청자들과의 공감을 형성하는 중요한 역할을 한다. 그럼에도 한류 콘텐츠에서 다루는 한식이 아직 한국의 다양성과 문화적 중요성을 완벽하게 보여주지 못하는 점도 있다. 이에 한류 콘텐츠에서 먹거리와 어떻게 만나고 그에 담긴 의미와 스토리, 맹점은 무엇인지 밝히면서 나아갈 길을 모색한다.

공동체와 가족을 둘러싼 한식의 사회적 상호작용의 비밀

한국 사회는 단순히 사람들이 모여 있는 그 무엇을 넘어 든든한 기둥 위에 세워진 따뜻한 집과 같다. 마치 찬바람이 불어도 온기가 가득한 온돌방처럼 한국 사회는 공동체 의식이라는 든든한 기둥 위에 세워져 있다. 가족과 이웃을 중심으로 깊은 유대감과 상호 협력을 바탕으로 발전해 온 독특한 문화를 지닌 곳이 바로 한국이다. 이러한 공동체 의식은 우리 삶과 가치관에 깊이 자리잡고 있으며, 특히 '밥상머리 교육'이라는 특별한 과정을 통해 가족 구성원들에게 전달되고 계승되어 왔다.

밥상은 단순한 식탁이 아니라 가치관을 전하는 따뜻한 교육장이다. 따뜻한 국과 밥을 나누며 서로를 존중하고 배려하는 마음, 그리고 함께 나누는 기쁨을 배우는 곳이 바로 밥상이다. 밥상은 가족들이 서로 공동체를 고양하는 장이다.

한국 사회에서 '공동체'는 단순히 사회 구성원들의 집합체를 넘어 서로를 돕고 지지하며 긴밀하게 연결된 관계를 의미한다. 마치 겨울철 서로 몸을 녹이며 다가와 따뜻함을 나누는 사람들처럼 한국 사람들은 어려움에 처한 이웃을 나서서 도움을 주고 기쁨을 함께 나누는 모습을 가지고 있다. 이러한 공동체 의식은 가족, 이웃, 직장 동료, 학교 친구까지 다양한 사회관계 속에서 나타나며, 특히 가족은 한국 사회에서 가장 기본적인 공동체 단위로 자리잡고 있다. 가족 구성원들은 서로 깊은 유대감을 형성하고 상호 의존성을 가지고 있으며, 서로를 존중하고 배려하며 협력하는 모습을 가지고 있다. 퍼즐 조각처럼 서로를 딱 맞춰 완성하는 모습을 하고 있다.

공동체 의식은 한국 사회의 발전에 중요한 역할을 했다. 한국 사람들은 공동체 의식을 바탕으로 협력하고 노력함으로써 경제적 성장과 사회 발전을 이뤄낼 수 있었다. 이웃은 단순히 가까운 거리에 사는 사람들을 넘어 서로 도우며 지지하는 공동체 구성원을 의미한다. 한국에서는 이웃끼리 음식을 나누거나 도움을 주고받는 등의 관습이 널리 퍼져 있으며, 이러한 관계를 통해 공동체 의식을 강화하고 사회적 안전망을 구축한다. 이웃 간의 협력과 연대는 어려움에 처한 사람들을 돕고 공동체의 발전을 위해 함께 노력하는 한국 사회의 중요한 특징이다. 급속한 산업화와 도시화로 인해 개인주의적 경향이 확산되고 있음에도, 한국 사회에서는 여전히 공동체 중심의 정서 구조가 유지되고 있다. 이는 전통적 가치와 현대적 생활 방식이 공존하는 과도기적 문화현상으로, 식문화를 중심으로 복합적으로 드러난다. 마치 오래된 나무처럼 뿌리가 깊고 튼튼한 한국 사회는 공동체 의식이라는 든든한 기둥을 바탕으로 변화하는 시대를 헤쳐 나가고 있다. 소외와 물신주의가 심화하고 개인의 이기심과 경쟁, 각자도생이 점증하는 시점에서 공동체적 유대와 이타적 협력이 점점 소중해지고 있다. 이의 한 방편으로 '밥상머리 교육'을 돌아본다.

'밥상머리 교육'은 가치관과 정서를 키우는 특별한 시간이다. '밥상머리 교육'은 한국 가정에서 이루어지는 독특한 교육 방식이다. 이는 단순히 식사 예절을 가르치는 것을 넘어 어린아이들에게 예절, 가치관, 품격있는 행동 등을 교육하는 중요한 과정이다. '밥상머리 교육'을 통해 아이들은 따뜻한 가치관과 정서를 배우고 성장한다. 밥상은 밥을 먹는 공간을 넘어 가치관과 정서를 전달하는 공간으로 특별한 의미를 가지고 있다. 찬바람이 불어도 온기가 가득한 온돌 방처럼, 밥상은 가족 구성원들이 서로의 이야기를 나누고 감정을 표현하며, 가족의 중요성, 감사함, 자기관리 등 다양한 가치관을 배우고 실천하는 곳이다. 또한, 균형 잡힌 식사를 통한 영양 교육 또한 이루어진다. 푸른 봄날 새싹이 햇살을 받아 자라듯, 아이들은 밥상에서 가족의 사랑과 따뜻함을 느끼며 건강하게 성장한다.

뿐만 아니라 '밥상머리 교육'은 건강한 사회 구성원으로 성장하는 데에도 중요한 역할을 한다. 튼튼한 나무가 뿌리를 내려 자라듯, '밥상머리 교육'을 통해 가족 구성원들은 사회 구성원으로서 바르게 성장하고, 타인을 존중하고 배려하는 태도를 배우게 된다. 또한, 공동체 의식을 강화하며, 한국 사회의 기본적인 가치관을 내면화하게 된다. 밥상머리 교육은 한국 사회의 아름다운 가치관을 전달하고 유지하는 데 중요한 역할을 한다.

'밥상머리 교육'의 가치는 현대 사회에도 여전히 빛을 발한다. '밥상머리 교육'을 통해 형성된 가치관은 한국인의 삶과 행동에 깊은 영향을 미친다. 한국인들은 식사를 함께 하는 것을 중요하게 생각하며, 이웃과의 관계를 소중하게 여긴다. 또한, 타인을 존중하고 배려하는 태도를 가지고 있으며, 공동체 의식을 바탕으로 사회생활을 한다. 흐르는 깊은 강처럼, '밥상머리 교육'은 한국 사회의 아름다운 전통과 가치관을 이어나가는 데 중요한 역할을 한다. 한 입 베어 물면 퍼지는 풍부한 맛과 영양, 그리고 한국 문화의 정수까지! 한식은 우리 삶의 기반이 되어주는 특별한 예술이다. 밥 한 술, 반찬 한 젓가락에는 한국인의 건강과 행복의 비결이 담겨 있다.

밥은 한국인의 삶을 지탱하는 중요한 에너지원이자 건강의 기초가 되는 탄수화물 식품이다. 가족과 함께 밥상을 둘러싸고 나누는 따뜻한 시간은 단순한 식사를 넘어 서로를 소중히 여기고 소통하는 소중한 순간이다. 반면에 반찬은 다채로운 맛과 풍요로운 영양의 무대이다. 계절에 따라 제철 식재료를 활용하여 만든 반찬은 단백질, 지방, 비타민, 미네랄 등 다양한 영양소를 풍부하게 만든다. 김치, 된장, 고추장 등 발효식품을 활용하여 맛과 영양을 동시에 풍부하게 하고, 참기름, 간장, 마늘 등의 양념으로 재료의 풍미를 살리고 깊은 맛을 더한다.

한식의 무대에서 가장 빛나는 두 주인공은 바로 밥과 국이다. 밥은 캔버스와 같아서 그 위에 다양한 음식들이 자유롭게 표현된다. 국은 마치 화려한 소스와 같아서 밥의 맛을 더욱 풍부하게 만들어 준다. 밥과 국은 서로를 완벽하게 보완하며, 영혼 동반자처럼 조화롭게 어우러진다.

한식은 밥, 국, 야채, 고기, 생선, 떡, 식혜 등을 동시에 한 상에 차리는 병렬적 동시(同時) 구조를 가지고 있다. 오케스트라의 다양한 악기가 어우러져 장중한 교향곡을 드러내는 것처럼 각 음식이 단독으로 존재하는 것이 아니라 서로 조화를 이루며 맛을 더해준다. 먹는 사람은 자신의 취향에 따라 밥에 김치, 국물, 나물 등을 섞어 먹으며 맛을 조절하는 능동적인 참여를 통해 음식을 더욱 즐긴다.

한식은 시대와 환경에 따라 유연하게 변화하며 새로운 조리법과 식재료를 수용해 발전해 온 개방적이고 포용적인 식문화이다. 한식 문화는 모든 것을 포용하고 통합하는 '포함적' 문화로, 다양한 재료와 조리법을 통해 새로운 맛을 창조한다. 먹는 사람은 음식을 통해 다양한 경험을 하고 새로운 맛을 발견하며, 이러한 과정은 한식 문화가 지속적으로 발전하고 변화하는 데 중요한 역할을 한다.

함께 나누는 음식, 함께 쌓아가는 정, 그것이 한식이 가진 매력이다. 한식 무대에는 밥과 국 두 주인공 외에도 수많은 반찬들이 등장한다. 찌개, 볶음, 전, 김치 등 다양한 반찬들은 마치 배우들이 펼치는 화려한 연기와 같다. 이러한 반찬들은 혼자 먹기보다는 여러 사람들과 함께 나누어 먹을 때 더욱 맛있게 느껴진다. 서로 음식을 나누면서 이야기를 나누고 웃음꽃을 피우는 모습은 한국 식문화의 가장 아름다운 풍경이다.

한식 무대에서 가장 중요한 가치는 바로 배려와 따뜻함, 그리고 관대함이다. 귀한 음식일수록 상대방을 먼저 생각하고 나눠주는 것이 미덕으로 여겨진다. 또한, 함께 식사하는 것은 서로의 건강을 염려하고 격려하는 의미도 가지고 있다. 마치 서로의 따뜻한 손길로 음식을 건네주는 듯한 관대함이 한국 식문화의 핵심이다. 단순히 음식을 먹는 것을 넘어, 맛과 감동, 그리고 인간관계의 아름다움이 완벽하게 어우러진 예술이라고 할 수 있다. 밥과 국이라는 두 주인공을 중심으로 다양한 반찬들이 조화를 이루고, 배려와 따뜻함, 그리고 관대함이라는 가치가 식탁 위에 가득하다.

이러한 문화는 과거부터 이어져 내려오는 한국의 속담들에서도 잘 드러난다. "밥이 보약이다"라는 속담은 밥이 건강에 매우 중요하다는 것을 나타낸다. 또한, "옷이 날개고 밥이 분이다"라는 속담은 옷을 잘 입어야 풍채가 좋아지고 밥을 잘 먹어야 신수가 좋아짐을 뜻한다. "열의 한 술 밥"이라는 속담은 아무리 조금이라도 음식을 나눠주는 것이 중요하다는 의미를 담고 있다. 또한, "밥은 한 술 주면 정이 없다"라는 속담은 음식을 나눠주는 행위를 통해 서로의 정을 나누되, 박하지 않고 후하게 나누어야 정이 생긴다는 뜻을 나타낸다.

건강과 균형, 그리고 자연과의 조화로 이루어진 한식은 채식 중심의 건강식으로 알려져 있으며, 재료의 궁합을 중시하는 특징을 가지고 있다. 또한, '약식동원(藥食同源)'이라는 말처럼 음식과 약의 근본이 동일하다는 관념을 바탕으로 건강에 유익한 식단을 추구한다. 한식 문화는 밥과 국을 중심으로 구성된 건강하고 균형 잡힌 식단, 배려와 따뜻함, 그리고 관대함, 환대를 강조하는 사회적 교감, 건강과 균형을 추구하는 건강식 문화, 전통과 문화를 존중하는 전통성을 가진 독특한 매력을 가지고 있다.

한국 사회의 공동체 의식은 한식과 밥상머리 교육을 통해 자연스럽게 형성되고 유지된다. 밥상은 단순한 식사가 아니라 가족과 이웃 간의 유대를 강화하는 공간으로, 이를 통해 존중과 배려, 나눔의 가치가 전해진다. 특히, 한식은 균형 잡힌 영양과 정서적 안정을 제공하며, 다양한 음식이 조화를 이루는 방식은 한국 사회의 협력과 상생 문화를 반영한다.

이러한 공동체 의식은 사회적 연대와 협력을 촉진하여 경제 발전과 사회 안전망 형성에 기여해 왔다. 또한, 밥상머리 교육을 통해 세대 간 가치가 계승되며, 한국인의 삶과 정체성을 형성하는 데 중요한 역할을 한다. 따라서, 한식 문화는 단순한 음식이 아니라 한국 사회를 지탱하는 중요한 사회적, 문화적 요소임을 알 수 있다.

한식의 아름다움과 치유음식의 이야기 : 밥상 위의 위로와 희망

한국 식문화는 단순히 맛있는 음식을 먹는 것을 넘어, 시각적 요소와 미적 감각을 동시에 만족시키는 독특한 매력을 가지고 있다. 예술 작품처럼 섬세하게 표현된 음식들은 눈과 입을 동시에 사로잡으며, 한국 문화에 대한 이해와 감상을 더욱 풍부하게 만들어 준다.

비빔밥은 우주를 담는다. 먹는 이를 중심으로 동쪽/왼쪽에는 취나 시금치처럼 푸른 나물, 서쪽/오른쪽에는 도라지처럼 흰 나물, 남쪽/위쪽에는 고사리나물과 소고기 볶음 등 붉은 찬, 북쪽/아래쪽에는 석이버섯 나물처럼 검은 색 찬을 놓고 가운데 계란 노른자를 담는다. 오행(五行) 체계를 그대로 한 그릇에 담는 것이다. 한국 음식은 색채의 조화로 시각적 매력을 더한다. 고추장의 붉은색은 식욕을 돋우고, 취나 시금치의 푸른색은 생기 넘치는 자연의 에너지를 전달하며, 비빔밥의 다채로운 색상은 마치 무지개처럼 화려한 연출을 선사한다. 얇게 썬 쪽파, 구운 참깨 등 고명은 마치 화려한 무대 장식처럼 음식에 색, 질감, 풍미를 더하는 역할을 한다. 바삭한 채소와 쫄깃한 고기의 조합은 입안에서 신나는 댄스 파티를 연출하며, 부드러운 밥과 매콤한 양념의 만남은 입맛을 사로잡는 풍미를 선사한다. 이처럼 다양한 질감의 대비는 한국 음식의 맛을 더욱 풍부하게 만들고 먹는 재미를 더한다.

도자기 그릇, 놋쇠 식기, 나무 접시 등 한국 전통 식기들은 음식의 맛을 더욱 돋보이게 하고 식탁에 아름다움을 더한다. 색채, 형태, 소재까지 세심하게 고려된 전통 식기들은 한국 음식의 문화적 가치를 한층 더 높여준다. 음식을 아름답게 접시에 담는 플레이팅은 한국 음식에서 매우 중요한 역할을 한다. 색상, 질감, 높이, 여백 등을 조화롭게 배치하여 식탁 위에 작품처럼 아름다운 음식을 선보인다. 이러한 플레이팅은 음식의 맛을 더욱 돋보이게 하고 식사하는 즐거움을 더한다.

한국 드라마와 영화에서는 음식을 통해 스토리텔링을 효과적으로 활용한다. 불고기의 모습, 김이 모락모락 나는 찌개, 다채로운 반찬 등은 단순히 음식을 보여주는 것을 넘어, 등장인물의 감정, 관계, 분위기를 표현하는 중요한 소품으로 사용된다. 또한, 전통 음식을 통해 한국의 문화적 전통을 효과적으로 표현하기도 한다. 한식 문화는 시각과 맛의 조화로운 만남을 통해 미적 감각, 문화적 의미, 감성적 경험을 준다. 이는 단순히 음식을 즐기는 것을 넘어 한국 문화를 이해하고 감상하는 기회를 만든다.

2003년 방영된 한국 드라마 〈대장금〉의 음식 스토리텔링은 풍부하고 다각적이며, 감정, 문화적 가치, 역사적 맥락을 전달하는 강력한 수단으로 작용한다. 한국의 전통 음식과 한의학 지식을 결합한 독특한 스토리텔링을 통해 한국 문화의 깊이와 정수를 전 세계에 알리며, 한류의 글로벌 확산에 큰 기여를 한 작품이다.

〈대장금〉은 한국 전통 요리에 나타나는 복잡한 예술성과 장인 정신을 강조하며, 일상에서 볼 수 있는 채소 손질부터 정교하게 담아내는 플레이팅 기술까지 생생하게 표현한다. 이는 단순히 음식을 보여주는 것을 넘어, 시청자들에게 한국 전통 요리의 아름다움과 의미를 전달한다. 또한, 궁중 음식부터 소박한 서민 음식까지 다양한 요리 풍경을 통해 한국의 전통 음식 문화를 엿볼 수 있도록 한다.

〈대장금〉에서 음식은 먹고 보는 즐거움뿐만 아니라, 그 요리에 담긴 당시의 관습, 의식, 사회적 규범을 반영하고 풍부한 역사와 의미를 나타낸다. 죽 한 그릇의 위로와 호사스러운 잔치 등의 음식 하나하나가 인간관계와 사회관계를 담은 스토리텔링의 통로 역할을 한다. 식사 준비에 나타나는 기쁨, 슬픔, 축하와 나눔을 통해 인간의 다양한 감정을 표현하고, 음식을 통해 이루어지는 소통과 공동체 의식을 강조한다.

〈대장금〉은 단순히 한국 문화를 소개하는 것을 넘어, 한국 전통의 음식과 의학 지식을 바탕으로 한 깊이 있는 스토리텔링을 통해 한류의 지속 가능한 발전에 기여했다. 한국의 전통적 지혜와 가치관을 현대적으로 재해석하여 글로벌 시청자들에게 전달함으로써, 한류가 단순한 트렌드를 넘어 지속 가능한 문화 현상으로 자리잡게 하는 데 중요한 역할을 했다.

이처럼 〈대장금〉의 음식 스토리텔링은 역사, 문화, 인간 경험을 하나로 융합하는 생동감 넘치고 전통 한식을 통해 깨달음을 주는 음식을 배경으로 우리의 문화와 정서를 담아낸 감동 스토리이다. 한국의 전통 음식과 한의학을 바탕으로 한 고유의 문화적 콘텐츠를 전 세계에 알리며, 이를 통해 한국 문화에 대한 관심과 이해를 높였다. 음식과 의술을 통해 인품과 덕성의 중요성을 강조하는 스토리텔링은 한류의 지속 가능성을 높이는 데 중요한 전략적 요소로 작용했다. 이 드라마는 한국 문화의 깊이와 정수를 담아내며, 글로벌 시청자들에게 큰 감동을 선사한 작품으로 평가하는 이유이기도 하다.

2018년 개봉한 영화 〈리틀포레스트〉는 고향으로 돌아온 주인공의 이야기를 중심으로 농사와 요리를 통해 위안과 자연과의 교감을 추구한다. 음식은 〈리틀포레스트〉의 스토리텔링에서 중심적인 역할을 하며, 삶과 인간관계, 개인적인 성장을 은유하는 역할을 한다. 주인공이 자신의 농장에서 딴 신선한 재료를 이용해 전통 한식을 요리하며 위안과 성취감을 느끼는 모습은 음식과 웰빙 사이의 긴밀한 관계를 보여준다. 또한, 자연에서 농작물을 재배하고 수확하고 준비하는 과정에서 주인공의 마음은 자연스럽게 치료되며 긍정적인 삶을 살게 된다.

〈리틀포레스트〉는 시골 생활의 계절별 리듬을 아름답게 표현하고 각 계절에 나타나는 풍부한 재료와 조리 방법을 전하고 있다. 봄의 생기 넘치는 신록부터 풍성한 가을의 수확까지 변화하는 계절을 통해 삶의 순환적이고 시간의 흐름에 대한 인식을 반영하여 자연과 함께 성장하는 메시지를 전달한다. 주인공이 한식을 정성껏 준비하여 친구, 가족, 이웃과 함께 나누는 모습은 우리 전통의 식사 모습에서 몸의 영양을 공급하고 문화적 소통과 나눔의 정을 표현한다.

드라마 〈파친코〉에서 선자가 식민지와 강제 이주라는 어려움에도 불구하고 한식이 한인 이민자들의 고국과 향수와 연결되는 역할을 하며 그들의 문화적 뿌리에 대한 지속성과 연결성을 음식으로 표현한다. 선자가 처음으로 바다에 들어가 전복을 따온 날 가족들은 소박한 잔치를 하며 즐거운 식사를 하는데 이는 음식이 보여주는 추억과 가족관의 관계를 표현한다. 선자가 가족을 위해 시장에서 만들어 팔던 김치는 일본인들에게 조롱과 멸시를 받는 음식이었지만 한국의 정체성과 결속성, 한국 문화적 저항과 회복력을 나타내며 한국의 문화적 자부심을 주장하는 것이다. 또한 선자가 역경을 직면했을 때 디아스포라 공동체 내에서 소속감과 상호작용을 확인하고 결속력을 다지는 데 식사의 역할을 강조한다.

영화 〈미나리〉는 더 나은 삶을 찾아 새로운 곳으로 이주한 한인 이민자 가족은 새로운 환경에 적응하면서 한식을 통해 문화 정체성을 보존하고 미국 생활의 어려움을 극복해 나간다. 〈미나리〉에서 순자는 가족을 위해 김치, 된장찌개, 불고기 등 한식을 준비하고 우리 음식을 통해 새로운 환경의 낯설음 속에서 편안함을 느끼게 한다. 특히 현지에서 구할 수 있는 재료로 한식을 만들고 집 근처 강에서 미나리를 재배하는데 이는 한국인만의 회복력과 적응력을 나타낸다. 이러한 다양성은 디아스포라 경험에서 문화와 전통 요리의 혼합을 보여주는 것이다.

드라마나 영화에 나타나는 한식은 그 서사 내에서 문화적 의미와 정서적 울림을 담고 있다. 김이 모락모락 나는 죽 한 그릇, 위로가 되는 차 한잔, 집안 대대로 내려오는 고유한 조리법은 등장인물을 통해 위안과 치유의 힘을 강력하게 전달하는 역할을 한다.

한국 드라마와 영화는 한식을 통해 주인공들의 삶과 정서를 생생하게 표현한다. 식사 장면은 가족과의 유대감, 연인과의 사랑, 친구와의 우정, 그리고 사회적 지위와 계층까지 다양한 인간관계를 보여주는 중요한 무대가 된다. 또한, 음식은 슬픔, 기쁨, 분노, 후회와 같은 다양한 감정을 표현하는 데 중요한 역할을 한다. 한국 드라마와 영화는 한식을 통해 한국 사회의 다양한 측면을 보여준다. 한식당, 포장마차, 길거리 음식 등 다양한 식문화 장면을 통해 한국 사람들의 일상생활과 사회 구조를 엿볼 수 있다. 또한, 드라마는 한식의 역사적, 문화적 중요성을 깊이있게 보여주고, 다양한 시대에 따른 한국 사회의 음식 문화를 탐구한다.

한국 드라마나 영화에는 풍부한 한국 전통요리를 포함하여 한국 문화의 다양한 측면을 보여주고 있다. 그중에 많은 장면에서 라면이 등장하는데 라면은 한국의 대표 음식 중 하나로 알려져 있다. 하지만 라면은 중국 국수 문화에서 기원하여 1958년 일본에서 최초로 인스턴트 형태로 대중화되었고, 이후 한국에서 독자적인 스타일로 발전하였다. 1963년에 인스턴트 라면이 한국에 상륙하여 싸고 배부르게 먹자는 대중의 열망과 결합하여 유행하였다. 비록 첫 시작은 한국이 아니었지만 라면은 이 나라ㅇ에 들어와 다양한 종류와 스타일로 변형되고 확장되며 한국 음식화한다. 컵라면, 봉지라면, 김치라면, 비빔라면 등 지속적인 발전과 혁신을 통해 전 세계 어디서든 한국의 라면을 쉽게 볼 수 있다.

한국에서 음식을 생계의 수단을 넘어 한국인의 삶, 정서, 사회성, 풍자성, 문화를 담은 수단으로 표현하는데 영화 〈기생충〉은 퓨전 한식을 내러티브에 능숙하게 접목시켜 사회 계층, 불평등, 문화적 정체성이라는 주제를 전달한다. 두 가족 사이의 사회 경제적 격차에 초점을 맞추고 있지만, 음식은 영화 전반에 걸쳐 강력한 은유로 작용한다. 짜파구리가 서민층에게는 너구리와 짜파게티 라면 두 가지를 결합한 것으로 그치지만 상류층은 이에 한우를 추가한다. 이렇게 하여 쇠고기가 들어 있는 짜파구리는 소박한 서민 음식에서 벗어나고 두 가족의 생활 방식과 경제적 지위 사이의 격차를 나타낸다. 〈기생충〉에서 음식은 탐욕, 시기, 계급상승에 대한 욕구를 나타낸다.

드라마 〈오징어 게임〉의 음식은 인간의 투쟁, 욕망, 각자가 직면한 가혹한 현실을 상징한다. 〈오징어 게임〉에서 치열하게 게임을 하면서도 식사 시간에는 참가자들 사이에 동지애와 결속력을 다진다. 게임 중의 혼란과 살아남기 위한 자극적 폭력 속에서도 등장인물들은 음식을 나누며 서로 화합하는 모습을 보인다. 〈오징어 게임〉에서 성기훈은 빚과 경제적 어려움에 시달리며 값싼 라면을 먹는데 이는 가난과 절망을 나타내고, 게임이 시작되면 라면은 생존을 위한 투쟁의 상징이 된다. 성기훈과 오일남이 라면땅과 소주를 놓고 마주한 장면은 조리된 라면이 아닌 생라면이 주는 절망, 가난, 투쟁과 극도의 절박함을 표현했다. 살아남기 위해 위험하고 치열한 경쟁에서 라면을 생계 수단으로 의존하며 모든 역경에 맞서 견딘다.

〈기생충〉과 〈오징어 게임〉의 라면을 표현하는 방식은 다르지만, 사회경제적 이야기를 담고 있다. 한국에서 라면은 소박하고 어디에서나 볼 수 있으며 다양한 방법으로 먹을 수 있다. 〈기생충〉에서 라면은 계급, 절망을 나타내지만, 〈오징어 게임〉에서 라면은 역경 속에서의 가난, 생존, 공동체적 모습을 상징한다. 〈기생충〉과 〈오징어 게임〉에서 라면은 가난의 상징임에도 불구하고 향수와 위안이다. 라면은 현재 상황의 가혹한 현실로부터 잠시 휴식을 제공하면서 과거의 향수를 불러일으킨다.

라면은 한국전쟁 이후 급속한 산업화와 경제 발전을 겪던 시대에 한국에서 인기를 얻었으며 편리하고 저렴한 음식으로 자리잡았다. 식량이 부족한 시기에 대중들이 쉽게 접근하고 편안함과 안정감을 주었다. 집, 기숙사, 포장마차 등 라면은 장소를 구애받지 않고 사람들 간의 동지애와 유대감을 가지게 한다. 이러한 라면은 소박함에도 불구하고 한국에서 다양한 맛, 스타일과 퓨전으로 발전하였다. 이처럼 한국에서 음식은 창의적이고 혁신적이면서 다양한 접근방식으로 취향과 선호도를 충족시키고 관계에 대한 탄력성, 향수, 사회적 논평, 요리의 혁신 등을 다각적으로 나타낸다.

한식은 미적 가치, 감성적 스토리텔링, 사회적 의미, 치유적 기능을 통해 단순한 음식 그 이상의 의미를 지닌다. 한국 드라마와 영화에서 한식은 등장인물의 감정을 전달하고, 문화적 정체성을 강화하며, 사회적 계층을 반영하는 중요한 요소로 작용한다. 따라서 한식은 한국 문화의 핵심이자, 전 세계적으로 공감할 수 있는 강력한 문화 콘텐츠로서 자리잡고 있다.

문화적 공감과 심리적 안정감이 있는 한식의 치유적 힘

한식은 단순히 배를 채우는 것이 아니다. 그것은 우리의 감각을 자극하고, 따뜻한 위로를 선사하며, 공동체 의식을 강화하고, 심리적 안정감을 가져다주는 문화적 경험이다. 눈부신 색감과 풍부한 맛은 예술 작품처럼 감각을 사로잡는다. 구운 고기의 지글지글 소리, 김치의 톡 쏘는 맛, 국물 한 그릇의 따뜻함은 생생한 추억과 감정을 떠올리게 한다. 이러한 감각적 경험은 단순한 즐거움을 넘어 향수, 만족감, 안정감을 불러일으키며 마음을 위로 해준다.

한식은 사람들을 하나로 모으고 사회적 유대감을 돈독하게 만든다. 가족, 친구들과 함께 식탁을 둘러싸고 음식을 나누며 대화하고 웃음을 나누는 시간은 공동체 의식과 소속감을 강화하는 소중한 경험이다. 특히 가족 간의 한식 식사는 가족애를 돈독하게 하고 세대 간의 유대감을 형성하는 데 중요한 역할을 한다.

한국 드라마와 영화는 한식을 통해 감동적인 스토리텔링을 전달한다. 따뜻한 국물 한 그릇, 푸짐한 밥상, 갓 구운 계란은 등장인물들의 괴로움과 불안을 위로하고, 새로운 희망을 불어넣는다. 친숙한 음식은 집, 가족, 어린 시절의 추억을 떠올리며 편안함과 안도감을 선사한다. 음식을 나누며 서로의 애정을 표현하고, 관계를 회복하고, 진정한 치유를 찾아가는 모습은 감동적인 메시지를 전달한다.

한식은 문화적 자부심의 원천이며, 한국인의 정서를 담고 있는 상징적인 존재이다. 풍부한 스토리텔링과 시각적 이미지, 문화적 공감, 심리적 안정감을 음식을 통해 표현하는 한류 콘텐츠는 한국 문화의 매력을 전 세계에 알리고 있다. 한식은 한국인의 정서와 삶의 방식을 이해하는 중요한 열쇠 역할을 한다. 한식은 단순히 배를 채우는 것이 아니라, 우리의 삶에 위로와 행복을 선사하고, 문화적 정체성을 확인하는 소중한 경험이다.

한식은 '음식은 손맛이다'라는 말처럼 재료를 손으로 다듬고 조화롭게 어우러져 만들어지는 과정 자체에 정성이 담겨 있다. 특히 재료와 재료 간의 조화를 위해 손으로 골고루 무치고 주무르는 것은 한식의 특징이다. 이러한 과정은 단순히 음식의 맛을 더하는 것이 아니라 영양학적 다양성을 높이고 식사의 즐거움을 더해준다.

한식은 한류 콘텐츠에서 사랑, 가족, 회복력이라는 주제를 나타내는 상징적 의미를 담고 있다. 캐릭터들은 음식을 표현의 한 형태로 사용하여 요리와 식사를 통해 자신의 감정과 의도를 전달한다. 역경이 닥쳤을 때, 음식은 희망과 힘의 상징이 되어 캐릭터에게 도전을 견디고 극복할 수 있는 용기를 준다.

한국 드라마에서 등장인물들은 감정적 혼란이나 트라우마를 다루기 위한 대처 메커니즘으로 음식을 자주 사용한다. 요리와 식사는 감정을 표현하고, 스트레스를 해소하고, 편안함을 추구하는 수단이 된다. 음식만으로는 문제가 해결되지 않을 수 있지만, 어려운 상황에서 캐릭터에게 일시적인 안정감과 통제력을 가져다 준다. 한류 콘텐츠에 등장하는 음식은 단순한 먹거리 이상의 역할을 한다. 빠르게 변화하는 세계 속에서 캐릭터에게 편안함과 유대감, 문화적 정체성을 제공하는 심리적 안정의 강력한 상징이다. 한국 문화는 음식과 식사 경험을 묘사함으로써 몸에 영양을 공급하고 영혼을 달래며 역경에 맞서 회복력을 키우는 힘을 가지고 있다.

한식의 치유를 담은 스토리텔링 : 한류 콘텐츠의 매력과 과제

한식은 한국인의 정서, 가족과의 유대감, 그리고 문화적 정체성을 담아낸 중요한 문화적 요소이다. 마치 밥상 위 펼쳐진 음식들이 하나의 이야기를 들려주듯, 한식은 한국의 아름다움과 깊이를 보여주는 특별한 예술이다.

한식은 소박한 집밥에서 시작한다. 햇살에 익은 곡식처럼, 한식은 가족과의 따뜻한 추억, 음식의 맛, 그리고 시각적 아름다움을 담고 있다. 그것은 단순한 먹거리를 넘어 문화, 역사, 정체성, 그리고 공동체를 상징하는 존재이다. 마치 정성스럽게 차려진 밥상처럼, 한식은 존중과 조화라는 가치를 보여주며, 한국인의 섬세한 감성과 미적 감각을 보여준다.

한류 콘텐츠는 단순히 음식을 보여주는 것을 넘어 그 상징성과 스토리텔링을 통해 한국 문화의 깊이를 전달한다. 마치 흥미진진한 드라마처럼, 한류 콘텐츠는 한식의 다양한 의미와 해석을 보여주며, 한국인의 삶과 밀접하게 연결된 한식의 중요성을 강조한다. 맛있는 음식 한 술처럼, 한류 콘텐츠는 관객들에게 한국 문화에 대한 이해와 관심을 불러일으킬 수 있는 강력한 매개체이다.

현대적인 한식의 등장은 한류 콘텐츠에 새로운 활력을 불어넣고 있다. 현대적인 한식은 전통적인 한식의 맛과 아름다움을 기반으로 한국인만의 고유한 창의성을 더해 새로운 매력을 선보이다. 김밥, 라면, 퓨전 음식 등은 전 세계인들에게 친숙하면서도 한국만의 특별한 매력을 가진 음식이다. 이러한 현대적인 한식은 한국 문화의 다양성과 역동성을 보여주는 중요한 소재이며, 한류 콘텐츠를 더욱 풍요롭고 매력적으로 만들 수 있다.

한식은 밥상 위 펼쳐진 한국의 이야기이다. 마치 따뜻한 밥상처럼, 한식은 한국인의 정서, 가족과의 유대감, 그리고 문화적 정체성을 담아낸 중요한 문화적 요소이다. 한류 콘텐츠는 이러한 한식의 매력을 전 세계에 알리는 데 중요한 역할을 하고 있으며, 현대적인 한식의 등장은 한류 콘텐츠에 더욱 새로운 활력을 불어넣고 있다. 앞으로도 한식과 한류 콘텐츠는 서로 협력하며 세계인들에게 한국의 아름다움과 깊이를 전달하는 중요한 역할을 해나갈 것이다. 음식은 감정적 안정과 사회적 유대감을 형성하는 중요한 역할을 한다. 한류 콘텐츠는 이러한 음식의 힘을 활용하여 감동적인 스토리를 전달하고 관객들에게 긍정적인 영향을 준다. 음식 한 끼가 마음을 따뜻하게 해주듯, 한류 콘텐츠는 관객들에게 위로와 희망을 준다.

하지만 한류 콘텐츠에서 한식을 표현하는 방식에는 아직 개선할 점이 있다. 지나치게 맵거나 달콤한 음식처럼, 외국인의 입맛에 맞추어 변형된 요리들은 한식의 본질을 왜곡하고 한국 문화에 대한 왜곡된 이미지를 심어줄 수 있다. 또한, 특정 음식이나 장면을 반복적으로 사용하는 것은 창의성을 저해하고 관객들에게 식상함을 줄 수 있다. 매일 같은 음식을 먹는 것처럼, 지나치게 획일적인 표현은 관객들의 흥미를 떨어뜨릴 수 있다. 또한, 한식 문화를 지나치게 이상화하거나 낭만화하는 것은 현실적인 측면을 소홀히 하고 국제 관객들에게 왜곡된 이미지를 줄 수 있다. 화려한 포장에 속은 실망스러운 음식처럼, 지나친 이상화는 오히려 역효과를 불러올 수 있다. 드라마, 먹방, 여행 프로그램 등 다양한 매체에서 한국 음식 문화를 잘못 전달하거나 왜곡하는 경우가 종종 있다. 이러한 잘못된 정보는 한국 음식에 대한 오해를 불러일으킬 수 있다.

첫째, 드라마에서의 음식 문화에 대한 왜곡이다. 한국 드라마는 종종 극적인 효과를 위해 음식을 부각시키지만, 이 과정에서 현실과 동떨어진 장면을 연출하는 경우가 많다. 드라마에서는 주인공이 밤늦게 라면이나 치킨을 먹는 장면이 자주 등장한다. 이는 특정 음식이 가진 문화적, 역사적 의미를 소거하며, 건강에 해로운 식습관을 조장할 수 있다.

둘째, 먹방에서의 문제점이다. 먹방은 한국의 음식 문화를 세계에 알리는 중요한 창구가 되었지만, 종종 과장된 연출과 불균형한 음식 섭취를 보여준다. 특히, 음식을 먹는 모습만 부각되면서 그 음식의 역사, 준비 과정, 재료에 대한 설명이 부족한 경우가 많다. 이는 시청자들이 한국 음식을 단순한 '먹거리'로만 인식하게 만들 수 있고 과식이 우리의 문화인 것처럼 착각하게 한다.

셋째, 여행 프로그램의 왜곡이다. 〈한국에 처음이지〉와 같은 여행 프로그램에서는 외국인들이 한국 음식을 처음 접하는 모습을 보여준다. 이러한 프로그램은 한국 음식을 소개하는 데 큰 역할을 하지만, 때로는 외국인의 반응을 극적으로 보여주기 위해 음식의 맛이 나 특징을 과장하거나 왜곡하는 경우가 있다. 이는 시청자들이 한국 음식 문화에 대해 잘못된 메시지를 전달한다.

넷째, 백종원의 설탕 논란에 대한 문제점이다. 백종원은 한국 음식의 대중화를 위해 많은 노력을 기울였지만, 그의 요리법이 모든 음식에 설탕을 과다하게 사용하는 경향이 있다는 비판을 받기도 한다. 이는 한국 음식이 지나치게 달고 건강에 해롭다는 인식을 심어줄 수 있다. 또한, 전통적인 조리법과 재료의 다양성을 무시하고, 단맛에 집중하는 방식은 한국 음식의 진정성을 훼손한다.

다섯째, 한류의 왜곡이다. 한류를 통해 한국 문화가 세계에 널리 알려지는 것은 긍정적이지만, 잘못된 정보가 퍼지면 오히려 한국 문화에 대한 오해를 낳을 수 있다. 음식 문화도 예외는 아니다. 외국에서는 한국 음식이 항상 맵고 짜다는 고정관념이 생길 수 있다. 이는 한국 음식의 다양한 맛과 풍미를 제대로 전달하지 못하는 결과를 초래한다.

이러한 문제들을 해결하기 위해서는 매체에서 음식 문화를 다룰 때 더 깊이 있는 접근이 필요하다. 음식을 단순한 먹거리로 소비하는 것이 아니라, 그 음식이 가진 역사적, 문화적 의미를 함께 전달하려는 노력이 필요하다. 또한, 음식에 대한 다양한 시각과 목소리를 반영하여 한국 음식의 진정성을 유지하면서도 세계에 올바르게 소개할 수 있도록 해야 한다.

따라서 한류 콘텐츠는 더 깊이 있고 창의적인 접근 방식을 통해 한식의 진정한 매력을 전달해야 한다. 마치 새로운 레시피를 개발하는 요리사처럼, 한류 콘텐츠 제작자들은 세계인들의 다양성을 존중하고 한국만의 특별한 문화를 생생하게 보여주는 스토리텔링을 개발해야 한다. 또한, 한식의 역사, 문화적 배경, 그리고 현대 사회에서의 변화를 다각도로 조명하여 관객들에게 더욱 풍부한 이해를 제공해야 한다. 마치 다양한 재료를 활용하여 맛있는 음식을 만드는 것처럼, 한류 콘텐츠는 다양한 요소들을 결합하여 한국 문화의 매력을 최대한 살려낼 수 있어야 한다.

이러한 노력을 통해 한류 콘텐츠는 한국 문화를 더욱 풍부하게 전달하고 전 세계인들에게 감동과 치유를 선사할 수 있을 것이다. 마치 맛있는 음식이 사람들을 하나로 모으듯, 한류 콘텐츠는 한국 문화에 대한 관심을 높이고 국제 사회와의 교류를 높이는 데 보탬이 될 수 있을 것이다. 앞으로 한류 콘텐츠와 한식 스토리텔링이 더욱 발전하여 한국 문화의 아름다움을 전 세계에 알리는 데 중요한 역할을 기대한다.

결론적으로, 한식 스토리텔링은 한류 콘텐츠에서 중요한 역할을 하며 한국 문화의 매력을 전 세계에 알리는 데 보탬이 되고 있다. 하지만 아직 개선해야 할 부분이 있으며, 더 깊이 있고 창의적인 접근 방식을 통해 한식의 진정한 가치를 전달해야 한다. 이러한 노력을 통해 한류 콘텐츠는 한국 문화를 더욱 풍부하게 전달하고 전 세계인들에게 감동과 치유를 선사할 것이다.

참고문헌

김광억 (2015). 음식: 문화융합의 장. 동아시아식생활학회 학술발표대회논문집, 5-15.

김석신 (2012). 한국 음식 속담에 대한 음식 윤리적 접근. 한국식생활문화학회지 27(2), 157-171.

김선업, 김홍주, 정혜경 (2016). 한국사회 음식 문화의 현대적 전개: 식사 양식과 음식 정체성을 중심으로. 사회사상과 문화 19(2), 195-232.

김영호 (2013). 한식세계화를 위한 국가브랜드의 문화마케팅에 관한 연구. 한국디자인문화학회지 19(1), 100-113.

나태준, 박여울, 남지현 (2014). 폐쇄된 정책공동체의 특성이 정책에 미치는 영향에 관한 연구: 한식세계화사업을 중심으로. 행정논총 52(1), 95-122.

박상미 (2016). 〈대장금〉의 분석을 통한 한류의 스토리텔링 발전 방안 연구. 한양대학교 박사학위 논문.

배영동 (2016). 한식(韓食)에 담긴 전승문화적 논리와 지식 그리고 가치. 민속연구 33, 7-42.

백두현 (2017). 전통 음식조리서에 나타난 한국어 음식맛 표현의 연구. 국어사연구 24, 183-230.

손건, 이인옥, 김태희 (2015). 한류스타 관여도가 한국음식에 대한 인식, 선호도 및 구매의도에 미치는 영향: 중국 대학생을 중심으로: 중국 대학생을 중심으로. 호텔경영학연구 24(5), 1-19.

송영애 (2013). 음식 스토리텔링의 콘텐츠 구성 전략. 한국콘텐츠학회논문지 13(7), 120-130.

이병민 (2018). 한중(韓中)의 인성(人性) 및 음식남녀(飮食男女) 관련 속담 비교 연구. 중국문학연구 73, 211-237.

이영석 (2017). TV 음식 프로그램에 나타난 맛 표현의 문제와 대안적 맛 스토리텔링. 글로벌문화콘텐츠(28), 137-155.

정혜경 (2015). 한국 음식문화의 의미와 표상. 아시아리뷰 5(1), 97-121.

주영하 (2002). 食口論: 현대 한국사회에서의 음식관습. 한국학(구 정신문화연구) 25(1), 3-28.

최용림, 박환영 (2023). 음식 속담 속에 반영된 조선족 어휘와 언어문화에 대한 고찰.

인문사회 21 14(3), 4197-4207.
최지영, 한창민, 김현지 (2015). 사찰음식 인식속성이 구매의도에 미치는 영향-심리적 거리감에 따른 집단 간 차이를 중심으로. 관광학연구 39(8), 47-69.
Daily 월간조선 MAGAZINE (2023.10.). 찌고 고고 끓이는게 한국의 '물맛'… 참기름만 주면 모든 풀을 나물로 무쳐 먹는 민족. (https://monthly.chosun.com/client/news/viw.asp?nNewsNumb=202310100054). 2025년 2월 3일 검색.

제6장

BTS 곡 〈불타오르네〉의 정-한-아우름

조혜원

- '불타오르네? 불타오르네! 불타오르네!!!' – 불의 아우름
- 불을 매개로 한 '정'과 '한'의 '용서의 아우름'
- 대대의 여성성: 불의 아우름과 치유의 연대
- 화양연화 '앓이'를 이어가기 위해 지향해야 할 점

독보적인 K-POP의 대명사 BTS. 그들의 성공신화와 관련된 수많은 논문과 기사들은 지금까지도 꾸준히 진행 중에 있다. 아울러 이들을 둘러싼 다양한 연구와 분석 방식은 대체로 서양철학과 서양 이론들이 주를 이루고 있다.[1] 이러한 연구현상이 나타나는 것은 당연한 흐름이다. K-POP이란 단어는 한국을 지칭하는 'K'와 대중음악을 의미하는 'POP'의 결합으로, 그 기본적 바탕은 다양한 음악적, 문화적 요소의 혼종성에 기인할 수밖에 없다. 그러나 현재 K-POP은 글로벌 수용자들이 혼종성을 넘어 'K-POP스럽다'고 느낄 수 있

---

1 2013년 6월 데뷔한 방탄소년단에 대한 학술연구는 2016년 6월부터 2022년 6년 동안 약 300여 건의 연구가 진행되었다. 연구 분야는 경제경영분야에서 방탄소년단의 성장과정과 성공요인 탐구, 언어문학의 관점에서 방탄소년단의 노래가사의 함의와 한국어 언어교육관련연구, 미디어커뮤니케이션 영역에서 미디어와 팬들 간의 상호작용 연구 등이 있다. 연구방법으로는 팬들에 대한 설문조사, 팬덤과 소셜미디어 플랫폼에서의 게이트키퍼 인터뷰, 온라인 데이터에 대한 텍스트 분석 그리고 방탄소년단의 콜라보레이션이나 뮤직비디오 콘텐츠에 대한 사례분석 등이 진행되었다. 짱스차오, 정정주 (2023) "방탄소년단(BTS)의 학문적 의미 연구: 국내외 연구 비교분석을 중심으로", 사회과학 담론과 정책, 제16권 1호 203~229.

는 독자적인 한국적 매력을 지니고 있다. 'K-POP스럽다'는 매력에는 다양한 요인들이 존재하지만, 특히 가사의 음악성을 빼놓고는 논할 수 없다. 물론 K-POP의 가사에는 한국어뿐 아니라 다양한 외국어가 혼합되어 있다. 그러나 이러한 혼합된 언어의 가사에는 한국의 사회적, 정치적, 문화적 의미가 담겨 있어 오히려 가장 한국적인 정서를 표현할 가능성이 있다.[2]

그중에서도 K-POP을 이끈 BTS음악의 가사를 한국적 시각에서 바라보며 분석하면 '진정한 한류다움'이라는 것에 대한 '차이'를 발견할 수 있지 않을까. 이 글은 이 질문에서부터 시작했다. 이러한 차이를 발견하고 이를 한국적인 문화로 이해한다면, BTS 이후에도 또 다른 K-POP을 창조할 수 있지 않을까. 또한 새로운 무언가를 창조하지 않더라도 K-POP의 고유성을 더욱 견고하게 지켜낼 수 있을 것이다. 이를 발견하기 위해 BTS의 세계관을 가장 잘 나타내는 그들의 노랫말을 한국적인 정서로 분석할 필요가 있다. 왜냐하면 한국 고유의 정서나 사상은 단순한 이분법이 아니라 대대(待對)의 원리에 따라 작동하기 때문이다. 대대는 정(情)과 한(恨)이 이분법적으로 대립하는 것이 아니라 퍼지(fuzzy)의 관계, 더 나아가 대립자를 모셔 하나로 아우러지는 것이다. 따라서 한국 문화는 단순히 한의 문화가 아니라, 이를 승화하여 아우름을 이루는 문학적 전통을 지닌다. 그러므로 한국의 정서를 서양의 이분법적 관점에서 분석할 경우 오해

---

2 한국 문화 콘텐츠는 세계 공용어(lingua franca)가 아닌, 국내와 해외에 거주하는 한국인들 사이에서만 주로사용 되어 온 언어인 한국어를 기반으로 제작되었다는 점에서 영미권 콘텐츠와 큰 차별점이 있다. 이세련 (2023) "정동적 노동으로서의 팬 번역: 아미의 방탄소년단 노래 가사 번역을 중심으로", 인문사회21 제14권 1호, 1408쪽.

하거나 잘못 해석할 위험이 있다. 이러한 오류를 피하기 위해, 이도흠이 제시한 정-한-아우름의 심층구조를 기반으로 BTS의 '화양연화' 앨범[3] 중 〈불타오르네〉의 가사를 분석한다(이도흠, 1999/2003).

BTS의 여러 앨범 중 특히 '화영연화' 앨범은 서로 연결된 서사를 통해 BTS의 세계관이 본격적으로 시작된 앨범이다. 그리고 멤버 모두의 서사가 만들어지기 시작한 앨범이기도 하다. '화양연화' 앨범 이전에는 BTS의 일곱 멤버 중 RM, 슈가, 제이홉, 정국 네 명만이 앨범 가사 작성에 참여했다. 이후 화양연화 앨범에서부터 뷔, 진, 지민도 함께 참여함으로써 온전히 자신들의 이야기와 정서를 담은 곡들을 만들기 시작했다. 그렇기 때문에 '화양연화' 앨범은 BTS 전 멤버의 언어와 정서가 담긴 앨범으로 그 의미가 크다. 아울러 〈불타오르네〉는 청춘 3부작 화양연화 시리즈 앨범의 마무리를 장식하는 타이틀 곡이다. 강렬한 비트와 에너제틱한 퍼포먼스로 BTS의 글로벌 인지도를 높인 곡이도 하다. BTS가 콘서트 마지막 곡으로 자주 사용하고 있으며, 대표적인 떼창곡으로도 자리잡고 있다.

다만, 앞서 설명한 바와 같이 BTS의 노래들은 연속성을 가지고 있어 온전히 한 곡만을 해석하기에는 어려움이 존재한다. 〈불타오르네〉는 〈뱁새〉, 〈쩔어〉 등 몇몇 곡들과 연관을 이루고 있으며, 더 크게

---

3 화양연화 앨범 시리즈는 2015년부터 2016년까지 발매된 청춘 3부작 앨범으로 청춘의 아름다움과 불안, 방황을 주제로 한 스토리텔링을 담고 있다. 1부 〈화양연화Pt.1〉은 청춘의 찬란함과 동시에 불안정함을, 2부 〈화양연화Pt.2〉는 불안 속에서도 성장과 자유를 향해 나아가는 청춘을 조명한다. 마지막 3부 〈화양연화 Young Forever〉에서는 청춘의 순간을 불태우고, 우리의 청춘을 기억 속에 영원히 남겨두자는 메시지를 담고 있다. 이 앨범은 방탄소년단의 세계관(BU, BTS Universe)의 기초를 형성하며, 이후 〈WINGS〉와 〈LOVE YOURSELF〉시리즈로 이어지는 서사적 음악 세계관의 시초가 된다.

는 청춘 3부작 앨범 이전 학교3부작 앨범과의 연관성도 존재한다. 때문에 '불타오르네' 가사 속 화자를 파악하기 위해서는 화양연화 앨범 속 다른 노래들의 연결을 모두 끊어내고 파악할 수는 없다. 그러므로 화양연화 시리즈의 마지막 앨범 대표곡 '불타오르네'를 중심으로 분석하되, 곡 안에서 '뱁새'와 '쩔어'가[4] 이어지는 부분에서는 이 곡들도 함께 언급하도록 한다.

---

4 BTS는 뱁새라는 곡을 통해 뱁새와 황새는 같지 않은데 이 둘을 두고 공정경쟁이라고 부르는 현시대는 정상이 아닌 세상이라고 바라본다. 또한 자신들을 뱁새라 칭하며 노력을 강조하는 세상에 대해 불만을 표시한다. 하지만 땀내 '쩔도록' 노동하며, 노력하면 성공을 향해 나아갈 수 있지 않을까? 라는 긍정적인 생각으로 세상을 버텨낸다. 그러나 이내 냉철한 세상과 다시 한번 부딪힌다. 그 부딪힘으로 인해 마음과 몸이 '불타오르네'라고 외치는 서사로 해석한다.

'불타오르네? 불타오르네! 불타오르네!!!' — 불의 아우름

BTS의 '불타오르네'는 청년들의 열정이 넘쳐 불타오른다는 의미의 노래다. 여기서 열정은 자신이 아닌 다른 것에 몸이 불타오르도록 청춘을 바치고 있는 사람들을 향한 메시지를 담고 있다. 더불어 이 노래는 어떤 것이든 활활 타오르며 모두 불태워버릴 수 있다는 청춘의 반항적 상징으로 평가받고 있다. 특히 부조리한 현실을 모두 태워버리자는 강렬한 메시지를 담고 있다. 실제로 '불타오르네'는 드라마 '쌈, 마이웨이'[5] 삽입곡으로 사용되면서 대중들에게 전투적인 노래로 인식되어 있다. 더불어 이 곡은 강렬한 EDM 사운드와 격렬한 안무가 결합되어 에너지, 열정, 성장의 이미지로 자리잡은 곡이기도 하다. BTS의 패기와 도전 정신을 상징하는 곡으로 "싹 다 불

---

5 〈쌈, 마이웨이〉는 KBS2 16부작 미니시리즈로 2017년 5월 22일~7월 11일에 방영된 드라마다. 세상이 보기에는 부족한 스펙 때문에 마이너 인생을 강요하는 현실 속에서도 남들이 뭐라던 '마이웨이'를 가려는 마이너리그 청춘들의 골 때리는 성장로맨스를 담은 드라마다. 전 태권도 선수, 현 격투기 선수인 극 중 남자주인공 고동만이 격투기 경기장에 입장할 때 그의 테마곡으로 BTS의 '불타오르네'가 사용 됐다.

태워라!"라는 마지막 가사가 답답함을 날려버리는 해방의 느낌을 준다. '불태워라'는 마지막 가사가 해방의 느낌을 주는 것은 이 곡이 세상을 향한 청년들의 반항심만을 담고 있지는 않기 때문이다. 이를 설명하기에 앞서 이 곡에 등장하는 '화자'에 대해 알아보자.

이 곡은 화자가 청취자에게 말을 건네는 대화형식으로 이루어져 있다. '불타오르네'곡에서 화자는 청년이며, 이 화자는 화양연화 앨범을 통해 등장한 단편적인 화자가 아니다. BTS는 화양연화 앨범 이전 일명 '학교 3부작'이라 불리는 앨범을 통해서도 자신들의 이야기를 풀어내기 시작했다. 〈2 COOL 4 SKOOL〉, 〈O!RUL8,2?〉, 〈SKOOL LUV AFFAIR〉라는 세 앨범을 통해 사회적 압박과 교육제도의 문제점, 그에 대한 10대 청소년의 반항과 도전을 통한 꿈과 정체성 찾기에 대해 노래했다. 그 중에서도 〈2 COOL 4 SKOOL〉 앨범의 타이틀곡 'No More Dream' 속의 화자와 '불타오르네'의 화자를 연결시켜보고자 한다.

'No More Dream' 곡의 화자 역시 청취자에게 말을 건네는 대화형식으로 이루어져 있다. 화자는 곡을 통해 "네 꿈은 뭐니 / 네 꿈은 겨우 그거니"라며 자의식 없이 학교생활을 하는 청소년들에게 질문을 던진다. 그리고 그들을 향해 "억압만 받던 인생 / 네 삶의 주어가 되어봐"라는 외침을 남기기도 한다. 이 곡의 화자는 어른들과 부모님이 주입한 꿈을 따라가며 살기보다 지옥 같은 사회에 반항하면서 지금 거울 속에는 누가 보이는지, 거울 속 자신을 보며 가고 싶은 길을 걸어가야 한다고 말한다. BTS의 이러한 메시지는 "학창 시절부터 끝없는 경쟁에 내몰리는 청년 세대, 자라나면서 꾸준히 기가 꺾이고 길을 잃은 느낌을 내화하며 살아가는 이 세대의 공통 경험을 전제로 강력한 커뮤니케이션을 시도했다."[6](홍석경, 2020: 132)는 평가다. 그리고 이와 같은 질문과 외침을 다시 한 번 던지는 곡이 바로 '불타오르네'이다.

스스로에게 그리고 또래 청취자들에게 공감의 질문과 외침을 외치던 10대 청소년 화자가 시간이 흘러 20대 청년이 되었다. 그리고 화자는 아직 방황 중에 있으며 꿈을 찾지 못한 상태다. 혼란과 좌절을 겪으며 청년이 됐지만 아직 분노로 가득 차 있다. 시간이 흘렀음에도 청춘인 화자는 여전히 방황과 도전에서 자유롭지 못하다. 이는 그가 지금도 사회적 억압 속에 살아가고 있기 때문이다. 'No More Dream'의 화자는 현실과 맞서는 일에 이제 막 진입한 방황 초기단계 화자였다면 '불타오르네'의 화자는 일련의 과정을 거쳐 해방의 단계에 이르게 되는 화자가 된 것이다. 그리고 그 해방은 '불'을 통해 이루어진다.

BTS의 '불타오르네'에는 '불타오르네'라는 5음절이 단 세 번 등장한다. 이를 기점으로 곡을 3단으로 나눠 해석해 보면 '불타오르네'를 기점으로 각 단계마다 불의 의미가 변함을 파악할 수 있다. 직관적으로 설명해 1단계 불은 내면에 좌절과 억압이 쌓여 만들어진 분노의 불씨 즉, '한'이다. 다음 단계 불은 해방의 불로 기존의 억압을 불태우고, 위태로운 밤을 함께하기 위한 빛으로써의 불이다. 이 불은 연대와 열정이라는 '정'을 기반으로 한다. 마지막 3단계 불은 앞의 정과 한의 불을 아우르며 용서와 화해, 희망과 생명으로 아픔을 정화하며 새로운 불의 의미로 재탄생한다. 이 세 개의 불이 서로 어

6 홍석경 (2020). BTS 길위에서. 서울. 어크로스출판그룹(주) 132쪽.

떠한 연관성을 가지고 순환의 의미를 갖게 되는지 다음 과정을 통해 설명한다.

불타오르네?: 내 안의 '화'가 불타오르네

> 불타오르네 / Fire / Fire / Fire / Fire / When I wake up in my room / 난 뭣도 없지 / 해가 지고 난 후 비틀대며 걷지 / 다 만신창이로 취했어 취했어 / 막 욕해 길에서 길에서 / 나 맛이 갔지 미친놈 같지 / 다 엉망진창 livin' like 삐이 / 니 멋대로 살어 어차피 니 꺼야 / 애쓰지 좀 말어 져도 괜찮아 / Errbody say La la la la la / 손을 들어 소리 질러 Burn it up

첫 번째 '불타오르네'를 외친 이후 화자는 현재 자신에 대한 상태를 들려준다. 먼저 첫 번째 불은 스스로에 대한 '화'로 인해 타오르는 '불'로 시작한다. 이 불은 아직은 내면 속 마음의 불씨에 불과하다. 화자는 방에서 깨어났을 때 아무것도 없다고 말하고 있기 때문이다. 아무것도 없는데 마치 큰 불이 타오르는 것처럼 불타오른다고 말할 수 있는 이유는 스스로에게 내는 '화'의 불씨와 세상을 향한 '화'의 한이 만나 불타오르기 시작했음을 알리는 표현이다. 이 시작은 과거 앨범 속 화자, 자기 자신으로부터 시작되며 현재와 연속성을 띠고 있다.

청춘의 시간은 10대 시절 별다른 꿈 없이 지내 왔더라도 '화양연화' 시간에 돌입한다. 그 시간은 누구에게나 한 번쯤 주어지는 시간이다. 그리고 가장 아름다운 시절을 준비 없이 마주 하기도 한다. 주체성을 아직 확립하지 못하고 어른들의 틀에 맞춰 10대의 삶을 살아내느라 꿈을 찾지 못한 자에게도 그 시간은 찾아온다. 청소년 시절에 명확한 앞날을 찾지 못한 이들은 오히려 더 혹독한 화양연화의 시간을 겪게 된다. 신자유주의 속 노력주의, 성과주의, 취업, 성공, 경쟁 등을 마주해야 하고 견뎌내야만 하는 사회적 틀이 존재하기 때문이다. 이 틀은 갓 20대 청년이 된 이들의 불안을 더욱 고조한다. 또한 청소년 시절 꿈을 찾아 꿈을 좇는 청년이 되어 화양연화 시간에 돌입했다고 해도 불안을 벗어나기는 힘들다. 꿈을 이루기 위해 땀내 '쩔게' 노력하고 노력하더라도 이 사회 속 성공은 보장되지 않는다. 그래서 그들의 화양연화 속에는 불안이 존재한다.

다시 말해 청춘의 시절로 들어온 화자는 두 가지 불안을 모두 이야기한다. 즉, 양가적 불안을 호소하고 있는 것이다. 전자는 화양연화 pt.1 'Intro: 화양연화' 곡을 통해 "수많은 고민과 삶의 걱정거리 / 세상을 아는 척 하지만 아직 설익은 몸"으로 "남들은 앞서 달려가는데 왜 난 아직 여기 있나 / 남들의 얄팍한 잣대에 갇혀 모른 척하며 살다간 코트처럼 인생도 노을 져"버리고 만다며 소년이 청년으로 성장한 이후에도 불안감을 가지고 있음을 드러냈다. 후자는 화양연화pt.1 '쩔어'라는 곡을 통해 세상을 향해 얼마나 많은 노력을 했는지 알 수 있다. '쩔어'라는 단어는 이중의미를 가지고 있는 단어로 본래는 '전다'에서 파생된 말로 '땀에 쩔었다, 세상에 쩔었다, 집착 쩐다' 등으로 사용된다. 좋지 못한 상황에 오랫동안 처하여 그 상황에 몹시 익숙해진 상황을 표현하는 단어로 쓰여 왔다. 이후 단어는 속되게 어떤 사람이나 사물이 자신의 짐작이나 예상을 뛰어

넘었을 때 대단하게 여겨질 때 사용하기 시작했다. BTS는 '쩔어'를 통해 "밤새 일했지 everyday / 하루에 절반을 작업에 쩔어 / 작업실에 쩔어 살어 청춘은 썩어가도"라는 가사를 통해 연습실 땀내가 쩔게 노력했음을 노래했다. 대단한 노력을 하며 지내는 자신의 에너지로 청춘의 불안을 이겨내고 있다고 여겼었다. 하지만 화자는 그저 세상에 쩔고 말았다. 이래도 저래도 불안은 사라지지 않고 오히려 고통과 경쟁만 가중될 뿐이었다. 스스로에게 질문을 던지며 느끼는 답답함 속에서 '화'가 발생한다. 이를 넘어서기 위해 자신을 찾고 목표를 이루려 노력하지만, 결국 불합리한 사회 불평등으로 인해 '화'가 쌓여간다. 개인의 화와 그런 개인을 둘러싸고 있는 세상을 향한 화가 더해져 불씨를 만든 셈이다.

다시 불타오르네의 초반부로 돌아와 보자. 화자는 '불타오르네'를 외치고 본인의 무기력한 상태에 대해 이야기한다. 여기서 화자는 계속해서 앞서 설명한 두 가지 형태의 불안을 모두 가지고 있다. 꿈이 있어도, 꿈이 없어도 청춘의 화양연화 시간이 아름답지만은 않다고 여기기 때문이다. 아침에 일어났을 때 '자신은 뭣도 없다'고 말한다. 공허함의 표출이다. 그리고 시간은 밤으로 이동한다. 해가 지고 난 후 어둠 속에서 '비틀 대며 걷고', 길에서 막 욕도 한다. 술에 취해 만신창이가 된 모습을 공유한다. 그리고 그런 자신을 스스로 '맛이 갔다', '미친놈 같다'라며 자조적으로 표현한다. 자기 자신을 향한 '화'를 '불'로 표현해 그것이 타오르고 있다고 해설 할 수 있다. 아울러 어두운 밤에 타오르는 '불'은 빛이 되어 보이지 않던 것을 볼 수 있게 한다. 화자는 그 불을 통해 자기 세대 청춘들을 발견한다. 때문에 화자는 '해가 지고 난 후' 더 이상 혼자가 아니다. 타인과 함께 있다.

그들과 함께 '다 만신창이'로 취해 있다. 그리고 모두 '다 엉망진창'이다. 여기서 '다'는 자신과 같이 맛이 간 상태의 사람들뿐만 아니라 몸이 불타오르도록 청춘을 바치고 있는 사람들도 포함된다. 이 추측이 가능한 이유는 화자가 돌연 갈피를 잡을 수 없이 어수선한 상태에서 청취자에게 충고의 말을 건네기 때문이다. "네 멋대로 살어 어차피 네 거야/ 애쓰지 좀 말어 져도 괜찮아"라고 말이다.

그런데 화자의 이 충고는 가사의 흐름상 어폐가 있어 보인다. 경험자가 비경험자에게 질문을 받고 대답을 통해 충고와 위로를 건네야 상황이라면 '내가 그렇게 해 보았는데 별거 없더라, 그러니 져도 괜찮다'라고 말할 수 있을 것이다. 경험자의 입장에서 다독여줌과 동시에 응원의 메시지를 건넨 것이다. 하지만 현재 화자는 '맛이 간 상태'이다. 경험자의 위치가 될 수 없는 상태이다. 보통 우리말에서 '맛이 갔다'라는 관용적 표현은 속된 표현으로 "어떤 사람이 정상이 아닌 듯하다"의 의미로 사용된다. 맛이 간 화자가 밤거리를 비틀거리면서 불타오르네를 외치다 "져도 괜찮다"라고 충고를 건네는 모양새는 풍자에 가깝다.

화자는 이러한 아이러니를 통해 세상에 대한 '화'와 '빛'이 동시에 '불타오르'고 있음을 강조하고 싶은 것이다. 아직 방황하고 있는 청춘, 누구보다 쩔게 노력했지만 아직 성공을 이루지 못한 청춘, 몸이 불타오르도록 열정을 다하고 있는 청춘 등. 청춘이란 이름으로 아름답게 포장되어 있지만 그 포장 때문에 아무것도 할 수 없다는 억눌림에 대한 한을 불씨로 모아 불태우고 싶은 것이다. 같은 상황에 있는 모두에게 사회적 제약에서 벗어나 각자의 인생을 불타오르게 만들자고 말하고 싶은 것이다. 이 불씨들을 모아 큰 불을 태우자고 설득하는 중이다. 타인의 기준에 맞춰 살아가야 한다는 사회적 강요와 압박 속에 진정한 나를 잃어간 한의 불씨, 그 반항의 불씨로 인해 자신의 한계를 뛰어 넘으려 용기와 도전을 불태웠지만 번번이 벽에 부딪힐 수밖에 없었던 세상을 향한 분노의 불씨를 불태워 새로운 불. 즉, 아직 폭발하지 않고 내면에 자리잡아 스스로를 뜨겁게 태워 괴롭히는 불씨를 밖으로 분출시켜 빛의 불씨로 다시금 불타오르자고 회유하는 중이다.

(하얗게) 불타오르네!: 청춘의 자유를 찾아 열정을 하얗게 불태우는 청년들에게 보내는 빛과 위로의 선물

> 불타오르네 / 싹 다 불태워라 Bow wow wow / 싹 다 불태워라 Bow wow wow / Hey burn it up / 전부 다 태울 것 같이 / Hey turn it up / 새벽이 다 갈 때까지 / 그냥 살아도 돼 우린 젊기에 / 그 말하는 넌 뭔 수저길래 / 수저수저 거려 난 사람인데 / So wha / 니 멋대로 살어 어차피 니 꺼야 / 애쓰지 좀 말어 져도 괜찮아 / Errbody say La la la la la / Say La la la la la / 손을 들어 소리 질러 Burn it up

두 번째 '불타오르네'는 '자유'를 위해 열정이 불타오르길 바라는 '희망'이다. 처음과 달리 두 번째 '불타오르네'에서는 "불타오르네"를 외친 이후 "싹 다 불태워라"라고 명령적 어조로 강하게 이야기한다. 이 명령의 의미는 또다시 두 가지 맥락으로 해석이 가능하다. '후회가 남지 않게 청춘을 더 하얗게 모두 싹 다 불태워라'는 명령과 '애쓰지 말고 네 멋대로 살아갈 수 있는 세상을 만들기 위해 세상의 부조리한 것을 싹 다 불태워라'는 명령으로 해석할 수 있다. 이와 같은 해석이 가능한 이유는 이후 등장하는 '전부 다 태울 것 같이'라는 구절 또한 두 가지 의미를 지니고 있기 때문이다. 하나는 "전부다 태울 것. (화와 희망의 불씨를) 같이"이다. 1단계 불에서 표현한 삶에 대한 무기력과 허무함, 그리고 노력을 강요하는 세상 속에서 노력해 보았지만 사라지지 않는 현실의 고통과 스트레스는 결국 또다시 방황을 불러왔고, 그로 인해 쌓인 한을 태워야 한다. 그러나 모든 불이 사라지고 나면 삶은 다시 어둠이다. 이 어둠을 밝히려면 다시 불씨가 필요하다. 때문에 희망의 불씨도 함께 태워야한다. 또 하나는 나와 다름없이 "나와 같이 전부 다(후회가 남지 않도록 열정을 다해) 태울 것"을 의미한다. 어차피 인생은 삶은 살아가는 주체자의 몫에 달렸다. 스스로를 위해, 그 어떠한 억압과 강요에 휘말리지 말고 온전히 자기 주체성을 위해 열정을 태우자는 의미다. 어떤 의미로 해석하든 결과는 같다. 이 모든 것을 태우고 자유를 찾아 "니 멋대로 살어 어차피 니 꺼야/ 애쓰지 좀 말어 져도 괜찮아"라는 위로라는 결론에 이른다.

화자는 누구보다 자유롭게 훨훨 타올라야 할 청춘들이 불공정한 사회로부터 살아남기 위해 청춘을 고단하게 보내고 있다고 생각한다. 청춘을 (하얗게) 불태우고 있는 모습이 안쓰럽게 느껴진 것이다. 아르바이트를 하고 온 한 청년은 다음 날 과제 제출을 위해 잠을 이루지 못하고 밤을 지새운다. 그리고 다음날 아침, 시간에 맞춰 과제를 제출하며 말한다. 어젯밤을 하얗게 불태웠다고. '하얗게 불태우다'는 말은 비유적으로 어떤 일을 온 힘을 다해 애써서 축져져 있는 상태를 말한다. 타고 남은 재가 흰색인 것에서 유래된 표현이다.

실제로 1500도 정도의 불은 흰색 빛을 띠기도 한다. 화자는 이 시대 청년들이 자신의 청춘을 하얗게 불태우며 애쓰는 삶을 사는 것에 대한 위로를 전하며 어둠의 시간을 함께 하고 싶어 한다.

두 번째 "불타오르네"에서 '불'을 함께 타오르는 '빛'과 '위로'로 해석할 수 있는 근거는 표면적으로 가사 안에서 화자와 청취자는 같은 시간을 공유한다는 부분이다. 화자는 "해가 지나고 난 후"부터 "새벽이 다 갈 때까지" 캄캄한 어둠의 시간을 함께 보낸다. 화자와 청취자는 서로를 바라볼 수 있게 하는 환한 '빛'을 만들기 위해 불을 태워야 한다고 명령한다. 빛은 '불'을 태우면 발생하는 것이 아닌가. 또한 이 불은 새벽이 다 지나 해가 뜰 때까지 아름다움의 '빛'이다. '새벽이 다 갈 때까지' 화자는 더 이상 방황하며 반항하는 외톨이가 아니다. 이제는 '우리'가 되어 존재의 자아를 확실하게 내뱉는다. BTS는 '쩔어'라는 곡을 통해 "너와 내 새벽은 낮보다 예뻐"라고 표현한 바 있다. 찬란한 청춘의 한때이지만, 어두운 시간까지 애쓰며 살아가는 우리들의 시간이 누구보다 값진 시간이라는 의미다. 이 시간의 의미는 "불타오르네"에서도 같은 의미로 전이된다. 또한 밤에서 새벽에 이르는 시간까지 타오르는 노력의 시간은 아름답지만 어둠 속에 있다. 때론 찬바람이 불기도 한다. 이때 불타오르는 불은 따스한 온기를 내뿜으며 '위로'가 된다.

이제 노래에서 '불'은 어떤 불이든 함께 타오르는 '빛'이다. 애쓰는 주체들을 위한 한풀이다. 화자는 청춘들(우리)의 시간을 위로하기 위해 세상을 향한 존재의 확인을 시작한다. 이는 '그냥 살아도 돼 우린 젊기에 / 그 말하는 넌 뭔 수저 길래 / 수저 수저 거려 난 사람인데'라는 구절을 통해 알 수 있다. 이 구절 또한 단독으로 해석하기 어렵다.

앞서 설명한 바와 같이 BTS는 학교시리즈를 졸업하고 '화양연화'시리즈부터는 본격적으로 세상에 발을 대딛는다. 실제로 화양연화 앨범이 발매 된 2015년에는 '수저계급론'과 'N포 세대'라는 두 개의 신조어가 사회적으로 큰 이슈였다.[7] BTS는 〈화양연화 pt.2〉 '뱁새'라는 곡을 통해 수저계급론을 언급한 바 있다. 뱁새라는 곡은 사회양극화를 뱁새와 황새로 은유한 곡이다.

> 이들이 진입한 일하는 세계는 평등하지 않은 세계, 뱁새가 황새와 동일한 평원에서 달리며 '공정 경쟁'을 하느라 가랑이가 찢어지는 곳이다. 황금 수저 황새들이 뱁새에서 '노오력'을 하라고, 그렇지 못한 뱁새들은 '싹수가 노랗다'고 비웃는 세계다.[8] (홍석경, 2020: 145쪽)

황새는 뱁새인 자신보다 수저 계급이 높은 금수저다. 가사 안에는 욕보고 있는 뱁새가 있다. '욕본다'는 표현은 흔히 몹시 고생스러운 일을 겪을 때 사용하는 관용적 표현이다. 곡 안에서는 뱁새는 "알바 가면 열정 페이를 받고, 상사들은 행패를 부리고, 언론에선 맨 날 몇 포 세대"라고 부르는 존재들이다. BTS는 이는 "이건 정상이 아냐. 아 노력 노력 타령 좀 그만둬"라며 노력 타령을 하는 내 선생님은 금

7 뉴스인사이드, 2015.12.28., '금수저 · 흙수저'로 갈린 '헬조선'…N포세대에 열정페이라니 (청년 신조어 베스트7), (https://www.newsinside.kr/news/articleView.html?idxno=373571) 2015년, 아르바이트 전문 포털 알바천국이 만 19세 이상 30세 미만 청년 989명을 대상으로 '2015 올해의 이슈' 설문조사를 진행했다. 그 결과 청년들이 꼽은 2015년 가장 공감되는 신조어로 '금수저, 흙수저' (44%)가 뽑혔다. 2위는 헬조선(29.9%), 열정페이 (11.4%), N포세대 (8.0%), 노오력 (3.1%) 순이다.

8 홍석경 (2020). BTS 길위에서. 서울. 어크로스출판그룹(주), 145쪽.

수저로 태어났다며 황새가 뱁새를 걱정해 주는 척한다고 비꼰다. 그리고 뱁새들은 황새를 쫓아가기 위해 다리가 찢어지는 노력을 하고 있기에 "황새 덕에 내 가랑인 탱탱"해졌고, 그렇게 탱탱해지기까지 이 세대는 욕봤다고 표현했다. 화자는 이들의 모습이 곧 자신의 모습과도 같아 동변상련의 마음으로 이 시대 청춘들의 마음에 공감하고 있다.

BTS는 땀에 쩔고, 노력에 쩔고, 그 모습에 내가 좀 쩌는 청년이고 이 노력은 미래를 보장할 순 없지만 적어도 이 노력의 불꽃이 불평등에 의해 사라지지 않았으면 한다. 황새 덕에 더 탱탱해진 다리를 가지고 '우리'가 살아갈 시대를 향한 '불'을 밝히고, 잘못된 것들을 '불'로 태워야 한다고 말한다. 지금, 이 시대의 부조리함과 불공평함으로 인해 노력에 핍박받으며 얼마나 애쓰고 살았는지에 대한 '한'을 '태워야' 한다고 다시 한 번 강조한다.

이런 흐름으로 해석했을 때 두 번째 불타오름을 외치고 있는 화자는 자신과 자신의 세대에게 수저 타령하며 한을 선사한 이들을 모두 싹 다 불태우고 새롭게 불타오르기 위해 자유를 찾자고 명령하고 있다. '싹 다 불태워라'의 명령은 단순한 파괴를 넘어 모든 억압을 훌훌 날려버리고 함께 자유를 찾아 새로운 불씨로 불타오르자는 선언과도 같다. 그러면서 다시 한 번 자유를 향한 청춘들에게 위로의 말을 건네고 있다. 그리고 이 불은 단순히 청춘들이 살아남기 위해 하얗게 불태우며 노력하는 불씨로 소진되고 마는 것은 아니라고 말한다. 어떤 식으로든 같이 불타자는 연대의 의미다. 그리고 같은 시대에 있지만 다른 세대들에게 분노가 불타고 있음을 알리기 위함이다. 불이 타오르면 '강 건너 불구경'만 하고 있지 않을 것이라는 믿음이 있기에 태우는 불이다. 결국 스스로를 태운 불들이 다시 모여 서로의 존재를 확인하고, 하나로 합쳐져 더 거세게 타기 시작했다. 이는 청춘들의 열정이 하나로 모여 현실의 불합리함을 알리는 연대의 불이 된 것이다. 이 불은 점점 더 거세게 타오르기 시작한다.

(이제야 뜨겁게) 불타오르네!!!: 용서와 아우름 그리고 생명력

> 불타오르네 / 싹 다 불태워라 Bow wow wow / 싹 다 불태워라 Bow wow wow / Fire 겁 많은 자여 여기로 / Fire 괴로운 자여 여기로 / Fire 맨주먹을 들고 All night long / Fire 진군하는 발걸음으로 / Fire 뛰어봐 / 미쳐버려 다 / hot hot hot hotter / 싹 다 불태워라 Bow wow wow / hot hot hot hotter / 싹 다 불태워라 Bow wow wow / Fire / hot hot hot hotter / Fire / 싹 다 불태워라 Bow wow wow / Fire / hot hot hot hotter / Fire / 싹 다 불태워라 Bow wow wow / 용서해줄게

타오르는 불을 보며 마지막으로 외치는 '불타오르네'는 용서와 아우름, 그리고 생명력을 담고 있다. 활활 타오르는 불을 바라보며 화자는 겁 많은 자, 괴로운 자를 모두 초대한다. 여기서 겁 많은 자와 괴로운 자는 모두를 아우르는 존재들이다. 표면상의 가사로만 읽으면 화자는 청춘세대를 집단화하기 위해 모두를 한 곳으로 집합시키는 것처럼 보인다. "겁 많은 자여 여기로 / 괴로운 자여 여기로 /" 모이라고 외치고 있다고 해석될 수 있다. 자신이 속한 청춘 세대의 세력

을 키워 기성세대와 현 세상을 적으로 두고 전쟁에 앞서 전진하는 모양새를 갖추기 위한 움직임처럼 보이기도 한다. 적을 물리치기 위해 "맨주먹을 들고/진군하는 발걸음으로 뛰어봐"라고 진두지휘하는 우두머리 같다. 하지만 화자는 마지막 구절에 "용서해줄게"란 다섯 음절을 통해 명령의 의미를 전복시킨다. 겁 많은 자와 괴로운 자는 더 이상 청춘세대만이라고 보기 어렵다. 그들은 이제 용서를 통해 특정한 세대의 누군가들이 아니라 모든 세대를 아우르는 자들이 됐다. 때문에 모든 자들을 아우르자는 메시지로 확장한다. 이제 모두 함께 불을 밝히며 앞으로 나아가자는 희망의 행진을 알리는 불이된다. 노래의 첫 시작 다섯 음절과 마지막 다섯 음절은 서로 맞닿아 모든 것을 포용하는 노래가 된다.

화자는 "불타오르네"를 세 번째 외치고서야 불의 뜨거움에 대해 언급한다. 뜨겁게, 더 뜨겁게 '싹 다 불태워라'고 명령한다. 이 명령은 더 이상 청취자에게만 하는 명령이 아니다. 화자가 자기 자신에게 외치는 의미명령어이기도 하다. 대립되는 것을 내 안에 모셔 '성장'하고자 한다. 그리고 다시 '시작'하고자 한다. 자신을 태워 성장하기 위해 본인의 가장 나약한 내면을 불러 모으고 있다. 여기서 다시 첫 '불타오르네'의 화자를 상기해보자. 화자는 무기력하고, 아무것도 없는 자신을 자조적으로 표현하며 혼란에 빠져 갈피를 잡지 못하는 상태였다. 용서하기 이전에는 세상에 화살을 던지며 풍자하고 있다는 해석이 가능했지만 용서가 이뤄지고 난 지금의 불타오름은 그때의 나를 태워 성장하기 위해 외치는 외침이다. 자신의 명령어 '싹 타 불태워라'에 동참하기 위해 "진군하는 발걸음으로/뛰어봐"라고 말한다. 여기서 진군은 적을 치기 위해 나아가는 것이 아니라 어떤 일에 활발히 참가하여 힘차게 전진한다는 의미다. 불(Fire)을 외치며 '맨주먹을 들고'의 모양새는 마치 성화 봉성을 연상케 한다. 이렇게 노래에서의 '불'은 강인한 생명력을 상징한다. 세대와 시대의 생명을 다시 새롭게 불타오르게 하기 위하여 그 전의 것을 모두 '싹 다 불태우고', 어둠을 밝히는 '빛'으로써 '희망'의 불이되길 소망한다. 이 소망은 마지막 가사 '용서해줄게'를 통해 이루어진다. 세대 간의 갈등을 넘어 모두를 아우르는 불꽃으로 승화했다. 용서의 아우름을 통해 불안과 계급론에 휘둘리는 청춘 세대, 세상이 두려운 청춘 세대, 청춘 세대들이 들고 있는 타오르는 불의 고통을 공감 한 세대, 청춘세대에게 짐을 짊어지게 한 것 같아 괴로운 세대 등 청춘 세대와 청춘 세대가 아닌 모든 세대가 어울릴 수 있게 됐다. 새로운 가능성과 희망을 창조하는 불이 됐다.

이 곡은 '불타오르네?'에서 '불타오르네!'로 다시 '불타오르네!!!'로 순환을 이루고 있는 노래다. 세상에 대한 한을 승화해 세대와 시대의 생명이 다시 '뜨겁게' 불타올라야 한다는 희망의 노래다. 자기 자신에 대한 화를 불태워 자기애를 만들고, 자신을 사랑하게 된 자는 타인에게도 사랑을 전달한다. 그리하여 자기애를 갖게 된 이들은 물론, 아직은 그렇지 못해 괴롭고 두려운 자들도 모두 한 자리에 모이게 한다. 모두의 생명력을 키워줄 수 있는 '불' 앞에 모여 함께 소리치고, 진군하는 발걸음으로 뛰어나가자고 외친다. 그렇게 모두가 함께 뛰어나갈 때 불의 뜨거움을 느낀다. 지난날의 허물을 모두 불태우고 다시 새로운 불씨로 활활 타오를 수 있게 된다. 이제 불은 더 이상 파괴의 불이 아니다. 새로운 불씨로서의 생명력을 의미한다. 아우름으로 승화된 불길이 된 것이다.

불을 매개로 한 '정'과 '한'의 '용서의 아우름'

지금까지의 불의 의미와 관계를 정-한-아우름의 구조로 정리하면 다음과 같다.

그림 1 BTS의 '불타오르네'에서 정과 한의 아우름 구조

아우름: 용서를 통한 희망, 새로운 생명의 불 , 치유, 새로운 사회, 빛

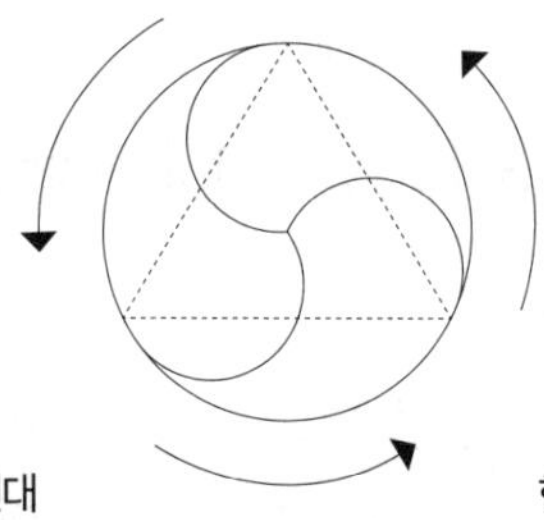

정: 자유, 해방, 응원, 위로, 연대

한: 억압, 구속, 방황, 고통, 분노

1단계 불타오르네의 '불'은 내면에 분출되지 못한 분노의 불씨다. 사회적 억압으로 인해 스스로를 가두고 노력해도 인정받지 못하는 무기력한 청춘, 누구보다 찬란히 빛나야 할 시간에 무엇을 위

해 불을 태우고 있는지 알 수 없는 고통 속의 방황. 그로 인해 쌓이는 '한'이 만들어 낸 내면의 불인 것이다. 화자는 현실의 불합리함과 개인적인 방황으로 인해 좌절과 억압이 쌓여간다. 하지만 이 감정은 쉽게 사그라지지 않는다. 태워 없애고 싶지만 이마저도 쉽게 사그라지지 않는 감정으로 오히려 더욱 깊은 한으로 쌓인다. 여기서 쌓인 한은 단순한 억울함, 분노가 아니다. 억울함을 해소하고 싶지만 쉽게 정리되지 않은 응어리이다. 없애려 애를 쓰지만 온전히 사라지지 않고 보다 깊게 쌓여가는 감정이다. 이 감정은 내면에 켜켜이 쌓여 불씨처럼 타오르며 결국 청춘을 가두는 구속이 된다. 이 같은 괴로움의 시간을 탈피하기 위해 화자는 몸이 으스러지도록 노력도 진행해 본다. 하지만 화자는 스스로를 노력해도 뭣도 없고 만신창이로 취해 길에서 욕이나 하고 있는 존재로 표현한다. 이 표현을 통해 삶에 대한 무기력과 허무함을 보여주는 것이다. 하지만 화자는 이를 불태우고 현실을 향한 끝없는 방황과 사라지지 않는 고통의 한을 벗어나고 싶다. '불'을 붙여 이 괴로운 것들을 연소시키려는 것이다. 부조리한 것들을 없애버리려는 '불태움'이다. 자신들의 노력을 폄하 받는 세상에 대한 한풀이다. 하얀 재가 되도록 타올라야만 살아남을 수 있는 힘겨운 청춘시대를 애쓰고 있는 청년들을 사람도 아닌 수저 따위에 비유한 것에 대한 울분이다. 그리고 이 불씨가 모여 새로운 두 번째 단계의 불을 만들어 낸다.

2단계 불타오르네의 '불'은 해방과 자유의 불꽃을 의미한다. "싹 다 불태워라! Bow wow wow"라고 격렬하게 외치며 청춘의 존재를 더욱 명확히 드러낸다. 더 이상 분노의 감정을 억누르며 고통 받지 않기를 희망한다. 지난날의 무기력과 타인이 세운 사회적 기준에 맞춰야 하는 억압을 탈피해 자유로운 불꽃이 되기를 희망한다. 더불어 화자는 이 울분의 감정을 성토하며 태우는 것이 아니라 자기 주체성을 가지고 함께 모여 연대하자고 설득한다. 자유를 향해 한의 불씨를 모아 활활 타오르는 희망의 불로 만들어 이 불로 고통을 정화하고 새롭게 피어나는 열정의 불꽃으로 변화시키자고 말한다. 노랫말 속에서 화자는 고민의 한과 청춘의 방황을 모두 불태우고 함께 타오르며 해방으로 가는 열정의 불꽃이 공존해야 한다고 외친다. 이 외침의 불꽃은 단순한 해방뿐만 아니라 '정'을 매개로 서로를 응원하고 위로하며 함께 타오르는 뜨거운 연결고리를 형성한다. 그렇기에 이는 단순한 폭발을 넘어 서로의 상처를 어루만지고, 타오르는 불꽃 속에서 치유의 과정을 거친다. 따라서 여기서 불은 파괴와 창조의 의미를 동시에 가진다. 화자는 양면성을 가지고 있는 불을 가지고 연대해야 함을 '싹 다 불태워라'는 명령적어조로 강조한다. 자유를 찾기 위한 해방과 연대를 바탕으로 화자가 명령한 불꽃을 태우면 해결될 수 있을 것 같지만 연대가 끝이 아니다.

3단계로 불이 번져야 한다. 용서와 아우름을 통해 생명의 불을 만들어내야 한다. 1, 2단계의 불이 파괴적이었다면 3단계 불은 생명력을 가지고 다시 타올라야 한다. 고통과 불안을 안겨주던 것들을 포용하여 모든 상처를 정화하고 화해의 불씨로 태어나야 한다. 때문에 연대의 반대편에 있는 자들을 적으로 칭하지 않는다. 고통과 방황의 시간을 경험해 보았으며 그로 인해 자신이 어떠한 불씨로 타올랐는지 알고 있기 때문이다. 그렇기에 화자는 연대를 통해 지금 이 순간 차오르는 화를 연료 삼아 모순된 현대 사회를 활활 불태워 응징하겠다고 말하지 않는다. 청춘의 불이, 열정이 얼마나 격렬하고 뜨거운 것인지 반복적으로 외치며, 신명으로 풀어낸다. 나를 태워 시대를 성장시킬 것이니 함께 발걸음을 맞춰 뛰자고 권유한다. 자조적인 고백을 통해 스스로를 어둠으로 몰았던 과거의 자신에 대한 용서로 타인을 위로한다. 용서를 통해 새로운 불을 만들어 세상을 빛낼 수 있는 타오름으로 진화하자고 소리친다. 노력했던 자들에게만 손 내밀지 않는다. 겁이 많아 세상에 나오지 못한 자, 세상에 나왔으나 괴로움으로 고통 받는 약자에게도 함께 뛰자고 불을 건넨다. 불을 매개로 한 정과 한의 '용서의 아우름'을 통해 생명의 불을 만든다. 이제 불은 한 번 타오르고 쉽게 사라지는 것이 아니다. 불은 타고남은 잿더미 위에서 새로운 작은 불씨에 의해 다시 피어날 수 있다. 정화와 생성을 반복하는 순환성을 획득하게 된다. 이것은 단순한 소멸이 아니다. 모든 고통을 불태우고 새로운 생명을 창조할 수 있는 힘을 가진다. 끊임없이 정화하며 새로운 불씨를 낳는다. 단순한 소멸을 넘어 고통을 불태우고 새로운 생명을 창조하는 순환의 힘을 가진다. 그 에너지를 바탕으로 또 다른 희망을 싹틔우게 한다. 따라서 불은 다시 활활 타오르며 세상을 움직이게 할 것이다. 그렇게 타오른 불씨는 불필요 한 것들을 태울 것이며, 태우고 남은 하얀 불씨는 다시 생명을 아우르는 불씨가 되어 타오를 것이다. 정-한 화쟁의 아우름은 그렇게 순환한다.

즉, BTS의 불타오르네 속 3단계 불은 순환하며 정화한다. 정화하며 순환한 이 불은 희망의 불로 변환이 가능하다. 개인의 경험을 바탕으로 연대를 통한 치유의 불타오름을 경험했기에, 이 불은 이제 더 이상 홀로 타오르는 불씨가 아니다. 포용과 용서로 타오르고 있는 이 불은 또 다른 어둠 속에서 빛을 찾아 애타게 헤매는 누군가에게 온기를 전하는 희망의 불빛이 되는 것이다.

대대의 여성성
: 불의 아우름과 치유의 연대

> "한류는 탐욕이나 이익보다 인간적 정(情)을 우선하고, 대대의 여성성을 가진 주인공이 온갖 한(恨) 곧, 세계 자체의 부조리함과 사회 모순, 가부장과 국가의 폭력 등을 공감과 사랑, 우정, 모성애로 극복하고 아우름을 이루는 서사를 형성하고 있다."(이도흠, 2024)

대대의 여성성은 단순한 성별적 개념이 아니라 세계의 부조리를 극복하는 방식에서 나타나는 공감과 연대의 미학을 말한다. 이는 한을 신명과 아우름으로 승화하는 한국적 서사 구조와 연결된다. 앞서서 불타오르네의 정-한-아우름 구조를 통해서도 살펴보았듯이 이 곡의 가사도 단순한 저항이 아닌 포용과 연대의 태도로 확장되는 과정을 가지고 있다. 더불어 노래 속 화자는 성장한 화자라고 설명한 바 있다. 특히 화자가 성장하고 난 이후 한국적 서사 과정은 더욱 뚜렷이 설명되는데, 이를 더 명확히 파악하기 위해 앞서 언급한 BTS의 'no more dream'과 '불타오르네' 두 곡의 비교를 통해 대대의 여성성이 어떻게 강조되고 있는지를 들여다보자. 이를 두 곡에 등장하는 화자를 중심으로 화자의 말하기 방식, 감정표현, 청취자와의 관계를 바탕으로 살펴보고자 한다.

우선 no more dream과 불타오르네 곡에 등장하는 화자의 말하기 방식 중 화자의 태도를 보면, no more dream의 화자는 '니 꿈은 뭐니?'라며 강한 질문과 명령조로 말한다. 이 곡의 화자는 청취자에게 무언가를 '일깨워주는 자'로 질문을 던지면서 '자신에게 물어봐 니 꿈의 profile / 억압만 받던 인생 니 삶의 주어가 되어봐'라며 직접적인 명령과 행동에 대한 촉구의 소통방식을 취하고 있다. 질문을 던지고 정답을 요구하는 구조이며, 감정전달방식 또한 '너 꾸물대지마 우물쭈물 대지마' 등의 도전적이고 강렬한 어조다. 화자와 청취자의 관계가 상하관계로 느껴지며 사회적 억압에서 벗어나 꿈을 찾으라는 강한 명령의 메시지를 전달하고 있다. 반면, 불타오르네의 화자는 '니 멋대로 살어 / 어차피 니꺼야' 등 대답하는 방식의 태도를 취한다. 내적 질문임과 동시에 대화의 일환으로 해석할 수 있는 부분이 존재한다. 이 가사는 마치 누군가가 묻는 질문에 대답을 해주는 어투다. 가사의 흐름을 보면, 마치 생략된 의문문에 대한 답을 건네는 듯하다. '당신은 정말 원하는 대로 살아가고 있는가?' 혹은 '무엇이 당신을 억압하는가?'라는 의문이 전제된 것처럼, 화자는 이에 대한 응답으로 삶의 주체성을 강조하며 청취자에게 위로의 메시지를 전한다. '애쓰지 좀 말어, 져도 괜찮아'라며 회유적인 어투로 청취자와 동일한 위치에서 '함께하는 자'로써 이야기한다. 간접적이고 대화적인 설득을 하며 함께 고민하고, 자유롭게 살아도 된다는 포용적인 태도를 취한다.

이렇듯 두 곡은 각기 다른 화자의 말하기 방식을 취하고 있으며, 화자가 표현하는 감정 역시 다른 양상을 보인다. no more dream에서 화자는 분노와 도전이 감정의 중심이다. 사회적 구조에 대해 표현하는 태도도 '지옥 같은 사회에 반항해'라며 반항과 저항으로 기성세대와 사회적 억압에 대한 도전적인 면모가 강함을 알 수 있다. 어른들이 짜놓은 삶에 시간에 맞추지 말고, 스스로의 꿈을 찾아 변해야 한다고 주장한다. 그에 반해 불타오르네의 화자는 '그냥 살아도 돼 우린 젊기에'라며 어떤 모습이든 괜찮다는 해방과 포용의 감정을 전달한다. 스스로의 삶을 주체적으로 선택해도 괜찮다는 위로, 경쟁과 강요가 아닌 각자의 삶을 인정하는 태도로 공감과 치유를 더욱 강조하고 있다.

그래서 이 두 곡의 화자는 청취자와의 관계도 다른 모습을 취하고 있다. no more dream은 위에서 질문하고 명령하는 위치의 화자로 청취자를 배워야하는 존재로 취급한다. 화자가 올바른 방향을 제시하고 있으니 청취자는 이를 따라오라는 설정이다. 화자는 청취자에게 사회적 강요와 억압에서 벗어나 꿈을 찾아야 한다는 책임을 부여한다. '시간낭비인 야자에 돌직구를 날려/지옥 같은 사회에 반항해'라며 개인의 각성을 강조하고 사회적 구조를 직접적으로 비판하기도 한다. 그러나 불타오르네 화자는 청취자와 같은 위치에서 함께하는 태도를 취한다. '겁 많은 자여 여기로'라는 가사 속에는 기존 양육강식의 사회 구조와는 다른 자들에 대한 초대이다. 강한 자만이 불타오르는 것이 아닌 괴로운자, 고통 속에 있는 자, 나약한 자 모두 함께 타오를 수 있다는 개방적인 수용의 태도를 보여준다. 화자가 청취자를 이끌기보다는 같은 위치에서 서로의 자유를 허용하며 함께하는 존재로 인식하고 있다. 이와 같이 모두를 아우르는 연대적 가치는 대대의 여성성과 맞닿아 있다. 이후 등장하는 '싹 다 불태워라'는 가사는 단순한 파괴의 의미가 아니다. 이 노래는 기존 사회질서를 단순히 전복하는 것이 아니라, 이를 불태워 새로운 관계를 형성하고 삶을 정화하는 과정을 제시하고 있다. '괴로운 자들'도 함께 나아가며, '용서해줄게'를 통해 기존 질서를 비판하기보다는 스스로 받아들이고 용서하자는 아우름의 태도를 보인다. 개인적 혁명을 넘어, 단순히 공격적으로 파괴하는 대신 화자와 청취자가 함께 새로운 질서와 화합을 만들어가는 공감과 연대의 과정으로 확장된다.

'no more dream'과 '불타오르네' 두 곡은 사운드, 안무, 느낌도 닮은 듯 다르다. 'no more dream'은 힙합을 기반으로 묵직한 베이스와 드럼이 강조된 강렬한 비트, 공격적인 랩과 단단한 킥 드럼이 청자를 몰아붙이는 느낌이다. 군무 역시 직선적인 동작이 많고 카리스마 있는 동작들이 주를 이룬다. 그래서 기존 10대 남자 아이돌의 반항적이고 도전적인 이미지와 느낌이 비슷한 부분이 존재한다. 실제로 BTS는 2013년 MBC가요대제전에서 학원별곡, 전사의 후예, no more dream을 연달아 부르는 특별 무대를 진행한 바 있으며, 이 3곡의 흐름이 이질적이지 않다. 이는 기존 사회적 억압과 질서에 대한 강한 저항을 표현하는 파워풀한 남성적 이미지와 유사한 결을 가지고 있다고 보아도 무방하다. 한편, '불타오르네'는 빠른 템포와 신스 사운드가 강조된 에너제틱한 비트와 강렬하고 반복적인 후렴구로 중독성 있는 사운드를 형성하고 있다. 안무 역시 파워풀하지만 자유롭고 역동적인 안무로 여유롭고 해방적인 분위기를 자아낸다. 무엇보다 '싹 다 불태워라', '불타오르네' 후렴구에서는 관객과 함께 폭발적인 분위기를 연출해 낸다. BTS와 그의 팬들도 불타오르네 곡을 같이 향유하는 순간만큼은 '청춘을 후회 없이 불태우자'는 공감과 연대감을 가지고 상호작용을 한다. 'no more dream' 역시 팬들의 환호와 구호가 함께하지만, 이는 공연을 바라보는 팬들이 BTS의 꿈을 향한 투쟁적 메시지를 지지하고 응원하는 역할로 이어진다. 곧 불타오르네가 아티스트와 팬들이 함께 청춘의 순간을 불태우며 더욱 직접적으로 공감하고 연대하는 경험을 나눈다.

BTS가 '불타오르네'로 국내뿐만 아니라 해외에서도 주목받기 시작한 배경에는 아티스트와 팬의 상호작용, 즉 관계의 형성이 있다. 그 관계의 핵심은 공감과 연대이며 이는 대대의 여성성이 강조하는 '타자를 포용하고 함께하는 힘'과 맞닿아 있다. 더불어 이 연대와 공감의 폭발력을 극대화한 순간이 바로 불타오르네의 공연 무대였다. 무대 위의 BTS와 무대 아래의 팬들이 기존의 경쟁과 승패의 논리를 넘어 모두가 하나가 되는 경험을 만들어낸다.

기존 남성 아이돌과 팬덤의 관계가 우상을 중심으로 형성되었다면, BTS와 팬덤 아미(ARMY)의 관계는 다르다. 이들은 우상이 아니라 동시대를 함께 살아가는 존재로 연결되어 있다. 공연에서 BTS는 위로와 공감의 메시지를 던지고, 팬들은 그 메시지에 반응하며 서로를 위로한다. 팬덤에게 BTS는 완벽한 우상이라기보다 인간적인 모습을 지닌 동시대 인물로 친근하게 다가온다. BTS가 대중문화 속 기존의 남성성 개념을 변화시키는 역할[9]을 통해 한류의 큰 흐름

---

9 케이팝 남성 가수들을 여성적이라고 보는 시각에 대해, 특히 BTS에 대한 공격에 주목하며 여러 연구와 언론 기고에서 '새로운 남성성', 즉 지배적 남성성에 대비되는 '부드러운 남성성', '독성 없는 남성성'이라는 해석을 내놓기도 했다. 정은주(2022) 'BTS의 글로벌 약진과 서구의 아

을 이어나가고 있다. 이 흐름의 중심에는 대대의 여성성과 정-한-아우름을 바탕으로 한 그들의 노랫말이 자리잡고 있다.

시아인 인종화에 대한 대중적 비판 담론의 형성: 유튜브 리액션 영상의 소통을 중심으로',탈경계인문학 31집 4월, 187쪽.

화양연화 '앓이'를 이어가기 위해 지향해야 할 점

2015년에 시작한 BTS의 화양연화 앨범에 대한 관심이 현재까지도 이어지고 있다. 이에 방시혁 하이브 의장은 "그룹 BTS와의 두 번째 재계약 성사로 오는 2025년 '화양연화' 10주년 기념 앨범 발매를 추진하겠다"고 밝혔다(한겨레, October, 15 2024).[10] 2025년이면 군복무중인 BTS가 모두 제대해 완전체로 활동을 재개 할 수 있는 시기이다. 이로 인해 전 세계 수많은 팬들은 BTS의 제2의 화양연화를 기대하고 있다.

앞서 살펴 본 바와 같이 화양연화 앨범의 대표곡인 '불타오르네'는 '정-한-아우름'의 구조를 바탕으로 한 곡이다. 이는 한국적 정서를 반영한 독창적인 예술적 서사로, 단순한 공감을 넘어 대중들의 한과 고통을 신명으로 승화하는 기능을 한다. 더불어 BTS의 음

---

10 한겨레 (2023.10.15.), 방시혁 "BTS 재계약 가장 큰 행복"…'화양연화' 10주년 앨범 만든다. (https://www.hani.co.kr/arti/culture/culture_general/1112043.html).

악은 경쟁과 승리의 서사를 강조하는 기존 남성 아이돌 서사와 차별화된다. '불타오르네'는 개인의 불타오름이 아니라, 함께 타오르며 서로를 포용하는 연대적 메시지를 담고 있다. 이는 양육강식의 기존 경쟁적 사회 구조를 벗어나 겁 많은 자와 괴로운 자까지 모두 함께 불타오를 수 있음을 강조하는 대대의 여성성의 가치와 연결된다.

BTS와 팬덤 아미의 관계도 차별화된다. 일반적인 아이돌 팬덤 문화는 스타를 우상화하고 일방적으로 추종하는 방식이었다면, BTS와 아미는 서로를 위로하고 공감하는 관계로 발전했다. 이는 대대의 여성성이 강조하는 함께 살아가는 존재로서의 연대와도 맞닿아 있다. BTS의 음악은 팬들과의 유기적인 상호작용을 통해 공동체적 경험을 형성하는 매개체가 되었다. 특히 '불타오르네'는 용서를 통한 아우름 속에서 새로운 연대와 희망을 의미하는 곡이다. 공연장에서 '불타오르네'를 함께 떼창하는 팬덤의 모습은 단순히 노래를 따라 부르는 것을 넘어서 '함께 타오르는 경험'을 공유한 것이다. 앞으로도 BTS와 아미는 함께 살아가는 존재로 서로를 치유하며 연대의 서사를 더욱 확장해 나갈 것이다. 2025년 화양연화 10주년은 이러한 연대와 공감의 가치를 더 깊이 확장하는 계기가 될 것이다.

BTS는 앞으로도 그들의 음악을 통해 사회적 약자들의 목소리를 대변하고, 시대와 세상을 해석하는 예술적 행보를 이어나갈 것으로 기대된다. 이에 BTS의 음악적 메시지는 단순한 청춘의 열정을 넘어 사회적 문제를 고민하고 해결하는 공감의 장으로 확장될 필요가 있다. 신자유주의 체제와 기후위기, 불평등, 평화와 같은 세계적 이슈 속에서 정-한-아우름의 철학을 통해 깊은 통찰과 공감을 나누는 것이 중요하다. BTS는 그들의 음악을 통해 사회적 모순을 극복하고 시대를 위로하며, 함께 살아가는 방식에 대한 새로운 가치를 제시 할 수 있을 것이다.

결국 BTS는 전 세계 청중을, 한국인의 '정'으로 마음을 어루만지고 '흥'과 '신명'으로 미적 쾌락과 연대감을 고취시키며 팬덤을 확산시켜 왔다. 앞으로도 이들은 제2의 '화양연화'를 예고하며 새로운 서사를 펼쳐 나갈 것으로 보인다.

참고문헌

김도경 (2019). BTS 가사의 주제와 세계전유방식 고찰, 경희대학교 대학원.

김현정 (2021). 취향공동체의 사회적 역할에 관한 논의: 방탄소년단 팬덤 사례를 중심으로, 한국과 국제사회 제5권 1호, 77-102.

강준만 (2017). '취향공동체'가 정책의 대상이 되면 안 되는가?: 팬덤의 '사회자본'형성을 위한 넛지, 사회과학연구 제30집 1호, 19-50.

강자청 (2023). 방탄소년단의 〈화양연화〉에 대한 서사 전략 연구, 〈화양연화〉에 관한 뮤직비디오를 중심으로, 건국대학교 대학원.

박태원 (2017). 원효의 화쟁철학 문門 구분에 의한 통섭, 서울: 세창출판사.

이규탁 (2018). 방탄소년단: 새로운 세대의 새로운 소통방식, 그리고 감정노동, 문학과학 제93호, 278-291.

이도흠 (1999). 화쟁기호학, 이론과 실제, 서울: 한양대학출판부.

______ (2003). 한국 예술의 심층구조로서 情과 恨의 아우름-화쟁사상을 중심으로, 미학·미술학 연구 제17권. 43-73.

______ (2020). 4차 산업혁명과 대안의 사회2-4차 산업혁명과 간헐적 팬데믹 시대, 서울: 특별한 서재.

______ (2024). 한류에서 차이의 정체성에 관한 연구, 한국언어문화 제85집, 181-213.

이은주, 김윤미 (2022). 왜 떴을까 'K-크리에이티브'끌리는 것들의 비밀, 고양: 도서출판 혜화동.

이세련 (2023). 정동적 노동으로서의 팬 번역: 아미의 방탄소년단 노래 가사 번역을 중심으로, 인문사회21 제14권 1호, 1407-1422.

이지영 (2022). BTS 예술혁명, 방탄소년단과 들뢰즈가 만나다, 파주: 도서출판 동녘.

이지행 (2020). 서구미디어의 지배담론에 대한 방탄소년단 글로벌 팬덤의 대항담론적 실천 연구, 여성문학연구 제50호, 79-114.

짱스차오, 정정주 (2023). 방탄소년단(BTS)의 학문적 의미 연구: 국내외 연구 비교분석을 중심으로, 사회과학 담론과 정책 제16권 1호, 203-229.

정은주 (2022). BTS의 글로벌 약진과 서구의 아시아인 인종화에 대한 대중적 비판담론의 형성: 유튜브 리액션 영상의 소통을 중심으로, 탈경계인문학 제15 31집, 167-204.

장현석 (2021). 디지털 미디어 환경에서 팬덤의 사회적 참여에 대한 연구, 인문사회21 제12권 3호, 503-518.

정신주 (2021). BigHit의 방탄소년단(BTS) 성공전략과 팬덤(ARMY)분석, 한국과 국제사회 제5권 1호, 5-50.

진달용 (2017). 신한류, 소셜 미디어 시대의 초국가적 문화 권력, 파주: 한울아카데미.

주연경, 조혜정 (2021). 방탄소년단 세계관과 콘텐츠의 트랜스미디어 스토리텔링 생성요건 연구, 인문사회21 제12권 4호, 1161-1176.

한유희 (2022). 새로운 취향의 공동체: 아이돌-팬덤의 인정투쟁, 인문콘텐츠 제67호, 127-147.

홍병선 (2016). 문화예술 활동의 가치 생산성에 대한 인문학적 근거, 철학탐구 제43집, 191-211.

홍석경 (2020). BTS 길 위에서, 서울: 어크로스출판그룹(주).

ZHANG KEHUI (2021). 방탄현상의 문화적 함의와 팬덤 수용의 명과 암-방탄소년단의 텍스트와 관련 사회적 논점을 중심으로, 경희대학교 대학원.

Zhang, Shichao (2023). 방탄소년단의 문화적 의미 연구: 국제연구 비교분석을 바탕으로, 경북대학교 대학원.

시사위크 (2015.10.28.). 2015년 취업시장 대표 신조어 'N포세대'… '금수저 · 헬조선' 등 대거 등장 (https://www.sisaweek.com/news/articleView.html?idxno=55666). 2025년 2월 5일 검색.

경향신문 사설 (2015.11.17.). 금수저 · 흙수저는 현실, 한국은 신계급사회로 가고 있다 (https://www.khan.co.kr/opinion/editorial/article/201511172020555). 2025년 2월 5일 검색.

비즈엔터 뉴스 (2021.03.14.). 방시혁 의장 "방탄소년단(BTS) 성공, 자기 세대 이야기를 자기 언어로 표현" (http://enter.etoday.co.kr/news/view/199649). 2025년 2월 5일 검색.

MBN 스타뉴스 (2021.03.29.). 방탄소년단 진 "'불타오르네'로 위로 받아…날 가장 변화시킨 노래" (https://v.daum.net/v/20210329233118091). 2025년 2월 5일 검색.

한국대학신문 (2022.05.11.). 넌 뭔 수저길래…대한민국은 '수저공화국' (feat. BTS '불타오르네') (https://news.unn.net/news/articleView.html?idxno=527853). 2025년 2월 5일 검색.

NEWSIS (2023.06.06.). '[BTS 10주년③K팝은 방탄소년단 이전과 이후로 나뉜다' (https://www.newsis.com/view/?id=NISX20230605_0002327398&cID=10601&pID=10600). 2025년 2월 7일 검색.

한겨레 (2023.10.15.). 방시혁 "BTS 재계약 가장 큰 행복"… '화양연화' 10주년 앨범 만든다. (https://www.hani.co.kr/arti/culture/culture_general/1112043.html). 2025년 2월 7일 검색.

시민일보 (2023.10.23.). K팝 '한국어 떼창'과 한국어의 UN 공용어 지정 (https://www.siminilbo.co.kr/news/newsview.php?ncode=1160267689939763). 2025년 2월 7일 검색.

제7장

영화가 완성하는 패배의 보고서

최은진

- 〈살인의 추억〉이 불러오는 끝나지 않은 역사
- 〈괴물〉이 제시하는 불/가능한 싸움
- 〈기생충〉이 확정하는 체념과 무기력

지난 2019년 오스카를 거머쥔 감독 봉준호의 인터뷰는 그의 수상만큼이나 화제가 되었다. "한국영화는 지난 20년 동안 큰 영향을 미쳤음에도 왜 단 한 작품도 오스카 후보에 오르지 못했나"라는 한 미국 매체의 질문에 봉준호는 "오스카는 로컬 시상식이기 때문"이라고 대답한다. 아시아의 영화감독에게 선망의 대상일 법한 오스카를 '일개 로컬 영화제'라 칭한 봉준호의 발언은 파격적이다. 봉준호는 문화적 변방에 머무르던 아시아 영화의 후진성을 인정하는 대신, 오스카가 갖는 절대적 힘과 권위를 거부하며 화제의 중심에 섰다.

주지하다시피 그간의 아시아 영화는 자국의 후진성을 극대화하거나 신비함을 강조하며 오리엔탈리즘을 강화해왔다. 예컨대 흥행 면에서는 저조한 성적을 거뒀지만 거의 매번 국제 영화제 수상이라는 쾌거를 이루어낸 김기덕 감독의 영화 〈봄, 여름, 가을, 겨울 그리고 봄〉(2003)은 그러한 영화의 전형이기도 하다. 고요하고 신비로운 사찰의 풍경과 깨달음을 향해 가는 노승과 동자 등, 세계적 주목을 얻기 위해 전략적으로 기획된 듯 보이는 '한국적인 것'은 오랜 기간 실제 한국 사회와의 접점을 상실한 상태로 서구의 주변 어딘가에서 표류해 왔다. 이러한 사실에 비추어볼 때, 지금-여기의 한국 사회에서 일어나는 첨예한 문제들을 영화라는 상상의 장으로 끌어들이며 세계의 관심을 집중시키는 데 성공한 봉준호는 한국적인 것의 전형성에서 탈피하고 있는 한국 영화의 힘을 보여준다.

견고한 보수주의를 쉽게 허물 것 같지 않던 할리우드에서 봉준호의 영화 〈기생충〉이 이룬 성취와 그 의의를 더 길게 거론할 필요는 없을 듯 보인다. 빈부 격차라는 전 지구적 문제를 한국의 현실과 절묘하게 결합한 〈기생충〉의 선전은 주춤하는 한류에 쏟아지던 여러 의심과 우려를 불식시키기에 충분했다. 한류는 실체가 확인되지 않는 국가 주도적 프로젝트의 일환일 뿐이라는 비관적 전망 역시 재고의 대상이 되었다.

봉준호가 확대한 한류의 영향력을 재론하는 대신 여기서는 한류의 미래와 관련한 근원적인 질문에 집중해 보고자 한다. 70년대 이후 서구 사회가 주도하던 자본주의의 확장 과정 속에서 지배와 피지배의 구조는 역사 뒤편으로 넘겨져 과거에 남는 대신, 세계를 재편하는 현재의 질서로 다시 등장했다. 데이비드 하비(David Harvey)에 따르면, 서구 특히 미국은 자본의 이동을 국가 내부로부터 외부로 옮겨내는 '공간적 조정'과 민영화/금융화가 이끄는 '탈취에 의한 축적'을 주도하며 투기적이며 강탈적인 자본의 양상들을 전 지구적으로 강화해 나갔다(데이비드 하비, 2016: 41). 특히 한국 신자유주의의 형성 과정에서 미국은 강력한 영향력을 행사했다. 냉전 종식 이후 미국의 동아시아 대외경제정책의 공세적 전환 속에서 진행된 한국의 금융화와 지구화는 97년 IMF 위기를 통과하며 신자유주의적 전환의 결정적 문턱을 넘어섰다(지주형, 2011: 24-25).

프레드릭 제임슨(Fredric Jameson)은 새로운 정치 예술의 핵심은 "개인적, 집단적 주체로서 우리 자신의 위치를 다시 파악하기 시작"하는 과정과 "우리의 공간적, 사회적 혼란에 의해 중화되어 버린 행동 하고 투쟁하는 능력을 회복"하는 '인식의 지도 그리기'에 있다고 역설한 바 있다(프레드릭 제임슨, 2022: 128). 한류의 방향 역시 이와 크게 다르지 않다. 만약 지금의 우리에게 필요한 문화가 "공간의 위계를 전복하고 개인들의 정체성을 변화시키는 등 강력한 변형적 힘"의 구현(이기웅, 2022: 112)에 있다면, 봉준호의 영화는 이에 성공하고 있는가? 이 같은 질문에 답하기 위해 이 글은 사회적 층위에서 '한국적인 것'을 재현한 봉준호 영화를 재방문하기로 한다. 여기서는 농촌, 한강, 그리고 각기 다른 계층으로 쪼개어진 도시를 배경으로 하는 봉준호의 영화 세 편, 〈살인의 추억〉(2003), 〈괴물〉(2006), 그리고 〈기생충〉(2019)을 분석 대상으로 한다. 각각 80년대 후반과 2000년대 중반, 그리고 2010년대 후반을 배경으로 하는 세 작품을 통해 이 글은 감독 봉준호가 세계의 질서를 주도하는 미국과의 관계 속에서 한국 사회를 인식하는 방식과 그 안에서 드러나는 감정의 변화를 읽어 보고자 한다.

〈살인의 추억〉이 불러오는 끝나지 않은 역사

영화 상영 당시까지도 범인을 잡지 못한 미제로 남아 있던 80년대 후반 실제의 살인 사건은 〈살인의 추억〉을 통해 관객의 눈앞으로 재소환된다. 시작과 함께 영화는 논두렁과 공장, 구불구불한 시골길과 반듯한 포장도로가 뒤섞인, 완벽한 시골도 그렇다고 완벽한 도시도 아닌 화성의 풍경을 비춘다. 발전된 사회의 위상과 그 이면의 어둠이 뒤섞인 이와 같은 풍경은 근대에서 후기 근대로의 이행과정에 있던 80년대의 한국 사회의 모순적 성격을 드러낸다(윤장호, 2014: 214-215). 평온한 겉모습과 달리 알 수 없는 정체에 의해 반복적으로 사람들이 죽어 나가는 영화의 공간은 폭력에 의해 지배받고 또한 폭력으로부터 방치된 공간으로 등장한다. 시민의 안녕을 지켜야 하는 전투경찰들이 학생들의 시위 진압이라는 '더욱 중요한 일'에 동원되는 동안, 어둠 속에서 나타나는 범인은 빠르게 사람들을 낚아채고 사라진다. 남편에게 우산을 가져다주기 위해 공장으로 향하던 새댁과 어린 여중생, 늦은 밤 귀가를 서두르던 젊은 여성들은 무참히 강간 살해되고 논과 야산 그리고 농수로에 버려진다. 이렇듯 영화는 마을의 사람들을 해치는 자가 누구인지 알지 못하며, 그 누구라도 다음의 희생자가 될 수 있는 위협적인 상황을 통해 80년대의 불안과 공포를 전면으로 드러낸다.

추리-스릴러 장르의 영화는 통상적으로 사건의 발생과 그 후 탐색과 수사의 과정을 거쳐 뒤따르는 사건의 해결로 귀결되지만, 〈살인의 추억〉은 관객이 기대하는 서사 관습을 비껴간다. 〈살인의 추억〉에서 범인의 실체는 이를 해결하고자 하는 자들이 아무리 발버둥을 쳐대도 드러나지 않고 사건의 미해결은 강력하게 암시된다. 살해당한 향숙을 쫓아다니던 어수룩한 동네 청년과 변태성욕자 등 수상한 움직임을 보이던 여러 인물이 용의자로 떠오르고 용의선상에서 제외되는 동안, 범인은 보란 듯이 범행을 이어간다. 사건을 저지르는 범인과 이를 해결하는 형사 사이에 구조화되는 인과관계는 이 영화에서 부재하다. "자꾸만 이야기는 같은 자리를 맴돌고, 주인공들은 원점으로 돌아온다. 범행은 계속되고 시체는 쌓여 가는데, 이야기는 진척이 안 된다. 왜냐하면 이 영화는 범인이라고 의심하고 아닌 것으로 확인되는 같은 이야기의 끝없는 변주이기 때문이다."(정성일, 2003: 190)

누가 그런 짓을 벌였는지 그리고 왜 그런 짓을 했는지의 문제 모두가 좀처럼 풀릴 기미를 보이지 않고 있는 동안, 비극과 혼란의 원인을 밝히고자 했던 사람들의 헛발질과 뒤이어 찾아오는 우울과 공황 상태는 더욱 선명해진다. 수사 부진의 책임을 지고 경찰서장이 경질되고, 수사 과정에서 형사 용구(김뢰하)는 끝내 다리를 절단하게 되는 등, 정신적·신체적으로 옭아매어지고 훼손당하는 자들은 사건을 저지른 범인이 아니라 이를 추적하는 자들이다. 사건의 범인으로 의심받았으나 목격자임이 밝혀진 백강호(박노식)의 죽음 역시 형사들과 무관하지 않다. 범인에 대해 말할 수 있는 유일한 존재인 백강호는 경찰서의 지하로 끌려가 마구잡이로 얻어맞았던 기억 때문에 자신을 찾아온 형사들을 피해 철길로 뛰어들고 기차에 치인다.

특히 영화의 두 중심인물 두만(송강호)과 태윤(김상경)은 어떠한 방식으로도 범인은 잡히지 않을 것이라는 사실을 상징적으로 드러낸다. 용의자를 겁박하고 구타하며 받아내는 자백에 의존하는 두만은 애초에 사건의 중심으로 접근해 들어갈 수 있는 능력 자체가 부재하는 인물이다. 동시에 사건 해결의 능력은 두만과는 매우 달라 보이는 형사 태윤에게 있지도 않다. 연쇄살인의 해결을 위해 서울에서 파견된 '엘리트 형사'는 화성서 경찰들의 무식하고 대책 없는 수사기법을 비웃으며 이성적 추리를 통해 독자적으로 사건에 접근해 들어가고자 하지만, 범인을 잡고자 하는 그의 시도는 검거라는 결과에 이르지 못한다. 이러한 면에서 영화는 서로 다른 추적의 방식으로 사건에 접근하는 두 형사가 종국에 만나는 실패의 지점을 드러낸다. '직감'과 '논리'의 대립, 혹은 '근대'와 '전근대'의 대립으로 형상화되는 두 인물은 박두만이 존재의 무기력을 깨달으며 직감을 폐기하고 서태윤이 같은 이유로 논리를 폐기할 때 폭력의 왕국으로 재현된 특정한 역사의 시공간에서 만난다(유윤영, 2004: 140).

'사건은 결국 풀릴 수 없음'에 대한 영화의 확신이 가장 극적으로 드러나는 순간은 강력한 용의자 박현규(박해일)가 등장하고 그가 범인이 아님이 밝혀지는 순간에 있다. 박현규는 '손이 매우 고왔던' 범인을 기억하는 생존자의 진술에 부합하는 용의자이자, 살인 사건이 일어나던 비가 오는 날 밤 특정한 노래를 라디오로 신청했던 의심스러운 인물이기도 하다. 그러나 희생자에게서 발견된 정액이 박현규의 것인지 확인하는 간단한 작업만이 남은 상황에서, 미국에서 도착한 DNA 검사의 결과는 모두가 의심하는 유력한 용의자가 범인이 아님을 증명한다.

사건의 실체에 접근하고자 할수록 오히려 그것으로부터 멀어지는 역설의 상황을 반복적으로 확인시키고 있는 이 영화에서 흥미로운 것은 사건의 해결을 위해 한국의 형사들이 박현규의 DNA 검사를 의뢰하고 있는 국가이다. 과학수사가 발달하지 않았던 당시, 실제 용의자들의 DNA 검사를 의뢰했던 일본이 영화 속에서 미국으로 재설정되었다는 사실은 우연한 선택의 결과로 보이지 않는다. 영화의 개봉 이후 동아일보와의 인터뷰에서 감독 봉준호는 〈살인의 추억〉의 결말은 '왜 (80년대의) 우리들은 실패했는가'를 다시 묻는 복잡다단한 회한의 감정과 관련한다고 밝힌 바 있다. 그런 면에서 사건을 해결하지 못한 두 형사의 시선이 이르고 있는 곳이 미국이라는 사실은 이 영화가 한국의 역사와 시간 속에 개입시키고자 하는 대상을 밝힌다.

원인을 알 수 없이 죽어 나가는 시체들의 시대로 그려지는 80년대, 그 한복판에서 사건을 해결하고자 했던 인물은 혼란을 종결지을만한 명확한 대답을 요구하지만, 한 장의 서신으로 도착한 미국은 보내진 DNA가 박현규의 것이 아니라는 사실을 확정한다. 어둠 속으로 사라져가는 박현규의 뒷모습을 그저 바라볼 수밖에 없는 두 형사의 망연자실한 표정은 이 영화를 또 다른 층위에서 한국의 80년대 한가운데로 옮긴다. 광주항쟁 당시 한국인들은 '특별한 우방'미국의 도움을 기대했지만, 미국은 민주화에 대한 열망을 탄압하던 군사독재 정권의 편에 서며 자국 이익과 상관없는 일에 대한 무관심을 드러냈다(이재봉, 2018: 203). 그제야 한국인들은 '자유민주주의의 동맹국' 미국에 대한 순진한 믿음을 폐기한다. 80년의 광주 이후, 매우 격렬해진 국내의 반미 운동은 그 결과이다. 국내 독점 자본과 결탁한 미국은 정치적 우방이 아니라 우리 민족을 그들의 지배 논리에 순응하게 하는 국가로 지목되기 시작한 것이다(같은 책: 205).

미국과 상관없는 화성의 실제 살인 사건을 한국과 미국 양자 간에 존재했던 반목의 역사와 겹쳐내는 영화의 결말이 의미심장해 보이는 것은 이런 이유에 있다. 80년대라는 역사를 "결박당한 채 한쪽의 벽면을 응시하는 죄수와 같은 자세로 자신의 의지와는 무관하게 주어지는 현실과 마주해야 하는 순간들"(유윤영, 2004: 127)로 조망하는 영화는 불가해한 시간에 깊숙이 연루되어 있지만, 이를 모르는 체하는 나라로서 미국을 지목한다. 이는 90년대 이후 수그러들었던 반미의 계보가 '88학번' 봉준호에 의해 2000년대의 스크린에서 이어지는 정황을 가늠하게 한다. 특히 이후 봉준호의 영화 〈괴물〉에서 미국이 재현되는 방식을 상기해 볼 때, 〈살인의 추억〉은 영화 〈괴물〉에서 드러나는 노골적인 반미 의식의 시작점으로 보인다. 이제 한국 사회의 혼란에서 결코 자유로울 수 없는 주체로서 미국을 특정해 내며 노골적으로 강대국 미국에 대해 적대감을 드러내는 영화 〈괴물〉로 논의의 초점을 옮겨 보자.

〈괴물〉이 제시하는 불/가능한 싸움

재난의 극적인 재현만큼, 혹은 그 이상으로 재난의 연원을 드러내는 데 집중한다는 점에서, 봉준호의 영화 〈괴물〉은 괴수가 등장하는 오락영화의 문법을 따른다기보다도, "표층적 차원의 '재난'을 넘어서 그것의 심층구조를 들여다보게" 한다(박선영, 2009: 111-112). 봉준호가 밝혔듯, 영화 〈괴물〉 속 미군 독극물 무단 방류 사건은 2000년 2월에 있었던 맥팔랜드 사건을 모티프로 한다. 주한미군이 한강으로 독극물 포름알데히드를 방류하는 영화의 첫 장면은 몇 년 후 이를 먹고 자란 돌연변이 괴물의 성장을 보여주는 장면으로 이어졌다가, 다시 몇 년 후 회사의 부도 이후 자살하기 위해 한강 다리 위에 올라선 남성으로 전환된다. 실제 한국 사회에서 일어난 사건과 그 사건이 처리되는 과정에서 드러난 한미 양국 간의 불균형한 힘은 영화를 관통하는 핵심적 문제의식으로 작동한다. 반식민지 국가에 상주하는 주한미군 부대의 '결과'로서 등장하는 괴물이 자본주의 경쟁 시장에서 낙오한 남자의 투신을 기다리다가 몸을 던진 그를 잡아먹는 강력한 오프닝은 이 영화가 왜 노골적으로 정치적인 영화인가를 단번에 설명한다(정성일, 2006).

전작 〈살인의 추억〉이 작동시키던 역설이 추적 불가한 것들을 추적하려는 시도에 있었다면, 영화 〈괴물〉의 역설은 사태의 궁극적 원인인 미국이 사태의 해결사로 등장하며 오히려 혼란을 키우는 상황에 있다. 괴물의 위험성을 판단하고 종식할 유일한 권위를 스스로에게 부여한 미국은 이미 초토화된 서울의 한강 변과 그곳에 있던 사람들을 다시 들쑤셔댄다. 〈살인의 추억〉이 조롱하던 한국 공권력/정부는 영화 〈괴물〉에 이르러 이 영화의 진짜 괴물이 무엇인지를 의심하게 할 만큼 무능력한 미국의 하수인으로 재현된다. 미국은 서울 시민을 존재조차 불분명한 바이러스의 감염자와 비감염자로 나누는데, 한국 정부는 일어나고 있는 모든 일들에 대해 방관의 자세를 유지한다. 더하여 한국 정부는 미국의 지시에 따라 한강 변을 돌아다니며 안정성이 확인되지 않은 화학 약품을 살포하는 등 스스로 강대국의 수족이 된다.

모두가 시민의 안전을 말하지만, 누구도 그것에 관심이 없는 상황에서 괴물에게 납치당한 강두(송강호)의 딸 현서(고아성)는 각기 다른 이유로 뿔뿔이 흩어졌던 가족을 모이게 한다. 산만하기 그지없는 강당의 빈소에서 〈괴물〉의 가족은 부산스럽게 조우한다. 현서의 죽음을 사실로 받아들이고 서로를 탓하던 가족의 운명은 그러나 이들이 현서가 괴물의 은신처에서 보낸 신호를 확인하며 한순간에 뒤바뀐다. 있는 돈을 모두 털어 무기를 구입하고 출입이 통제된 구역으로 직접 현서를 구출하러 들어간 가족은 이미 이 영화가 그려내고자 하는 정치적 싸움의 한복판에 서 있다. 88서울올림픽 당시 시행된 재개발로 인해 살던 곳에서 반강제로 쫓겨나야 했던 가족은 하라는 대로 가만히 앉아 짐짝처럼 '처리'당하는 대신, 스스로 움직이기를 선택하는 것이다.

영화 〈괴물〉의 흥미로움은 그러나 괴물의 등장이 야기한 불안과 공포가 다시 뭉친 가족을 통해 해결되는 과정이 아니라 가족의 사투에도 불구하고 문제의 해결이 의도치 않게 유예되는 상황 속에서 발생한다. 특히 강두의 여동생 남주(배두나)와 남동생 남일(박해일)을 통해 드러나는 '어긋난 타이밍'은 의미심장하다. 시청 소속 양궁 선수로 등장하는 강두의 여동생 남주가 괴물을 향해 겨누는 활은 '민족'의 무기처럼 보이지만, 영화는 '민족'을 반미의 거점으로 다시 부르짖기를 주저한다. 누구보다 뛰어난 양궁 실력을 갖추고 있지만, 결정적인 순간에 시간을 지체하며 매번 우승의 문턱에서 멀어지는 남주는 괴물을 대적하는 그 순간에도 같은 실수를 반복한다. 긴장감을 이겨내지 못하고 화살을 날려버리는 남주는, 빗나가는 남주의 화살은 위기 때마다 한국인을 결속시켰던 공동체로서의 민족, 그 시효가 이미 만료된 상황을 우회적으로 설명한다.

괴물을 대면하고 이를 처단하기에 부족한 힘은 과거의 열혈 운동권 남일을 통해서 더 극단적으로 제시된다. 가족을 지키고 조카 현서를 구하기 위해 백방으로 뛰는 남일은 과거 그와 생사를 함께 했던 운동 동지를 찾아가 조력을 구해보지만 '어제의 동지'는 수배된 남일을 밀고하여 돈을 챙기는 쪽을 택한다. 90년대 이후, 사분오열로 흩어진 운동권의 현재를 그대로 드러내는 듯 보이는 이 같은 에피소드는 이념과 이론으로 무장한 채 미국에 저항하던 열혈 청년의 존재가 이미 과거의 시제 속에 종속되어 있음을 확인시킨다. 익숙하게 화염병을 만들고 괴물을 향해 겨누지만, 남일은 결정적인 순간 괴물의 앞에서 허무하게 화염병을 놓친다. 남일의 '삑사리'때문에 그가 괴물과 독대하는 비장한 순간의 긴장감은 실소로 전환된다. 이를 통해 영화 〈괴물〉은 그 시절 강력했던 저항의 동력은 지금의 미국을 대적하기에 매우 낡았다는 사실을 주지시킨다.

물론 남주와 남일을 통해 상징되는 민족과 운동권의 만료된 시효는 과거 유연하게 작동하던 저항동력의 완벽한 소멸을 뜻하지는 않는다. 예컨대 이후 강두가 괴물을 처단할 때, 남일이 만들고 떨어뜨린 화염병을 남주가 주워 이를 자신의 화살에 꽂아 괴물의 눈을 맞추는 등, 이들의 무기들은 강두를 조력한다. 여기서 강조하고자 하는 것은 이들 과거 저항 동력이 쓸모없다는 사실이 아니라, 폭력적 상황 속에서 한국인을 움직이게 하던 정치적 힘이 이제는 그 존재 하나만으로 압도적 위력을 발휘하기 힘들다는 것이다.

대신 〈괴물〉은 패권국가 미국을 거슬러 오르는 결정적 순간을 가능하게 하는 인물로 손님의 오징어 다리를 하나씩 뜯어먹는 소소한 낙에 사는 강두를 선택한다. 강두는 사회구조적 폭력은 언제나 배운 것 없고 가진 것 없는 이들에게 가장 가혹하게 닥친다는 사실을 상기시키는 인물이기도 하다. 미국은 강두를 바이러스의 잠재적 보균자로 분류하여 철저하게 격리하고, 인간이 아닌 실험체 취급한다. 괴물에게 납치된 딸 현서가 살아 있다는 강두의 말을 듣는 대신, 미국은 강두의 뇌를 마음대로 헤집는다. 그러나 바로 같은 이유로 영화는 신자유주의의 질서 속에서 약삭빠르게 행동하며 승자의 지위를 누릴 길이 없어 보이는 강두를 현실을 거스르는 힘을 추동하는 장소로 지목한다.

미국이 자신을 가둔 컨테이너를 박차고 나온 강두는 딸을 구하겠다는 집념 하나로 달린다. 괴물을 잡기 위해 무작위로 살포된 화학 약품이 내뿜는 연기 속으로 걸어 들어간 그는 코와 귀에서 피를 흘려가며 결국 날뛰는 괴물을 처단한다. 괴물의 아가리에 창을 꽂아 넣은 강두는 밀리고 밀려가면서도 끝까지 버틴다. 이때의 강두는 이유도 모르고 일방적으로 빼앗긴 존재, 일방적으로 훼손된 신체가 아니다. 그는 결정적 순간을 기다렸고 이를 포착했으며 결국 자신의 힘을 증명한 존재다.

죽어가는 괴물이 시커먼 입을 통해 현서를 다시 뱉어내는 장면은 전작 〈살인의 추억〉 속 모든 것을 미궁으로 빠뜨렸던 어둡고 좁은 터널의 이미지와 극적인 대비를 만들어낸다. 사건이 마무리되는 이 순간에 장르영화의 전형적인 문법상 영웅의 자질을 갖추지 못한 강두는 진정한 재난의 영웅으로 등극한다. 현서는 죽었지만, 강두의 삶은 계속된다. 자신이 당한 일의 역사성을 설명하지 못하는 강두가 전두엽을 절제 당하고도 멀쩡히 살아남은 채 현서가 살린 소년과 새로운 가족을 이루는 결말은 전작 〈살인의 추억〉을 지배하던 좌절과 우울 대신 "카니발적 저항과 희망"(황혜진, 2006: 184)의 의미를 새기는 듯 보인다.

그러나 봉준호는 〈괴물〉이 제시하는 정치적 투쟁을 희망으로 귀결시키기를 머뭇거린다. 괴물을 처단하는 데 성공한 강두는 저항이 시작되는 장소로 특정되지만, 이는 곧바로 이어지는 장면들과 정면으로 충돌한다. 평온을 되찾은 듯 보이는 한강 변의 컨테이너 매점에서 강두와 소년은 TV를 보고 밥을 먹으며 소소한 일상을 보낸다. 이때, 컨테이너의 바깥에서 작은 인기척이 들리자, 강두는 즉시

총을 장전하고 예민하게 밖을 주시한다. 아무 일이 아니라는 사실을 확인하고 나서야 강두는 총을 내려놓고 다시 밥 먹는 일에 집중한다. 괴물을 처단한 강두가 그 모든 일이 끝난 후 기댈 수 있는 것은 괴물이 처단되기 전 그랬던 것처럼 스스로를 지킬 장전된 총 한 자루에 불과하다. 이는 자본주의가 양산한 괴물은 궁극적으로 소멸하지 않았으며 정상 사회의 복원은 영원한 실패로 남게 되었다는 사실에 대한 실망을 (김경욱, 2022: 261), 사회의 전복은 아직 환상의 영역에 머물러 있다는 사실에 대한 절망을 (박효원, 2014: 73-74) 관객에게 드러낸다.

영화의 처음으로 돌아가 보자. 한강 다리 위의 남자는 물속에서 어른거리는 괴물의 형체를 확인한 후 자신의 자살을 말리려던 사람들에게 "끝까지 둔해 빠진 새끼들. 잘 살아들"이라 말하며 한강에 몸을 던진다. 괴물을 보고 미련 없이 한강으로 뛰어내리는 남자의 냉소와 괴물을 보지 못한 채 그를 말리는 사람들. 미국은 개입하고 정부는 방관하는 사회에서 가능한 인간의 존재는 괴물을 아직 못 보았거나, 보았으나 어찌할 수 없는 이들로 양분될 뿐이다. 영화 〈괴물〉은 무엇을 해도 변하지 않는 사회에서 도돌이표처럼 되풀이될 비극을 이미 영화의 시작과 함께 관객의 눈앞에 내보이고 있었던 것일지도 모른다.

이런 면에서 현실의 전복을 상상하는 동시에 이를 강력한 현실로 틀어막아 버리는 영화 〈괴물〉은 동시대의 사회 변혁을 꿈꾸는 동시에 그 가능성을 의심하는 봉준호의 혼란을 고스란히 드러내는 텍스트로 보인다. 사회 내부의 역량을 무한히 긍정하지 못하는 〈괴물〉의 현실적 감각들은 이후 〈기생충〉으로 이어진다. 사회 양극화의 문제, 계급의 문제를 전면화한 〈기생충〉에서 봉준호의 관심은 어떻게 저항할 것인가에서 우리는 왜 저항할 수 없는가의 문제로 선회한다.

〈기생충〉이 확정하는 체념과 무기력

〈괴물〉이 한국과 패권국가 미국 간의 되풀이 되는 지배/피지배의 문제를 닥치는 대로 사람들을 잡아먹는 괴생물체로 응집시켜 냈다면, 영화 〈기생충〉으로 돌아온 봉준호는 누군가는 누리고 누군가는 견디는 경제적 식민지의 삶 그 내부로 이야기의 초점을 옮겨낸다. 경제적 자유주의의 결과로 제시되는 극심한 양극화의 문제는 이 영화에서 공간의 감각으로 재구성된다. "지하, 반지하, 1층, 2층 등 수직적 기준으로 나뉜 공간들은 계층 간의 간극을 상징하며, 이들 공간을 연결하는 동시에 구분해 놓은 '계단'이라는 공간은 인물들의 욕망과 위태로움을 적나라하게 보여준다."(김현미, 2020: 266)

언덕 위 부촌에 자리잡은 동익(이선균) 가족의 저택은 동시대 한국 사회 모두의 욕망이 향하는 계층 이동의 신화를 상징하는 장소로 등장한다. 폭우가 모은 것을 쓸어버릴 듯이 거세게 몰아치는 밤, 동익의 아들은 못다 한 캠핑을 저택의 정원에서 마저 하겠다며 고집을 부린다. 이때 "괜찮을 거예요. 이 텐트는 미제잖아"라 말하며 남편을 안심시키는 아내 연교(조여정)의 대사는 상징적이다. 비가 들이치지 않는 탄탄한 미제 텐트처럼, 동익과 그의 가족이 거주하는 집은 미국이 주도하는 신자유주의의 질서 안에서 소수에게만 허락된 피라미드의 정점에 오른 이를 언제나 안락하게 지켜내는 장소로 은유된다.

같은 밤, 쏟아지는 폭우에도 '캠핑'을 운운하는 평온한 동익 가족의 거주 공간은 기택(송강호) 가족이 사는 반지하의 물난리와 선명하게 대조된다. 궂은 날씨에도 굳건한 동익의 '미제 텐트'와 달리, 기택의 반지하는 쏟아지는 폭우에 금세 아수라장이 된다. 집 안에 들이닥친 물에 흐르는 전기, 쉴 새 없이 오물을 역류시키는 변기 등 참혹한 반지하의 내부는 냉혹한 경쟁 시스템 그 하부의 어딘가에 위치하는 기택 가족의 사회경제적 지위가 곧 이들이 재난에 취약할 수밖에 없는 이유가 되는 악순환의 고리를 드러낸다.

수직적으로 나뉜 공간에서 예상치 못한 사건을 통과하는 두 가족의 모습이 대조적으로 그려지는 밤을 기점으로 영화는 숨겨두었던 지하 방공호의 존재를 노출한다. 저택의 전 주인이자 설계자가 빚쟁이들에게 쫓기거나 전쟁이 나는 등 유사시의 상황을 대비해 만들었으나 기어코 숨기고자 한 비밀의 지하 방공호는 화려하고 매끈한 저택과 좀처럼 어울리지 않는 이물과 같은 공간이다. 그리고 그 숨겨진 공간을 실질적으로 점유하고 있는 인물은 그곳에서 유령과 같은 모습으로 생존하고 있는 근세(박명훈)이다. 부자들의 피난처로 설계된 지하 방공호는 이 영화에서 신자유주의 체제가 그 사회의 구성원들에게 강조하는 노력과 그에 따른 보상이 일종의 기만이자 허구임을 증명하는 장소로 다시 규정된다.

대만 카스텔라 사업에 실패하고 빚쟁이들에게 쫓기던 끝에 결국 동익 가족의 집사로 있던 아내 문광(이정은)의 도움으로 지하 방공호에 숨어든 근세는 자유시장 경제 체제에서 철저히 배제된 인물이다(이재은·김성곤, 2020: 123). 살기 위해 "그래도 이것저것 안 해 본 일이 없었던" 근세는 그의 노력에 대한 보상은커녕 더 이상 자신의 생존을 보장할 수 없는 좌절 속에서 결국 사회로부터 사라지는 쪽을 택한다. 기택 가족의 삶과 공간이 경쟁 사회의 하부에서 드러나고 있다면, 근세의 존재와 그가 사는 공간은 '가난'의 표상으로조차 상징 불가한 예외의 영역에 있다. 이런 점에서 우연히 먹을 것을 찾으러 주방으로 올라온 '유령' 근세를 보고 발작을 일으킨 아들 다송을 걱정하던 연교가 "유령이 나오는 집터 때문에 사업이 번창한 것도 같다"고 말하는 장면은 중의적이다. 이는 벤처 기업의 대표로 등장하는 사업가 동익의 큰 성공이 그 하부에 존재하는 '망하는 삶'들과 필연적으로 연관되어 있음을 은연중에 드러내기 때문이다.

여기서 이미 가난하기 때문에 쏟아지는 폭우를 피할 길이 없고, 폭우를 피할 길이 없으므로 더 가난해지는 기택 가족과 사회에서 수증기처럼 증발했기 때문에 폭우와 상관없는 (그래서 더 비극적인) 근세 가족은 봉준호 영화가 〈괴물〉에서 던졌던 질문을 다시 작동시킨다. 폭압적인 현실의 질서와 구조는 밑으로부터 올라오는 힘으로 변화할 것인가. 밀리고 밀리는 이들은 스스로를 저항의 거점으로 삼아 낼 수 있을 것인가. 〈괴물〉의 봉준호가 가만히 앉아 처분을 기다리는 대신 스스로 움직이기를 선택한 가족을 통해, 특히 머리에 구멍이 뚫린 만신창이 몸으로 괴물을 대적했던 강두라는 주체를 통해 저항을 상상했다면, 〈기생충〉의 봉준호는 그런 일은 이제 상상의 영역에서조차 불가함을 선언한다.

근세의 존재를 알게 된 기택이 "이런 데서도 살아지나?"라고 묻자, 다년간의 지하 생활로 핏기 없는 얼굴의 근세는 "나도 잘 모르겠어. 내가 언제부터 여기 살았던 거였는지. 아예 여기서 태어난 것 같기도 하고"라 말한다. 아내 문광이 저택의 주방에서 훔쳐 온 음식들로 겨우 목숨을 부지하고 있는 근세는 자신에게 배달된 젖병 안의 우유를 허겁지겁 빨며 무의미한 생존을 확인한다. 대신 근세는 공허한 마음을 성공한 사업가에 대한 동경으로 채운다. 평범하게 살아보고자 했지만 남은 건 자신을 쫓는 빚쟁이들과 갚을 수 없는 빚밖에 없는 자신과는 달리, 신자유주의 신화의 정점에 서 있는 동익에게 연신 "리스펙!"을 외치는 근세는 "주체성이 말살되어 자신의 열등성을 내면화하고 완전하게 노예화된 상태"의 인간이다(김현미, 2020: 268). 의도하지는 않았지만 자신을 먹여 살리고 있는 동익에게 무한한 감사와 신뢰를 보내는 근세가 그러한 삶에 순응한 이상 변화의 가능성은 존재하지 않는다. 절망의 감각에 익숙해진 근세 부부는 대신 현실에서 이탈해 환상에 둥지를 튼다. 집주인의 부재를 틈타 저택의 거실로 올라와 따뜻한 햇살을 느끼며 커피를 마시고 왈츠를 추는 근세 부부는 부자들의 삶을 자신의 것인 양 잠시 향유하며 착각의 시간을 즐긴다.

근세 부부에게 환상이 현실을 마주하고 이로부터 도피한 결과라면, 기택 가족의 환상은 현실을 직시하지 않는 것에 기인한다. 전원 백수였던 가족이 극적으로 전원 취업에 성공한 후, 그 상황을 곧장 희망의 감각으로 바꾸어낸 기택 가족은 그들을 '딱한 처지'의 근세 부부와 애써 분리한다. 근세는 기택에게 "땅 밑에 사는 사람들이 한둘인가? 반지하까지 치면 더 많지"라 말하고 문광은 충숙(장혜진)에게 "불우이웃끼리 돕자"고 말하지만, 기택과 충숙은 바닥으로 내다 꽂힌 근세와 문광이 반 층 위에 사는 자신들과 다르다고 믿는다. 그러나 저택의 거실에서 값비싼 양주로 질펀한 술판을 벌이며 부자의 기분을 만끽하는 기택 가족의 향유는 잠시 부자의 삶을 훔치며 현실에서 이탈하고자 하는 근세 부부의 향유와 크게 다르지 않다. "양 가족은 사회적 제도를 변화시켜 자신들의 삶을 본질적으로 변화시키는 문제에 대해 생각할 필요가 없다. 그들에게 중요한 것은 현재의 지위를 유지하는 것이다."(정하제, 2019: 223)

〈괴물〉이 전경화한 정치적인 싸움이 〈기생충〉에서 부정되는 것은 이와 관련한다. 〈기생충〉에 등장하는 두 가족은 치열하게 싸우지만 그들의 싸움이 향하는 방향은 평범한 다수를 언제나 나락으로 떨어뜨릴 수 있는 체제 그 자체가 아니다. 폭력적인 신자유주의 체제를 의심하고 이에 분노하는 대신, 두 가족은 판타지 속으로 현실의 문제를 봉합하며 문제의 해결을 무한히 유예한다. 익숙해진 어둠 속에서 부자에게 의지하는 삶을 계속하기 위해 혹은 위장 취업으로 누릴 수 있는 쏠쏠한 경제적 혜택의 지속을 위해 이들 가족은 서로를 가차 없이 밀고 굴러 떨어뜨리는 처절한 사투를 벌인다.

내가 살기 위해 남을 죽여야 하는 잔혹한 게임을 그린 드라마 〈오징어 게임〉은 여기서 유의미하게 〈기생충〉과 연동한다. 2020년 넷플릭스를 통해 공개된 황동혁의 〈오징어 게임〉은 신자유주의 체제가 강제하는 경쟁 지상주의와 사회적 불평등의 문제를 비판한 바 있다. 전개 과정에서 〈오징어 게임〉은 죽고 죽이는 살벌한 게임판을 설계하고 느긋하게 게임 플레이어들의 고통을 관전하고 즐기는 자들을 한 무리의 백인 남성들로 드러낸다. 이는 각기 다른 소재로 한국을 이야기하는 이 두 감독이 금융자본주의의 중심에 서 있는 서구 패권 국가들에 대해 공유하는 감정의 상태를 가늠하게 한다.

격렬한 싸움을 벌이는 근세 부부와 기택 가족 그 누구도 애초에 이 게임의 궁극적인 승자가 될 수 없다. 싸움의 원인을 파악하지 못한 채 이어지는 무의미한 싸움의 끝, 이 두 가족에게 예정된 것은 공멸뿐이다. 문광은 충숙의 발길질에 계단 아래로 추락해 결국 죽음을 맞이하고, 기택은 근세를 묶어 버린 후 방공호의 문을 닫는다. 영화가 진행되는 내내 동익을 향한 열렬한 동경 외에 별다른 감정 상태를 내보이지 않던 근세는 처음으로 격렬한 분노의 감정을 폭발시키며 기택의 아들 기우(최우식)의 머리를 돌로 내려찍는다. 근세는 기정(박소담)의 가슴에 칼을 꽂으며 죽은 아내의 복수에 성공하지만, 결국 충숙에 의해 허리에 쇠꼬챙이가 꽂힌 채 죽음을 맞는다.

시종일관 자신의 처지를 있는 그대로 받아들이던 기택이 쓰러진 근세의 곁에서 코를 틀어막는 동익을 살해하는 장면은 기택이 생각하고 싶지 않던 자신의 불안한 처지를, 그리고 부조리한 계급의 문제를 정면으로 바라보는 유일한 순간이다. 그러나 전술한 〈괴물〉의 활과 화염병이 결정적인 순간 어긋나고 미끄러지는 것처럼, 〈기생충〉은 기택의 계급적 각성은 이미 늦었다고 말하는 듯하다. "하층 계급이 살아 있을 때의 냄새와 죽어갈 때의 냄새로 대변되는 듯한 기택과 근세의 냄새는 여기서 계급적으로 분명하게 연대"하지만 "그런 계급적 연대는 극 중에서 아주 잠깐 동안만 즉각적이고도 폭발적인 화학반응을 일으켰을 뿐"(이동진, 2020: 30)이기 때문이다.

기택은 바로 그 이유로 다음의 근세가 된다. 사회의 어느 곳에서도 발붙이고 살아갈 수 없는 기택은 스스로 지하 방공호로 걸어 들어가 문을 닫는다. 근세 부부는 아예 처음부터 없었던 사람들처럼 세계의 내부에서 사라졌고 기택 가족은 더 깊이 추락했다. 이들의 싸움에 뜻하지 않게 휘말린 동익은 죽었지만, 안전한 미국 텐트인 저택은 흔들리지 않는다. 마치 아무 일도 없었다는 듯이 깨끗이 사건의 흔적을 지워낸 저택은 새 주인으로 독일인 부부를 맞는다. 그리고 기택은 근세가 그랬던 것처럼 집안일을 돕는 필리핀 가정부의 눈을 피해 끼니를 연명하며 끝나지 않는 기생의 삶을 살 수밖에 없다.

기택이 근세가 있던 자리로 하강함과 동시에 기택 가족 중 유일하게 "계획 있는" 인생을 추구하던 기우는 "계획이 없는 것이 바로 계획"이라던 아버지 기택의 자리로 이동한다. 지금보다 나은 삶은 가능하지 않다는 사실을 통렬하게 자각한 기우가 결코 아버지에게 닿을 수 없는 편지에서 "일단은 돈을 많이 벌고 그 집을 사겠습니다. 아버지는 그냥 올라오시기만 하면 됩니다"라고 말할 때, 영화가 남기는 씁쓸함은 정점을 찍는다. 편지를 쓰는 기우도, 그러한 기우를 보는 관객도 그러한 일은 절대 일어나지 않을 것을 안다. 기우의 자리를 다시 반지하로 고정시키며 끝나는 영화는 "'사회는 변하지 않을 것이다'는 명제를 굳이 확인시켜주"며, "희망의 가능성을 전혀 내비치지 않은 채 끝을 맺는다."(김현미, 2020: 271)

영화 〈기생충〉을 통해 봉준호는 현실에서 도망쳐도, 마침내 현실을 마주해도 체제의 피해자들이 감당해야 하는 것은 바뀌지 않는 현실 그 자체일 뿐임을 밝힌다. 산수경석에 머리를 찍힌 채 사건의 현장에서 기절해 있던 기우는 병원에서 깨어나 상황과 어울리지 않는 웃음을 연신 터뜨린다. 현실에서 일어났지만 믿을 수 없는 일을 우울과 슬픔이라는 감정만으로 표현할 수 없다는 듯, 쉴 새 없이 웃는 기우가 영화의 뒤에 있는 감독 봉준호와 겹쳐 보인다. 희망이 깊으면 절망도 깊다.

'사회의 현실을 날카롭게 파헤치며 세계 보편의 문제를 그리는 데 성공한 봉준호가 이미 그 말기에 다다르고 있는 전 지구적 자본주의, 특히 2000년대 이후 한국 한국사회를 지배하고 있는 신자유주의 체제를 거슬러 오를 수 있는 가능성을 담지하고 있는가'라는 물음에 대해 선뜻 '그렇다'라는 대답이 망설여지는 이유는 여기에 있다. 봉준호의 영화는 지금 한국 사회가 당면한 현실적 부조리와 병폐를 사실적으로 그리며 21세기 사회적 리얼리즘 영화의 계보를 잇는다. 그러나 한국 사회에 들이닥친 혼란과 공포의 감각을 탁월하게 묘사하고 그 질서를 뒤엎을 수 있는 정치적 투쟁을 상상하던 봉준호는 현실의 질서는 해체될 수 없다는 사실을 인정하고 확정하며 지금-여기가 요구하는 정치적 상상의 가능성을 스스로 봉쇄한다.

영화 〈기생충〉으로 할리우드 한복판에서 마침내 오스카를 거머쥐고 국제적 거장의 반열에 오른 봉준호가 거둔 성과들은 이런 면에서 극적으로 구성된 영화의 한 장면처럼 보인다. 오해하지는 말자. 이 글의 시작에서 밝혔듯이 봉준호는 서구의 시선에 스스로를 의식적/무의식적으로 가두지 않고 자신과 자신의 영화를 객체가 아닌 주체로 인식하며 국제적 명성을 얻었다. 그러나 그가 폭로하는 현실적인 사회 풍경이 그의 의도와 상관없이 체제의 건재함을 증명하는 보고서로서 수용될 가능성 역시 배제할 수 없다. 자본의 전횡에 대응할 수 있는 동력은 한국 사회에 없다는 사실을 전하는 사회

보고서. 소련의 해체로 상징되는 냉전 시대의 끝, 승리를 확인한 미국식 자유-자본주의가 지금의 한국 사회에서 여전히 유효함을 증명하는 패배의 보고서. 아시아의 영화에 절대 주류의 자리를 내주지 않았던 아카데미는 마침내 깊은 절망과 환멸 속에서 미국과의 싸움이 불가함을 인정한 봉준호의 안전한 영화를 최고의 작품으로 '채택'했다.[1]

1 이 글은 『드라마연구』 75호(2025)에 수록된 「봉준호 영화가 그리는 인식의 지도 연구: 〈살인의 추억〉, 〈괴물〉, 〈기생충〉을 중심으로」를 수정·보완한 것임을 밝힌다.

참고문헌

김경욱 (2022). 봉준호 영화의 장르연구: 〈살인의 추억〉과 〈괴물〉을 중심으로, 영화연구 94, 한국영화학회, 237-265.

김용희 (2021). 영화 〈기생충〉에 나타난 서브텍스트로서의 상징과 국가적 알레고리, 아시아영화연구 14(1), 부산대학교 영화연구소, 7-33.

김현미 (2020). 봉준호 영화에 나타난 공간과 로컬리티: 〈살인의 추억〉, 〈괴물〉, 〈기생충〉을 중심으로, 문학과 영상 21(2), 문학과영상학회, 249-278.

박선영 (2012). 한국형 재난영화에 대한 고찰-〈괴물〉(봉준호, 2006), 〈차우〉(신정원, 2009), 〈해운대〉(윤제균, 2009)를 중심으로, 영상문화 20, 한국영상문화학회, 99-118.

박효원 (2014). 영화 〈괴물〉에서 재현된 근대적 권력 구조에 대한 한국인의 절망, 인문과학연구논총 35(2), 명지대학교인문과학연구소, 59-77.

백원담 (2022). 한류, 신자유주의적 문화신체 그리고 정동연대, 황해문화 115, 새얼문화재단, 2-17.

손성우 (2019). 영화 〈기생충〉의 욕망의 자리와 환상의 윤리, 영화연구 81, 한국영화학회, 89-122.

유윤영 (2004). 〈살인의 추억〉, 역사적 과거가 재현되는 방식, 오늘의 문예비평 52, 오늘의 문예비평, 124-143.

윤장호 (2014). 영화에서 '틈'에 관한 공간연구-봉준호 감독 영화를 중심으로, 영상기술연구 21, 한국영상제작기술학회, 203-223.

이기웅 (2022). 포스트 지구화와 한류 어셈블리지, 황해문화 115, 새얼문화재단, 95-113.

이동진 (2020). 이동진이 말하는 봉준호의 세계. 고양: 위즈덤하우스.

이재봉 (2018). 문학과 예술 속의 반미. 파주: 네잎클로버.

이재은·김성곤 (2020). 봉준호의 〈기생충〉에 나타나는 아메리칸 드림의 허상, 한국영상학회논문집18(6), 한국영상학회, 107-126.

지주형 (2011). 한국 신자유주의의 기원과 형성. 서울: 책세상.

정성일 (2003). 1980년대를 방관하는 우리들의 추악한 공범의식, 월간말 6월호.

______ (2006). 노골적이고 단호한 정치적 커밍아웃, 〈괴물〉(1), 씨네21 8월호.

정하제 (2019). 기생충적 삶의 지속, 혹은 전복: 봉준호 감독의 〈기생충〉, 공연과리뷰

104, 현대미학사, 218-225.
황혜진 (2006). 강우석 감독의 〈한반도〉와 봉준호 감독의 〈괴물〉: 한국형 블록버스터의 두 얼굴, 그 명암, 공연과리뷰 54, 현대미학사, 178-184.

Harvey, D. (2005). *The New Imperialism*. 최병두 옮김 (2016). 신제국주의. 서울: 한울.
Jameson, F. (1991). *Postmodernism, or, the Cultural Logic of Late Capitalism*. 임경규 옮김 (2022). 포스트 모더니즘, 혹은 후기 자본주의 문화논리. 서울: 문학과지성사.

동아일보 (2003.04.03.). '살인의 추억' 봉준호 감독 "80년대를 지명 수배한다" (2023년 10월 15일 검색) www.donga.com/news/article/all/20030403/7930795/1

제8장

〈대장금〉으로 본 한류 스토리텔링의 강점과 맹점

박상미

- 〈대장금〉 스토리텔링의 특징
- '정–한–아우름'의 스토리텔링
- 죽어가는 것을 살리는 서사–'생명'과 '관계'
- 한류드라마 스토리텔링의 맹점 직시하고 나아가기

드라마 〈대장금〉은 한국 사극의 전성기를 이끈 작품으로, 조선시대 궁녀 서장금이 의녀가 되기까지의 과정 속 사랑과 성장을 다룬 54부작 드라마다. 최고 시청률 57.8%의 인기는 국내외에서 '장금이 신드롬'을 불러일으킬 정도였는데 이후 관련 서적, 테마파크, 애니메이션, 뮤지컬 등이 탄생하기도 했다. 〈대장금〉은 20년 만인 2024년 10월부터 〈의녀 대장금〉이라는 새로운 제목을 달고 후속작이 재탄생 중이다. 한류 스토리텔링의 발전 방향을 논하기 위해서는 한류 드라마의 상징이 된 〈대장금〉 스토리텔링을 지속적으로 연구할 가치가 있다.

〈대장금〉은 '정과 한을 아우르는 서사'다. 대립과 갈등과 한을 더 큰 사랑으로 승화하는 이야기는 해외 시청자까지 감동시킨 한국만의 독특한 스토리텔링이라 할 수 있다. 더불어 주목할 것은 '새로운 여성영웅 서사'라는 점이다. 장금의 일대기는 남성에게만 국한되어 있던 '영웅설화'를 여성에게도 접목시킨다는 점에 의의가 있다.

그리고 '죽어가는 것을 살리는 서사'다. 〈대장금〉은 생명존중 사상을 바탕으로 하여 화려하면서도 건강을 중시하는 '음식'과 신비로운 의술인 '한의학'이 어우러져서, '생명을 살리는' 독특한 서사를 창조해냈다. 또한 갈등으로 인해 생기는 '한'을 화해와 사랑으로 승화함으로써 '관계를 살리는' 서사로 확장된다. 이러한 한국적 정서에 바탕을 둔 〈대장금〉 이야기의 강점이 세계인을 공감하게 만들어 상업적 성공으로 연결되었다. 〈대장금〉 스토리텔링을 분석한 것을 토대로 한류드라마 스토리텔링의 강점을 찾되, 맹점이 있다면 신중하게 들여다보면서 한류드라마가 국내외 팬들에게 지속적인 사랑을 받기 위해서 어떤 노력이 더 필요할지 고민해 보자.

〈대장금〉 스토리텔링의 특징

〈대장금〉은 기본적으로 현실의 장애를 극복하는 비범한 능력자의 이야기를 다루고 있다. 줄거리는 다음과 같다.

① 주인공 대장금은 어려서부터 갖은 고난을 겪는다. 장금이 8살 때 부모는 억울하게 사망했다.

② 장금의 어머니는 원래 조선시대 궁중어선(御膳) 주방의 궁녀였으나 최상궁의 모함을 받아 죽게 된다.

③ 장금이는 숫한 난관과 고생 중에도 타고난 고운 심성을 잃지 않고 끊임없이 정진, 성공하기에 이른다.

④ 그 당시 어머니를 음해한 원수 최상궁이 장금이의 신분을 알게 된다. 장금이와 그녀의 스승 한상궁은 최상궁의 모함을 받아 밀모(秘謀) 죄로 제주도로 유배되지만, 갖은 고난을 겪은 후 의녀(醫女)가 되어 궁중에 다시 돌아온다.

⑤ 궁중에 돌아온 후 장금이는 마음속의 원한을 가지고 있으

나, 스승의 질책과 가르침을 통해서 의술을 행하는 이의 참된 마음가짐을 배우고, 한결 같은 마음으로 자신의 의술에 정진한다.

⑥ 최상궁 일가의 계략으로 여러 차례 모함을 당하지만, 그녀는 계속해서 그들이 스스로 뉘우칠 것을 설득한다.

⑦ 악인의 악행은 낱낱이 드러나고 장금이는 정의롭게 어머니와 스승의 억울함을 풀어준다.

⑧ 후에 장금이는 조선 역사에서 최초의 여자 어의가 되고, 자기를 끝까지 믿고 사랑해준 사람과 일생을 같이하게 된다.

이렇게 정리하면 장금의 성공담은 가난과 시련을 극복한 전형적인 성공서사 구조로 볼 수 있다. 물론 이러한 전형적 구도 속에서도 장금만이 갖고 있는 독특한 서사적 특성이 이야기 곳곳에서 나타난다. 〈대장금〉 이야기의 전체를 구성하는 서사는 한국의 영웅 설화와 유사한 구조를 취하고 있다. "『삼국유사』를 비롯하여 한국의 영웅 설화의 통사론적 구조를 분석하면, '신성하거나 결핍을 가진 주체→시련 및 도전→조력자의 도움→시련의 극복→주체의 목적 실현'의 보편구조를 지향하고 있다."(이도흠, 1995: 457) 이를 대입하면, 〈대장금〉은 '선하고 뛰어난 의술과 요리술을 가진 여성이지만 어머니가 부재하고 천한 신분임→최상국 등 여러 적대자들로부터 다양한 시련을 겪음→한상궁, 신익필, 감식초 등의 도움→고운 심성과 실력을 통해 시련을 극복함→어머니의 소원을 이루고 사랑도 쟁취함'의 통사론적 구조를 이루고 있다.

장금의 결핍은 어머니의 부재와 신분, 그리고 젠더로서 여성이다. 장금이에게 결핍의 주된 요인은 부모의 죽음이다. 장금은 모함을 받아 죽은 궁녀의 딸이며, 가부장적 권력이 압도적이었던 조선조 사회의 여성이었다. 이 결핍은 한이 되며, 적대자이자 악의 상징인 최상궁 등으로부터 계속 시련을 당하는 원천적 요인이다. 하지만 어떤 결핍도 주인공에게 시련과 체념의 요소가 되지 못한다. 결핍의 환유는 도리어 장금을 성장시키는 원동력으로 작동한다.

결핍을 가진 주인공이 영웅적 인물로 거듭나는 데 막강한 에너지로 사용되는 것은 '원대한 꿈'이다. 장금의 어머니인 박나인은 "장금아…… 수라간 최고 상궁이 되어다오…… 최고 상궁만이 전수받는 비서에 어미의 억울한 사연을 적어다오. 어미의 억울한 사연은 네 천자문 갈피에 숨겨 놓았느니라…… 대전 퇴선간에 엄마가 적어 놓은 음식발기가 숨겨져 있다. 필요할 때 보아라. 이 어미의 숨결이 있을 것이다."(김영현, 2004)[1]라는 말을 남기고 숨을 거둔다. 어머니의 한을 풀고 소원을 이루어주어야 한다는 목표가 끊임없이 정진할 수밖에 없는 장금이 캐릭터의 토대를 구성한다. 이러한 장금의 꿈은 여성영웅으로 나아갈 수 있도록 하는 동력이다. 또한 장금의 꿈은 현실에서의 결핍을 구체적 삶의 변화로 이끌어주는 역할을 한다.

어머니의 수십 년 된 감식초 또한 장금이가 위기를 모면할 수 있도록 돕는다. 중요한 음식 경합을 앞두고 장금이와 한상궁은 최상궁 일행의 모략에 의해 준비했던 재료들을 잃게 된다. 최상궁의 명령에 따라 영로가 조리실에 닭을 풀어서 경합에 쓰일 동충하초와

---

1 김영현, 『대장금, 오리지널 시나리오』, 서울: 커뮤니케이션북스, 2004, 〈대장금〉, 2부, #87. 이후 시나리오 인용은 본문에 표기함.

해삼 전복을 모두 쪼아 먹게 만든 것이다. 한상궁이 해산물을 구하러 궁 밖을 나갔다가 최상궁 일파가 보낸 악당들에게 납치되고, 장금이 혼자 최상궁과 '냉채' 경합을 벌이게 되었을 때, 장금은 어머니의 음식 발기에서 보고 찾아낸, 수십 년 묵혀둔 감식초를 떠올린다.

장금, 심호흡을 하며…… 어머니의 식초를 담은 병을 잡는다.

장금 어머니…… 도와주십시오…….

장금 어머니…… 드디어 어머니의 맛을 올립니다. 도와주세요. 어머니. (중략)

대비 놀랍구려, 주상! 내 이런 상큼한 맛은 생전 처음이요.

중전 저도 그러하옵니다! 마치 해물이 입 안에서 살아 움직이는 듯하옵니다.

중종 늘 보던 해물 냉채인데, 이는 처음 보는 맛이구나. 도대체 무엇이냐? (중략)

장금 식초를 달리했습니다……. 여기에 쓴 식초는 땅 속에 몇 십 년을 묵힌 감식초이옵니다.

중종 하나의 식초를 몇십 년간 간수 해 온 정성을 생각하면…….

(20부, #66)

장금이는 감식초 덕분에 음식 경합에서 위기를 모면하고 이긴다. 한상궁과 장금이를 살린 것은 장금 어머니 박나인의 감식초였다. 수십 년 동안 궁 뒤뜰 땅 속에서 딸의 손길을 기다린 어머니의 사랑이 바로 감식초다. 위기가 오히려 극적인 기회와 성공의 발판으로 전환되는 데 결정적인 역할을 담당한 어머니의 감식초는 장금을 향한 어머니의 사랑의 환유다. 감식초는 장금이가 위기에 놓일 때마다 위기를 극복하는 매개이자 어머니의 소원으로부터 파생하는 꿈의 근원이다. 이렇듯 성공을 향해 나아가는 과정에서 나타나는 재료들, 곧 사랑의 환유들은 삶의 변화를 이끌어 낸다.

감식초는 한국 음식만이 가진 '사랑과 생명의 맛'의 환유다. 서양은 물론, 같은 동양권의 사람들도 오랜 세월 동안 '곰삭인 맛'은 모른다.

> "레비스트로스는 날 것, 익힌 것, 썩힌 것으로 음식의 삼각형을 제시한다. 한국의 음식이 다른 나라와 가장 다른 점은 김치, 된장, 간장 등 발효식품이 모든 요리에 들어간다는 점이다. 서양인은 달고 짜고 시고 쓴 네 가지 맛을, 중국인은 이에 하나를 더해 달고 짜고 시고 쓰고 매운 맛을 감별한다면 한국인은 이에 곰삭인 맛을 더한다. 곰삭는 것은 자연의 재료와 인간의 정성과 솜씨가 어우러져 콩, 배추, 무, 생선 등 자연의 것을 효모·박테리아 같은 미생물(微生物)의 작용으로 유기물(有機物)로 분해하는 것이다. 천연의 재료를 썩게 하는 균과 유기물로 분해하는 미생물은 불일불이와 순이불순의 (화쟁의) 관계를 형성한다. (…중략…) 맛있고 인간에게도 이로운 간장이 만들어지려면 어머니의 재료를 배합하는 솜씨와 정성, 기후와 온도, 습도, 바람 등 자연이 서로 상응해야 한다. 이처럼 날 것이 하늘, 곧 자연 그대로의 것이라면, 익힌 것은 땅, 곧 문명의 것이며, 곰삭인 것은 사람과 자연이 하나로 아우러진 경지다."(이도흠, 2009: 297-298)

동양요리의 왕좌를 차지한다고 자부하던 중국인들이 〈대장금〉

을 보고 충격을 받은 것 중 하나는, 한국인이 자기네들과 달리 곰삭인 맛을 감별한다는 점이었다. 감식초는 정성과 사랑이 수십 년의 세월을 견뎌내야만 이루어지는 맛이자, 음식을 먹는 사람의 건강도 이롭게 하는 미생물로 가득한 건강식품이다. 장금의 어머니는 지극한 정성을 들여 수십 년 동안 감식초를 만들고 이를 딸에게 전수한다. 장금은 위기에서 어머니의 사랑으로 농축된 감식초를 사용하여 임금과 대비에게 요리를 올리고, 이는 두 사람을 감탄하게 만든다. 결국 장금은 이를 계기로 음식 경합에서 승리하여 상궁이 되고 임금과 대비의 관심을 받게 된다. 죽은 어머니의 사랑이 감식초를 매개로 장금에게 전해지고, 나아가 임금과 대비를 감동시킨 것이기에, 감식초는 어머니 사랑의 환유인 것이다. 감식초는 수십 년 동안의 사랑과 정성으로 미생물을 발효시켜서 음식의 깊은 맛을 더하고, 건강에 이로운 음식이기에 생명의 은유다. 감식초처럼 사랑과 정성, 지극한 마음을 담은 음식은 사람의 마음을 감동시키고 몸을 건강하게 한다는 메시지가 이 서사를 관통하는 원리로 작동한다.

사람을 해치는 독룡이 호국룡이나 호법룡으로 변하듯, 적대자가 주체와 끝까지 대립하지 않고 조력자로 변하는 것도 서양의 신화는 물론, 중국이나 일본의 신화와도 다른 점이다."(이도흠, 2000, 29-30) 〈대장금〉에서도 마찬가지다. 장금은 최상궁과 그를 추종하는 세력으로부터 끊임없이 모함을 받고 이 때문에 출궁 당하는 등 여러 시련을 겪는다. 이 경우 최상궁은 악의 환유이기도 하지만 권력과 봉건주의의 희생양이면서 동시에 가해자라는 점을 복합적으로 보여준다. 하지만 장금은 적대자들로부터 죽음에 이르는 지극한 시련과 고통을 받는 순간에도 고운 심성을 유지한다. 적대자와 대결하여 그를 물리치는 능력이 아니라, 그를 포용하고 극복하는 포용의 능력을 가졌다. "저는 두렵습니다…… 한상궁 마마님의 누명을 벗겨드리지 못한 채 그냥 이대로 가게 되면 어쩌나, 그것만이 참으로 두렵습니다."(45부, #76)라는 대사는 극 전체에서 여러 번 반복된다. 장금은 오로지 어머니와 한상궁의 한을 풀어주지 못하면 어떡하나 고민할 뿐, 악을 어떻게 악으로 되갚아 줄 것인지 고민하는 것이 아니다. 이러한 장금의 고운 심성은 악과 선의 대립구도가 아닌 주어진 실존적 부조리를 대하는 승화와 초월의 은유이며, 승화와 초월의 은유는 용서와 화해의 윤리를 동반한 여성 영웅의 환유로 나아간다. 승화와 초월의 은유는 이후 부조리와 악, 역경과 고난을 극복하는 과정에서 지속적으로 나타난다. 〈대장금〉에서는 최상궁의 악행이 끊임없이 장금이를 위협하지만, 이를 극복해 나가는 장금의 성장 과정으로 이야기가 집중된다. 주어진 현실이 부정적이어도 새로운 초월적 현실을 개척할 수 있다는 가능성을 발견하는 것이 〈대장금〉의 서사다.

최상궁으로 대표되는 악의 캐릭터들은 스스로 자신의 악을 폭로하고 들킬 수밖에 없는 국면에 봉착하고, 장금이는 악을 악으로 갚지 않는 한결같은 마음으로 현실의 악을 극복하고 가능성의 세계로 나아간다. 악의 환유로서의 최상궁은 스스로 악의 허무가 무엇인지 보여주는 인물이다. 최상궁 또한 악인으로만 머물지 않는다. 악행은 자신보다 가문을 위한 일이었으며, 자신에 의해 죽은 친구에 대해 성찰하며 회한을 드러낸다. 최상궁이 궁에서 도망치기 전에 마지막으로 장금을 만난다. 장금은 "지금 마마님이 의금부에 가지 않으시면 금영이가 모든 죄를 뒤집어쓰게 되어 있습니다. …… 마마님의 움켜쥔 손을 놓게 해 드리려고 이러는 것입니다. 이제 그만 움켜쥔 손을 놓으십시오."라고 말한다. 최상궁은 도망치다가 절벽에서 발을 헛디뎌 나뭇가지를 잡았는데 어릴 적 장금의 어머니인 박명이와 한상궁이 손을 놓고 내려오라는 말을 하던 것을 추억하며 스스로 손을 놓아 삶을 마감한다. 스스로 권력과 탐욕에서 손을 놓고 죽음을 택한 것이다.

이후 마침내 장금은 모든 시련을 극복하고 임금의 어의가 되어 대업을 성취한다. 그 후에도 장금은 자기 욕망을 채우는 것에 머물지 않고, 치유와 화해의 장으로 나아간다. 장금은 최상궁과 금영에게 악을 악으로서 갚지 않고, 어머니와 한상궁의 한을 풀어준다. 그 뒤 권력과 부를 모두 거부하고 백성들을 위한 의술을 펼치기 위해 궁을 떠난다. '새로운 만남'으로 승화되는 삶의 경지로 나아가는 것이다. 이것이 바로 생명과 죽음의 대립 너머에 있는 궁극의 희망을 보여준다.

'정-한-아우름'의 스토리텔링

화쟁기호학에서 제시한 한국 예술의 심층구조인 '정-한-화쟁(아우름)'을 통해 〈대장금〉의 스토리텔링을 분석하면 한류 스토리텔링의 독창성이 가장 잘 드러난다(이도흠, 1999: 160-172).

> 중국이나 인도, 일본, 미국의 영향을 받지 않은 한국의 고유 예술은 모든 대립적인 것이 대대의 관계를 통하여 하나로 어우러지는 '정-한-아우름'의 내적 구조로 이루어진다. "정(情)이란 한 주체나 집단이 타자, 세계, 다른 집단, 사회, 나라, 자연, 우주와 끊임없이 몸과 마음으로 소통하면서 서로 대대의 관계를 이루어 이를 다른 것과 달리 친하게 느끼고 생각하며 좋아하는 마음의 상태와 이를 지속시키거나 더 좋은 관계로 만들려는 바램이다." 이는 마음에 품은 타자, 세계, 다른 집단, 사회, 나라, 자연, 우주를 동일성의 장 안으로 불러와 다른 것과 구별하고 차별하고 대립시키면서 자기를 그 타자까지 확장하는 실존 양식이다. 정을 품은 이는 그와 나의 경계가 무너지

> 고 하나를 이룬 존재의 합일에서 오는 삶의 충만함과 희열을 추구하며, 때로는 기꺼이 자기 소멸조차 감당하며 타자성을 구현하는 것으로 인격의 완성을 이루려 한다. 정을 갖게 되면 타자를 사랑하고, 세계와 존재의 합일(合一)을 추구하고, 다른 집단과 가족처럼 유대를 돈독히 하고, 사회와 활발히 상호작용하며 함께 더 나은 사회를 이루려는 바람을 품고, 나라와 자신을 동일시하고, 자연과 물아일체(物我一體)에 이르려 하고, 우주와 범아일여(梵我一如)를 모색한다. (…중략…) 여기서 가장 중요한 것은 한이 정과 이분법적이거나 대립하거나 모순을 형성하는 관계가 아니라 대대의 관계를 형성한다는 점이다. 얼핏 보면 정과 한은 대립적인 것 같지만, 유럽, 중국이나 일본처럼 정의 반대 개념이 한이 아닐뿐더러 슬픔하고도 다르다. 한은 정을 껴안은 슬픔이다. 정이 없으면 한도 없다. 정이 도타울수록 한이 깊어지고, 한이 깊을수록 정도 도타워진다. (…중략…) 한국 문화는 한의 문화가 아니라 이를 승화하여 '아우름'을 이루는 문화다. 사랑하는 이의 헤어짐과 죽음, 수탈, 패배, 침략 등의 비극을 맞을 때 한을 맺게 되지만, 한을 품고 있는 한 삶은 늘 슬픔과 분노, 불안과 불만으로 가득한 삶이다. 이에 한국인은 현실의 장이든, 상상의 세계든 '지금 여기에서' 맺혔던 것들을 모두 풀어 이를 해소하고 아우름을 이루려고 한다(이도흠, 2024: 197-201).

먼저 장금이 겪는 고난의 근원에 대해 살펴보자. 어머니인 박나인이 조선시대 궁중어선 주방의 궁녀라는 상징성은 처음부터 계급이 결정된 상태, 즉 운명이 고정된 상태를 뜻한다. 박나인은 최상궁의 모함으로 출궁된 후에는 백정의 삶을 살게 된다. 이처럼 높은 신분에서 낮은 신분으로 하락한 것은, 궁중이라는 왕권 권력이 주도하는 계급 결정이란 측면에서 볼 때, 극복이 불가능한 고난과 대치하는 것이다. 이러한 상황은 고스란히 장금에게 대물림 되고, 장금의 한으로 이어진다.

어린 장금이가 처한 고난은 운명적인 것이다. 기존의 이분법적 논리는 악의 구조를 결정된 것으로 본다. 또한 자신에게 주어진 결정론적인 악, 극복 가능한 대상으로서의 악으로 설정한 뒤 그 악을 통해 모든 고난이 시작되었다는 식으로 결정한다. 하지만 〈대장금〉에는 이러한 논리만으로 설명되지 않는 태생적인 갈등의 정서가 있다. 억울한 모함을 받아 높은 신분에 있던 부모가 하루아침에 그 세력을 잃어버렸다는 사실이다. 아버지는 군관에서 백정으로, 어머니는 궁녀에서 백정의 아내로 전락한다. 그로 인해 장금이 또한 한의 정서를 갖게 될 수밖에 없는 환경에 처했다는 이야기만 놓고 보면, 악의 환경을 극복해야만 하는 목표는 분명해 보인다.

박나인 또 서당에 가 도둑 글공부를 했단 말이냐? 그런 게야? …… (아프게 한 대를 더 때리며) 서당에 가지 말라 그렇게 일렀거늘!

장금 (울음을 터트리며) 은성이도 윤권이도 다 글 공부를 하는데, 왜 저는 글을 알면 안되나요?

박나인 (난감하여…… 장금을 돌려 자기 앞에 끌어 앉히고는) 은성이나 윤권이는 반가의 도령이고 너는 천한 백정의 딸이라 하지 않았느냐?

장금 하지만 저도 글을 배우는 게 좋습니다. 은성이보다 제가 더 잘 배웁니다.

박나인 그래도 아니 된다. 반가의 도령들은 글을 배워 관직에 나아가는 게 정해진 이치이나 백정의 딸로 글을 배우면 그것만으로도 너는 큰일을 당할 수 있다. 몇 번을 말했느냐! 양반은 양반이 할 수 있는 일이 따로 있고, 중인은 중인대로, 양인은 양인대로, 백정은 백정대로 할 수 있는 일이 따로 있느니라. 백정이 양반의 흉내를 내려 하면, 그것만으로도 목숨을 잃을 수 있어. 어미 말을 알아 듣겠느냐?

장금 하지만 어머니! 우리는 백정이 아니옵니다……. (중략) 아버지가 군관(軍官)…….

박나인 어찌 알았느냐? 어찌?

장금 저기…… 들어 있는…… 아부지…… 군관 옷 하구…… 호패하구……. (2부, #3)

이렇듯 군관의 딸임에도 불구하고, 백정의 자식처럼 글도 배워선 안 되는 삶이 장금의 한으로 주어진다. 하지만 높은 신분에 있던 장금의 부모님을 모함하고, 하루아침에 낮은 신분의 위치로 하락시킨 악인들을 처단한다고 해서 장금의 한이 제거되는 것이 아니다. 조선 시대의 계급적 한계 즉, 장금의 성장을 가로막는 부조리한 상황이 전제되어 있다. 단순히 장금 어머니를 모함한 악의 대상에게만 한의 화살을 향할 수 없게 만드는 것이다. 다시 말해 장금 이야기의 배경을 형성하는 한의 정서에는, 장금이가 현실에 마주한 모든 장애를 적극적으로 극복하고 악을 이겨내기만 하면 주어진 한의 정서에서 벗어날 수 있다는 인과적 논리가 성립되지 않는다.

박나인 아주 고매한 도사께서 그리 말씀하셨단다……. 울지도 말고 쉽게 포기하지도 말거라……. 죽는다 생각하니 억울하게 이루지 못한 꿈이 생각나더구나. 이 보따리 안에는 서찰이 들어 있다. 나중에 읽어보고, 하기 싫거든…… 언제든 버리거라.

장금 어머니…… 말씀 그만하시고 이걸 드셔요……. (산딸기 하나를 입에 넣는다.) 제가 씹어 드릴게요. 제가 아플 때 그리 해주셨죠.

박나인 장금아…… 수라간 최고 상궁이 되어다오……. 최고 상궁만이 전수 받는 비서에 어미의 억울한 사연을 적어다오, 어미의 억울한 사연은 네 천자문 갈피에 숨겨 놓았느니라……. 대전 퇴선간에 엄마가 적어 놓은 음식발기가 숨겨져 있다. 필요할 때 보아라. 이 어미의 숨결이 있을 것이다. (2부, #86-87)

장금이가 자라서 어선주방의 최고상궁이 되기를 바라는 어머니 박나인의 유언을 통해서 장금이가 앞으로 마주하게 될 한의 정서, 그리고 이를 극복해내기 위한 화쟁의 과정이 전개된다. 온갖 난관과 고난에 봉착하면서도 고운 심성, 단아한 자태를 잃지 않으며, 끊임없이 정진하는 장금이 캐릭터에 주목해야 한다. 장금이 그러한 성격을 유지할 수 있는 것은 극복하거나 제거하기 어려운 악, 즉 태생적인 사회적 배경이 한을 형성하고 있기에 가능하다. 글을 배우고 싶어도 배울 수 없고 양반의 자제와는 어울려서도 안 되는 신분의 제약이 엄연한 실재로 장금의 유년을 지배하고 있다. 하지만 화쟁기호학 관점에서 본 장금의 유년은 다른 해석을 가능케 한다. 악을 극복하는 과정을 주인공 캐릭터의 영웅적 비범함이나 정복주의 성장담과는 다른 차원을 제시한다.

장금이의 유년 시절은 개인의 노력으로 극복할 수 없는 고통의 현실이 지배한다. 하지만 이러한 고통 속에서도 고운 심성이 유지된다. 이러한 맥락은 기존 서구 서사에서 찾아보기 힘든 특성이다. 서구의 서사는 악을 극복하는 성장담론으로 일관해 왔다. 그에 반해 〈대장금〉 서사는 서구적 영웅 서사에서는 찾아보기 힘든 유예의 특성을 보여준다. 악과 선의 대립구도가 아닌, 부조리를 대하는 승화와 초월의 태도에 주목해야 한다. 이러한 태도는 이후 장금이 가진 부조리와 악, 그로 인한 역경과 고난인 한을 극복하는 과정 전체에 나타난다.

〈대장금〉은 모함과 밀모, 억울함의 뒤엉킴으로 대표되는 악의 지속성과 그로 인한 고난의 환경이 서사 전체를 구성한다. 계속되는 악의 환경은 대를 이어 대물림된다. 최상궁이 그 한의 원인 제공자다. 그런데 여기서 장금의 고난 극복의 흐름과 전개과정은 원죄의식을 갖고 이를 제거하기 위해 더 강하고 집요한 악을 생산하는 최상궁의 악행과는 다른 대응방식을 보인다.

최상궁 장금이 너지? …… 네가 모함을 한 게야. 네가 말똥 버섯을 넣은 게야!

장금 저는 그런 치졸한 수를 쓰지 않습니다…… 제가 드리는 마지막 기회입니다…… 그동안의 죄를 씻고 다시 사람으로 사실 수 있는 마지막 기회를요. 진심으로 뉘우치고 한상궁 마

마님께 사죄하십시오. 눈물이라도 흘리며 용서라도 비시란 말입니다! (44부, #57)

이처럼 장금의 대응방식은 최상궁이 악행을 보다 객관적으로 성찰하기를, 즉 사죄하고 용서를 빌 것을 진심으로 청하는 데 주력한다. 현실의 악을 극복하는 세계로 함께 나아갈 것을 청하는 것이다.

장금 대체 무엇이 마마님을 이렇게 만드는 겁니까? 대체 무엇 때문에 이토록 위험하고 게다가 비참하기까지 한 일을 하시는 겁니까? 대체! 마마님을 이렇게 만드는 정체는 뭐냔 말입니다!

최상궁 부다. 권력이다! 집안이다!

장금 그게 마마님 자신보다 소중합니까? 마마님 목숨과 마마님의 명예보다 소중합니까? 마마님의 이름이 이 궁에 어찌 남을지 생각해 보았습니까?

최상궁 니가 이기면 내 목숨도 내 이름도 더럽혀져 남겠으나 내가 이기면 명예롭게 남겠지. 그게 부야! 그게 권력이야! 가지지 못한 것들은 몰라! 그래서 난 내 손에 쥔 힘을 놓을 수가 없다!

장금 그래서 제가 움켜쥔 그 손을 놓아드리려는 겁니다! 부라 여기며 권력이라 여기며 움켜쥔 손을 한번이라도 펴 보세요! 그 속에는 부와 권력이 들어 있는 것이 아니고, 애꿎은 사람들의 피와 눈물이 들어 있을 겁니다! (45부, #23)

최상궁 너나 백영이가 우리 집안에서 태어났다면 집안에서 자유

> 로웠을까? 궁금하구나. 참으로 궁금해! (중략) 그런 집안에서 태어난 나를 용서해다오! 집안에서 벗어날 수 없었던 나를 용서해다오! 집안을 위해 그런 짓을 시킨 내 고모님을 용서하고, 또 그 위이 고모님, 그 위의 고모님, 그 위의 고모님…… 그리고 고모님들을 이용한 양반들을 용서해다오! 안 되 겠니? 안 되겠어? …… 안된다고? 그래 난 의금부로 가. 용서를 빌러가 아니고, 그래도 남은 우리 집안의 불씨를 살려 보려고! (48부, #29)

주목할 것은, 최상궁의 악행은 악행을 감추기 위한 악행이란 점이다. 최상궁의 악행이 궁극적으로 추구하는 바는 자신의 악행은 악행이 아니라는 것을 증명하는 데 있다. 최상궁은 끝까지 자신과 금영은 집안의 희생양이고, 장금의 어미인 박나인과 장금이가 자신의 입장이었어도 이런 악행을 저지를 수밖에 없었을 것이며, 악행을 멈출 수 없는 것은 자신의 불행한 운명임을 강조한다.

이렇듯 〈대장금〉 이야기에서 일어나는 주요 갈등은, 최상궁의 악행이 장금이의 현재를 위협하는 불안의 기제로 작동된다. 또한 이를 극복해 나가는 장금의 극복과 성장 과정으로 이야기가 집중된다. 장금의 유년을 사로잡은 한은 주어진 현실이었다. 주어진 현실에서 새로운 초월적 현실이 주어질 수 있다는 가능성을 발견해 나가는 것이 〈대장금〉 이야기에 나타난 한의 현실을 받아들이고 극복하는 태도다. 최상궁으로 대표되는 악은 스스로 자신의 악을 폭로하고 들킬 수밖에 없는 국면에 봉착한다. 반면 장금이는 현실의 악을 극복하는 세계로 꾸준히 나아간다.

악을 극복 가능한 대상으로 설정하는 영웅 서사와 달리, 장금은 자신에게 주어진 유년의 고통을 불가항력으로 주어진 상황으로 받아들인다. 어머니의 유언대로 궁에 들어가서 어머니가 못다 이룬 꿈을 이루는 것이 목표이지, 어머니에게 악행을 저지른 이들에게 악을 악으로 응징하는 것이 목표가 아니다.

장금이가 궁녀가 되어 궁에 들어간 뒤, 최상궁이 장금의 실체를 알게 되면서 장금을 궁에서 내치고자 온갖 악행을 저지른다. 장금은 결국 궁에서 쫓겨나고, 장금의 스승이자 어머니와 같은 존재인 한상궁마저도 최상궁에 의해서 죽음을 맞이한다. 그 과정을 겪으며 장금이는 그들을 응징하기 위해 의녀가 되어 다시 궁에 들어가겠다는 독한 마음을 품기도 한다. 하지만 선한 조력자들의 도움으로 끊임없는 자기 성찰을 거친 후 분노를 풀고 진정한 의술을 행하는 경지로 나아간다.

장금 궁으로 갈 수 있는 희망이오, 관비가 궁으로 돌아갈 수 있는 길은 의녀뿐이랍니다…… 궁으로 다시 돌아가 어머님과 마마님과 저를 이렇게 한 사람들을 반드시 응징할 것입니다.

정운백 뭐? 응징? 복수를 하겠다는 말이냐? 그런 이유라면 당장 배우는 것을 그만두거라! 의술이란 사람을 고치는 일이다. 헌데 그런 분노의 마음으로 어찌 의술을 편단 말이냐! 절대 용납할 수 없다! 분노로 가득 찬자가 어찌 침을 들 수 있어! 당장 때려치우거라! (30부, #43)

이처럼 장금의 한이 극에 달하여 '응징'이라는 단어를 입에 올릴 때에도 정운백, 신익필과 같은 인물이 분노의 마음을 접는 것이 의술의 기본이고, 그리 해야만 사람의 생명을 살리는 의녀가 될 수 있음을 끝없이 상기시킨다. 바로 이들이 장금이의 내적 자기완성을 돕는 것이다.

신익필 정말로 의원이 되어서는 안 될 아이구나! 의원의 기본적인 품성이 전혀 없어! (33부, #5)

신익필 잘못 시술했을 때 얼마나 큰 결과가 오는지에 대한 두려움이 없다. 겸손도 없어. 관비로 살기 싫어 의녀가 되려나 본데, 더 험한 꼴 당하지 말고 그만두거라.

장금 가르쳐주십시오! 제발 의녀를 만들어 주십시오! (33부, #30)

장금 저는 저의 얄팍한 지식에 기대어 겸허한 마음으로 병의 완전한 모습을 보려 하지 않고 너무 얄팍하게 너무 가벼이 보려 했습니다. (33부, #53)

신익필 의원은 총명한 사람보다 깊은 사람이 해야 한다…… 깊어지거라. 그렇지 않으면 나는 언제든 네게 불통을 줄 것이다. 뼈에 새기고 네 혈에 흐르도록 하여라. (34부, #3)

신익필 이제 전의감의 교육은 모두 끝났다. 모두 부디 사람을 살리는 훌륭한 의녀가 되기를 바란다. (34부, #36)

민정호 궁으로 들어가면 무엇부터 하실 겁니까?

장금 천한 신분인 의녀로 들어가 어찌하면 분노를 풀 수 있을까? 매일 밤을 생각했습니다. 될지 안 될지 알 수 없으나 방법은 오로지 하나였습니다. 능력이 안 될 수도 운이 안 될 수도 운이 따라주지 않을 수도 또 때에 따라서는 모든 걸 걸어야 할

수도 있습니다. 하지만 생각한 곳으로 도달할 때까지는 견딜 것입니다. (34부, #50)

장덕 허면 분노를 포기한단 말이냐?

장금 아니오. 분노를 풀기 위해 안 된다는 것입니다…… 한상궁 마마님의 억울함은 영원히 덮여서는 안 됩니다. (44부, #60)

장금이는 '분노를 풀기 위해' 분노를 포기하고 사람을 살리는 의술을 행하는 의녀가 되어야지만 어머니와 한상궁의 한을 풀어줄 수 있는 목표에 도달할 수 있다는 내적 깨달음의 경지에 도달한다. 이러한 의식고취는 외적 환경인 선악의 고정성을 새롭게 재구성하는 원동력이 된다.

장금이 궁에서 의술로서 인정받을수록 목표 실현의 가능성은 나날이 높아진다. 최상궁과 금영이와 같은 악행의 생산을 일삼는 이들에게는 그것이 견딜 수 없는 자기 폭로의 위협으로 다가온다. 악을 감추기 위해 또 다른 악을 행하면서 자기 파멸로 치닫게 되는 이야기 전개는, 장금이란 캐릭터가 자신에게 주어진 상황을 성찰하고 화쟁 의식으로 상승해 가는 역설적 효과를 창출 해낸다. 〈대장금〉의 서사는 단순한 한의 이야기를 풀어내는 데 머무르는 것이 아니라, 한을 승화하고 초월하는 경지로 나아간다. 〈대장금〉 이야기의 핵심은 한과 정의 서사적 연계가 결국 '사랑'이라는 내적 자기완성의 경지로 승화된다는 것이다. 이 과정에서 선과 악의 캐릭터는 영원한 대립구조로 전개되지 않고, 선과 악의 축이 스스로 분열되거나 합쳐지는 교차 융합의 경지, 즉 화쟁의 아우름을 보여준다(이도흠, 1999: 165).

장금은 최상궁 일가로부터 지속적인 위협을 받는다. 그럴수록 장금은 악에 선(善)으로 대응하는 캐릭터로 발전해 나간다. 민정호라는 인물과의 사랑, 장금의 스승인 한상궁과 정운백, 신익필과 같은 인물, 그리고 장금의 편에 서서 장금을 돕는 동료(연생 등)의 출현은 부조리한 한의 정서를 정의 세계에서 긍정하고 받아들이려는 내적 자기완성을 돕는 역할을 수행한다.

앞에서 언급했듯이, 장금의 한이 극에 달하여 '응징'이라는 단어를 입에 올리게 될 때에도 정운백, 신익필과 같은 인물이 분노의 마음을 접는 것이 의술의 기본이고, 그리 해야만 의녀가 되어서 궁에 들어가 어머니와 한상궁의 한을 풀어줄 수 있음을 상기시키며 내적 자기완성을 돕는 것이다. 장금이는 '분노를 풀기 위해' 분노를 포기하는 내적 깨달음의 경지에 스스로 도달하기에 이른다. 선악의 고정성을 넘어서는 스토리텔링의 전개를 보여준다.

마지막 54회에서 장금은 죽음의 위기에 처한 산모를 살리기 위해서 외과 수술을 시도한다. 오직 사람에 대한 사랑, 생명에 대한 사랑으로 해낸 일이었다. 진정한 사랑을 통해서 세상을 바꾸고 구원할 수 있다는 것을 이들은 깨닫는다. 장금과 민정호의 위의 대사가 사랑의 확대가 무엇인지를 잘 말해준다. 사람을 사랑하고 인술을 베푸는 것은 어머니의 원한에 대한 복수와 한 남자에 대한 사랑을 넘어서서 인류애를 실천하는 새롭고 또 고통스러운 길이다. '새로운 만남'으로 승화되는 삶의 경지에 다다르는 것이야말로 생명과 죽음의 대립 너머에 있는 궁극의 희망을 보여주는 서사다.

대장금 이야기에 등장한 정과 한은 서로 평행선을 긋는 대립의 논리로만 대치되지 않는다. 정이 곧 한으로, 한이 곧 정으로 교차되는 상호교차, 상호순환의 지평을 열어놓는다. 이러한 구조는 우리 정서의 근간을 이루고 그것이 우리나라 사람들을 감동시키는 원류로 작용한다. 〈대장금〉이 우리만의 독특한 스토리텔링으로 세계인을 감동시킬 수 있었던 근원적인 동력인 것이다.

죽어가는 것을 살리는 서사
— '생명'과 '관계'

생명을 살리는 서사

해외 시청자들이 문화권을 초월하여 '신성한 스토리텔링'으로 꼽은 것이 한국의 전통 음식이었다. 장금의 스승 중 하나인 장덕은 "없는 사람들에게 가장 좋은 의원은 병이 들지 않게 하는 거야. 그 사람들은 몸이 아픈 사람들이 아니고 마음이 아픈 사람들이다. 몸이 아픈 사람도 약을 처방하기 전에 음식으로 먼저 낫게 하라고 서책에 나와 있어."라고 말한다. 이와 같이 〈대장금〉 드라마는 곳곳에서 음식은 맛과 아름다움만 중요한 것이 아니라 건강과 직결되는 것으로, 병을 치료하는 의술 이전에 음식이 건강에 큰 영향을 미친다는 것을 지적하면서 음식과 관련된 상식과 정보를 제공한다.

정상궁 …… 한상궁은 산약죽을 끓이되 식욕부진에 효과가 있는 진피와 사인, 백두구를 넣어 보거라 (6부,#11)

장금 또한 어선 경연은 전하의 음식인데 전하께오서는 위와 장이 좋지 않으십니다. 숭은 장에 좋고 그 즙은 고뿔을 예방합니다. 단호박은 모두 아시다시피 변비를 예방하고 비위를 튼튼히 하여 부종을 가라앉혀 준다 하였습니다(9부, #1).

한상궁 꿩은 피를 맑게 하고 혈압을 조절해 준다. 또한 이질 설사를 멎게도 해준다. 허면 꿩은 무엇과 먹어서는 안 되느냐?

열로 호두나 목이버섯, 메밀, 파, 혹은 메주통과 먹으면 뇌와 심장에 좋지 않다 하였습니다.

한상궁 그래. 한 가지 식재료에는 여러 가지 성질이 있어 어떤 동료와 어울리느냐에 따라 몸에 아주 이롭게도 나쁘게도 나타난다. 이것을 음식 궁합이라 한다…… 너희도 알다시피 돼지고기의 냄새를 없애기 위해 정향을 넣지만 혹 울금이든 탕약과 같이 먹으면 설사하고 구토한다…… 장금아! 중어와 같이 먹으면 안 되는 것이 무엇이냐?

장금 마늘과 함께 먹으면 약간의 열이 나고 갓과 먹으면 종기가 생기며 돼지 간, 닭고기, 꿩고기, 사슴고기와 먹어도 종기가 나며, 맥문동과 함께 먹으면 사람을 해칩니다. (11부, #60)

장금 마마님, 혹시 육두구라는 걸 아십니까.

한상궁 중국에서 쓰는 향신료란 얘기는 들었다…… 존 적은 없으나 명에서는 무슨 이유인지 기름을 빼고 쓴다더라. (11부, #62)

이 대사는 음식을 잘못 먹으면 병에 걸리고, 음식 궁합이 맞지 않아도 건강에 치명적인 해를 입을 수 있다는 한의학적 지식을 가미하여 해외 시청자들에게 재미와 실용적 의학 상식을 동시에 제공한 대표적인 예라고 할 수 있다.

장금 마마님께서는 숙원마마의 심신을 최대한 안정시켜 주시구요. 국화꽃으로 심신을 최대한 안정시켜 주시구요. 국화꽃으로 차를 늘 끓여 드세요. 풍열로 인한 두통에 좋습니다. 또 배즙이나 배숙, 배도 늘 올리시고요. 몸에 열기가 생기시면 좋지 않은데…… 특히 나주배는 열기를 내릴뿐더러 이뇨도 잘돼 혹, 생길 수 있는 부종에도 좋습니다. (42부, #11)

장금이는 운암사 선비로부터 맛있는 음식은 비방(秘方)에 의해 만들어진 것이 아니라 진실한 마음과 정성으로 만들어진 것이라는 것을 배운 뒤 큰 깨달음을 얻게 된다. 이러한 장금의 깨달음에 도달하는 본질적 원리는 장금이가 의술을 배우는 과정에서도 비슷한 경험으로 재연되어, 결국 의술에 있어 가장 중요한 것은 인품과 덕성이라는 것을 깨닫게 된다.

맛있는 음식은 '진실한 마음과 정성으로 만들어진 것'이기에 사람의 생명을 살리는 것이고, 의술에 있어서 가장 중요한 것은 '인품과 덕성'이라는 것을 깨닫게 된다. 인품과 덕성을 갖추고 의술을 행하는 사람은 생명을 살리기 위해 자신을 희생하고 모든 것을 바친다. 이러한 스토리텔링 또한 한류의 지속 가능한 발전을 위한 스토리텔링 전략으로서 주목해야 할 지점이다.

'관계'를 살리는 서사

〈대장금〉은 '한국적 정서를 잘 살린 서사'의 상징적인 사례다. 그 중에서도 〈대장금〉 이야기는 '죽어가는 것을 살리는 서사'라고 정의할 수 있다. 음식과 한의학을 통해 '생명을 살리는' 서사이자, 갈등으로 인해 생기는 '한'은 화해와 사랑으로 승화함으로써 '관계'를 '살리는' 서사인 것이다. 장금이는 운암사 선비로부터 맛있는 음식은 비방(秘方)에 의해 만들어진 것이 아니라, 진실한 마음과 정성으로 만들어진 것이라는 것을 배운 뒤 큰 깨달음을 얻게 된다.

장금 비법이 따로 있는 게 아니었어요. 그 맛있는 나물도…… 상궁마마님의 한을 풀어드린 그 쌀도…… 그냥 좋은 볕에 말리고…… 거두고…… 말리고…… 거두고…… 정성과 시각…… 그거였어요.

처사 우리 엄니가 그랬슈. 어차피 음식으로 배부르게는 못 먹으니께, 정성이라도 많이 먹어야 배부르다구유. 그러니…… 아무리 급해도 덜 된 거 대충 얼버무려서 남 먹이지 말라구유……

장금 땀과 정성만이 비법이었습니다. (16부, #84)

이러한 장금의 깨달음에 도달하는 본질적 원리는 장금이가 의술을 배우는 과정에서도 비슷한 경험으로 재연된다. 장금이는 의술을 배우는 과정에서 비록 학업성적이 우수하지만 선생님으로부터 의사로서의 기본 도덕을 갖추지 못했다는 질책을 받고 '시술에 대한 두려움과 겸손한 마음가짐'을 가져야 한다는 것을 배우게 된다. 땀과 정성으로 생명을 살리는 마음가짐을 배워가는 장금을 통해서 많은 사람들이 감동을 받은 이유는 그것이 죽어가는 것을 살리는 서사이기 때문이다.

선과 악 너머에 있는 궁극의 사랑은 선과 악이 대립되는 세계에서 개별적 현실을 살아가게 해주는 삶의 희망이라는 것을 〈대장금〉 이야기에서는 끊임없이 보여준다. 최상궁과 금영에게도 악을 악으로 갚지 않고, 스스로의 원한을 풀고, 스스로 반성할 것을 촉구하고 타이르는 것 또한 '죽어가는 것을 살리는' 서사다. 인간성의 회복, 도덕성의 회복은 인간의 윤리와 도덕을 살리는 것이다. 악인에게 원한을 되갚지 않고, 반성을 촉구하는 것도 '죽어가는 관계를 살리는' 서사인 것이다. 이를 가능하게 하는 근원은 한국인의 본능적 감성인 '정'과 '사랑'에 기인하는 것이다.

장금 이제 궁궐이 아닌 민가로 나가 활인서로 가서 가난한 백성들의 병을 시료하며 의술에 더욱 정진하고 전하의 신하된 자로 늘 백성을 걱정하시는 전하의 뜻을 받들고자 하옵니다. (49부, #1)

원하는 건 무엇이든 기탄없이 말해보라는 중종의 말에 장금은 활인서로 보내줄 것을 청한다. '죽어가는 것을 살리는' 서사의 극치를 보여주는 마지막 장면은 〈대장금〉 서사가 말하고자 하는 바를 집약적으로 보여주는 것이다. 이러한 한국적 정서에 바탕을 둔 〈대장금〉 이야기의 강점이 세계인을 공감하게 만들어 상업적 성공으로 연결되었다고 볼 수 있다.

한류드라마 스토리텔링의 맹점 직시하고 나아가기

〈대장금〉 이후에도 수많은 한국 드라마들이 해외에서 인기를 얻었지만, 〈대장금〉처럼 한국 고유의 정서와 한국만의 철학을 잘 담아낸 스토리텔링은 찾아보기 힘들다. 〈대장금〉의 성공 요인을 분석하고 새로운 창작물의 본보기로 삼는 것은 의미가 있다. 특히 '정-한-아우름'의 스토리텔링, '생명과 관계를 살리는 서사'는 한국인들이 가장 잘 표현할 수 있고, 시공을 초월하여 감동을 줄 수 있는 한국만이 가진 스토리텔링의 강점이다.

성공한 스토리텔링을 최대한 본보기로 삼아, 새로움을 더하지 않으면 '한류'라는 단어 자체가 사라질지도 모른다. 한류 스토리텔링이 해외 시청자들에게 호응을 얻을수록 긴장을 풀지 않아야 한다. '한국만의 정서와 철학'을 담은 스토리텔링 개발에 더욱 열정을 쏟아야 할 시점이 도래한 것이다. 〈대장금〉이 한국인과 전 세계인의 사랑을 받은 이유는, 한국인의 고유한 정서와 한국만의 철학을 잘 담아냈기 때문이다. 창작의 주체만 한국일 뿐, 한국만의 정서와 철학이 없다면 오래갈 수 없다. 한류에 대해 부정적으로 평가하는 해외 평론가들은 역사 드라마를 제외하고는 한국만의 이미지와 스타일이 없다고 지적한다. 한국이라는 장소, 한식, 한국 사람이 등장하고 한국 스텝들이 창작했을 뿐, 세계인을 감동시킨 한국만의 정서와 철학이 없다면 빠른 속도로 한국의 콘텐츠를 모방하는 외국의 창작자들이 더 잘 만들어내는 날이 곧 올 것이다.

가장 한국적인 드라마 〈대장금〉이 세계인의 사랑을 받자, 역사 드라마가 대량생산되었다. 해외 시청자들도 〈대장금〉에서 느낀 감동을 잊지 못하고 한국에서 생산된 역사 드라마에 지속적인 관심을 가졌다. 역사 콘텐츠는 역사적 사실에 상상력을 더해 '재미'와 '지식 습득'이라는 두 가지 욕구를 충족시켜준다는 점에서 대중의 관심을 끌기에 유리하다. 하지만 역사 콘텐츠를 잘 만들기 위해서는 역사적 사실을 훼손하지 않는 범위 내에서 상상력을 펼쳐야 한다. 특히 어린이, 청소년 시청자들과 외국인 시청자들은 작가의 상상력을 역사적 사실로 습득하고 잘못된 역사인식을 가질 수 있기에 드라마 기획자와 창작자들의 숙고가 필요하다. 대장금을 쓴 김영현 작가도 인터뷰에서 "역사드라마를 쓸 때 작가의 상상력은 시청자의 입장에서 그런 내용이 합리적으로 받아들여지는 부분까지만 허용된다고 생각한다. 제 입장에서 보면 양자 사이의 어떤 점을 어떤 수준에서 절충해야 하는지에 대한 고민이 있다. 역사의 전체적인 흐름을 지키면서 재미 요소나 갈등 요소를 증폭시키는 에피소드들을 넣는 정도가 적당한 수준이라고 생각한다."라고 말했다. 물론, 전체 서사에 담긴 역사관은 좋았지만 〈대장금〉도 작지만 역사 왜곡이 있었다. 조선조에 실제 음식의 조리는 남성인 숙수들이 하였고 여성 숙수들은 보조 구실만 하였다. 출연진의 복식은 중조 조와 많은 차이가 나는 18세기의 복식이며, 명나라 사신에게 이후 청나라 때 만들어진 만한정식을 대접한 것은 분명 오류다(천우, 2010).

〈대장금〉 이후 인기를 얻었던 역사 드라마 〈불멸의 이순신〉처럼, 역사적 사실의 토대 위에 새로운 해석이나 시각을 제시하는 것은 좋은 사례이다. 〈성균관 스캔들〉, 〈이산〉, 〈동이〉처럼 새로운 생활상이나 조직에 대해 조명해 주는 것도 의미 있다. 하지만 사실을 왜곡하여 논란이 생기는 것은 더욱 신중해야 할 지점이다. 한류 드라마 스토리텔링의 맹점을 보완하고 지속적인 발전을 이루기 위해서는 다음과 같은 전략적인 노력이 필요하다.

첫째, 세계적 보편성을 갖춘 독창적인 서사 개발에 힘써야 한다. '세계적 보편성을 갖춘 독창적인 서사인가?'라는 질문을 품고 요즘 창작되는 드라마들을 살펴보면 '한국인의 창작'일 뿐, '한국만의 정서와 철학이 담긴 창작'은 찾아보기 어렵다. 한국 드라마의 고유한 정서인 '정'과 '한'이 '아우름'으로 승화하는 독특한 서사는 전 세계적으로 공감을 불러일으킬 수 있는 잠재력을 가지고 있다. 이러한 감정적 깊이와 복잡성을 보편적인 주제와 결합시켜 다양한 문화적 배경을 가진 시청자들과의 공감대를 넓혀야 한다. 이를 위해서는 문화적 특수성을 보편적 이야기로 승화시키는 서사적 기술이 중요하다. 가족애, 인간애, 우정 등의 주제를 중심으로 이야기를 전개하면서도, 이러한 정서가 문화적 차이를 넘어 세계적으로 통용될 수 있는 방식으로 표현해야 한다.

둘째, 전통과 현대를 결합한 감각적인 스토리텔링을 강화해야 한다. 맛과 건강, 생명 존중 등 한국 전통의 가치를 현대적 감각으로 재해석하여 생명을 살리는 음식과 의학 스토리텔링을 지속적으로 개발해야 한다. 〈대장금〉에서 보여준 것처럼, 한국 전통 음식과 한의학은 그 자체로 독특하고 한국스러운 이야기 소재가 된다. 이를 통해 생명 존중과 건강을 중시하는 메시지를 전달함으로써, 시청자들에게 깊은 감동을 줄 수 있다. 이러한 요소들을 시청각적으로 풍부하게 표현함으로써 시청자들의 호기심을 자극하고, 더 나아가 한국 문화에 대한 이해와 관심을 증대시킬 수 있다.

셋째, 한국 철학과 세계관을 반영한 예술성을 구현해야 한다. 한국 철학이나 세계관이 담긴 스토리를 개발하는 것이 가장 중요하다. 한류 드라마는 단순한 재미와 감동을 넘어서 깊이 있는 철학적 메시지를 전달할 수 있어야 한다. 이는 한류 드라마가 단순한 유행을 넘어, 지속 가능한 문화 콘텐츠로 자리매김하는 데 중요한 역할을 한다. 한국의 전통적인 가치인 '정'과 '한'그리고 '아우름'의 스토리텔링을 현대적으로 재해석하여, 이를 통해 현대 사회의 다양한 문제들을 해결하고자 하는 메시지를 전달할 수 있다. 이러한 스토리텔링은 시청자들에게 단순한 감동을 넘어서, 깊은 생각과 성찰을 불러일으킬 수 있다.

또한 대중문화로서 통속성을 추구하지만, 예술성 또한 놓치지 않아야 한다. 한류 드라마는 상업적 성공뿐만 아니라 예술적 성취도 추구해야 한다. 이는 작품의 깊이와 질을 높이고, 보다 넓은 범위의 시청자층을 확보하는 데 기여할 수 있다. 예를 들어, 드라마의 미학적 요소, 촬영 기법, 음악 등을 통해 예술적 감각을 극대화하고, 이를 통해 시청자들에게 보다 깊이 있는 경험을 제공할 수 있다.

넷째, 한류 드라마는 사회적 역할에도 충실해야 한다. 한류는 단순히 오락적 요소를 넘어 사회적 역할도 수행할 수 있어야 한다. 한류 드라마는 인류의 미래에 새로운 전망을 제시하고, 가장 고통받고 있는 서민과 노동자들에게도 희망과 구원이 될 수 있어야 한다. 이는 한류 드라마가 단순한 오락을 넘어, 사회적 문제 해결에 기여하는 콘텐츠로 발전하는 데 중요한 역할을 한다. 예를 들어, 사회적 불평등, 환경 문제, 인권 문제 등을 다루는 드라마를 통해 시청자들에게 사회적 메시지를 전달하고, 이를 통해 사회적 변화에 기여할 수 있다.

우리는 수시로 한류의 맹점을 연구하고 보완하기 위해 노력해야 한다. 이러한 노력을 통해 한류 드라마는 국내외 팬들에게 지속적인 사랑을 받으며, 글로벌 콘텐츠 시장에서의 입지를 더욱 공고히 할 수 있을 것이다. 한류 드라마가 해외 시청자들에게 지속적인 공감과 사랑을 받을 수 있는 문화 콘텐츠로 자리잡기 위해서는, 끊임없는 혁신과 창의적인 접근이 필수적이다. 보편적인 인간의 감정을 섬세하게 다루되, 문화권을 초월하여 공감할 수 있는 서사를 창작하고, 새로운 캐릭터를 통해 표현하는 것이 중요하다. 동시에, 한국적 정체성과 문화적 고유성을 드러낼 수 있는 가족관계, 공동체의 가치를 자연스럽게 녹여내어 진정성과 차별성을 내포한 스토리텔링 개발에 주력해야 한다. 한국만의 고유한 매력을 상실하면 한류의 인기도 사그라들 수밖에 없다는 걸 기억하자.

참고문헌

김영현 (2004). 대장금, 오리지널 시나리오, 서울: 커뮤니케이션북스.

이도흠 (1995). 삼국유사의 구조분석과 의미해석, 한국학논집 26집, 405-498.

_____ (2015). 원효와 마르크스의 대화, 서울: 자음과 모음, 2015.

_____ (1999). 화쟁기호학, 이론과 실제, 서울: 한양대학교출판부, 1999.

_____ (2000). 신라인의 마음을 읽는다, 서울: 푸른역사, 2000.

_____ (2015). 원효와 마르크스의 대화, 서울: 자음과 모음, 2015.

_____ (2009). 한국예술과 문화의 구성 원리와 한류, 한류와 한사상, 서울: 모시는사람들, 2009.

_____ (2024). 한류에서 차이의 정체성에 관한 연구, 한국언어문화 85집, 197-201.

천우 (2010.04.05.). 우리나라 사극의 오류, 대장금, 〈K 스피릿〉, (https://www.ikoreanspirit.com/news/articleView.html?idxno=974).

제9장

〈기황후〉로 읽는 팩션(faction) 사극의 공백과 젠더 차별의 스토리텔링

김예나

- 한류는 사극을 타고
- 〈기황후〉가 '왜곡'한 것들
- 장금이와 승냥이는 어떻게 다른가?
- 주요 여성 캐릭터는 고정된 서사를 답습하는가?
- 부지런한 펜(pen)이 열성적인 팬(fan)을 만들 것이다

한류(Korean Wave)는 1990년대 말쯤 나타난 현상으로 최창현에 의하면 '한국의 대중문화를 포함한 한국과 관련된 것들이 한국 이외의 나라에서 인기를 얻는 현상'(2018: 15) 이다. 한류에 대한 이야기가 주제로 오르면 필자는 언제나 자신의 어린 시절의 상당한 부분을 차지했던 미국 문화 콘텐츠의 영향력을 떠올리게 된다. 한류가 현재 그만큼의 영향력이 있다고 볼 수는 없지만, 다른 문화권에서 생산된 콘텐츠를 일상적으로 소비한다는 것의 영향력이 생각보다 엄청나다는 것을 시시때때로 절감하기 때문이다. 특히 미국 영화와 드라마를 일상적으로 소비한 사람이라면 자연스럽게 그 콘텐츠들에 녹아 있는 미국의 역사적 사건에 대한 지식도 확장되며 친연성을 갖게 된다. 다시 말해, 동시대인들에게 드라마나 영화, 팝송 등 문화 콘텐츠는 교과서가 다루는 내용과 그 밖의 것까지 포괄하는 미국과 서구의 사건이나 인물 그리고 담론을 접하는 통로가 되어 왔다는 것을 부인할 수는 없을 것이다. 더 나아가 그를 통해 자신의 관점을 만들어 나가는 사람들이 실로 셀 수 없이 많을 것으로 추측하는 것은 분명 무리는 아닐 것이다. 이를 바탕으로 생각해 볼 때, 한류라는 문화 현상 또한 그러한 길을 만들어 낼 수 있다는 것은 짐작된다. 그야말로 이따금씩 또는 일상적으로 한류 콘텐츠를 소비하는 사람들에게 자연스럽게 한국의 문화 전반 그리고 한국의 역사는 그들의 인식에 녹아들게 될 것을 예상해 볼 수 있다. 그런데 모두가 알다시피 역사라는 것은 언제나 첨예한 관점의 대결을 필연적으로 품고 있다. 사극의 글로벌한 시청자들이 한국의 사극을 단지 흥밋거리로 소비한다고 치더라도 어느 문화 콘텐츠가 그런 것처럼 그 안에서 문화에 반영된 여러 가지 공동체의 이데올로기들이 힘의 경합을 벌이고 있다는 것은 말할 필요가 없다. 더군다나 그것이 역사에서 영감을 받은 것이라면 벌어진 일을 서술한 역사서에서 그리고 그것을 재현하는 콘텐츠에서 겹겹이 재현의 왜곡이 일어날 수밖에 없다는 것은 재론의 여지가 없다. 이 글에서 아주 대중적인 한류 사극 콘텐츠 한 작품에 어떤 힘들이 작용하고 있는지 알아보면서 나아갈 길을 찾아보고자 한다.

한류는 사극을 타고

사극은 한류 영향권의 시청자들에게 대한민국 그리고 그 전에 한반도와 그 주변에 있었던 국가들과 시대를 다루고 있다는 점에서 한국의 전통문화와 역사적 사건과 인물 시대배경을 접할 수 있는 가장 대중적인 콘텐츠 형태라고 볼 수 있을 것이다. 사극은 한국에서도 매우 인기 있는 장르이며 한류 콘텐츠에서도 상당한 지분을 차지하고 있다. 드라마 〈대장금(2003)〉은 그야말로 한류의 바람을 일으켰다고 해도 과언이 아니며, 〈주몽(2006)〉, 〈태왕사신기(2007)〉, 〈해를 품은 달(2012)〉, 그리고 넷플릭스(Netflix)에서 방영된 〈킹덤(2019)〉와 〈연모(2021)〉 등을 필두로 하여 한류를 견인한 사극 작품은 상당수에 이른다.

지금부터 할 논의를 위해 현재 사극에 대해 세분화하여 알아볼 필요가 있다. 지금 현실에 존재하는 역사와 관련된 드라마 콘텐츠는 그 장르를 세 가지로 나누어서 살펴보아야 하고, 각 장르에서 획득하려는 내용과 효과는 확연히 다르다. 즉, 정통사극, 팩션(faction)

사극, 그리고 픽션(fiction) 사극이 있다. 김기봉은 정통사극은 "현실 역사에 입각한 사극이다."(2016)라고 한다. 두 번째 팩션 사극은 "실제 현실에 가상 이미지가 덧붙여진 증강현실의 사극이 팩션 사극이다. … 팩션 사극은 드라마의 목적을 위해 역사를 수단으로 이용하는 드라마 역사이다. 드라마 역사로서 팩션 사극은 역사가 아니라 드라마로서의 정체성을 가진다."(김기봉, 2016: 15) 마지막으로 픽션 사극에 대해서 그는 "실제 현실을 벗어난 가상현실의 역사[이다]."(김기봉, 2016: 16)라고 했다. 팩션이나 픽션 사극이 한류를 견인해 왔다. 실제 인물이 역사에 존재하는 팩션 사극은 왜곡 논란 또한 꾸준히 제기되어 왔다. 이 세 가지 장르 중에서 〈기황후〉는 두 번째 장르인 팩션 사극이다. 김기봉도 명확히 밝혔듯이, 팩션 사극은 사/극에서 사(史)가 아니라 극(劇)에 방점이 찍힌, 허구성과 작가의 창의성이 적어도 반 이상, 극에 따라서는 역사서에 등장한 몇 가지 단편적인 기록 이외에 거의 모든 부분이 픽션으로 이루어진 경우도 있을 수 있다.

팩션 사극에서 여성을 주인공으로 내세웠을 때 그 역사 기록의 부재나 부족으로 인물의 존재 말고는 거의 대부분을 창작으로 채우게 된다. 게다가 여성사는 또 하나의 장벽을 더 가지고 있는데 우에노 치즈코도 "여성에 대해 이야기하는 사료가 있다 하더라도 그것은 남성들이 저술한 것이며, 그것도 역사의 '검열'을 거친 후에 남겨진 한정된 것들에 불과했다."(1999: 4)라고 언급한다. 다른 사극들도 역사왜곡 논란을 겪는 경우가 종종 있지만, 〈대장금(2003)〉의 서장금, 〈선덕여왕(2009)〉 미실, 그리고 〈기황후(2013)〉의 기황후 등 여성 인물들을 중심으로 한 사극에서 역사 왜곡 논란을 거치는 것이 하나의 관례처럼 형성되어 있을 정도이다. 간단히 말해, 역사는 과거의 이야기가 아니다. 과거의 지혜를 통하여 현재를 분석하고 미래를 전망한다. 드라마는 그 사회가 벼려낸 사회적 산물이다. 사극은 옛날이야기를 빌려 지금의 사람들이 지금의 사회적인 것을 드러내는 작업이라는 데에 이견을 가진 사람들은 적을 것이다. 때문에 이 여성 인물들을 표현할 때 지금 여기의 젠더 차별적인 시선이 반영되어 만들어지기 마련이다.

한국의 사극 작품은 이제 단순히 한국시장에 머무르지 않는다. 작품의 인물 재현과 스토리텔링의 구성이 한류를 통해 한국의 역사에 친연성을 갖게 될 전 세계 시청자에게 좀 더 수준 높은 콘텐츠를 제공할 수 있을까를 고민해야 하는 기로에 서 있다. 그러므로 발전적인 방향을 숙고해야 하는 책임을 가져야 한다.

〈기황후〉가 '왜곡'한 것들

MBC 드라마 〈기황후〉는 평균적으로 시청률이 30%에 육박하는 소위 TV드라마에서의 '대박'을 기록하며 방영 내내 인기 고공행진을 이어간 작품이다. 하지만 드라마 방영 내내 역사 왜곡 논란으로 갑론을박이 뜨거웠다. 훗날 기황후가 되는 기승냥이라는 인물은 철저히 고려를 위해, 고려에 끌려갔던 공녀들을 위해 원의 권력자들에게 복수를 하기 위해 황후의 자리를 이용하는 오히려 애국 전사로 전화(轉化)시킨 것을 황후가 된 뒤의 악행 기록에 의거한 판단으로 기존 역사학계는 깊은 우려와 반발을 표명했던 것이었다(*Khan*, February 2 2025). 비교적 역사서에 기록이 많이 남아 있는 고려 충혜왕에 대한 논란은 결국 제작진이 충혜왕이라는 팩션에서의 팩트 부분을 포기하고 왕유라는 완전 허구의 인물로 한걸음 물러나게 만들 정도였다. 이러한 사실을 고려하면 기황후에 대한 역사왜곡에 대한 대중의 항의가 강력했음을 알 수 있다.

보수적으로 보아도 5000년 동안 이어진 가부장제 역사 안에서 역사서에서의 고증을 바탕으로 한 여성의 역사의 흔적을 추적하는 것은 거의 불가능하다. 이러한 토대에서 여성 일대기를 상대적으로 풍부한 사료를 바탕으로 이루어진 정통사극으로 만드는 작업 또한 거의 불가능하다. 그래도 그의 삶을 알 수 있는 흔적을 찾을 수는 있다. 훗날 기황후로 불리는 기씨 여인은 고려나 조선 등 그의 조국의 역사서에서 별다른 기록을 찾을 수 없고, 그가 활동한 나라인 원의 역사서에서 그의 역사적 자취를 찾을 수 있다. 고려에서 원나라로 공녀로 차출이 되어 원 황실에서 차 심부름을 하다가 미모와 총명함이 순제의 눈에 들어 후궁이 되었고, 그 후 소수민족에다 여성이었기에 당연히 반대가 극에 달하였는데 빈민 구휼로 민심을 얻고, 정적을 평화적으로 숙청하는 등 상당한 지략을 동원하여 황후에 오른 것으로 기록되어 있다. 이를 통해 일면 기씨 여인의 행적을 스토리로 구성할 수 있지만, 역사적 기록으로 파악할 수 있는 것은 상당히 제한적일 수밖에 없는데다가, 역사서에 나와 있는 기록에만 의지하여 '정사'라고 구축하는 것은 특히나 여성사에는 필연적 공백과 왜곡을 동반할 수밖에 없을 것이다.

우에노 치즈코 또한 그의 명저 「네셔널리즘과 젠더」에서 가부장제 사회에서 여성사를 구축하는 것의 곤혹스러움을 지적하고 있다.

> 사회적 구축물로서의 '현실'이란 물질적인 것이며, 우리는 그 안에서 정통성이 부여된 것만을 '사실'이라고 불러왔다. 여성사에서 이 물음은 핵심적인 문제이다. 입수할 수 있는 역사적 '사실'이 압도적으로 부족할 때, 어떻게 하면 남성에게 맞춰 씌어진 '정사'의 배

후에서 여성에게 있어서의 '또 하나의 현실'을 재구성할 수 있을까 (1999: 4).

남성중심의 가부장제 사회에서 그 부재나 왜곡으로 말미암아 '또 하나의 현실'을 구성할 수밖에 없는 운명을 가진 역사 콘텐츠는 지금 여기의 사람들에게도 인식의 충돌을 야기하게 된다. 드라마 〈기황후〉 역사 왜곡 논란이 짙어지자 이례적으로 제작진이 기자 회견을 하고, 해명을 하는 일도 있었다. 기황후의 공동 집필 작가 중 한 명인 정경순 작가는 그 기자 회견에서 입장을 밝혔다. 정경순 작가는 "이름조차 남아 있지 않아 '기승냥'이란 이름도 직접 지을 정도로 정보가 없어 역사적 인물을 따오긴 하지만 허구적 인물을 섞어야 했다. 그 부분을 자막으로 분명히 밝히려고 계획하고 있었다."(*news1*, February 5 2025)라고 하며 팩션(fact+fiction)임을 강조했다. 기황후의 한희 프로듀서도 '팩션'이라는 점에 무게를 실었다. 한희 프로듀서는 "최근 역사 왜곡 논란과 우려의 시선이 많지만 이번 작품은 실존 인물, 실제 사건, 허구의 이야기가 섞인 것"(*news1*, February 5 2025)이라고 밝혔다. 제작진이 전면에 나서서 역사왜곡 논란에 팩션임을 강조하는 인터뷰를 내보냈지만, 논란이 쉽사리 사라지지 않았다.

기황후로 불리는 기씨 여인에 대한 대중적인 인식은 원나라에서 권력을 구축한 이후 고려에 끼친 영향 바탕으로 악녀로 점철되어 있다. 다분히 민족의 가치를 다른 가치보다 상위에 두고 한 판단일 것이다. 하지만 실제로 기씨 여인의 삶을 우리는 알 수 없다. 커다란 행적을 중심으로 원의 역사서에 기록이 남아 있기는 하지만, 고려에서 무슨 일을 겪었는지, 원나라에서 어떤 과정으로 황후의 자리까지 오르는지 어떠한 알력관계에 놓여 있었는지 기씨 여인의 조국에는 거의 기록이 없다. 그래서 악녀 이미지를 전환시켜 극적 상상력을 발휘해 보는 것이 반드시 비윤리적이라고 말할 수 없다고 보는 것이 필자의 견해이다. 오히려 명백한 것은 원의 침략으로 엄청난 수의 공녀 차출이 있었고, 고려는 그 공녀들을 바친 나라이며 엄청난 공동체의 희생이 있었다는 것이다. 보호의 기능을 상실한 국가에서 떨어져 나온 한 사람이 자신의 자원을 통해 살아남고 권력의 정점까지 올랐다는 것은 분명 한 인간으로 볼 때 성공서사임을 인정해야만 한다.

MBC에서 방영했던 '허준', '대장금', '선덕여왕' 그리고 '기황후'는 앞서 언급한 것 중 두 번째 장르, 즉 팩션 사극이다. 역사적 사실이라고 믿어져 왔던 것들도 현재의 인식론 체계 안에서 권력에 의해 재구성된 것이다. 그리고 새로운 증거가 등장하면 언제나 담론은 수정될 가능성을 지닌다. 그러니까 역사 안에서 어떤 팩트를 고정시킬 수는 없다. 역사 자체도 그러한데, 사극에서는 문학적 상상력이 발휘되는 것이 문제가 될 수는 없다. 팩션 사극이라 할지라도 '역사 왜곡'을 해서는 안 된다는 태도는 대중이 이를 역사서에 나오는 역사와 혼동하여 맞지 않는 역사적 사실을 사실인 것처럼 오인하고, 잘못된 역사 관념을 가질 수 있다는 우려로 분석해 볼 수 있다. 이것은 역사학계나 소위 지식인들이 대중의 의식에 관하여 권위주의적 입장을 견지하고 있음을 드러내기도 한다. 이는 대중의 수준을 어떻게 인식하느냐의 문제로 귀결된다.

결국 이 논의는 기황후를 민족의 배신자이자 조국의 정치를 어지럽히고 해를 끼친 인물로만 볼 것인가 아니면 조국에서 버려져 공녀가 되었지만 다른 국가의 황후의 자리까지 오른 입지전적인 영웅으로 볼 것인가로 귀결된다. 물론 한 가지 입장을 따라야만 하는 것은 아니다. 하나의 드라마 콘텐츠는 소위 '정사'적 입장과 결이 다른 입장을 취할 수 있다. 기록의 공백으로 인한 빈 공간이 오히려 이야기를 만들어내는 데에 역동적인 플롯을 구성할 수 있게 해 준 부분을 적극적으로 이용한 작품이지만 그것이 기존의 시각만을 답습한다면 한 단계 더 나아간 예술적 성취를 할 수 없었을 것이다.

장금이와 승냥이는 어떻게 다른가?

단지 역사학계에서만 기황후의 역사왜곡 논란을 염려했던 것은 아니다. 언론 보도량도 많았고, 네티즌들의 반응도 2013년도까지의 어느 사극보다 뜨거웠다. 역사학계와 대중들 중 일부가 이토록 민감하게 반응한 데에는 단지 기록과 일치하지 않는 허구를 보여준다는 것만으로는 설명이 되지 않는다. 비교적 대중들이 격렬한 저항보다는 여성 영웅의 일대기로서 자연스럽게 받아들이고 있는 〈대장금〉의 서장금이 직접 주도적으로 요리를 했을 가능성은 희박하다. 조선에서 숙수는 남자들이 담당했기 때문이다(*K 스피릿*, February 5 2025). 역사적 인물의 삶을 다룬 드라마 〈대장금〉과 〈기황후〉에 대한 역사왜곡 부분에 대한 논란의 강도는 확실히 달랐다. 그렇다면 이 논란의 강도의 차이는 어디에서 그 원인을 찾을 수 있을까? 필자는 이것이 가부장제 이데올로기의 여성 혐오적 시각이 투영된 것과 분명 관련을 맺고 있다고 생각한다. 〈대장금〉과 〈기황후〉의 내용에서 세 부분을 논의하며 좀 더 자세히 살펴보고자 한다.

첫째, 〈대장금〉의 서장금과 〈기황후〉의 기승냥의 사회적인 권력을 얻어가는 방식이 달랐다는 점을 들 수 있다. 서장금은 섹슈얼리티와 무관한 기술을 익혀 수라간 상궁과 의녀라는 전문 직업을 가졌다. 그에 반해 기승냥이 황후라는 사회적 권력을 획득할 수 있었던 것은 황제와 성적인 관계를 가지고, 혼인 제도에 들어가 재생산을 한 것으로부터 연유한다. 여성이 섹슈얼리티를 사용하여 남성이 전유한 권력 세계를 교란시켰을 때, 이것이 남성들에게 무의식적, 의식적 공포로 자리한 역사는 짧지 않다. 최근 역사에서는 자본주의 발흥과 함께 일어난 마녀사냥을 가능하게 한 이데올로기는 남성 지배계급이 온순한(domesticated) 노동자를 생산하여 자본주의를 최소한의 잡음과 함께 안착시키기 위해 대항하지 못하도록 여성들 중 일부를 마녀화하여 살육하며 사회의 본보기로 삼은 것이다. 거기서 이용된 관념이 여성의 섹슈얼리티의 힘을 발휘하면 사회가 혼란스러워지고, 이는 남성의 여성 지배를 무너뜨릴 것이라는 생각이다.

> 지배계급은… 남성들이 자신의 불행을 거세의 힘을 가진 마녀의 탓으로 돌리게 만들었고, 여성들이 당국에 저항해 획득한 힘을 자신들에게 대항하기 위해 사용할지도 모른다고 생각하게 만들었다. 남성들이 여성에 대해 깊이 품게 된 공포는 이런 맥락에서 동원되었다. …여성들의 섹슈얼리티마저 위험하고 사악한 힘을 가진 공포의 대상이 되었다(실비아 페데리치, 2011: 281).

〈대장금〉의 서장금은 신분상으로도 화려하게 꾸미는 모습도 없고, 극의 구성상 말미에나 민정호와의 사랑을 이루는 것으로 전체 내용에서는 성애화되지 않은 우정에 가까운 애정을 나누는 정도로 처리되어 있다. 하지만 사극 기황후의 기승냥은 남장을 했을 때에도 남성들의 마음을 흔들어 놓고, 궁녀가 되어서는 황제의 곁에서 사랑을 받고, 왕유와 애정을 나누고, 황실에 시집을 와서는 아주 화려한 복장과 화장으로 소위 '여성성'을 한껏 드러내며, 원 황제와의 성애적인 사랑이 스토리의 한 축이 된다.

둘째, '대장금'에서의 서장금은 외국의 남자와 정을 통하지 않았다. 기황후는 역사 기록에서 고려의 공녀로 차출되어 결국 원나라 황제와 성관계를 맺은 여성이다. 우에노 치즈코가 밝힌 것처럼 "여성의 섹슈얼리티는 남성의 가장 기본적인 권리와 재산이며 그것을 침해당하는 것은 당사자 여성에 대한 능욕만이 아니라 그 이상으로, 능욕당한 여성이 속하는 남성 집단에 대한 최대의 모욕이 된다는 가부장제의 논리가 있다."(1999, 104) 여성은 가부장제 이데올로기에 의해 민족국가의 재생산의 자원으로 그 기능을 한정하고, 그것이 다른 민족국가로 유출되는 것을 좋지 않게 보는 시각은 그 역사가 짧지 않다. 자국을 벗어난 외국 남성의 재생산의 도구가 된 이후에 조국에서 버림받는 여성의 역사는 유래가 깊다. 조선시대 환향녀 논쟁부터 일본군 '위안부', 50~60년대 기지촌 여성에 대한 공동체의 주류적 시각은 놀랍게도 별로 변한 것이 없다.

병자호란은 '화냥녀(환향녀)'라는 프레임을 통해 전쟁으로 외국에 끌려갔다 돌아온 여성들에게 정조를 잃은 여성, 더럽혀진 여성이라고 명명하며 그들을 비가시화하거나 적의를 드러내는 방식으로 공동체에서 존재를 지웠다. 이는 조선시대 임진왜란과 병자호란 이후 17세기에 가부장제 이데올로기의 강화를 통해 사회 혼란을 봉합하려는 사대부의 욕망이 투영된 것으로 "…실절(失節)한 여인과 다시 합하게 해서 사대부의 가풍을 절대 더럽힐 수 없다."한다(이종필, 2017: 197). 사신(史臣) 주장에서 그러한 일을 당한 여성들에 대한 조직적인 소외화 과정이 있었음을 알 수 있다.

국가가 보호하지 못한 여성 국민이 외국에 나가 성폭력을 당하고, 다시 조국으로 돌아왔을 때, 혐오의 대상이 되는 역사는 결코 조선시대에서 멈추지 않는다. 일본군 '위안부'의 역사에서도 '순결하지 못한' 신체를 가진 여성들에 대한 사회 인식의 환기를 가져오려는 여러 가지 노력에도 불구하고 아직 전체적인 인식이 바뀌는 것은 더디게 진행되고, 곳곳에서 백래쉬(backlash) 현상도 발견된다. 허윤(2017)은 「일본군 '위안부' 재현과 진성성의 곤경」에서 이런 피해 여성에 대한 공동체의 인식이 별로 달라지지 않았다는 것을 보여주는 일화를 소개한다.

> …2017년 삼일절을 맞아 디시인사이드의 한 유저가 "위안부 소녀의 입술을 빨아주고 왔습니다."라며 사진을 인증하여 논란을 빚었다. 그는 "같은 국민의 아녀자 입술은 같은 국민 남성의 것이지 다른 외간 남자에게 빨리는 건 치욕이라고 생각한다."며 사진을 올린 이유를 덧붙였다(허윤, 2017: 143).

여성의 신체 말고 공동체의 거의 모든 자원을 빼앗긴 상태에서 국가가 제도적으로 기지촌을 건설하고, 여성들의 성노동을 통해 공동체 회복의 기초 자본을 마련한 역사에 대해서도, 그 여성들의 노동에 대해서도 공동체는 무시하거나 비하했다. 이때의 논리는 17세기와 조금도 변하지 않았다. 이른 바 '정숙하지 못한 여자(박종현, 2011)'라는 것이다.

> 기지촌 여성은 미군과 성관계를 가진, 즉 외간 남자와 잠자리를 가진 정숙하지 못한 여성으로 낙인이 찍힌다. 결국 이들 여성들은 부계 혈통 사회에서 용서받지 못하고 '우리'라는 틀 안으로 진입하지 못하는 역사의 부유물이 된다(박종현, 2011: 194).

셋째, 전란의 상황으로 공동체 자원인 여성 신체를 이민족에 빼앗긴 상황은 민족국가를 보호하지 못한 남성들의 무능력을 다시금 상기시켜 분노의 심리 기제가 작동한다. 이명현(2017)도 이러한 점을 지적한다. "환향녀와 위안부는 시대적 차이는 있지만 외적의 침략, 국가와 남성의 무능, 민족의 수치, 부끄러운 역사, 덮어버려야 하는 치욕 등의 공통점을 가지고 있어…"(255) 원의 지배로 고려의 공녀들이 끌려가 희생당했던 역사드라마를 보는 것은 이러한 정동을 공유한다. 이러한 여성들에 대한 혐오는 대한민국 현대사의 질곡과 함께 강요된 이데올로기로 견고하게 자리해왔다. 이나영에 따르면 "전형적인 민족주의의 서사에서 남성들은 민족을 여성과 동일시하며, 자국 여성들을 소유물, 민족정체성 및 문화의 전수자로 여김과 동시에 타국 남성들의 폭력, 성적인 침해, 혹은 유혹에 취약한 몸으로 여긴다."(2011: 156)

한국사회는 박정희 정권이 등장하면서 본격적으로 산업화가 시작된다. 권위주의 정권에서는 개발독재의 문제들을 은폐하기 위하여 민족주의를 내세운다. 민족주의 관점에서는 여성을 '민족의 고유성과 도덕성, 전통'을 상징하는 순결한 여성과 '민족성 자체를 손상' 시키는 더러운 여성으로 나눈다(이명현, 2017: 268).

> …결국 한국 사회에서 기지촌 여성을 대면할 때마다 상기되는 것은 민족의 수치이며 내버려진 방기된 한국 남성이다. … 한국 사회가 감지하는 이 수치심을 교묘하게 덮는 손쉬운 방법은 기지촌 여성에게 우려와 함께 민족적 분노를 보내는 것이었다(박종현, 2011: 195).

외국 남성 혹은 적에게 '더럽혀졌다'고 여겨지는 여성 재현은 역사적으로, 집단 무의식 속에 민족의 무기력과 분노를 상기시키는데 사극 기황후의 기승냥은 자신의 주체성을 바탕으로 한 실력으로 자신의 처지를 반전시키고, 고려의 공녀들을 위한 복수에 성공한다. 이는 분명 기존 가부장제 이데올로기의 사회에 여성의 저항이며 이 점은 민족의 무의식적 분노를 배가한다. 따라서 기황후에 대한 역사 왜곡 논란의 높은 강도는 현재까지 그 위력이 대단한 가부장제 이데올로기의 여성 혐오와 관련성이 있다.

〈기황후〉의 스토리텔링은 앞서 언급한 역사적 자장 안에서 구성된 것이다. 드라마의 상상력 또한 현실 안에서 구성된다. 여기에서 다시 한 번 글쓴이가 강조하고 싶은 부분은 일련의 사극에서의 젠더 차별적 스토리 구성이 현대의 전통사회에 대한 상상력에서 비롯되고 그 상상력을 이루는 것 가운데 중요한 요소가 지금 여기의 젠더 차별에 기반하고 있다는 사실이다. 물론 한국의 사극에서만 이러한 상상력으로 시대를 넘나들지 않는 것은 자명하다. 역사서의 기록조차도 이미 역사 그 자체는 아니며, 이미 항상 무언가를 재현하고 있으므로 공백은 필연적이다. 그런데 이러한 납작한 젠더 차별적 상상력이 사극에 곧바로 투영되는 것은 한번쯤 재고해야 할 필요가 있다. 또한 이러한 새로운 상상력이 한류 콘텐츠에 새로운 기획이 될 수 있고 더욱 다양한 면모를 보여줄 수 있다.

주요 여성 캐릭터는 고정된 서사를 답습하는가?

다음으로 여성 캐릭터 서사에서 여성 차별적 시각의 구현에 대하여 진단한다. 먼저, 역사 드라마의 여성 캐릭터에 대한 서사가 어떠한 지형 아래서 논의 되어야 하는지 살펴보겠다. 여성 캐릭터 서사와 그 재현방식은 '옛 것을 다룬다'는 사극이라고 해서 현재의 구조에서 벗어나 있지 않다. 어떻게 보면 당연한데, 사극을 제작하는 사람들은 모두 지금, 여기에 살아가고 있는 현대인들이고 그들의 의식과 무의식이 표현되어 있기 때문이다. 특히 서사는 그 사회 구조 안에서 받아들여질 수 있는 것으로 타협되기 마련이다. 대중 예술의 서사는 구조와 작가의 상상력이 끊임없이 상호작용하며 조정되는 타협의 산물로 보는 견해는 지배적이다. "창조적 예술작품은 장 안에 있는 행위자들의 상대적 위치와 장을 지배하는 구조적 규칙의 상호작용이 만들어낸 결과물이다."(유진월, 2009: 114)

특히 TV드라마는 문화 상품 중에서도 가장 대중과 친밀성을 가지고 있고, 그 공동체에서 통용되는 가치와 어긋나기 가장 어렵다고 볼 수 있다. 따라서 최종적으로 합의된 작품의 서사를 살펴보면 공동체 내에서 무리 없이 받아들여지는 그 사회의 지배적인 이데올로기가 작품의 외피를 입고 나타나는 것을 심심치 않게 관찰할 수 있다. 게다가 TV 드라마 중에서 역사드라마는 현대인들이 현대의 제약에서 약간 자유로운 서사를 펼칠 공간으로 볼 수 있다. TV 드라마에서 여성 캐릭터는 가부장제 구조의 영향을 받아 만들어지지만, 역사드라마에서는 남녀 차별, 남존여비 현상이 현대보다 훨씬 심했다는 가정 위에서 만들어지기 때문에 젠더구별에 따른 젠더 차별적 시선이 좀더 선명하게 나타날 수 있다.

텔레비전 드라마의 여성상이 실제 세계의 여성의 현실을 반영한다고 볼 때, 역사드라마는 과거의 인물을 소환하여 그린다는 점에서 현실의 결여를 환유하는 이상화, 혹은 현실의 이데올로기 체제로의 봉합 의도 양쪽에서 상대적으로 자유롭다고 할 수 있다. 따라서 역사드라마의 젠더 무의식을 고찰하는 것은 미디어를 통해 과거와 현재를 가로지르는 문화 생산자의 욕망뿐만 아니라 그것을 수용하고 일상에 투사하는 소비자의 욕망까지 확인할 수 있는 중요한 작업이라고 볼 수 있다(양근애, 2018).

드라마 기황후에서 네 명의 주요 여성 캐릭터, 기승냥, 타나실리, 연비수, 그리고 황태후 중에서 두 명 기승냥과 연비수가 필요할 때마다 남장을 하고 남성 무리를 이끄는 지도자 역할을 해 내는 인물로 나온다는 것은 공적인 영역에서는 남장, 즉 남성으로 패싱(passing)되는 것이 필요하다는 것을 보여준다. 이는 '2000년대에 들어서도 …기존의 남성 중심적 논의가 유지되면서 이에 저항하는 여성주인공이 전형화되는 경향이 여전한' (양근애, 2018: 236) 사극에서 여성을 '규방' 내부에 묶어두지 않으려는 시도이기도 하면서 동시에 다시 남녀 이분법을 강화시키는 장치로 보인다.

기승냥이 자신의 원래 이름인 양에서 '승'자를 앞에 붙여 짐승으로 명명한 것은 일차적으로 사회적으로 부여받은 남녀이분법에 따른 여성의 역할에만 머무르지 않겠다는 의미로 해석될 수 있다. 클라리사 P.에스테스 (2013) 에 따르면 '여걸'은 가부장적 문명에 의해 길들여지지 않은 여성의 창조적 본성에 대한 은유이다. 하지만 이는 철저히 남녀이분법에 의한 사회적 역할 구분, 즉 남성으로 인식되어야만, 군대의 일원이 되고 깡패 무리를 이끌고 왕으로 대표되는 국가권력을 호위할 자격을 가진다는 것을 뜻하기도 한다. 기승냥은 아버지가 딸에게 부여해 준 '냥'이라는 이름이 있지만, 남장을 하고 있을 때 자신을 승냥이라고 소개하는 장면에서 사회적인 의미에서 남성으로서 정체성을 스스로 확립하며 수행해 나간다. 이 남장여자는 유난히 역사드라마에 자주 등장하는 소재이다. 이 자체가 역사드라마에서 여성을 사적인 가정에서 끌고 나와 공적인 무대에 등장시키기 위한 클리셰가 되었다.

기승냥 캐릭터는 그야말로 남성들의 판타지를 과잉 충족하는 인물로 볼 수 있다. 기승냥은 남장여자와 팜므파탈 두 가지 캐릭터를 체현하고 있는 인물이다. 기황후의 기승냥 이전에 역사드라마에서 젠더 무의식이 드러난 대표적인 작품으로 MBC '선덕여왕'을 들 수 있다. 임옥희는 젠더 무의식을 "남자 혹은 여자로 강제적으로 분화되는 젠더 사회화 과정에서 억압받은 타자의 흔적이다."(2016: 30) 라고 정의한다.

> 미실과 덕만은 정치의 세계에서 우위를 차지하기 위해 여성으로서의 성적 매력을 최대치로 발휘하거나 반대로 여성성을 은폐시키는 방식을 취해야 했다. 이는 정치가 남성적 가치의 세계임을 전제로 하는 것이며, 그 남성적 가치야말로 그녀가 정치 세계의 최상부에 오르기 위해 반드시 체현해야만 하는 조건임을 말해주는 것이다(양근애, 2018: 238).

'선덕여왕'의 덕만과 미실은 각각 다른 방식으로 사회적으로 부여받은 '여성성'을 캐릭터에서 최대치로 끌어 올리거나 보이지 않도록 숨기는 방식으로 두 캐릭터가 사회적인 남성성을 체현한 인물과 팜므 파탈을 두 캐릭터가 나눠가지고 있다. 기황후의 기승냥은 이 두 가지를 한 인물이 극 중에서 변신을 통해 구현하고 있다.

타나실리가 처형을 당한 이후, 타환과 기승냥의 관계는 변화한다. 타환은 기승냥을 의심하게 된다. 이 의심은 두 가지로 나누어 살펴볼 수 있는데, 왕유와의 관계를 의심하는 것과 기승냥이 원 제국보다는 조국인 고려에 충성할 것을 의심하는 것이다. 게다가 타나실리를 처벌하는 과정에서 보여준 '뛰어난' 능력이 다시 의심하고 두려워할 수밖에 없는 원인을 제공한다. 여성은 그 능력이 모자라도 지나치게 뛰어나도 비난의 대상이 되는 여성 혐오의 역사와 현실을 고스란히 반영되어 있다.

> 팜므 파탈은 세계를 확실하고 분명하게 판단할 수 있다고 믿는 코기토적 남성주체의 자부심에 상처를 입힌다. 팜므 파탈은 겉으로 보이는 것과 실재가 일치하지 않는다는 것이 특징이다. 겉과 속이 달라

서 도무지 예측불가능하고, 통제할 수 없으므로 속내를 알 수 없다. 팜므 파탈의 위협적이고 위험한 특징은 바로 이 수수께끼, 비밀스러움에 있다(임옥희, 2016: 30).

기승냥은 여성으로 인지되고 나서도 아름다운 외모와 지혜, 카리스마를 겸비한 인물로 기승냥의 적으로 설정되어 있는 인물들조차 탄성을 자아내게 하는 인물이다. 그리고 이러한 캐릭터를 바탕으로 조정에서의 권력 싸움에서 기지를 발휘하며 장애물을 극복하는 서사가 이어진다. 타환은 기승냥을 정신분석학적으로 '남근을 가진 어머니'로 인식하는 모습을 보이며 모든 것을 기댄다. 기승냥은 타환의 생명을 살려주고, 돌봄 노동, 감정 노동을 수행하며 성공할 수 있도록 지원을 아끼지 않는다.

하지만 이러한 능력의 과잉은 타환을 불안하게 만든다. 타환은 귀비가 된 이후의 기승냥에게 노골적으로 자신의 부인과 황태자의 어머니로만 살라고 주문한다. 결국 49화에서 백안을 물리쳤으니 이제 권력은 황제에게 넘기고 자신은 황제를 보필하는 역할을 하겠다고 한다. 권력을 주고 안정을 보장받는 것을 서로의 사랑을 확인하는 것으로 봉합하고 있다. 타환의 불안은 서사에 극명하게 드러나는데, 타환이 기승냥에게 처음으로 억지로 성관계를 하려 한 장면에서 그저 종속적인 위치의 여성으로 남아주기를 원하는 남성 판타지가 구현되어 있다.

또한, 기승냥은 귀비로 황제의 두 번째 부인의 위치에 올랐음에도 불구하고, 상대인 타환에게서뿐만이 아니라 원 제국의 남성 권력자들로부터 소위 '스파이 짓'을 하는지에 대해 끊임없이 의심을 받는다. 그런데 이 의심은 드라마 서사에서 정당성이 확보되도록 연출되었다. 처음에 기승냥과 고려왕이 대면하고 얼마 안 되어—물론 기승냥이 남성으로 패싱되고 있었지만—즉 국가로부터 스파이로 호명되어 임무를 실행한다. 원제국의 사람인 심양왕이라는 자가 고려의 소금 밀무역을 주도하여 고려의 경제를 위태롭게 하자 고려의 태자였던 왕유가 결정적인 증거인 비밀 장부를 심양왕 밑에서 일을 하던 기승냥에게 훔쳐오라고 명령한다. 기승냥은 이 스파이 임무를 성공적으로 수행하고, 조국에 충성을 보여주지만 이 일로 인하여 심양왕을 비롯한 원 제국의 사람들의 마음속에 원한을 갖게 한다.

게다가 왕유와 하룻밤을 보내고 임신하게 된 기승냥은 타나실리가 황제의 아이를 임신한 박재인과 고려 여인들을 몰살하려는 계획에 휘말려 갓 태어난 아기를 잃고 겨우 목숨을 건진다. 이러한 사실을 철저히 숨긴 채 살해당한 고려 동포들의 복수를 위해서 타환의 첩이 되는 경연에 참가한다. 이 서사는 시청자들에게 타환이 끈질기게 기승냥을 의심하고, 기승냥이 위험에 처하는 것에 대한 부분적 합리화를 가능하게 한다. 여성 스파이 담론은 남성 가부장제 사회의 위기와 불안을 형상화된 여성에 투사한 것으로 볼 수 있다.

여기서 남성의 신체에 스며든다는 것이 상징하는 바는 이질적인 것이 사회체로 침투한다는 것이다. 즉 여자 스파이에 대한 공포는 침투 공포와 등가를 이루는 것이다. 그리고 이 침투는 단지 침투당한 신체를 파괴하는 것에 그치지 않고 '사회 전체로 퍼져나간다. 여자 스파이에 대한 공포는 단지 '팜 파탈'에 대한 공포와 관련된 것만은 아니다. 오히려 이는 여자 스파이가 침투 공포와 함께 사회적으로 부정적인 재생산의 가능성을 환기하기 때문이다(권명아, 2005: 214).

결국 기승냥은 원 제국 황실에서 승승장구할수록 파트너 남성, 일시적 조력자 남성, 적대자 남성 모두로부터 정체성을 의심받고, 질문 받는 위치에 놓이게 된다. 더 나아가 이는 구조적 문제를 가리고 극중 인물들의 원한이 기승냥에게 집중되는 서사를 구현한다. 기승냥만 없어지면 모든 문제가 사라질 듯이 기승냥을 둘러싼 적대적 인물들의 집중 포화가 서사의 대부분을 차지한다. 게다가 이것은 기승냥의 조국, 즉 고려왕과 그들의 무리의 방기에 기승냥에게 거의 모든 책임이 전가된다. 기승냥의 업적과 능력이 높을수록 남성중심의 공동체 사회에서 불온한 존재의 더욱 강력한 근거로 작용하게 되는 아이러니가 스토리의 주요한 축 중에 하나로 작용하고 있다.

타나실리는 주인공 기황후에 대항하는 인물로 악역을 맡고 있다. 타나실리는 가부장제 이데올로기를 완벽히 체현한 인물로 자기 집안의 권력을 쟁취하고 이를 단단하게 유지하기 위해 황자의 재생산을 목표로 하는 인물이다. 이 목표를 위한 구체적인 실천 계획은 황제와의 성관계를 독점하는 것, 또한 황제의 다른 여인들의 재생산 능력을 파괴하는 것 등이다. 그동안의 사극에서 나타난 여성 캐릭터 중에서도 내명부의 악행으로 누구에게도 뒤지지 않는 인물로 그려진다. 인물 사이의 갈등을 최대치로 고조시키고자 서사에 악역이 필요한 것을 감안하더라도 타나실리 서사는 과잉으로 볼 점이 존재한다.

일단, 아버지인 연철이 황제를 쥐락펴락 할 정도의 만인지상의 권력을 갖고 있고, 자신에 대한 전폭적인 지원을 하고 있는 상황에서도 오로지 황자 재생산에 자신의 운명을 걸어야 하는 그녀의 서사는 여성을 재생산능력으로 환원시키는 여성 차별적 관념을 구현한다. 게다가 황제와 잠재적으로 성관계를 맺을지 모른다고 여겨지는 다른 여성들에 대해 결국 살해까지 감행하는 모습은 가부장제에서 살아남기 위해 다른 여성들을 적으로 만들어 버리는 소위 '여자의 적은 여자다'라는 프레임을 공고히 하는 여성 비하적 시선을 답습한다.

하지만 타나실리 캐릭터 서사의 더 큰 문제점은 악역이라는 것을 강조하려고 한 나머지 그 캐릭터를 우습게 조롱하는 식으로 묘사했다는 것이다. 첫째, 타나실리는 왕유가 자신을 좋아한다고 착각한다. 왕유와 기승냥, 그리고 타환의 삼각관계가 극 전체에서 중심 서사로 자리를 굳건히 하고 있는데, 뜬금없이 타나실리는 왕유가 자신을 좋아한다고 오해하고 또 자신을 좋아하지 않는 것을 알게 되고는 모욕당했다고 분개한다. 둘째, 타나실리는 기승냥을 죽이기 위해 사냥터에서 음모를 꾸민다. 하지만 기승냥에게 가볍게 제압당하고 비굴하게 목숨을 구걸하는 모습을 보인다. 기승냥이 풀어준 지 얼마 안 되어 다시 기승냥에게 그런 일이 없었다는 듯이 득의양양한 우스운 모습은 굳이 필요한 장면인지 의심이 간다.

연비수 캐릭터 서사도, 아무리 조연이라는 점을 감안하더라도, 일관성을 잃고 기능적으로 이용했다고 평가할 수 밖에 없다. 극 초반에는 연비수는 돌궐족의 한 부대를 이끌 만큼 그 사회에서 능력 있는 여성으로 설정되어 있다. 연비수는 전투에서 패배하지만, 다시 세력을 일으켜 부족을 재건하려는 리더십을 가진 캐릭터이다. 그런데 극 후반에 연비수는 고려왕 왕유 캐릭터를 사랑한 나머지 조국의 재건도, 자신의 안위도 모두 손쉽게 버리고 사랑하는 남자를 위해 목숨까지 바친다. 결국 여성의 욕망 실현은 공적인 영역에서보다는 남성과의 사랑을 이루는 것이 일차적인 것이라는 가부장제 이데올로기의 남성적 시선에서 '바람직한 여성'의 서사가 연비수를 통해 펼쳐진다.

동시대 문화콘텐츠는 분명 사회를 비추는 거울이라고 할 수 있다. 사회와 콘텐츠는 서로 반영하는데, 여성 주체를 어떤 캐릭터로 구성할 것인가는 페미니즘 대중화 시대에 대중문화 콘텐츠가 역점을 두고 창조되어야 하는 부분일 것이다. 엘렌 식수의 말대로 "남성중심 역사 속에서 억압된 모든 복수적인 영역들을 보이도록 만들어서 기존 권력관계들을 수정할 뿐만 아니라 근본적으로 변혁하는 여성"(태혜숙, 2001: 102)이 콘텐츠가 등장하는 것이 한류를 한철 바람에 그치게 하지 않는 한 가지 방법이 될 것이다.

부지런한 펜(pen)이 열성적인 팬(fan)을 만들 것이다

대중적 문화콘텐츠는 사회 전체의 의식과 무의식이 잘 드러나는 것으로 공동체의 젠더의식을 가늠해 볼 수 있는 공간으로 상정될 수 있다. 유진월도 영화의 여성 재현에 대하여 유사한 의견을 공유한다. "재현은 기존의 세계를 재생산할 뿐 아니라… 코드화된 담론을 형성한다…. 매우 강력한 이미지를 담고 있는 여성의 재현 방식[은] 그 영화가 속한 사회가 지닌 문화를 이해하는 하나의 준거가 된다."(유진월, 2011)

어떠한 여성 캐릭터의 현전은 역사적으로 켜켜이 쌓여온 혐오를 촉발하기도 하고, 그 혐오적 시선이 다시 여성 캐릭터에 녹아들기도 하면서 강고한 물성으로, 담론으로 대중의 공론장에 위치한다. 이러한 방식의 재현을 반복하는 사극은 그 작품성을 높이 평가받기 어려운 하나의 장애물이 될 것이며, 이는 한류 현상을 저해하는 하나의 요소가 될 것으로 전망된다.

좋은 창작물을 어떻게 보는지는 모두의 견해가 조금씩 다를 수 있지만, 시대가 필요로 하는 좋은 작품은 급진적이지 않고 대중적인 방식에도 시대를 고민한 흔적을 무겁지 않게 남겨놓는 것이라고 생각한다. 가야트리 스피박은 "새로운 민족공동체를 구성하기 위해 …피식민주체에게 부가된 내러티브적 승인을 벗어나는 타자의 흔적들을 끈질기게 추적하는 가운데 다양한 여성상을 찾아내고 새로운 형상화를 제시해서 남성위주의 민족주의 담론에 개입해야 한다."(태혜숙, 2001: 67)고 말했다. 계속해서 창조되는 역사를 위해 기존의 담론은 계속해서 해체되고 다시 구축되어야 한다는 말일 것이다. 창작이 좀 더 펜촉을 예리하게 가다듬어 시대와 호흡하고 또한 대중과 더불어 만들어나가는 생태계가 한류 문화와 함께 성장해야 할 것이다.

참고문헌

권명아 (2005). 역사적 파시즘 제국의 판타지와 젠더 정치. 서울: 책세상.

김기봉 (2016). 사극을 어떻게 볼 것인가. 인문콘텐츠 43, 9-22.

박종현 (2011). 다큐멘터리 사진 속에 나타난 한국 전쟁의 잉여와 상처-혼혈인을 바라보는 한국 사진의 시선. 기초조형학연구 12(6), 191-200.

실비아 페데리치 (2004). *Caliban and the Witch*. 김민철, 황성원 옮김 (2011). 캘리번과 마녀. 서울: 갈무리.

양근애 (2018). 역사드라마의 젠더와 정치성. 한국극예술연구 62, 229-258.

우에노 치즈코 (1998). *Nationalism to Gender*. 이선이 옮김 (1999). 네셔널리즘과 젠더. 서울: 박종철출판사.

유진월 (2009). 여성의 아비투스를 재현하는 성의 정치학-수애가 출연한 영화를 중심으로. 한국문화연구 16, 113-169.

______ (2011). 영화, 섹슈얼리티로 말하다. 서울: 푸른사상.

이나영 (2011). 성적·인종적 타자와 공간: 기지촌의 형성과 '양공주'만들기. 탈/근대 아시아와 여성. 아시아여성총서, 152-182.

이명현 (2017). 영상서사에 재현된 환향녀 원귀의 양상과 의미-TV 단막극에 재현된 환향녀 원귀를 중심으로. 중앙어문학회 어문론집 69, 253-274.

이종필 (2017). '전란가족서사'의 여성형상화 양상과 그 의미-병자전쟁 배경의 야담을 중심으로. 한문학 논집 46, 183-205.

임옥희 (2016). 젠더, 감정, 정치. 서울: 여이연.

최창현, 임선희 (2018). 문화력으로서 한류이야기. 서울: 박영사.

클라리사 에스테스 (2004). *Women Who Run with the Wolves*. 손영미 옮김 (2013). 늑대와 함께 달리는 여인들. 서울: 이루.

태혜숙 (2001). 탈식민주의 페미니즘. 서울: 여이연.

허윤 (2018). 일본군 '위안부' 재현과 진성성의 곤경-소녀와 할머니 표상을 중심으로. 여성과 역사 29, 131-164.

K 스피릿 (February 5 2025). 우리나라 사극의 '오류' - 대장금. (https://www.ikoreanspirit.com/news/articleView.html?idxno=974). 2025년 2월 5일 검색.

Khan (February 2 2025). MBC새월화극 '기황후' 왜곡 논란, 역사학자들도 "잘못",

(https://www.khan.co.kr/article/201308292016531). 2025년 2월 2일 검색.

News1 (February 5 2025). '기황후' 역사왜곡 논란에… "분명히 팩션이다", (https://www.news1.kr/entertain/broadcast-tv/1376138). 2025년 2월 5일 검색.

제10장

〈응답하라 1988〉 : 한국 골목 공동체 문화와 중국사회의 공감

담옥천

- 〈응답하라 1988〉과 골목공동체 문화
- 중국 시청자들의 〈응답하라 1988〉 속 골목공동체에 대한 반응
- 골목공동체와 공감하는 중국 사회
- 맺음말

중국에서 한국 드라마의 황금기는 2017년 이전까지 거슬러 올라갈 수 있으며, 당시 〈별에서 온 그대〉와 〈태양의 후예〉 같은 작품들이 중국 스트리밍 플랫폼에서 연이어 큰 성공을 거두었다. 많은 한국 드라마 가운데, 〈응답하라 1988〉의 도입 과정은 다소 특이했다. 당시 중국의 저작권 구매 측은 대스타와 대형 제작이 포함된 청춘 로맨스 드라마에 더 투자하는 경향이 있었으나, 〈응답하라 1988〉은 이들의 선호에 부합하지 않았다. 하지만 이 드라마는 한국에서 방영되자마자 좋은 평을 얻었고, 많은 중국의 한국 드라마 팬들과 업계 작가들이 강력하게 추천하면서 결국 중국의 주요 동영상 사이트에서 '독점 도입' 형태로 큰 홍보와 함께 소개되었다.

2015년 11월, 〈응답하라 1988〉은 한국 tvN에서 방영되어 큰 반향을 일으켰다. '응답하라' 시리즈의 절정에 해당하는 이 작품은 추억을 불러일으키는 기본 정서를 유지하면서도 이웃 간의 정과 가족 간의 사랑을 중심 주제로 삼았다. 2016년 6월, 이 드라마는 중국 아이치이(爱奇艺)에 상륙했고, 마지막 회가 방영된 지 단 이틀 만에 2억 7천 7백만 뷰를 기록했으며, 중국의 평가 사이트인 도우반(豆瓣)에서 9.4점이라는 높은 점수를 받았다. 자료에 따르면 18~24세 시청자가 41.5%를 차지했고, 25~30세 시청자는 15.4%를 차지했으며, 60% 이상의 시청자가 전문대 이상의 학력을 가지고 있었다.

2016년 이후, 〈응답하라 1988〉은 중국에서의 인기가 줄어들기는커녕 오히려 계속 증가했으며, 시청과 평가 인원도 지속적으로 늘어났다. 2024년 8월 기준, 이 드라마는 도우반에서 평가한 사람 수가 96만 명을 넘었으며, 평균 점수는 9.7에 달해 한국 드라마 가운데서도 최고의 작품으로 꼽히고 있다.[1]

'응답하라' 시리즈의 인기는 한국에서 '복고'에 대한 광범위한 논의를 불러일으켰다. 연구에 따르면, 2010년대는 한국에서 '레트로'가 유행했던 시기였으며, 많은 드라마와 예능 프로그램이 추억의 요소로 가득했다. IMF 사태 이후의 신자유주의 시대를 겪으며 변화가 급격했던 한국 사회에는 아름다웠던 과거에 대한 향수가 널리 퍼져 있었다. 〈응답하라 1988〉은 극도로 복고적 디테일을 통해 단순히 80년대의 생활상을 재현한 것뿐만 아니라, 한국 사회의 집단적인 향수를 자극했다.

중국 학자들은 이 드라마가 "아시아와 전 세계가 공유하는 문화적 상징들을 대거 사용하며, 이러한 공동의 문화적 상징이 중국

---

1 중국에서 열풍을 일으키고 현상이 된 드라마로 비교할 때, 동일한 시기에 중국에서 인기 있던 드라마로는 〈별에서 온 그대〉(2013)의 평점은 도우반에서 8.5이며, 평가자 수는 40만 명 넘었다. 〈사랑의 불시착〉(2019)의 평점은 8.3이며, 평가자 수는 28만 명 넘었다(2024년 8월 데이터 기준).

시청자들의 집단 기억을 환기시켰다"고 지적했다. 예를 들어, 〈영웅본색〉에 대한 오마주, 등장인물들이 자신을 '왕조현'이나 '장만옥'이라고 칭하는 장면, 그리고 〈마지막 황제〉, 〈포레스트 검프〉 등의 문화 요소들이 그러하다. 드라마 속 등장인물들이 방에서 라디오를 듣고, 오락실에 가서 게임을 하고, 친구들 간에 삐삐로 연락하는 장면 역시 중국 시청자의 역사적 생활 속에서 찾아볼 수 있었다. 하지만 드라마 속 80, 90년대 한국의 음악과 토종 브랜드는 중국 시청자들에게 다소 낯설었으며, 이는 일정 부분 '문화적 할인'(cultural discount) 현상을 초래했다. 또한 〈응답하라 1988〉 한국 80년대 생활과 전혀 무관한 20대 중국 청년 시청자들에게도 큰 호응을 얻었는데, 단순한 '향수'만으로는 중국에서의 성공을 설명할 수 없다.

또 다른 중요한 요인은 '골목 공동체'이다. 쌍문동 골목은 현대 신자유주의 자본 사회와는 극명하게 대비되는, 환상에 가득 찬 세계로 그려진다. 비록 시대와 지역은 다르지만 중국 시청자들도 쌍문동의 매력을 깊이 느낄 수 있었는데, 이는 계층이 없고, 거의 사적 욕망이 없는 이상적인 공동체였다. 많은 중국 시청자들에게 이 골목에서 다섯 가정이 함께 살아가는 모습은 매력적인 유토피아였으며, 드라마에서 보여주는 '강한 유대 관계'는 중국 시청자들이 갖고 있는 '먼 친척보다 가까운 이웃이 낫다'는 상상에 부합했고, 서로 보살피는 공동체에 대한 아름다운 인식을 다시 만들어 주었다.

현재 골목과 골목 공동체에 대한 학술 연구는 매우 적으며, 〈응답하라 1988〉 속 골목 공동체에 대한 구체적인 연구 역시 부족하다. 그러나 골목과 공동체 생활은 중국 시청자들이 이 드라마를 좋아하는 중요한 이유 중 하나다. 따라서 이 드라마의 중국 내 인기에 기여한 여러 요인 중에서도 본고는 〈응답하라 1988〉이 보여주는 한국의 골목 공동체 문화를 중점적으로 연구하고, 중국 시청자들의 댓글과 사회적 현실을 결합해 골목 공동체가 어떻게 중국의 젊은 시청자들과 공명했는지 탐구한다.

〈응답하라 1988〉과 골목공동체 문화

골목문화의 개념과 특성

한국 국립국어원 표준국어대사전에 따르면, '골목'은 '큰 길에서 들어가 동네 안을 이리저리 통하는 좁은 길'을 의미한다. 동시에 이는 '사적인 영역과 공적인 영역 사이에 연속성을 허락하는 공간'이다(이찬규, 2009: 59). 이재열에 따르면, "대체로 전통적인 공동체의 정체성을 형성해 온 요인 중 가장 중요한 것은 장기간에 걸쳐 같은 지역에 거주하는 사람들이 형성하는 생활권이었다."(이재열, 2006: 30) 윤재홍은 "우리의 전통적인 생활에는 관계에 대한 민감성과 다른 구성원에 대한 배려가 지극히 발달되어 있다. 서로 간의 관계를 확실하게 이해하고, 그 관계에 맞게 스스로 행동하는 규범에 의해 이러한 공동체의 공간이 유지되어 왔다."고 말한다(윤재홍, 2002: 82). 그러므로 골목 문화는 항상 공동체 문화와 연결된다고 할 수 있다.

한국인은 공동체 의식이 강하였다. 신자유주의 체제 이후 해체되기는 했지만, 1970년대까지만 하더라도 여러 마을에 두레가 잔존하였다.

"과부, 노인, 환자가 있는 집안, 어린아이가 있는 집의 농사는 두레에서 거들어주었다. 마을 조직에서 보이는 큰 특징은 우선 평등의 원칙이다. 마을 구성원은 누구나 동등한 책임과 권한을 가지면서 참여하고, 권익을 분배받는다. 상부상조의 부담이나 지원, 호역의 균등한 분배, 공동 노역 등등에서 마을민은 동등하다. 이는 물리적 단순 평등이 아니다. 두레는 더 상위의 공평(公平)을 추구했다. 경제적 능력과 신분, 기타 공지되는 능력에 따라 공평의 지혜와 자율적 참여를 보장했다. 예컨대, 소지, 성금(모연), 걸굿, 두레 등에서 분등(分等)과 수분(守分)의 관념적 룰이 존재했다. 그리고 그에 걸맞게 참여와 분담을 했다."(이해준, 2005: 229)

"두레로 상징되는 농촌의 공동체 문화는 '모둠살이의 지혜'이자 '공생(共生)의 지혜'였다. 그것은 눈빛과 숨소리만으로도 무슨 생각을 하는지 알 수 있을 만큼 다정하고 끈끈한 인간관계[情]가 밑바탕에 있었기 때문에 가능했던 문화였다. 또 그것은 법제적 배경이나 관념, 추상적인 것이 아니고 실제적이었다. 구성원들의 사적인, 그리고 자율적인 필요와 목적을 기반으로 만들어졌고 지켜졌다."(이해준, 2005: 216-217)

이 두레에 익숙한 사람들이 근대화와 산업화의 여파로 서울 등 대도시로 올라와 골목으로 이어지는 마을을 형성하면서 창조된 것이 골목문화다.

> "자본주의와 근대화가 급속하게 추진되었지만, 최소한 1970년대까지는 한국식 공동체인 두레가 곳곳에 있었고 서울에도 골목문화가 남아 있었습니다. 사람들은 가난해도 순박하였습니다. 필자가 살았던 서울의 변두리인 영등포의 신길동 집만 하더라도 파란 색 나무 대문은 단 한 순간도 닫힌 적이 없습니다. 바람 심한 날에 걸쇠를 걸어두기도 했지만 사람이 밖에서 살짝 밀기만 해도 열렸습니다. 마을 사람들은 물맛 좋은 펌프가 있는 저희 집에 낮이든 밤이든 들어와 물을 길어 갔을 뿐만 아니라 목욕이나 빨래를 하고 김장 김치와 무도 씻어갔습니다. 때로는 사람들이 골목에 길게 줄을 서서 기다리기도 하였습니다. 주는 이든 받는 이든 당연하게 생각하였기에 고맙다는 말을 하는 이는 없었습니다. 마을사람들은 시골에서 고구마건 옥수수건 감자건 가져오면 그릇에 담아 돌렸고 그 그릇엔 부침개를 해서라도 무엇인가 채워 보냈습니다. 골목에 평상을 펴거나 돗자리든 나무판자든 포장지든 깔고 각자 싸온 것들을 나누며 밤늦도록 이야기꽃을 피웠고 지나가는 전혀 모르는 사람에게도 수박 한 쪽이나 막걸리 한 잔을 권하였습니다. 시내에서 잔치가 있다거나 오랜만에 나들이를 간다고 하면 옷을 서로 빌려주었습니다."(이도흠, 2023: 187-188)

서울연구원의 보고서 〈골목길에서의 외부활동과 사회적 관계: 골목화단과 골목주차〉에 따르면, 한국에서 골목이 생활공간으로 가장 활발하게 활용된 시기는 대략 20세기 50~60년대에서 90년대까지였다. 〈응답하라 1988〉은 1988년 사람들이 익숙했던 골목 공동체의 생활을 생생히 재현했다. 자본주의의 침투가 공동체의 유대를 어느 정도 약화시켰지만, 여전히 많은 주민들이 이웃 간의 협력을 바탕으로 살아가고 있었다.

윤재흥은 골목이 집이라는 안과 세계라는 밖의 중간에 위치하는 영역으로 보았다(윤재흥, 2002: 74). 울타리와 담장은 시야와 소리가 자유롭게 흐르는 것을 허용하며, 오히려 이웃 간의 연결을 강화한다. 〈응답하라 1988〉에서 쌍문동 여러 가정의 생활 공간은 밀접하게 연결되어 있어, 이들의 삶의 궤적이 반(半)개방적 공간인 골목에서 자주 겹친다. 덕선과 정환네 집은 위치상 지상과 반지하의 차이만 있을 뿐이고, 정환 엄마가 택이를 부르면 동룡도 그 소리를 듣고 바로 식사에 끼어드는 모습은 공동체 구성원 간의 긴밀한 유대를 잘 보여준다.

골목은 집과 외부 세계를 잇는 완충 지대로, 주민들은 이곳에서 자연스럽게 교류하며 관계를 형성한다. 시간이 흐르면서 이웃 간의 이해는 깊어지고 관계는 더욱 친밀해진다. 드라마 속 내레이션이 말하듯, "골목은 그저, 시간만으로도 친구를 만든다." 이런 정은 우연히 모인 사람들 사이에서 형성된 것이 아니라, 시간의 축적을 통해 자연스럽게 자라난 것이다.

주민들은 서로의 생활 공간을 자유롭게 오가며 긴밀히 얽혀 있다. 정환네 집은 넓은 공간 덕분에 모임이나 과외수업, 그리고 카드놀이의 장소로 활용되고, 택이의 방은 아이들이 늘 모이는 아지트가 된다. 골목에서는 계란을 파는 아저씨, 연탄을 배달하는 사람과 같은 외부인도 가끔 등장하여 이들의 생활 일부가 된다. 골목은 사람들에게 외부 세계와의 첫 접점을 제공하는 공간으로, 이는 곧 익숙함과 포용을 상징한다. 비록 갈등이 생기더라도 물리적 거리의 제약으로 인해 이를 피할 수 없으므로, 주민들은 문제를 마주하고 해결해야 한다. 이처럼 오랜 시간 동안의 교류는 결국 안정된 관계로 이어진다.

골목의 반개방적 특성은 주민들 간의 상호작용을 촉진하며 일체감과 연대 의식을 형성한다. 〈응답하라 1988〉에서 골목은 정보 교환과 대책 논의를 위한 장소로 기능한다. 도둑의 침입이나 택이의 항공 사고 위기와 같은 상황에서도 모두가 골목에 모여 문제를 함께 해결한다. 일상에서는 여인들이 모여 식재료를 손질하며 이야기를 나누고, 아이들은 골목에서 만나 함께 등교한다. 쌍문동의 골목은 몇 가정을 하나의 더 큰 가족으로 만들어주는 역할을 한다.

〈응답하라 1988〉에 재현된 골목문화

〈응답하라 1988〉 속 골목 공동체의 삶은 풍부하고 섬세하다. 먼저 쌍문동 다섯 가정이 자주 한자리에 모이는 모습을 볼 수 있다. 2화에서 택이가 바둑 대회에서 우승한 후, 모두가 정환네 집에 모여 함께 식사하며 축하한다. 아이들은 여느 때처럼 모여들고, 어른들은 음악에 맞춰 춤을 추며 흥겨운 분위기를 만든다(그림 1). 이 모습을 본 아이들은 어른들의 열정에 살짝 질린 듯하고, 덕선은 심지어 입을 삐쭉이며 "에휴~ 또 시작했네"라고 하고 친구들끼리 정환의 방에서 따로 모였다(그림 2).

그림 1

그림 2

7화에서는 어른들이 크리스마스에 아이들에게 줄 선물을 의논하며 한자리에 모인다. 회의가 끝난 뒤에도 모두가 왁자지껄하게 어울리고, 덕선 엄마는 한쪽에서 태연하게 전화를 걸며 이런 함께하는 시간이 골목 생활의 일상이 되었음을 보여준다. 어른들은 진주가 바라는 크리스마스 선물을 위해 정성을 들여 눈사람을 만든다. 하지만 비로 인해 눈사람이 녹아 준비한 선물이 물거품이 될 위기에 처하자 어른들은 크게 실망한다(그림 3). 그러나 진주가 원했던 '눈사람'이 단순한 아이스크림이었다는 사실을 알게 된 후, 진주가 아이스크림을 맛있게 먹으며 환하게 웃는 모습에 모두 안도와 행복을 느낀다(그림 4). 이처럼 쌍문동에서는 아이들도 중요한 공동체 구성원으로 존중받는다.

그림 3

그림 4

골목 주민들은 일상에서 서로를 동반자로 여기며, 위기 상황에서는 더욱 단단한 버팀목이 된다. 8화에서 덕선이 동생의 여자친구와 말다툼을 벌여 경찰서에 가게 되었을 때, 덕선의 아버지는 동룡 아버지를 불러 도움을 요청한다. 평소 엄격한 동룡 아버지가 경찰서에서는 진지하게 허세를 부리는 모습은 웃음을 자아내며, 이웃 간의 끈끈한 관계를 보여준다. 6화에서는 택이가 외국에서 중요한 대회를 치르는 동안, 골목 주민들이 그의 아버지를 찾아가 대회 결과를 묻는다. 주민들은 단지 택이의 성적에만 관심을 두는 것이 아니라, 그를 가족처럼 아끼고 있었다. 15화에서는 정환의 아버지가 긴급 수술이 필요했을 때, 택이가 자신의 인맥을 동원해 돕는다. 이는 평소 사람과의 관계를 불편해하고 번거로운 일을 꺼리던 그의 성격과 대비를 이루며, 공동체 안에서 서로를 돕는 문화의 진정성을 보여준다.

〈응답하라 1988〉은 풍부한 세부 묘사와 소박한 생활 장면을 통해 이웃 공동체 간의 깊은 정을 담아낸다. 모든 이들이 공동체의 가치를 기준으로 삼아 함께 기뻐하고 어려움을 함께 나눈다. 이러한 문화 속에서 사람들은 개인 공간 일부를 기꺼이 내어놓고, 집단의 힘으로 외부의 불안 요소에 맞서며, 이를 통해 타인을 위해 자신을 희생하는 법을 배운다.

골목 속 아이들은 따뜻하고 포용적인 환경에서 성장한다. 택이는 어린 시절 어머니를 잃고 아버지와 함께 쌍문동으로 이사 온 뒤, 다른 가정의 보살핌과 또래 아이들의 환영을 받으며 자랐다. 진주처럼 어린아이조차 골목에서는 진지하게 대우받고 존중받는다. 골목의 반폐쇄적인 특성은 아이들에게 안전한 성장의 공간을 제공하며,

집의 안락함과 외부 세계의 도전 사이에 놓인 완충 지대가 된다. 이곳에서 아이들은 친구를 사귀고 협력하며 갈등을 해결하는 방법을 배우며, 성장의 밑거름을 다진다.

골목문화의 쇠퇴와 신자유주의

90년대 이후 골목문화는 빠르게 해체된다. 이를 주도한 것은 신자유주의 체제와 신개발정책이다. 골목문화를 형성하던 도시 주민들은 신자유주의 체제로 경쟁심과 이기심이 증대하자 점차 공동체적 연대보다 각자도생의 삶으로 이행하였다. 신개발정책은 골목을 형성하던 단독주택과 연립주택, 판자촌을 철거하고 그 자리에 대형 아파트를 지었다.

황익주의 회고에 따르면, 그가 거주했던 서울시 성북구 삼선동은 80년대까지도 대부분 단독주택으로 이루어져 있었다. 그러나 90년대에 들어서면서 다세대 주택이나 빌라형 주택이 급속히 늘어나기 시작했다(황익주, 2005: 69). 대형 상업 복합 건물과 고층 아파트가 빠르게 등장하면서 골목은 대규모로 사라졌고, 골목 공동체의 생활 방식 역시 해체되었다. 〈응답하라 1988〉은 이야기 후반부에서 이러한 해체 과정을 담아낸다. 드라마 속 다섯 가정은 점차 쌍문동을 떠나게 되고, 한때 공동체의 아름다운 삶을 품었던 이 공간은 결국 추억 속에 남게 된다.

어떤 학자는 1980년대부터 2010년대까지 골목의 정의 변화를 연구했다. 1980년대의 골목은 주민들의 생활 공간이었으나, 1990년대 후반부터는 개발이 필요한 지역으로 인식되었다. 2000년대 들어 사람들은 골목이 물리적 속성을 넘어서는 가치를 지닌다는 사실을 재발견하기 시작했다(박성호, 2023: 3809-3810). 2010년대에 이르러 '복고' 요소가 유행하면서 골목은 연구의 주요 주제로 부상했다. 다시 말하면, 80~90년대의 주류 시각에서는 골목이 낙후되고 정돈되지 않은 공간으로 여겨졌으며, 개선과 대체가 필요하다고 보았다. 그러나 21세기 들어 사람들은 골목이 상징하는 공동체적 가치를 그리워하기 시작했다.

1980년대 말부터 1990년대 초에 신자유주의가 한국에서 대두되었고, 1997년 IMF 위기는 세계화의 속도를 가속화하며 한국의 정치, 경제, 문화에 깊은 영향을 미쳤다. 신자유주의는 경제적 이익을 가져다주었지만, 동시에 많은 사회적 문제를 초래했다. 노동 시장의 유연화와 비정규직 증가로 대규모 실업과 고용 불안이 발생했고, 소득 불평등이 심화되면서 새로운 빈곤 계층이 나타났다. 이러한 변화는 공동체의 해체를 가속화하며 개인과 사회의 관계를 크게 변화시켰다.

1970~80년대 산업화 시기에는 개인이 여전히 공동체에 소속되어 있으며, 공동체와의 관계를 통해 소속감을 형성하던 한국 사회가 공동체적 특성을 유지하고 있었다(권용혁, 2014: 112). 그러나 1997년 IMF 위기 이후 개인주의가 점차 지배적인 위치를 차지했고, 사회는 빠르게 개인화로 전환되었다.

김홍중은 신자유주의 하에서 개인은 '생존자'로서 철저히 자기관리를 요구받는 주체라고 지적한다. 이들이 맞서야 할 대상은 '생존과 죽음'이 아니라 '도태'이며, 도태는 경쟁을 전제로 한다. 여기서 타자는 공존의 대상이 아니라 극복해야 할 대상으로 여겨진다. '생존'이란 타인과의 경쟁에서 이겨야 한다는 공격적인 의미를 포함하기 때문에, 이웃과의 적대적 관계를 전제로 한다. 신자유주의 체제에서의 생존자는 강하고 자기 확신에 찬 주체로 묘사되지만, 이는 타인과의 의미 있는 공존을 불가능하게 한다(김홍중, 2009: 188-189).

이러한 사고방식 속에서 한국 사회의 전통적 공동체는 전면적인 해체의 위기를 맞았다. 개인의 '원자화'된 생존이 보편화되었고, 사람들은 끝없는 경쟁의 세계로 내던져졌다. 교육 자원은 신자유주의 체제의 일부가 되었다. 빈곤 계층에게 명문대 진학은 계층 상승을 위한 유일한 희망이 되었지만, 교육 자원조차 돈으로 거래되는 현실 속에서 계층 고착화가 심화하였다. 자본의 지배 아래 인간은 노동과 분리되어 거대한 생산 라인의 부품으로 전락하고, 자신과 노동 결과 간의 관계를 인식할 수 없게 되었다. 노동의 기쁨은 사라지고, 많은 이들이 과도한 업무와 경제적 어려움 속에서 스트레스와 피로만을 안고 살아간다.

이 변화는 개인에게 큰 좌절감과 불안, 절망을 안겨준다. 신자유주의 체제에서 개인은 사회적 위험이나 자연재해와 같은 불가항력적 요소로 인한 고통을 스스로 감당해야 하며, 공동체의 지원이 없는 상황에서는 더욱 취약해진다. 장기적인 스트레스와 부정적 심리 상태는 심각한 정신 건강 문제로 이어질 수 있으며, 극단적 선택으로까지 이어지기도 한다. 한국의 자살률은 1990년대 말부터 급격히 증가하기 시작해, 2008년 금융 위기 이후 정점을 찍었다. 한국은 OECD 회원국 중 자살률이 가장 높은 국가로, 매 10만 명 중 32명이 스스로 생을 마감한다.

경제와 사회 환경이 급변하는 가운데, 한국의 공동체적 가치는 심각한 도전에 직면했다. 신자유주의가 초래한 고립과 경쟁은 골목 문화의 소멸에 대한 감수성을 더욱 예민하게 만들었다. 특히 많은 젊은이들이 미래를 볼 수 없는 '지옥조선'의 현실 속에서 〈응답하라 1988〉 같은 유토피아적 작품이 탄생했다. 드라마 속의 이웃 관계는 이상적으로 그려지며, 이타적 공존의 공동체적 세계를 제시한다. 이 작품은 커다란 사건이나 극적인 갈등 대신, 섬세한 인물 묘사를 통해 사람들 간의 진실한 교류를 담아낸다. 초점은 항상 사건이 아닌 사람에 머물러 있다.

〈응답하라 1988〉의 판타지에 대한 비판

쌍문동 골목이라는 세계를 설득력 있게 만들어내기 위해, 감독은 역사적 재현을 하는 데 고도의 정교함을 추구했다. 세밀한 디테일과 풍부한 캐릭터 개성을 통해 시청자들이 현실을 잠시 잊고, 따뜻한 쌍문동의 분위기에 몰입할 수 있도록 했다. 그러나 이처럼 조화롭고 이상적인 공동체적 소사회는 사실상 이상화된 구상이자 현실을 초월한 역사적 미화이며, 어느 시대를 막론하고 실제로 존재하기 어려운 환상에 가깝다.

이러한 '탈역사화'와 '탈정치화'는 〈응답하라 1988〉이 직면한 논란 중 하나이기도 하다. 드라마가 방영되던 시기, 한국은 신자유주의의 모순이 첨예하게 드러나는 시대를 지나고 있었다. 빈곤, 실업, 불평등의 심화와 고착화, 극심하고 야만적인 노동 배제, 내면화된 경쟁 제일주의, 니치주의, 과잉 탐욕 등 사회적 문제가 점점 심각해지며, 많은 젊은이들이 좌절감과 무력감을 느끼던 때였다.

2016년 연구에 따르면, 신세대와 88만 원 세대 모두 현재 사회에 대해 유사한 감정을 느끼고 있다: 무기력, 좌절, 패배주의, 불안감. 94학번을 대표하는 신세대 연구 인터뷰 응답자들은 "과거와 달리 계층 이동이 어려운 구조 속에 살고 있다. 미래를 생각하면 암울하다"고 전했다. 세월호 사건에서 목격한 정부의 무능함과 불신, 경제 중심의 정책과 사회적 분위기, 주택 구입의 어려움으로 인한 결혼과 출산 포기, 점점 늦어지는 여성의 퇴직과 부족해진 신규 채용, 회사 내부의 치열한 경쟁 중심 시스템, 인간성 말살과 사라진 공동체 의식, 극심한 경쟁에 시달릴 자녀의 미래 등 경제 문제를 중심으로 복잡하게 얽힌 공통의 사회적 경험을 겪고 있다(이서라 & 정의준, 2016: 94-95). 2014학번을 대표하는 88만 원 세대는 배제와 탈락의 논리가 지배하는 축소된 사회에서 '청년 실업'에 대한 두려움을 깊이 체감하고 있으며, 아무리 노력해도 취업이 쉽지 않을 것 같고, 미래에 대한 불안감, 경쟁을 뚫어도 더 큰 경쟁이 있을 것이라는 두려움, 항상 긴장 상태, 세월호 사건에서 보인 정부의 무능함과 불신 등 다양한 문제를 겪고 있다(이서라 & 정의준, 2016: 95, 98).

〈응답하라 1988〉은 이상화된 골목 세계를 그려냄으로써 복잡한 현실을 의도적으로 회피하며, 시청자를 비현실적인 환상의 세계로 이끈다. 서사적으로, 드라마는 덕선과 동세대 친구들의 시각을 통해 1988년의 세계를 보여준다. 그 세계는 순수하고 활기차며, 미래에 대한 낙관적 기대감으로 가득 차 있다. 극 중 등장인물들은 모두 직업적으로 성공하고, 사랑하는 사람과 맺어지며 이상적인 삶을 살아간다. 그러나 이러한 동화 같은 결말은 현실에서 고군분투하는 사람들에게 가벼워 보이거나, 때로는 불쾌감을 줄 수도 있다.

더욱이, 〈응답하라 1988〉은 정치적 주제를 명백히 회피했다. 1988년은 한국 사회가 민주화로 나아가던 중요한 해였음에도, 학생운동과 정치적 배경은 보라의 참여나 아버지가 학생들을 도와주는 에피소드 정도로만 간접적으로 다뤄진다. 1988년 서울 올림픽 역시 덕선이 성화 봉송 기수로 활약하는 단일한 사건으로 축소되었으며, 다큐멘터리 〈상계동 올림픽〉이 조명한 강제 철거와 주민들의 삶의 파괴 같은 현실은 배제되었다(천정환, 2016: 512).

이러한 탈정치화된 서사는 덕선의 고등학생 시각을 통해 가능해졌다. 이야기는 가족, 이웃, 우정의 영역에만 초점을 맞추며 정치의 냉혹한 현실을 완전히 배제한 채, 이상화된 쌍문동을 그려낸다. 이러한 방식의 서사는 보수적 판타지를 구성하며, 정치와 사회적 갈등과 관련된 기억을 선택적으로 지워내고, 1988년과 2015년 사이의 사회적 현실을 희석시킨다. 따라서 드라마는 따뜻한 감성과 향수를 자극하며 인기를 얻었지만, 동시에 날카로운 비판을 받았다.

〈응답하라 1988〉은 향수를 자극하는 서사를 통해 현재 사회 문제에 대한 비판을 약화시키며, 조화로운 공동체를 그려냄으로써 한국에서 심화되고 있는 계층 격차와 사회적 불평등을 은폐한다. 현실의 복잡한 문제들은 개인적 기억 속의 따뜻한 환상으로 치환되고, 이 과정에서 신자유주의 체제의 정당성을 잠재적으로 옹호하는 역할을 한다. 이러한 유토피아적 구성은 온정적이고 갈등 없는 이웃관계를 창조하며, 복잡한 사회적 문제를 개인의 선택과 노력으로 단순화한다. 이는 시청자들에게 인간관계에서의 따뜻함과 선의만으로 사회의 냉혹함을 극복할 수 있다는 잘못된 믿음을 심어준다. 보수적 역사 미화는 복잡하고 모순적인 역사적 시기를 단순화하며, 집단적 감정 요구를 충족시키기 위한 상품화된 기억으로 전환된다. 〈응답하라 1988〉은 1980년대 문화를 상징적 기호로 상품화하여 시청자의 집단 기억을 불러일으키고, 이를 통해 향수를 하나의 착취된 감정 자원으로 만든다. 이로써 본래 사회 문제에 대한 비판적 사고를 마비시키는 결과를 초래한다.

중국 시청자들의 〈응답하라 1988〉 속 골목공동체에 대한 반응

중국 시청자들의 〈응답하라 1988〉에 대한 반응과 평가는 도우반과 즈후[2] 같은 플랫폼에서 확인할 수 있다. 이들 인기 있고 권위 있는 온라인 커뮤니티는 풍부한 시청자 피드백을 모으는 공간으로, 시청자들은 이곳에서 드라마에 대한 자신의 견해와 감상을 활발히 나누고 있다.

도우반에서는 〈응답하라 1988〉 페이지에 짧은 리뷰를 남길 수 있는 전용 영역이 마련되어 있다(그림 5). 시청자들은 별점 평가와 간단한 코멘트를 통해 의견을 표현하며, 다른 시청자들의 의견에 대해 '유용' 버튼('좋아요' 기능과 유사)을 눌러 상호작용할 수 있다.

2024년 6월 1일 기준, 도우반에서 〈응답하라 1988〉과 관련된 짧은 리뷰는 총 30만 7923개에 달한다. 이 데이터를 '팔촉이 수집기'(八爪鱼采集器)를 사용해 수집한 뒤, 중복 데이터를 제거하여 597개

2 즈후(知乎, www.zhihu.com): '중국판 지식인'이라고 불리는 중국 최대의 지식공유 플랫폼.

그림 5

请回答1988 短评

看过(307976) 在看(7671) 想看(6057) 我来写短评

热门 最新 好友

◉ 全部 ○ 好评 ○ 一般 ○ 差评

滚来又滚去 看过 ★★★★★ 2015-11-15 19:27:21 40434 有用

正焕党让我看到你们的双手！！

甲鸟 看过 ★★★★★ 2016-01-16 16:05:27 15923 有用

年度最佳韩剧胜在细节，邻里情是这部里最突出的特点父母的戏份也由之增多，对于亲情的刻画更加细腻。穿破洞袜子的妈妈却给儿子买香蕉，婆婆让儿媳妇买东西给孩子亲妈却会让女儿买套衣服穿，倔强不认错的姐姐会为了妈妈大声道歉等等，比以往更加真实生活化泪点密集。【因为cp打一星的很幼稚请客观看待

结束@ 看过 ★★★★★ 2015-11-08 00:03:28 3612 有用

为什么有人说女主的演技不行？我觉得挺好的，这个1988更注重亲情的，但是还是要我们猜cp啊！我都猜不到了，还有女主演的挺有共鸣的！

醒醒吧少女 看过 ★★★★★ 2016-01-15 21:35:38 11268 有用

欲罢不能 回味无穷 真想同时拥有阿泽和狗焕 真想像他们一样有这么好的发小

의 유효 리뷰를 확보했다. 수집된 리뷰는 주제별로 분류되었으며, 하나의 리뷰가 여러 주제를 다룰 경우 해당 주제에 모두 포함되었다. 분류하기 어려운 내용은 '기타' 카테고리에 넣었다. 분류 결과는 다음과 같다:

'러브라인' 관련 리뷰 79개. '감정-디테일' 관련 리뷰 95개. '청춘-성장' 관련 리뷰 19개. '이웃-쌍문동' 관련 리뷰 21개. '가족애' 관련 리뷰 13개. '추억-향수' 관련 리뷰 12개. '등장인물' 관련 리뷰 55개. '제작-스타일' 관련 리뷰 23개. 비판적 또는 부정적 태도의 리뷰 85개. 표절 논란 관련 비판 리뷰 92개. 기타 카테고리 136개.

이 리뷰들을 통해 '이웃-쌍문동'이 시청자들에게 중요한 논의 주제임을 알 수 있다. 시청자들은 쌍문동 골목 이야기에 깊이 공감하며, 드라마가 보여주는 이웃 관계에 강한 몰입감을 드러냈다. 많은 시청자들이 쌍문동을 '돌아갈 수 없는 유토피아'로 간주하며, 이상적인 공동체 생활에 대한 동경을 표현했다.

"만점을 줍니다. 마치 쌍문동에서 자란 것 같은 느낌입니다."(81유용, 8排25号观影者, 2021-01-07 22: 30: 24)

"왜 우리는 〈응답하라 1988〉을 좋아할까요? 아마도 그 이유는 깊은 기억 속의 부모님들의 사랑과 현대 사회에서 찾기 힘든 이웃 관계를 떠올리기 때문일 것입니다."(43유용, ceci, 2018-03-29 08: 43: 18)

"정말 부러워요. 비밀스러운 작은 골목과 언제든지 문을 열고 밤새도록 머물 수 있는 택의 방, 부모님 같은 이웃들, 나란히 누워 있는 친구들, 모든 것이 너무 부러워요."(24유용, Aragaki, 2016-01-17 10: 49: 12)

"이것은 도시에서 사라진 주변입니다. 어린 시절 가득했던 햇살, 부드러운 빗방울, 친구들의 웃음소리, 골목을 누비는 장사 소리, 그리고 식사 시간에 할머니의 외침이 마치 쌍문동으로 시간여행을 한 듯 느껴집니다."(9유용, Mr.Curiosity, 2021-02-15 02: 20: 26)

"1988년 이 막다른 골목에서 평생 나오고 싶지 않습니다."(10유용, 陳有喜子, 2016-10-10 13: 35: 41)

"쌍문동의 따뜻한 이웃 관계는 현대 사회의 우리가 영원히 돌아갈 수 없는 유토피아입니다. 이 드라마가 제게 의미하는 바는 단순한 TV 프로그램을 넘어서, 삶의 디테일을 깊이 느끼게 해주는 계시록이 되었다. 사실 우리가 항상 무시하는 사소한 일상 속에서, 진정한 삶이 있고, 수많은 작은 행복이 기억 속의 따뜻한 감정을 만들어냅니다."(8유용, 青芥小小辣, 2017-02-16 13: 43: 07)

'이웃-쌍문동'에 대한 네티즌의 의견을 더 잘 이해하기 위해, 필자는 쯔후의 관련 댓글을 참고했다. '왜 한국 드라마 〈응답하라 1988〉이 그렇게 감동적일까?'라는 토론에서, 일부 사람들은 '쌍문동'과 '이웃 관계'를 드라마가 감동적인 주요 원인으로 보고 있다. 이 중에서 가장 높은 순위의 답변에는 다음과 같은 내용이 포함되어 있다.

"이것은 진정한 의미에서의 유토피아입니다. 인간은 위계사회에서 살아왔지만 쌍문동에서는 위계차별이 없었습니다. (…) 그중 한 명이라도 그런 (이기적인)생각을 갖고 있다면 쌍문동 천국은 더 이상 존재하지 않을 것입니다. 그들은 조화롭고 사랑스러운 작은 천국 쌍문동을 창조했습니다. 그들이 이사한 후 쌍문동은 무인 거리가 되었습니다. 천국은 복제할 수 없기 때문입니다! (…) 그런 기백이 있는 사람은 분명히 사회 엘리트 계층에 속하거나 곧 될 것입니다. 작가는 100분의 1, 1000분의 1 가능성을 100퍼센트로 바꿨습니다. 작은 쌍문동의 모든 아이들이 인생의 승자가 되었습니다."(雨夜出行, 2019.2.15.)

이와 같은 논의 문제에서, 다른 사람들의 답변은 다음과 같습니다.

"국내 드라마에서 자주 보는 싸움, 낙태, 와인에 찢어지는 친구들 같은 장면들에 지친 사람들에게 〈응답하라 1988〉은 시청자의 까다로운 입맛을 사로잡으면서 감정적 공감을 일으키는 드라마입니다. 일상적인 생활로 돌아가서, 어린 시절 친구 집에서 너무 재미있게 놀다가 엄마의 큰 소리에 집으로 돌아가야 하는 장면이 진정한 나의 청춘입니다. 〈응답하라 1988〉은 본래 사랑을 주제로 한 드라마가 아닙니다. 이웃 간의 가족처럼 가까운 관계를 묘사하는 것이 작가와 감독이 시청자에게 보여주고자 하는 진짜 모습입니다. 나는 그들이 이를 해냈다고 생각합니다."(小原嘉-嘉嘉, 2017.8.7.)

다음은 다른 네트워크에서의 관련 감상 및 댓글입니다.

"〈응답하라 1988〉이 이렇게 인기를 끄는 이유는 현재 인터넷이 점점 발전하면서 사람들 간의 관계 및 이웃 간의 관계가 멀어져가는 현상과 관련이 있습니다. 이 드라마는 사람들이 진심으로 가족, 사랑, 이웃 간의 정을 갈망하는 마음을 일깨웠습니다."(网易号, 2020.11.15.)

"전체 드라마의 설계는 골목에 사는 모든 아이와 어른들에 대한 진정한 관심을 보여줍니다. 내면의 묘사가 사실적이고 섬세하며, 제작진은 남녀노소의 슬픔과 기쁨을 염려하고, 평범한 일상 속에서 잘 알려지지 않은 슬픔과 사랑을 드러냅니다."(聚焦新娱乐, 2019.5.15.)

댓글을 통해 알 수 있듯, 네티즌들은 〈응답하라 1988〉이 그려낸 '유토피아적' 쌍문동 골목에 대해 깊이 이해하고 있다. 비록 이 세계가 작가와 감독이 정교하게 설계한 판타지임을 알고 있음에도, 시청자들은 이를 진심으로 찬사한다. 이웃 관계가 점점 소원해지는 현대 중국 사회에서, 드라마가 보여주는 이상화된 공동체 생활은 진실된 관계에 대한 시청자들의 갈망을 자극한다.

대다수의 중국 시청자들은 감정적 차원에서 〈응답하라 1988〉에 깊이 공감하며, 드라마가 전달하는 따뜻한 감정에 매료된다. 현실을 미화했다는 점을 비판하기보다는, 쌍문동 이웃 간의 진솔한 관계에 감동하고 이를 동경한다. 이 작품은 단순히 온기와 위안을 제공하는 데 그치지 않고, 보다 친밀하고 조화로운 사회적 관계에 대한 보편적 갈망을 반영한다. 이는 현대 사회에서 삶의 정서적 의지가 되어 중국 시청자들에게 시공간을 초월한 감정적 공명을 경험하게 한다.

골목공동체와 공감하는 중국 사회

중국 시청자들이 '골목 공동체' 문화에 강한 공감을 보이는 데는 깊은 사회문화적 배경이 있다. 중국 시청자들은 한국의 '골목 문화'와 '공동체'에 대해 높은 수용성을 보이는데, 이는 중국 역시 과거에 이웃끼리 친밀한 공동체 전통을 가졌기 때문이다. 대표적으로 '통쯔러우(筒子楼)' 같은 집단 거주 환경이 있었다. 개혁개방 이후 경제 발전과 글로벌화의 가속, 도시화로 인한 주거 환경 변화가 맞물리면서 중국 사회의 분위기는 급격히 변화했고, 공동체 문화는 점차 쇠퇴했다. 그 결과, 젊은 세대는 이상적인 공동체 속 진실한 감정에 대한 갈망을 더욱 강하게 느끼게 되었다.

중국의 공동체 문화 전통

중국 도시 사회에서 베이징의 후통(胡同), 성내 마을(城中村) 등 이웃 간의 결속이 강한 거주 환경은 공동체적 정체성과 인간적 교류를 대표한다. 이러한 지역에서는 주민들이 서로 자주 집을 오가며 대화를 나누고, 아이들은 동네에서 함께 뛰놀았다. 물론 이웃 간의 갈등이 없지 않았지만, 그 갈등은 대개 심각하지 않았다(熊易寒, 2019: 73).

중국 사회학자 페이샤오통(费孝通)은 『향토중국』(乡土中国)에서 중국 사회가 '향토성'을 띤다고 강조했다. 이는 전통적 농업사회에서 낮은 이동성을 기반으로 '지인 사회'가 형성되었고, 계약보다는 예의와 관습(礼俗)에 의해 관계가 유지되는 특징을 말한다. "먼 친척보다 가까운 이웃이 낫다"는 속담은 중국인이 이웃 관계를 얼마나 중시했는지를 잘 보여준다.

1949년 이후, 중국은 계획경제 체제를 도입하며 '단위제'(单位制)라는 독특한 공동체 구조를 형성했다. 단위는 노동 공간인 동시에 생활 공간이기도 했다. 주민들은 단위 내에서 함께 생활하며 업연(业缘)을 기반으로 한 공동체적 관계를 형성했다. 개혁개방 초기인 1980년대, 많은 사람들이 단위에서 분배받은 '통쯔러우'에 거주했다. 통쯔러우는 중국 특유의 주거 형태로, 주로 단칸방으로 이루어져 있고 긴 복도와 공용 화장실, 공용 주방을 갖추고 있다. 단위 배분 제도에 기반한 이 공동체에서는 관리자와 노동자, 지식인과 후방 지원 인력이 한 지역에 함께 거주하며 '지인 사회'의 특징을 이어갔다.

2000년 방영된 중국 시트콤 〈한가인 마다제〉(闲人马大姐)는

1990년대 베이징 통쯔러우 주민들의 일상 생활을 묘사하며 이웃 간의 긴밀한 교류 속에서 벌어지는 다양한 에피소드를 그려냈다. 이 작품은 당시 뜨거운 화제를 모았다. 1999년 영화 〈목욕〉(洗澡)은 베이징의 오래된 목욕탕을 배경으로 20세기 이웃들의 생활 양상과 감정적 연결을 묘사했다. 목욕탕은 이웃들 간의 중요한 사교 장소였으며, 영화는 목욕탕 철거를 통해 공동체적 커뮤니티와 순수한 인간관계의 소멸을 상징적으로 그렸다. 이는 〈응답하라 1988〉의 결말에서 골목이 사라지는 장면과 유사하다.

중국의 과거 이웃 생활은 〈응답하라 1988〉 초반부가 묘사한 모습과 닮아 있다. 아이들이 함께 뛰놀고, 엄마들이 골목에서 아이들을 불러 밥을 먹이던 장면들은 특히 통쯔러우에 살았던 중국 가족들에게 매우 친숙하다. 이러한 동아시아식 가족애와 공동체적 거주 환경은 중국 시청자들에게 어린 시절을 떠올리게 하며, 〈응답하라 1988〉이 중국 시청자들을 빠르게 매료시킨 중요한 이유 중 하나로 작용했다.

현대사회의 소외 문제 및 청년층의 스트레스

산업화와 세계화의 물결 속에서 사회적 관계의 소외는 전 세계적인 문제가 되었다. 중국 역시 개혁개방 이후 세계 경제 체계에 점진적으로 통합되었으며, 자본 재구성과 도시화의 가속화로 사회 분위기가 급격히 변화했다. 이웃 관계와 공동체 문화는 점차 쇠퇴했으며, 젊은 세대는 이상적 공동체에서의 진솔한 감정에 대한 갈망이 더욱 커졌다.

사회학자 하르트무트 로자(Hartmut Rosa)는 현대 사회의 변화를 '사회적 가속'(Social Acceleration)이라는 개념으로 설명하며, 이 가속이 '공간적 소외'와 같은 부정적 영향을 초래한다고 지적했다(哈特穆特·罗萨, 2018: 197-226). 지난 수십 년간 전통적인 이웃 관계와 지리적 위치에 기반한 상호작용은 점차 희미해졌다. 중국의 인류학자 샹비아오(项飙)는 '주변의 상실'이라는 개념을 통해, 점점 더 많은 사람들이 이웃을 알지 못하고, 주변 환경에도 무관심해지고 있음을 지적했다. 일부 네티즌은 〈응답하라 1988〉 속 쌍문동 골목이 중국 도시에서 '상실한 주변'을 상징한다고 보았다. 드라마에 묘사된 이웃 간의 일상적 상호작용은 현대 생활에서는 좀처럼 보기 어려운 장면이다.

오늘날 중국에서는 사람들이 달걀과 같은 식재료를 구매할 때 상인과 대면할 필요 없이 스마트폰으로 주문하면 물류 시스템이 상품을 배달해 준다. 2015년 이후 대형 기업들은 스마트 보관함과 커뮤니티 물류 센터와 같은 스마트 커뮤니티 시설에 투자하며 중산층의 안전과 편리함에 대한 요구를 충족시키고 있다. 그러나 이러한 '안락하고, 안정적이며, 합리적이고, 민주적인 부자유'는 사람들을 마르쿠제가 말한 '일차원적 인간'으로 만들어가고 있다. 이 과정에서 사람들은 '주변'을 잃고, 이웃과 공동체에 대한 의식도 함께 상실하며 관계의 단절을 경험하고 있다.

중국과 한국은 세계화라는 공통된 배경 속에서 유사한 도전에 직면하고 있다. 한국은 신자유주의로 인해 '골목'과 '공동체 문화'를 잃었고, 중국 역시 경제 발전과 함께 사회 문제를 반성하는 시기를 겪고 있다. 많은 젊은이들은 '996 근무제'[3]라는 현실에 직면해 건강을 희생하며 미래를 쟁취해야 하는 상황에 놓여 있다. 그들은 비효율적 경쟁에 지치며 '네이쥬엔'(內卷)과 '탕핑'(躺平)를 태도로 삼기도 한다. 이러한 배경 속에서 인간관계는 더욱 소원해졌고, 소셜 네트워크에서는 사기 행위를 폭로하는 블로거들이 등장해 공정하고 신뢰할 수 있는 환경에 대한 대중의 갈망을 대변한다.

'풍요의 세대'로 불리는 중국 젊은이들은 경제 고속성장의 시대에 성장했다. 고품질 도시화, 고등교육의 대중화, 인터넷의 보급화와 같은 시대적 진보와 2008년 베이징 올림픽 개최, 중국 경제 규모의 세계 2위 도약, 코로나19 방역 성공 등의 집단적 기억은 이들 세대의 국가와 민족에 대한 강한 자부심과 신뢰를 형성했다.

그러나 역설적으로, 이들은 개인적 미래와 운명에 대해 불안과 혼란을 느끼는 경우가 많다. 이는 노동 시장에서의 성과보다 자산의 크기가 더 중요해진 '자산 사회'의 영향 때문이다. 신자유주의의 영향 아래, 주택, 창업 활동, 공공 인프라와 같은 시장화되지 않았던 요소들이 금융화되었고, 이는 자본의 순환 과정에 편입되었다. 초기 자산 보유량의 차이로 인해 집단 간 부의 격차는 급격히 확대되었고, '자산 계층화'라는 현상이 나타났다. 이는 자산 사회의 후발주자들에게 무력감과 소외감을 안겨주었다. 반면에, 〈응답하라 1988〉이 보여준 계층의 제한 없이 서로를 존중하고 타인을 위해 희생할 수 있는 공동체적 관계는 이상적인 '유토피아'로 여겨진다. 중국 시

---

3 '996' 근무제는 아침 9시 출근, 저녁 9시 퇴근, 총 10시간 이상 근무하며 주당 6일 근무하는 근무제도를 나타낸다. 이 근무제는 중국 인터넷 기업에서 흔한 초과 근무 문화를 반영하고 있다.

청자들은 이 드라마에서 자신들의 삶에서 결핍된 부분을 발견하며 대리 만족을 얻었다.

도시화 문제

외부적인 조건을 살펴보면, 주거 환경의 변화는 중국 공동체 생활의 점진적 소멸을 초래한 직접적인 원인 중 하나였다. 도시화가 가속화되면서 중국의 주거 형태는 전통적인 평방 대원(大院)에서 현대적인 고층 건물로 전환되었고, 이러한 변화는 도시 공동체의 이웃 관계에 깊은 영향을 미쳤다. 과거 친밀했던 이웃 관계는 점차 소원해졌다.

1980년대 토지 시장화 개혁이 진행되면서 도시 토지의 기능적 구분은 지가(地价)를 기준으로 이루어지기 시작했다. 1990년대 들어 부동산 개발업체가 주도하는 상품 주택 건설이 점차 주류가 되었고, 1998년 중국은 주택 개혁을 실시하여 주택 복지 배분 제도를 종료시켰다. 이에 따라 단위제도 역시 해체되었다. 주택이 상품화되면서 도시 주민의 거주 공간은 계층에 따라 분화되었다. 같은 커뮤니티에 거주하는 주민들은 사회경제적 지위가 대체로 유사해졌으며, 주택 가격은 효과적인 사회적 계층 분화의 기준이 되었다. 폐쇄적인 커뮤니티 내에서는 비슷한 생활 방식과 지위 인식이 형성되면서 상대적으로 닫힌 사회 계층 집단이 나타나기 시작했다. 이로 인해 사회적 분화가 가속화되었다.

주거 환경의 변화는 사람들의 교류 방식을 크게 바꾸어 놓았다.

새로운 고층 상품 주택에서는 거주자들이 대부분 서로 모르는 사이이며, 개인의 사생활 보호가 매우 강조된다. 특히 대도시에서는 빠른 인구 이동으로 인해 안정적인 공동체 관계를 구축하기가 어려워졌다. 사람 간의 관계를 맺고, 이를 통해 인간적 교류를 실현하려면 시간이 필요하지만, 현대 중국 사회에서는 점점 비인격적인 교류가 증가하고 있다. 사람들은 구체적인 개인 정보보다는 사회적 역할에 기반한 관계를 맺게 되며, 친밀감은 전반적으로 약화되었다. 심지어 친밀한 관계에서도 '가성(假性) 친밀감'이 존재하는 경우가 많다.[4]

이웃 간의 활발한 교류와 상호작용이 점차 사라지고 있는 변화는 중국인들에게도 현실적으로 체감되는 문제이다. 2011년 『중국청년보』(中国青年报)의 조사에 따르면, 4509명을 대상으로 한 설문에서 40.6%가 자신의 이웃을 잘 알지 못한다고 답했으며, 그중 12.7%는 '아예 모른다'고 응답했다. 또한 80.9%는 10년 전과 비교했을 때 현재의 이웃 관계가 훨씬 냉담해졌다고 느꼈다.

베이징의 도우인[5] 크리에이터 '2미판통'(2米饭桶)은 베이징 골목 곳곳을 다니며 낯선 집에 방문해 함께 밥을 먹는 모습을 촬영한 영상으로 큰 인기를 끌었다. 원래 '2미백가반'(2米百家饭)이라는 이름으

---

4 중국에서는 이러한 상황이 일률적으로만 볼 수 있는 것은 아닌다. 「중국과 한국에서의 기업 문화는 각각 어떤 모습을 보이고 있을까」 (https://baijiahao.baidu.com/s?id=1729806818797059564&wfr=spider&for=pc)라는 글에서 저자는 중국의 기업 문화가 여러 측면에서 불균형하게 발전하고 있다고 주장한다. 개별 개방된 특수 지역과 동부 해안 지역의 기업 문화는 다른 지역의 기업 문화보다 발전 수준이 높으며, 치열한 시장 경쟁 산업에 종사하는 기업들은 기업의 다양한 활동을 크게 발전시키는 경향이 있어 다른 지역의 기업들에 비해 자본주의 성향이 강하다. 그러므로 중국을 절대적인 시각으로만 바라보는 것이 아니라 하나의 추세나 현상으로만 간주해야 한다.

5 도우인(抖音): 중국 틱톡. 젊은층을 겨냥해 2016년 9월에 출시된 15초 쇼트클립 앱.

로 활동했던 그는 2022년 말부터 '백가반'[6] 시리즈 영상을 제작하며 낯선 사람들과 함께 식사하며 나눈 따뜻한 순간들을 기록했다. 이 영상이 많은 관심을 받은 배경에는 옛 이웃 간 정에 대한 그리움이 있다. 몇십 년 전만 해도 많은 사람들이 '백가반'을 먹으며 성장했다. 당시 사람들은 경제적으로 넉넉하지 않았지만, 인간 간의 거리는 매우 가까웠고, 이웃 관계도 매우 화목했다. 그러나 오늘날 고층 건물에 사는 사람들은 거의 교류하지 않으며, 사람 간의 거리는 점점 멀어지고 있다.

코로나 팬데믹과 중국인의 공동체 의식

중국 시청자들이 쌍문동 골목을 좋아하는 이유는 단순히 아름다운 것에 대한 동경을 넘어, 현대 사회에서 사람들 사이에 사라져 가는 공동체 의식에 대한 깊은 갈망을 반영한다. 2022년 중국이 팬데믹이라는 심각한 도전에 직면했을 때, 많은 도시가 봉쇄 조치를 취해야 했다. 이러한 상황 속에서 상하이 시민들은 이웃 간의 협력 정신을 보여주었다. 『펑파이 뉴스』(澎湃新闻)의 보도에 따르면, 팬데믹 동안 상하이의 아파트 주민들은 자발적으로 조직을 꾸려 생필품 구매, 병원 방문, 질서 유지 등에서 이웃을 돕기 시작했다. 평소에 교류가 적었던 이웃들이 방역 작업을 계기로 긴밀히 연결되었다. 한 자원봉사자는 "같은 단지에서 10년을 살았지만, 방역 활동을 통해서

---

6 백가밥: 친구나 이웃의 집에서 자주 음식을 먹으며, 먹는 집 수가 많기 때문에 '백가밥'이라고 함.

야 비로소 이웃들과 대화를 나누기 시작했다"고 말하기도 했다.

주민들은 위챗[7] 단체 채팅방에 자신의 필요를 알렸고, 이웃들은 적극적으로 이에 응답했다. 어떤 이들은 집에 남는 음식을 복도에 내어놓아 누구나 가져갈 수 있게 했고, 이는 자연스럽게 공유 문화를 형성했다. 또 다른 사람들은 자발적으로 '단장'이 되어 단체로 물자를 구매하는 역할을 맡았다. 당시 상하이에서 코로나 확진자는 35만 명을 넘어섰고, 도시는 커다란 공공 위기에 직면했다. 이웃들은 물자 공유를 통해 서로 간의 경계를 허물고 정서적 유대를 쌓았으며, 이웃 관계의 밀도는 눈에 띄게 높아졌다. 상하이 사람들은 이전에 '냉담하고 배타적'이라는 이미지를 깨고, 협력을 통해 새로운 이웃 관계를 구축했다. 이러한 행동은 사람들에게 따뜻함을 전했을 뿐 아니라 널리 보도되며 큰 찬사를 받았다.

다른 지역의 이웃 관계는 경제 발전과 도시화 수준에 따라 특징이 다르게 나타난다. 필자의 고향은 중국 중남부의 3선 도시로, 경제 발전이 비교적 더디고 생활 속도가 느린 편이다. 필자의 부모님은 1980년대부터 그곳에 정착하여 거의 평생을 같은 직장과 주변 지인들 속에서 살아왔다. 부모님은 항상 '주변' 사람들과 교류하며 일상을 보냈다. 팬데믹 동안, 온라인에서 끊임없이 변화하는 정보 속에서도 부모님은 이웃들과의 대화를 통해 지역의 상황을 빠르게 파악하며 비교적 안정된 마음을 유지할 수 있었다. 이러한 안정적인 공동체 연결은 위기 상황에서 심리적 지지를 제공했다. 하지만 과거에 비하면, 3선 도시의 이웃 관계도 변화하고 있다. 필자가 어린 시절 살

---

7 위챗(중국어로 웨이신, 微信): 텐센트가 2011년 1월 출시한 모바일 메신저.

던 통쯔러우에서는 주민들이 경제적으로 넉넉하지 않았음에도 인간미가 넘쳤다. 시간이 흐르고 주거 환경이 변화하면서 이러한 친밀한 이웃 관계는 점점 소원해졌다.

이처럼 공공 위기 상황에서 중국인들은 종종 단결 정신을 발휘하며, 희미해진 이웃 관계를 다시 강화하고 불러일으킨다. 이는 사회 변화가 크더라도 사람들이 공동체 의식에 대한 깊은 갈망과 추구를 여전히 간직하고 있음을 보여준다.

맺음말

〈응답하라 1988〉은 역사와 정치적 요소를 희석한 서사로 인해 일부 한국 시청자들의 불만을 샀다. 반면, 중국 시청자들은 1988년 한국의 역사적 배경에 대해 상대적으로 잘 알지 못하기 때문에, 드라마를 감상할 때 역사나 정치보다는 등장인물 간의 감정과 인간관계에 더 집중했다. 이러한 이유로 중국 시청자들은 탈정치화된 서사 방식에 민감하지 않으며, 오히려 가족과 이웃 간의 따뜻한 관계를 그린 드라마를 더 쉽게 받아들인다.

피로감에 젖어 있는 중국의 젊은 세대가 〈응답하라 1988〉을 마주할 때, 그들은 마치 또 다른 삶의 가능성을 발견한 듯했다. 경쟁과 이해관계의 갈등이 없는 유토피아적 공동체, 포용과 사랑, 그리고 안전감이 가득한 따뜻한 세계가 펼쳐진다. 이곳에서 가족애, 우정, 이웃 간의 배려는 끝없이 이어지며, 모든 공동체 구성원이 서로를 위해 마음을 쓰고, 결국 각자 자기만의 자리를 찾아간다. 드라마의 섬세한 생활 묘사와 인물 표현은 그 허구성을 잊게 만들며, 시청자들에게 이 이야기가 바로 자신의 주변에서 일어나는 듯한 착각을 불러일으킨다. 쌍문동의 세계는 중국 젊은이들에게 잊을 수 없는 정신적 안식처로 자리잡았다.

중국에서는 영화 및 드라마의 검열이 상대적으로 엄격하여 정치적으로 민감한 내용은 대개 검열을 통과하기 어렵다. 이 때문에 중국 시청자들은 드라마에서 정치성을 강하게 요구하지 않으며, 〈응답하라 1988〉처럼 정치적 요소를 희석한 서사는 오히려 중국 당국의 검열 기준에 더 부합한다. 동시에 중국 시청자들은 〈응답하라 1988〉과 같은 작품을 더 많이 원하고 있다. 같은 제작진이 만든 다른 작품들에 대한 호평을 통해 알 수 있듯, 시청자들은 진솔하고 위안을 주는 드라마에 대해 관대하며 큰 애정을 보이고 있다.

〈응답하라 1988〉이 그려낸 골목 공동체는 이후에도 중요한 사회적 화두로 남아 있다. 2023년 7월부터 8월 사이, 한국 거리에서 연달아 발생한 묻지마 흉기 난동 사건은 사회적 공포를 불러일으켰다. 특히 8월 3일 경기도 성남시 분당에서 벌어진 두 번째 무차별 범행 이후, 온라인에서는 여러 '살인 예고'가 등장했다. 이런 행동의 가해자들은 대개 가족 및 공동체와 관계가 단절되거나 홀로 사는 젊은 세대였다. 이들의 범죄는 경제적 어려움과 미래에 대한 절망에서 기인하기도 하지만, 주변 환경과의 단절로 인해 좌절에 직면했을 때 지지와 도움을 받을 수 없었던 점도 큰 원인이다. 이는 공동체 해체가 초래하는 상처를 사회가 심각하게 인식해야 함을 상기시킨다. 현대 도시에서 공동체를 어떻게 재건할 것인가가 중요한 과제로 떠오르고 있다.

상상 속에서, 30여 년 전 쌍문동 봉황당 골목은 다섯 가구가 물질적으로는 풍요롭지 않지만 정신적으로는 충만한 공동체 생활을 영위하던 공간이었다. 그러나 30여 년이 흐른 현실 속에서는 이태원의 한 골목이 핼러윈 당일 끔찍한 압사 참사로 세계를 충격에 빠뜨렸다. 더욱 충격적인 것은 참사가 벌어지던 바로 그 순간, 사건 현장에서 200미터도 채 떨어지지 않은 다른 거리에서는 여전히 젊은이들이 흥겹게 파티를 이어가고 있었다는 사실이다. 사람들이 질식으로 쓰러져가는 동안 일부는 휴대폰으로 그 장면을 촬영했고, 얼굴이 청색으로 변해가는 피해자를 보며 무심하거나 심지어 무관심한 태도를 보였다. 타인의 생명에 대한 이러한 냉담함은 참사 자체보다도 더욱 소름끼치는 장면이었다.

이러한 이유로, 방영된 지 9년이 지난 지금도 〈응답하라 1988〉은 여전히 연구할 가치가 있다. 사회적 관점이든 한류 문화 확산의 측면이든, 이 드라마가 구축한 골목 공동체 문화는 한국 사회가 되찾아야 할 가치 체계이자, 중국 시청자들과 깊은 공감을 나누게 하는 중요한 요소이다.

참고문헌

권용혁 (2014). 자유주의와 공동체주의: 개인과 공동체의 관계 재구성 시도. 사회와 철학 28, 105-130.

김홍중 (2009). 육화된 신자유주의의 윤리적 해체. 사회와이론 14, 173-212.

박권일 (2016). 레트로필리아(retrophilia)의 시대: '응답하라'시리즈의 사회적 의미. 자음과모음 32, 463.

박성호 (2023). 문화적 도시재생과 골목콘텐츠. 인문사회21 제14권, 3805-3819.

서울연구원 보고서 (2014). 골목길에서의 외부활동과 사회적 관계: 골목화단과 골목주차.

이도흠 (2023). 엄마는 어디에. 서울: 특별한 서재.

이우정 극작, 신원호 감독, 〈응답하라 1988〉, tvN, 2015.11.6.-2016.1.16. 방영함.

이재열 (2006). 지역사회 공동체와 사회적 자본. 한국사회학회 심포지움 논문집, 23-49.

이찬규 (2009). 장소의 경험 1: 한국과 프랑스 골목 문화의 새로운 가치와 전망. 인문과학 44, 49-70.

이해준 (2005). 한국의 마을문화와 자치·자율의 전통, 한국학논집 32, 213-234.

이서라, 정의준 (2016). 〈응답하라 1994〉는 어떻게 응답되었는가? 한국방송학보 30(1), 71-110.

원도연 (2016). 미디어는 공동체에 어떠한 기여를 해야 하나. 미디어와 교육 6(1), 28-39.

윤재흥 (2002). 골목과 이웃의 교육인간학. 교육철학연구 27, 73-90.

주강현 (1996). 두레의 조직적 성격과 운영방식, 역사민속학 5, 103-137.

천정환 (2016). 〈응답하라 1988〉에 나타난 '역사'와 유토피스틱스. 역사비평 114호, 503-519.

황익주 (2005). 골목길과 광장 및 공원: 도시에서의 '우리 동네' 형성에 관한 인류학적 에세이. 대한건축학회논문집 49(1), 69-76.

허준영, 이병민 (2017). 문화적 도시재생으로서 골목문화 형성에 나타난 주요 특성 연구: 마을 공동체를 중심으로. 문화콘텐츠연구 9, 33-157.

Alvin Y. So (2007). Globalization and the Transition from Neoliberal Capitalism to State Developmentalism in China. *International Review of Modern Sociology 33(Special Issue)*, 61-76.

熊易寒 (2019). 社区共同体何以可能: 人格化社会交往的消失与重建. *南京社会科学 8*, 71-76.

项飙 (2022). 作为视域的"附近". *清华社会学评论 1*, 78-98.

吴梓添 (2020). 跨文化传播视域下怀旧电视剧的叙事手法与内容策略——以韩剧《请回答1988》为例. *视听 6*, 58-59.

付宇 & 桂勇 (2022). 当丰裕一代遭遇资产社会——解读当代青年的社会心态. *文化纵横 (02)* 18-28+158.

Hartmut, Rosa (2010). *Beschleunigung und Entfremdung: Entwurf einer Kritischen Theorie spätmoderner Zeitlichkeit*. 郑作彧 译 (2018). 新异化的诞生：社会加速批判理论大纲. 上海人民出版社.

NewsPeople (2016.02.04.). 골목공동체 문화 되살린 '응답하라 1988', (https://www.inewspeople.co.kr/news/articleView.html?idxno=7751). 2024년 6월 30일 검색.

凤凰网资讯 (2016.06.22.).《请回答1988》靠口碑"倒逼"视频网站"埋单", (https://news.ifeng.com/a/20160622/49216986_0.shtml). 2024년 6월 30일 검색.

爱奇艺 (2016.07.25.). "大清新"温情剧《请回答1988》收官 爱奇艺正能量"磁场效应"续发酵, (https://www.iqiyi.com/common/20160726/c80f5000b9dcd72b.html). 2024년 6월 30일 검색.

豆瓣.《请回答1988》, (https://movie.douban.com/subject/26302614/). 2024년 6월 30일 검색.

澎湃 (2019.12.10.). 4年后,《请回答1988》再上热搜：人生只有错过，没有白过, (https://m.thepaper.cn/baijiahao_5204730). 2024년 6월 30일 검색.

澎湃网 (2021.03.08.). 砸向《请回答1988》的"抄袭实锤", 只是一场闹剧, (https://m.thepaper.cn/baijiahao_11557648?dt_dapp=1). 2024년 6월 30일 검색.

知乎.《请回答1988》, (https://www.zhihu.com/topic/20039698/index). 2024년 6월 30일 검색.

知乎. 如何评价电视剧《请回答1988》?, (https://www.zhihu.com/question/37297976). 2024년 6월 30일 검색.

知乎. 为什么韩剧《请回答1988》会那么感人？, (https://www.zhihu.com/question/38755894). 2024년 6월 30일 검색.

雨夜出行 (2019.02.15.). 为什么韩剧《请回答1988》会那么感人? - 雨夜出行的回答, (https://www.zhihu.com/question/38755894/answer/588103410). 2024년 6월 30일 검색.

小原嘉-嘉嘉 (2017.08.07.). 为什么韩剧《请回答1988》会那么感人? - 小原嘉-嘉嘉的回答, (https://www.zhihu.com/question/38755894/answer/82020820). 2024년 6월 30일 검색.

知乎. 知乎小管家-知乎如何对回答进行排序?, (https://www.zhihu.com/question/19576738/answer/1157620633). 2024년 6월 30일 검색.

豆瓣"豆瓣鹅组"小组. "真的好希望国内能有一部类似请回答1988的剧啊", (https://www.douban.com/group/topic/165012985/?_i=3837171AaMmUre). 2024년 6월 30일 검색.

网易号 (2020.11.15.). 金秋情感苑-《请回答1988》: 一个温馨感人场景, 我刷了七遍, 写下这些文字, (https://www.163.com/dy/article/FRGFU2DJ0548I8HN.html). 2024년 6월 30일 검색.

聚焦新娱乐 (2019.05.15.).《请回答1988》将翻拍国内版, 遭到一众网友的反对和嘲讽, (https://baijiahao.baidu.com/s?id=1633597139532188155&wfr=spider&for=pc). 2024년 6월 30일 검색.

中国青年报 (2011.11.22.). 80.9%的人感觉邻里关系越来越冷漠, (https://zqb.cyol.com/html/2011-11/22/nw.D110000zgqnb_20111122_3-07.htm). 2024년 6월 30일 검색.

澎湃评论 (2022.04.07.). 疫线快评 | 楼上楼下左邻右里, 我们不再是陌生人, (https://m.thepaper.cn/newsDetail_forward_17486047). 2024년 6월 30일 검색.

제 11 장

〈슬기로운 의사생활〉 : 판타지 공간의 재현

박수진

- 〈슬기로운 의사생활〉이란?
- 작품에 드러난 판타지 공간의 재현
- 개연성과 현실성 없는 판타지

메디컬드라마는 '병원'이라는 공간을 주요 배경으로 의료인들의 직업적 갈등과 삶의 모습을 핵심 사건으로 전개해 가는 드라마다. 의학 정보를 전달하고 더불어 병원에서 일어나는 일들을 비교적 사실적으로 다루고 있어 의료인들이 주변 인물로 등장하거나 병원에서 일어나는 사건이 핵심 서사가 되지 않는 일반 드라마와 차별화된다(주효진, 임훈, 2017: 32-33). 2007년 이후 메디컬드라마는 의학 내에서도 전공을 구체적으로 제시하며, 실제 환자들의 질병이나 시술 행위 등을 사실적으로 재현하려는 시도가 늘어난다.

〈슬기로운 의사생활〉은 이전 메디컬드라마와는 다르다. 이전 메디컬드라마는 의료인들의 일을 하며 겪는 실패와 성공, 연애나 권력 다툼의 욕망과 관련된 소재들을 주제로 삼았다면, 〈슬기로운 의사생활〉은 그렇지 않다. 이 드라마는 병원에서 의사들이 '그들이 사는' 이야기를 보여주는 '생활형' 메디컬드라마라 할 수 있기 때문이다. 그러나 우리가 사는 이 시대에서 〈슬기로운 의사생활〉을 마냥 재미로만 즐겁게 볼 수 없을 것이다. 왜냐하면 이 드라마는 현실에서 지극히 이상적이고 인간적인 것들을 요구하기 때문이다.

이 글은 〈슬기로운 의사생활〉의 공간이 되는 '율제병원'을 배경으로 드라마에서 그려내는 판타지적 상황들을 살펴보려는 것이다. 현재 한국 사회를 지배하는 이데올로기가 여럿 있는데, 이 드라마에는 '능력주의'가 깔려 있다. 이 능력주의는 사회 구성원이 어떤 출발점에 있든 노력과 재능이 허락하는 한, 얼마든지 위로 올라갈 수 있다는 것을 전제로 한다. 하지만 완벽한 능력주의라는 것은 없다(Michael J. Sandel, 2020; 51). '율제병원'이라는 공간은 이런 능력주의 사회에서 더 이상 올라갈 수 없는 엘리트 중의 엘리트라 말하는 뛰어난 능력을 가진 의사들의 생활을 드러내는 곳이다. 그리고 〈슬기로운 의사생활〉은 이런 병원에서 의사들이 얼마나 슬기롭게 생활하는가를 언급한다. 하지만, 우리의 현실 사회는 그렇지 않다. 그래서 드라마에서 등장하는 너무도 완벽하고 이상적이면서도 도덕적이며 희망적인 의사들의 생활공간인 '율제병원'을 판타지 공간이라 말하는 것이다.

시청자들은 드라마가 비현실적인 것을 알면서도 경험적 현실성이 아닌 정서적 현실성에 빠져 텔레비전 드라마의 빈틈을 적극적으로 메우면서 비현실적인 이야기를 현실적인 이야기로 전이시켜 나간다(윤석진, 2005: 317-355). 그러나 〈슬기로운 의사생활〉에서 말하고자 하는 것은 이런 비현실적인 판타지가 아니다. 여기서 말하는 판타지는 이루어질 수 없는, 비현실적인 세계를 말하는 것이 아니라 현실화하는 현실과 이상의 경계를 의미한다.

신자유주의 체제에 벗어난 '율제병원'은 의사이기에 지켜야 하는 사명감을 '율제병원'이라는 판타지 공간에서 재현해 내고 있다. '율제병원'은 이익 추구보다는 생명에 대한 가치를 추구하는 공간으로 제시되고, 지배적 권력관계에서는 수평적 혹은 역(逆) 수직적 관계로의 작용을 드러낸다. 또한, 의사 위주의 진료 체계가 아닌 환자 위주의 진료 체계로 인한 감정 공유의 공간으로도 나타난다. 이러한 양상들은 의사로서의 책임감 혹은 환자를 살려야 하는 사명감이 기본이 되지만, 의사들을 인간적이면서도 따뜻한 사람으로 묘사한다. 그들은 한 사람의 생명이라도 구하기 위해 오랜 시간 수술하고, 언제 올지 모르는 응급콜을 기다려야 하며, 병원에서 응급상황이 발생하면 하던 일을 팽개치고 병원으로 달려가야 한다. 그럼에도 그들은 그들의 일에 보람을 느낀다고 말한다. 이것이 바로 '슬기로운 의사생활'인 것이다.

〈슬기로운 의사생활〉이란?

〈슬기로운 의사생활〉은 시즌제 드라마다. 시즌 1은 이우정 극본/신원호 연출로, 2020년 3월 12일부터 2020년 5월 28일까지 방송되었고, 시즌 2는 2021년 6월 17일부터 9월 16일까지 방송된 TvN 목요 스페셜 드라마다. 이 드라마의 로그라인은 '누군가는 태어나고 누군가는 삶을 끝내는, 인생의 축소판이라 불리는 병원에서 평범한 듯 특별한 하루하루를 살아가는 사람들과 눈빛만 봐도 알 수 있는 20년 지기 친구들의 케미스토리를 담은 드라마'라 하였다(김예선, 2022, 14). 〈슬기로운 의사생활〉은 현 의료 체계에 대한 문제를 콕 집어 제시하면서 의사 친구들의 우정과 그들의 성공, 그리고 의사라는 직업에서 얻게 되는 감동과 위로, 슬픔 등을 제시한 작품이다. 그러나 〈슬기로운 의사생활〉은 기존의 여러 메디컬드라마와는 그 목적이 다르다.

국내 최초 메디컬드라마는 1980년 방송된 KBS 일요 아침 드라마 〈소망〉이다. 이 드라마는 환자를 살리기 위한 의사의 노력과 고민 등이 실감나게 그려져 의사 캐릭터의 진중함을 부각하였다. 하지만 초창기 메디컬드라마는 기존 드라마의 관습 속에서 홈드라마의 특성을 강하게 드러냈다. 이후 병원에서 의사들이 연애하는 이야기라는 비판을 받은 〈종합병원〉(1994)을 통해 병원에서 벌어지는 남녀 의사의 멜로라는 한국 메디컬드라마 초기의 전형적인 틀이 만들어졌다. 〈하얀 거탑〉(2007)은 외과 병동에서 벌어지는 일과 수술 장면을 사실적으로 묘사했고, 권력 다툼 역시 예리하게 묘사하여 본격적인 메디컬드라마라는 평가를 받았다. 또한 〈외과의사 봉달희〉(2007)와 〈뉴하트〉(2007)의 연이은 성과는 메디컬드라마의 발전을 견인하는 계기가 되었다. 2010년 이후에는 의료 환경에 부정적인 영향력을 주는 존재들과 마주한 의사들의 이야기로까지 소재를 확대하였다. 〈골든타임〉(2012)은 응급외상센터를 배경으로 생사를 다투는 중증외상센터 환자의 치료를 위해 필요한 장비와 시설을 외면하는 병원 경영진과 정부의 무능함을 비판했고, 〈굿닥터〉(2013)는 이익을 내지 못하는 소아외과를 없애려는 자본 세력과 소아외과 환자들에게 불합리한 의료보험제도를 꼬집었다(주효진, 임훈, 2017: 32-33). 또한, 〈낭만닥터 김사부〉(2016~2023) 역시 김사부를 중심으로 병원장과의 권력 다툼을 드러낸 것으로, 탄탄한 연기력을 가진 배우들로 인기가 많아 시즌 3까지 만들어진 작품이었다. 〈닥터스〉(2016)는 엘리트 중의 엘리트인 의사들 사이에서 벌어지는 학벌과 권력의 문제를 다룬 작품이면서 동시에 남녀주인공의 개인적인 성장과 그들의 사랑 이야기로 시청자들의 감성을 건드리고자 했다. 〈낭만닥터 김사부〉와 〈닥터스〉는 병원 안에서 이루어진 권력 구조를 헤쳐나가는 과정을 담으면서 권력 구조에서 '정의'를 구현하려는 모습을 통해 강한 대립감을 드러내고자 했다. 그러나 이런 이야기는 딱딱하고 정치적 경향이 강해 대중성을 확보하기란 쉽지 않다. 그래서 드라마의 한 부분을 남녀주인공의 사랑 이야기로 제시하여 대중들의 공감을 끌어냈고, 이는 드라마 인기 요소가 된 것이다.

그렇다고, 〈슬기로운 의사생활〉에는 전혀 권력 구조가 없는 것은 아니다. 율제병원 이사장의 죽음으로 인해 초반에 권력 다툼이 잠깐 등장한다. 하지만 이 드라마는 권력 구조를 드러내는 것이 주된 내용이 아니다. 그러므로 이후의 이야기에서도 권력 구조가 등장하지 않는다. 병원 이사장 아들 안정원과 주전무와의 대립은 주전무의 승리로 마무리되고, 이는 안정원의 동조로 종용된다. 안정원은 권력에 욕심이 없는 대신, 병원장의 조건 수용의 과정으로 아주 원만하고 순조롭게 일을 성사시킨다.

이 드라마는 구구즈의 다양한 의사들의 생활(흉부외과, 산부인과, 신경외과, 소아외과, 간담췌외과)로 의사들의 열정적인 모습들을 각각의 에피소드로 제시한다. 그리고 이를 통해 재미와 감동을 선사한다는 점에서 다른 메디컬드라마와 다르다는 것이다.

또한, '사랑'이라는 주제는 인간이 살면서 없어서는 안 될 중요한 요건이다. 그래서인지 드라마 후반부에는 남녀주인공들의 사랑 이야기가 다뤄진다. 구구즈의 모든 인물들(정원이와 겨울이, 익준이와 송화, 석형이와 민아, 준환이와 익순이)은 사랑의 결실을 맺는 결말을 끌어와 구구즈의 슬기로운 생활은 해피엔딩으로 마무리된다. 물론 중간에는 좌절과 슬픔이 존재하기도 하지만, 〈슬기로운 의사생활〉은 구구즈의 사랑 이야기로 마무리된다. 그렇기 때문에 후반부에 등장하는 이 사랑 이야기는 결국 드라마 제목과는 어울리지 않는 '슬기로운 의사생활이 아닌 슬기로운 사랑 이야기'가 되어 버린다.

드라마에서 말하는 '슬기로운 의사생활'은 '의사'라는 직업을 가진 사람들이 병원에서 치열하게 겪는 그들의 인생 이야기이다. 그래서 이 드라마는 어떻게 하면 그들이 병원에서 슬기로운 생활을 할 수 있는지를 조금 더 세심하게 드러내고자 하는지 보여주는 일종의 병원 생활 지침서 같은 역할을 한다. 물론, 거기에는 일뿐만 아니라 사랑까지도 모두 포함되어 있다. 의사라는 직업을 가진 사람이 어떻게 하면 더 의사다운 생활을 연출할 것인가를 작가와 감독이 요구하는 그런 '슬기로운 생활'이었을 것이다. 그러나 그 '슬기롭다'는 말에는 현실적이지 못한 이야기들이 가득하다.

'슬기롭다'는 것은 무엇일까? '슬기'는 '사리를 바르게 판단하고 일을 잘 처리해 내는 재능'이며, '슬기가 있다'는 것은 '바르게 판단하고 일을 잘 처리하는 재능이 있다'는 뜻이다. 그러므로, 〈슬기로운 의사생활〉은 의사들이 그들의 직장생활을 사리(事理)에 바르게 판단하고, 일을 처리하기 위해 어떻게 해야 하는지를 보여주는 것이다.

오래전, 초등학교에는 『슬기로운 생활』이라는 과목이 있었다. 이는 실생활에 유용한, 혹은 응용 가능한 주제들을 익히고 배워 사회에서 실제로 사용할 수 있도록 만든 것이다. 하지만, 2009년 교육과정 개편으로 『슬기로운 생활』은 사라졌고, 지금은 『봄』, 『여름』, 『가을』, 『겨울』이라는 교과서로 바뀌었다. 그 이유는 지금 우리는 어떤 '슬기로운 생활'을 살아갈 수 있을까? 라는 것보다 봄, 여름, 가을, 겨울을 어떻게 살아야 할지가 더 중요한 문제가 되었기 때문이다. 우리는 다시 나만의 슬기로운 생활을 나의 삶에서 후회하지 않도록 어떻게 적용할 수 있을까를 생각해 보아야 할 것이다.

작품에 드러난 판타지 공간의 재현

의사들에게 '병원'은 생활 터전이다. 병원은 환자들의 병을 고치고, 의사로서의 본분을 다하는 공간이면서도 치열하게 경쟁을 부추기는 공간이며, 권력과 욕망이 가득한 공간이다. 그러나 드라마의 '율제병원'은 그런 공간이 아니다. 같은 공간에서 하나의 목표를 지향하며, 서로 마음 맞는 사람들이 모여 일하는, 우리가 추구하는 그런 이상적 공간이다. 즉, 이 공간을 통해 최고의 권력 집단인 의사가 일하는 병원에서 일어나는 구조적, 문화적 폭력을 드러내지 않고, 노골적인 판타지를 재현하려는 것이다. 작품에 드러나는 '율제병원'의 판타지적 공간을 3가지로 나누어 제시해 보고자 한다.

생명 가치를 추구하는 공간

첫 번째는 모든 환자의 생명 가치를 추구하는 공간으로 그려진다. 병원에서 환자의 생명 가치를 가장 잘 재현할 수 있는 것이 외과의사다. 즉, 응급한 상황에서 환자의 생명을 살릴 수 있는 긴박함을 제시하며, 수술을 통해 생명의 중요성을 언급할 수 있기 때문이다.

〈슬기로운 의사생활〉에서 활동하는 구구즈들은 산부인과를 제외하고 모두 외과의사들이다. 산부인과 역시도 생명 가치를 가장 잘 재현할 수 있는 전공과이다. 그러나 산부인과는 현 의료 체계에서는 각광을 받지 못하고 있다. 구구즈는 현재 우리 사회에서 인기 없는 진료과목을 담당하는 의사들이다. 인기 없는 이유는 물질만능주의 사회에서 노력에 비해 많은 돈을 벌지 못할 뿐만 아니라 사생활이 크게 용납되지 않으며, 생명을 직접적으로 다루고 있다는 것도 이에 해당한다. 지금 우리 사회를 반영한다면, 전체 수석을 놓치지 않았던 익준은 간담췌외과가 아닌 가장 인기 많은 피부과나 성형외과, 안과의사가 적당할 것이다. 하지만 그들은 어렵고 힘든 외과의사의 길을 선택한다. 단지 '수술이 좋아서?', '심장 뛰는 소리가 좋아서?' 혹은 '사람의 생명을 살리는 직업에 보람을 느껴서?'라는 소리는 때려치워야 할 것이다. 이런 점에서 〈슬기로운 의사생활〉은 우리 사회와는 맞지 않은, 노골적인 판타지를 보여주는 작품이라 말할 수 있는 것이다.

요즘을 살고 있는 우리는 어떤 일이든지 쉽게만 하려 한다. 더군다나 돈 버는 일은 많이, 그리고 쉽게 벌기를 원한다. 그래서 어떤 일이든지 돈이 된다면 물불 가리지 않고 하려 하는 것이다. 물질만능주의로 인해 찌들대로 찌들어 버린 한국 사회에서 〈슬기로운 의사생활〉은 더더욱 맞지 않는다. 이러한 경향은 어려운 일을 한 것에 대한 보람, 성취보다는 쉽게 빨리 끝나고 단기간에 성과를 볼 수 있는 일이면서 게다가 돈도 많이 번다면 금상첨화(錦上添花)일 것이다. 지금 우리는 신자유체제로 인해 경쟁주의와 니치주의를 심화하고 과잉 욕망을 부추기며, 결국 공동체를 해체하였다(이도흠, 2012: 166).

우리는 현재 이런 부조리한 세상에서 살고 있지만, 〈슬기로운 의사생활〉에 등장하는 구구즈의 모습들은 결코 그렇지 않다. 돈보다는 생명을 추구하는 직업을 가졌다고 생각하는 그들에게 사람 살리는 일은 가장 중요한 일이기 때문이다. 병이 깊어 수술해야 하지만, 돈이 없어 수술을 포기하는 절박한 상황이라면 병원의 사회사업팀을 통해 수술비 지원 여부를 알아보거나 뒤에서 몰래 도와주는 키다리 아저씨의 후원을 받아 치료를 받을 수 있게 한다.

키다리 아저씨는 구구즈 멤버인 안정원이다. 이는 정원이 집안의 영향을 받았다고도 볼 수 있다. 병원 이사장님이었던 아버지는 월 200만 원씩 보육원에 기부하였고, 정원은 그런 병원 이사장을 아버지로 두었지만 '짠돌이'라는 별명을 가졌다. 자기 자신에게나 친구들에게는 매우 인색하지만, 가지지 못한 환자들에게는 늘 베푸는 정원의 모습을 엿볼 수 있다. 정원은 5형제 중 막내로 형과 누나들이 모두 신부와 수녀라는 지극히 극단적인 설정으로 연출되고 있다. 하지만, 정원은 병원 경영에는 관심이 없고, 오로지 VIP 병실에서 얻은 수익을 병원비가 없어 치료하지 못하는 환자들을 돕는 것으로 대신한다. 이는 형들처럼 신부가 되기를 원하는 상황을 설정하여 정원이 키다리 아저씨일 수밖에 없는 상황을 마련한 것이다. 그러나 이러한 설정은 현실에서 어느 정도 가능할까? 정원은 자신을 위해 쓰는 돈은 거의 없다. 정원은 돈이 없어서 수술할 수 없는 어려운 상황을 전달받으면 병원에 바로 수술비를 보내면서 기뻐하고, 월급날이지만 통장 잔고에 고작 30만 원밖에 없어도 만족해 한다. 자신을 위해 쓰는 돈보다는 돈이 없어 수술받지 못하는 사람들을 위해 수술비를 내는 즉, 생명 가치를 더 소중하게 여기는 정원의 모습에서 곧 '율제병원'은 생명 가치를 소중히 여기는 판타지 공간임을 알 수 있다.

또 하나의 일화를 보자. 천명태 교수의 환자인 김해범은 관장(灌腸)을 해야만 하는 위험한 상태다. 하지만, 환자는 관장하는 게 너무 싫다면서 너무 힘들고, 지치고, 수치스럽다고 말한다. 천명태는 바로 관장을 해야 환자가 살 수 있다고 설득하지만, 환자는 죽어도 관장은 하지 않겠다고 한다. 명태는 하기 싫으면 하지 말라며 분명히 말씀드렸다면서 방을 나가버린다. 이에 재학은 어찌할 줄 몰라 준완을 찾아간다. 재학은 준완에게 어떻게 해야 할지를 묻는데, 준완은 환자 죽일 거냐며 당장 관장하라고 말한다. 준완은 "네가 갖고 있는 모든 어휘력, IQ, EQ, 초능력 다 동원해서라도 환자 설득해서 관장해. 의사가 환자 포기하면 그날로 의사 끝이야."라며 의사로서의 의무를 다하라고 당부한다. 결국 재학은 환자의 관장을 성공한다. 어떻게 설득했냐는 동료들의 질문에 "무릎 꿇고 빌었어, 아무리 생각해도 아이디어가 안 떠오르더라고. 그래서 무릎 꿇고 빌었어. 오늘 관장 안 하시면 환자분 돌아가신다. 그럼 천명태 교수님은 괜찮지만, 나는 잘린다. 나 안 잘리게 제발 관장 좀 해달라고 무릎 꿇고 빌었어. 나 너무 구리지?"라 한다. 하지만 재학의 인간적인 모습에 동료들은 칭찬한다. 무릎까지 꿇어가면서 환자를 살려야 하는 모습이 너무 극단적이지만, 자존심보다는 환자의 생명을 존중하는 의사의 모습을 잘 표현했다고 할 수 있다. 이 역시도 '율제병원'이 판타지적 공간임을 제시한 것이라 볼 수 있다.

수평 혹은 역(逆) 수직 관계의 공간

대형 병원은 철저한 계급관계로 이루어져 있다. 우리가 엘리트라 부르는 의사라는 직업을 가진 사람들이라 해도 대형 병원에는 인턴, 레지던트, 펠로우, 전임의로 구분하여 철저한 수직적 권력관계를 만들고 있다. 수술을 집도하고 진료를 보며, 강의하고 학생을 지도하는 구구즈들은 모두 전임의로 병원에서는 가장 높은 권력을 가진 사람들이다. 하지만 그 안에서도 교수, 부교수, 조교수로 서열이 구분되고, 서열에 의해 권력이 존재하게 된다. 하지만, 구구즈들 사이에는 이러한 권력관계가 통하지 않는다. 왜냐하면, 구구즈들에게는 이러한 권력관계보다 우정이 더 큰 힘을 발휘하기 때문이다. 이러한 권력은 제도와 장치를 통해 담론을 구성하며, 작동 방법은 규율을 통해 나타난다. 규율을 통해 이제 주체는 제한된 행위를 할 수밖에 없게 된다(사공일, 2009: 26). 그러나 그들 사이에서는 규율이 존재하지 않으며, 결코 수평관계가 될 수 없는 권력관계가 '율제병원'에서는 때로는 가능하게 된다. 교수와 전공의, 교수와 간호사 등의 주체와 대상 사이에는 권력관계가 존재한다. 그러나 율제병원에서의 전공의, 간호사 사이에서도 이런 의사 공동체의 이상적 특권의식을 드러내지는 않는다.

그 일화를 보자. 신경외과 전공의 치홍의 생일날. 치홍은 집에 갔다 다시 병원으로 들어오게 된다. 당직을 서는 같은 전공의 선빈과 마주치게 되고, 치홍은 어제 수술한 환자가 걱정되어 다시 왔다고 한다. 어제 수술한 환자의 병실에 채송화 교수가 있는 것을 보고, 치홍은 저녁을 사달라고 말한다. 며칠 전 고백한 치홍이 부담스러운 송화는 단둘이 저녁을 먹지 않겠다고 하지만, 결국 불편하게 하지 않겠다는 치홍의 약속을 받고 저녁을 먹으러 함께 간다. 식사가 끝나고 송화는 치홍을 병원에 데려다 주는데, 병원에 도착한 치홍은 오늘이 자신의 생일임을 말한다. 그리고 송화에게 반말 한 번 하는 소원을 제시한다. 송화는 고심 끝에 허락하고, 치홍은 "조심해서 가, 월요일에 병원에서 보자"라며 어깨를 토닥인다. 송화는 당황스러운 모습을 보인다. 선빈과 치홍은 같은 동기로 나이는 치홍이 많기는 하나 서로 수평관계다. 하지만, 송화와 치홍은 교수와 전공의 관계로 위계질서가 존재한다. 그러나 치홍은 자신의 생일 선물로 반말을 제시하고, 그 당시에는 송화와는 수직 관계에서 수평 관계로 전환된다.

다른 일화에서도 수평 관계가 드러난다. 여러 교수들이 함께 도시락을 먹으며 컨퍼런스를 진행하는 중인데 다른 교수들은 눈치를 보는데 익준은 그런 모습이 없다. 나이 많은 교수는 "도대체 이런 걸 돈 주고 사서 먹으라는 거야? 이야, 이거 완전 사기네."라 하여 도시락을 준비한 사람을 민망하게 한다. 하지만 익준은 그런 교수에게 되려 "맨날 그렇게 차려진 것만 드시면서 그렇게 말씀이 많으시더라, 그냥 드세요, 맛있기만 하구만."이라며 많은 사람들 앞에서 면박을 준다. 그러면서 한마디 할 때마다 만 원씩 내라며 불만을 차단해 버리려 한다. 같은 동료 교수 사이가 수평 관계라면 나이가 많다는 것은 권력의 우위를 드러낸다. 그러나 이런 모습에서 수평 관계는 수직 관계로 전환되는데 이곳에서는 그대로 수평 관계가 지속된다. 이는 '율제병원'이기 때문에 가능한 것이다.

율제병원의 공간은 또 다른 역(逆) 수직 관계를 형성하게 된다. 익준은 전화를 받고 급히 교수식당으로 간다. 그러고는 익준은 흰 가운과 흰 모자를 쓰고 식당 이모님으로 변신하여 점심 배급을 담당하게 된다. 다른 급식 반찬 가운데서도 그날의 특별한 반찬인 소시지는 권력의 상징으로 작용한다. 소시지 반찬 배급을 담당하게 된 익준은 권력의 상위자가 되고, 여기서는 병원의 권력관계인 교수, 전공의, 인턴이 존재하지 않는다. 즉, 급식 제공자와 급식 수급자들만 존재할 뿐이다. 급식 제공자인 익준은 소시지 배급으로 나름의 서열 관계에서 상위자가 된다. 전공의 중에서도 선빈이는 소시지 3개, 본과 실습생인 홍도와 윤복이는 소시지 5개다. 익준의 기준으로 전공의는 힘든 생활을 잘 버티고 있음을 알고 있기에 소시지 3개를, 본과 실습생은 앞으로의 전공의 과목 선택이 남아 있기에 소지지 5개를 분배했음을 알 수 있다. 그러나 동기인 석형이와 병원장은 소시지 1개 즉, 자신과 동등하거나 더 높은 위치에 있다면 소시지 1개로도 충분하다. 하지만, 일반외과 전공의 겨울은 가장 많은 소시지를 받는다. 이는 특별히 익준이 애정하는 CS(외과) 전공의이기 때문이다. 단 한 명뿐인 외과 전공의에 대한 애정이기도 하지만, 자신의 수술을 선택해 달라는 일종의 뇌물이라고도 볼 수 있다. 대부분의 사람들이 좋아하는 반찬 소시지의 숫자로 역 수직 관계의 권력 구조를 나타낸 것이다.

감정 공유의 공간

대형 병원의 진료 예약 시스템은 매우 비합리적이다. 오죽하면 '3분 진료실'이라는 말이 존재할까? 1시간을 넘게 기다려도 의사를 만나는 시간은 고작 3~5분 사이이다. 그 3~5분 사이에 의사들은 환자의 얼굴도 보지 않고, 로봇인 것마냥 아픈 곳을 묻고, 병명을 설명하며, 주의사항을 말해주면 진료는 끝이 난다. 1시간을 기다린 환자에게는 너무 가혹한 일이다. 환자는 자신의 병에 대한 구체적인 질문도 하지 못한 채 진료실 문을 나와야 할 때가 한두 번이 아니다. 많은 이익을 창출하기 위해서는 많은 환자를 봐야 하는 대형 병원 진료 예약 시스템이 문제가 되는 것이다. 이는 누구를 위한 시스템인가?

〈슬기로운 의사생활〉 12화에서는 산부인과 외래 시스템의 문제점을 콕 집어 언급하고 있다. 이는 산부인과 진료만의 문제는 아니다. 많은 사람들이 진료실 앞에 앉아 자신의 차례를 기다리고 있는데, 이름이 호명되고 들어간 환자는 "저 너무 오래 기다렸어요. 무슨 진료를 한 시간이 넘게 기다려요?"라는 말을 남긴다. 간호사는 "죄송합니다. 오늘도 산모님들이 많으셔서요."라며 사과하고, "올 때마다 너무 기다려, 너무"라는 불평을 남기며, 석형에게까지 자신의 불만을 토로한다. 하지만, 석형은 일주일에 세 번밖에 외래가 없음에 죄송하다며 연신 사과한다. 또 다른 환자는 "저 앞의 산모는 왜 이렇게 오래 봐줘요? 사람들 이렇게 많이 기다리는데", "저 초음파 본 지 한참 됐는데 왜 안 들어가요? 얼마나 더 기다려야 하는 건지? 아, 이럴 거면 예약을 왜 받아요?"라며 직접적으로 병원 예약 시스템에 대한 불만을 드러낸다. 그러자 간호사는 "저희 외래 시스템이 10분에 두 분씩 예약을 넣어 진행되고 있는데, 시스템상 그렇게 예약을 받을 수밖에 없어서요."라며 병원 시스템의 한계를 지적한다. 이러한 병원 시스템은 율제병원 역시 감당할 수 없는 큰 문제로 나타난다. 그러나 율제병원에서는 이를 환자를 존중하고 배려하는 공간으로 대체시키고 있다.

한 시간 이상을 기다리고 진료실에 들어간 산모는 석형에게 아이가 놀지 않는 것 같다고 말한다. 이에 석형은 초음파로 여러 번 아이의 심장이 뛰지 않음을 확인하고 아이가 사산되었음을 산모에게 알린다. 정확한 이유는 알 수 없고 출산 후 정밀검사가 필요하다고 말한다. 그러자 아이 잃은 산모는 그 자리에서 오열하고, 그 소리는 대기하고 있는 산모들에게까지 전달된다. 밖에서 기다리던 산모들은 조용히 그 슬픔을 기다려 준다. 전광판에는 '현재 진료가 40분 이상 늦어지고 있습니다. 양해 부탁드립니다.'라는 표시가 뜨지만, 동요하는 사람은 아무도 없다. 진료 시간이 너무 늦어졌으나, 석형은 "우린 신경 쓰지 마시고 천천히 진정하시고 천천히 나가셔도 됩니다. 저흰 괜찮습니다."라며 위로를 건넨다. 전과는 다르게 불만을 드러낸 산모는 없다. 하지만, 눈치 없는 어떤 산모의 남편은 불만을 드러내 자리에서 일어난다. 그러나 산모는 남편을 만류한다. 이러한 상황은 산모라면 모두 공감할 수 있는 경우로, '율제병원'은 아이를 잃게 된 슬픔에 대한 산모들의 감정 공유의 공간으로 그리고 있다.

이익을 목적으로 하는 대형 병원의 잘못된 진료 예약 시스템을 지금 당장 개선할 수는 없다. 하지만 병원에서 이익을 조금 줄이고 환자를 존중하고 배려한다면 이를 쉽게 해결할 수 있을 것이다. '율제병원'은 대형 병원으로 같은 진료 예약 시스템을 구축하고는 있지만, 환자들의 상태를 존중하고 배려하는 공간, 감정 공유의 공간으로 탈바꿈하여 이를 해결하기 위해 애쓰는 모습을 발견할 수 있다.

위에서 제시한 드라마 〈슬기로운 의사생활〉의 배경이 되는 '율제병원'은 다양한 에피소드들을 통해 판타지 공간을 재현해 내고 있다. 이 공간은 돈보다 생명 가치를 소중히 여기는 공간으로, 수직적 관계보다는 수평적 혹은 역 수직적 관계로 작용하는 공간으로, 환자를 존중하고 배려하는 감정 공유의 공간으로 제시된다.

도덕성과 인간적인 모습을 상실한 우리의 현대 사회에서, 우리의 일상적인 생활에서 꼭 필요한 것들을 강조하고 있다. 즉, 현대 사회에서는 있을 수 없는 현실적이지 못한 판타지라고 말할 수 있는 상상, 공상 속의 이야기들을 현실의 이야기로 바꿔버리려는 것은 현실에 대한 비판을 더 크게 부추기는 효과를 초래한다고 할 수 있다. 그러나 우리는 잃어버린 배려와 감동을 주는 인간적이면서도 따뜻한 마음을 찾아보기 힘든 현실 사회에서 어떻게 살아가야 할지 생각해 보아야 할 것이다. 현실 사회에서 지극히 이상적인 판타지를 꿈꾸는 것이 잘못된 것일 수도 있지만, 그런 현실에서 때로는 판타지라 불리는 것을 옹호하면서 판타지가 아닌 현실이라고 말했으면 한다. 그런데 〈슬기로운 의사생활〉에는 오늘을 살아가는 현실적인 문제를 해결하지 못하고 있다.

개연성과 현실성 없는 판타지

2024년, 대한민국은 의대 증원 문제로 매우 혼란스러운 상황을 겪었고, 지금도 진행 중이다. 정부는 의대나 병원의 현실을 고려하지 않은 채 의대 정원을 2000명으로 증원시키려 한 것이다. 이는 분명 잘못이지만, 의사의 증원은 필요하다. 인구는 늘고 고령화사회로 의료 수요도 급증하는데, 1998년에 증원한 이후 27년간 한 명도 늘지 않았고, 오히려 의약분업 이후 정원을 감축하여 2006년부터 지난 19년간 감소 상태로 유지되어 왔다. 2035년에는 의사 1만 5000명이 부족할 것으로 추정한다. "우리나라 인구 1000명당 임상의사 수가 2022년 기준 2.6명으로 경제협력개발기구(OECD) 회원국 중 꼴찌를 기록했다."(강다은, 〈조선일보〉, 2024년 9월 26일) 전체 의사들의 숫자가 모자란 것도 문제지만, 서울과 대도시에 몰려 있어 소도시나 농촌은 의료 사각지대에 놓여 있다. 당연히 전체 의사의 숫자도 늘려야 하고 공공의료도 확대해야 한다. 그러나 현실은 다르다. 의사를 지원하는 것도 그렇지만, 서울 및 수도권에 편중된 의사에 비해 시골 의사의 비중은 현저히 낮다는 것도 큰 문제다. 의대 증원에 따라 향후에는 "의사, 병의원 수 증가→의사 월급 하락→의사 면허 소지한 다양한 직업군 등장→건강보험 고갈 및 의료 민영화→젊은 의사들의 외국 진출 등"의 현상이 나타날 수 있다고 내다보기도 했다(이창환, 〈뉴시스〉, 2024년 3월 25일). 이렇게 되면, 의대 증원이 이루어진 이후에는 비수도권이 아닌 지방에도 골고루 균형 있는 의사들이 분포되어야 하지만 실제로는 그렇게 되지 못할 것이다.

신자유주의 체제 이후, 병원은 생명의 가치보다 경영의 가치가 더 우선한다. 병원에서는 각 과별로 매출 목표를 제시하고, 이 목표를 달성하기 위해 의사들은 될 수 있는 한, 환자들과 짧게 상담하고 더 많은 환자들을 진료한다. 또한, 의사들은 환자들에게 더 비싼 약을 처방하고 수가가 많이 나오는 수술을 권장하기도 한다. 실제로 "2019년 의사 1인당 진찰 건수는 한국이 6천 989건으로 경제협력개발기구(OECD) 국가 가운데 가장 많았고, 1차 의료 진료 시간은 평균 4.3분으로 OECD 평균(16.4분)의 4분의 1에 가까웠다."(김병규, 〈연합뉴스〉, 2023년 5월 16일) 이러한 현재 의료 체계에서는 "의사 수 부족→의료 이용량 증가(국민부담 증가)→수가 인상→병원 원가 상승→의사 인건비 증가"의 악순환이 반복될 수밖에 없다. 증원은 의사들도 과잉 진료에서 벗어날 수 있는 길이기도 하다. 그럼에도 의사와 의대생들은 직업 이기주의에서 벗어나지 못한 채 이에 반대하며 동맹휴학을 결의하고 전공의들은 사직서를 제출하였다. 이 혼란 속에서 많은 환자들이 제때 치료나 수술을 받지 못하여 길거리를 헤매다가 죽음을 맞기도 하였다.

의사는 환자와 충분한 대화와 진찰 시간을 갖고 병의 증상과 원인을 정확하게 파악하여 이에 맞는 처방을 하는 것이 기본이다. 하지만, 우리의 현실은 3분 진료실이라는 명성답게 3분에 1명의 환자를 보는 진료 체계를 갖추고 있다. 인간적인 진찰은커녕 의학적인 기본조차 지켜지지 않는 상황인 것이다. 그럼에도 불구하고, 이 드라마는 병원의 현실적인 문제보다는 구구즈의 공동체적 유대감, 석형과 엄마의 끈끈한 가족애, 남녀를 떠나 가족보다 더 가족 같은 정원 엄마와 이사장과의 우정, 환자와 의사의 배려와 관심, 생명 존중을 추구하며 생활이 어려운 환자를 도와주는 따스한 병원 등에 집중하여 신자유주의 병원 현실과 전혀 동떨어진 이상적인 의사들의 판타지만을 그려내고 있다. 우리는 이런 것들을 〈슬기로운 의사생활〉이라고 여겼기 때문이다.

이 드라마는 현대 사회를 살아가는 우리에게 새로운 문제를 던진다. 2025년을 살아가는 우리에게 일어나는 현실적인 문제는 TV 드라마에서 제시하는 것과는 전혀 다르다. 사실성만을 TV드라마로 담아낼 수 없지만, 현실 가능한 이야기가 사람들에게 더 큰 공감을 준다. 그러나 〈슬기로운 의사생활〉은 '율제병원'이라는 판타지 공간을 재현하며, 신자유주의 체계에서 이루어질 수 없는 반대 양상들을 그려낸 것이다. 그러면서 드라마 제목답게 슬기로움을 강조한 의사들의 생활을 어떻게 하면 잘 드러낼 수 있을지를 보여주고 있다.

학창 시절부터 의사생활을 하는 시점까지 지극히 작은 실수들 이외에 삶의 좌절이나 포기 등은 전혀 나타나지 않는다. 그러나 현실에서는 그렇지 않다. 대학에 떨어져 재수, 삼수를 겪는 사람이 여럿이고, 시험에 낙방하여 의욕을 상실한 경우도 다반사다. 하지만 드라마에서는 절박한 순간이면 공여자가 나타나 간 혹은 심장을 이

식해 주고, 암이지만 초기에 발견해서 다행히 항암치료로 살아날 수 있게 되는 등… 구구즈는 모두 환자에 대해 공감하며 환자를 위로하고 배려할 줄 아는 삶을 사는 의사들로 등장한다.

드라마에 제시된 비현실적 우연의 연속은 현실에서 과연 가능할까? 또한, 드라마에서는 의사의 실수로 일어나는 의료사고도 전혀 없다. 환자가 실의에 빠져 있을 때 의사들이 위로해 주며, 환자를 가족처럼 대해주는 병원 관계자들… 과연 이런 사람들이 현실에는 얼마나 존재할까? 서로 공동체 의식을 가지며 공유할 수 있는 부분은 얼마나 될까? 지극히 개인주의적인 성향이 짙어지고, '나만 아니면 된다'는 이기적인 마음은 세상을 더 삭막하게 만들고 있다. 그런 까닭에 현대 사회에서의 '슬기로운 생활'은 어려운 일일 수밖에 없다. 그러나 〈슬기로운 의사생활〉은 개연성도 현실성도 전혀 없는 '노골적인 판타지'만을 추구한다. 현실에서의 병원은 영리를 목적으로 이윤을 추구하는 대신, 드라마에서는 이사장의 막내아들이라는 인물 설정으로 인해 병원의 운영보다는 인간적이고 도덕적인 부분을 부추겨 병원에 온 환자들만을 위해 노력한다.

신자유주의 체제로 인해 이기심과 개인주의로 물들어버린 우리의 현실이지만, 그렇기에 더욱 도덕성을 강조한 드라마의 필요성이 절실한 것은 사실이다. 하지만 도덕성을 강조한 나머지 너무 비현실적인 판타지는 실제 병원이나 의료 현실의 모순을 은폐하는 이데올로기로 작용한다. 그러므로, 이런 드라마는 한국 사회의 보건과 의료가 안고 있는 숱한 모순과 부조리를 은폐함은 물론, 더 나아가 슬기롭고도 아름답게 포장한다.

〈슬기로운 의사생활〉은 삶과 죽음이 공존하는 병원이라는 공간에서 의사들이 어떻게 해야 더 슬기롭게 살아갈 수 있는지를 제시하고자 한 것이다. 정답은 없다. 하지만 드라마에서 보여주는 구구즈의 슬기로운 의사생활을 드러낸 것처럼, 현재 사회를 살아가고 있는 우리에게는 현실은 쏙 빼고, 조금 더 인간적이면서도 이상적인 생활을 하도록 그 방법을 알려주려 한다. 그러나 드라마에서는 현실과는 거리가 먼, 지극히 이상적이면서도 비현실적인 구구즈의 희망적인 삶을 그려내고 있다. 우리는 지금, 지극히 이상적이면서도 판타지에 가까운 슬기로운 의사생활과는 전혀 다른 현실에서 너무도 인간적이고 도덕적이며 희망적인 메디컬드라마에 등장하는 그런 '슬기로운 의사'들을 찾고 있는 것은 아닌가? 또한, '율제병원'이라는 노골적인 판타지 공간을 찾고 있는 것은 아닌가?

참고문헌

김주미 (2016). 메디컬 드라마. 서울: 커뮤니케이션 북스.

김예선 (2022). TV드라마에 나타난 일상적 판타지-〈슬기로운 의사생활〉을 중심으로, 동국대학교 영상대학원 석사학위논문.

박노현 (2021). 한국 시즌제 드라마의 정체 혹은 지체: 〈슬기로운 의사생활〉 시즌 2의 시공간을 중심으로, 한국문학연구 67, 371-398.

박상완 (2018). 텔레비전 드라마 〈슬기로운 감빵생활〉에 나타난 신자유주의 시대의 생존법, 한국극예술연구 60, 165-203.

사공일 (2009). 들뢰즈 관점에서 본 푸코의 권력이미지, 한국시민윤리학회보 23집 1호, 17-39.

샌델, 마이클. 함규진 역 (2020). 공정하다는 착각. 서울: 와이즈베리.

윤석진 (2005). TV 드라마의 현실성 확보 방식 고찰, 한국극예술연구 21, 317-356.

이도흠 (2012). 신자유주의 체제의 대안으로서 화쟁의 사회경제학, 불교학연구 33호, 159-197.

조원희 (2009). 신자유주의 이후의 경제, 진보평론 42호, 250-276.

주효진, 임훈 (2017). 메디컬 드라마 등장인물의 캐릭터 구조와 유형분석, 사회과학연구 41집(2), 29-54.

TVING (2024.03.31.). 슬기로운 의사생활 시즌1 기본정보. https://www.tving.com/contents/E003558877

나무위키 (2025.02.05.). 전문의. https://namu.wiki/w/%EC%A0%84%EB%AC%B8%EC%9D%98

나무위키 (2024.03.31.). 낭만닥터 김사부. https://namu.wiki/w/%EB%82%AD%EB%A7%8C%EB%8B%A5%ED%84%B0%20%EA%B9%80%EC%82%AC%EB%B6%80

나무위키 (2024.03.31.). 닥터스. https://namu.wiki/w/%EB%8B%A5%ED%84%B0%EC%8A%A4(%EB%93%9C%EB%9D%BC%EB%A7%88

뉴시스 (2024.03.25.). 지방에는 의사가 아니라 사람이 없다… 시골의사의 외침. https://www.newsis.com/view/NISX20240325_0002673430

세계일보 (2024.02.18.). 한총리, 의료 위기에 환자·의사 모두 고통… 의대 증원 더 늦출 수 없어. https://www.segye.com/newsView/20240218507448?OutUrl=naver
조선일보 (2024.09.26.). 한국 의사수 OECD꼴찌… 인구 1000명당 2.6명. https://www.chosun.com/national/welfare-medical/2024/09/26/MROVJQRS6BC-CFAUYLWMBOPSHNI

제12장

〈신서유기〉 시즌 1의 중국 인기 친연성

권혜안

- 〈신서유기〉의 이야기와 시청률
- 〈신서유기〉 시즌1은 왜 중국에서 인기를 얻었을까?
- 〈신서유기〉 시즌 1의 한계
- 맺음말

'한한령(限韓令)' 이후 한국과 중국의 문화 교류가 단절되면서 드라마, K-POP 등의 문화 콘텐츠가 제한받는다. 한국 예능은 〈연애편지〉를 통해 중국에 널리 알려졌다. 하지만 몇 차례 문화산업 제재가 이어지면서, 2017년 이후 양국 간 문화 교류는 전혀 회복되지 못했고 오히려 '혐한', '혐중' 정서가 확대되어 상황이 더욱 심각해졌다. 필자는 '한한령' 직전의 한중 문화 교류 콘텐츠 중 〈신서유기〉 시리즈가 가장 큰 인기를 끌었다고 생각한다.

나영석 감독은 자신의 저서, 『어차피 레이스는 길다』에서 "인기 있고 창의적인 프로그램이 갖추어야 할 세 가지 요소"를 다음과 같이 제시했다.

"좋은 프로그램이란 무엇인가? 좋은 프로그램은 '발명'되는 것인가, '발견'되는 것인가. 어느 쪽인지는 몰라도 한 가지는 확실하다. 좋은 프로그램이란 다음의 세 가지를 만족시킬 때에야 비로소 만들어진다는 것. 첫째, 새로운 것, 둘째, 재미가 있을 것. 셋째, 의미가 있을 것. 그런데 문제는 이 세 요소가 똑같은 비중의 중요도를 가진 것은 아니라는 것. 셋 중 가장 중요한 것, 가장 우선시해야 할 요소는 바로 '새로워야 한다'는 명제. (…) 그 새로움 속에서 창조된 재미와 의미만이 소구력을 가진다."(나영석, 2012: 34)

〈신서유기〉 시리즈의 첫 번째 시즌은 전통 TV 예능이 주류를 이루던 시기에 시도된 과감한 실험이었다. 『서유기』의 캐릭터를 인용하면서도, '모험'과 '속죄' 콘셉트에 일본 애니메이션 〈드래곤 볼〉의 설정을 결합하였다. 시즌 1의 출연진 구성, 촬영 방식, 자막 활용, 러닝타임 등 모든 제작 요소는 심사숙고 끝에 TV 예능이 아니라 웹 예능 형식을 선택해 제작되었다.

〈신서유기〉 시리즈 전체가 이런 형식의 예능이 아닌가의 고민을 바탕으로, 시즌 1 분석을 통해 중국 내 인기 요인과 한중 문화 교류 양상, 한류 예능의 발전 방향을 엿보려 한다.

〈신서유기〉의 이야기와 시청률

〈신서유기〉시즌1의 이야기

〈신서유기〉 시즌 1의 주요 서사 구성은 사건들, 즉 미션과 게임을 살펴보면 주로 기상 미션, 용볼 획득 미션, 저녁 식사 게임, 명승지 관광 등으로 분류한다. 프로그램은 이러한 사건을 통해 하루 일정을 구성하며 완전한 여행 이야기를 전개한다. 첫 번째 미션인 '게스트 하우스 찾기'는 캐릭터를 선정하고 프로그램의 전체적인 분위기를 확립하는 역할을 했다. 핵심 사건들은 예능 전개 방향에 영향을 미치며 캐릭터 이미지와 인물 간 관계를 부각해 스토리의 재미를 증진시킨다.

저녁 식사 게임은 용볼 획득 미션과 결합되기도 하지만, 사실상 독립 사건의 조합이다. 시즌 1은 게임과 미션을 통해 멤버들이 경쟁하거나 협력하며 여행을 이어가는 형식을 채택해, 인물들의 몰입도와 상호작용을 크게 증폭시켰다. 멤버들과 제작진은 각각 용볼(드래곤볼)을 획득하려는 자와 이를 방해하려는 자로 역할을 분담한다.

따라서 프로그램 내 모든 장애물은 제작진이 의도적으로 설치하며, 멤버들은 이러한 실제 환경을 활용해 기존 리얼 버라이어티와 차별화된 아케이드 게임 형식의 '현실 여행기'를 구성했다. 서사는 멤버들의 행동에 의해 전개되지만, 예능 전반의 구조가 제작진에 의해 고정되어 실패와 성공 외에 제3의 결과를 도출할 여지는 없었다. 이처럼 구조화된 예능 프로그램이 왜 큰 인기를 누렸을까? 또 어느 정도의 인기였는가?

〈신서유기〉 시리즈의 인기 정도

중국에서 〈신서유기〉 시리즈의 인기는 어느 정도였을까? 〈신서유기〉 시리즈는 2015년 첫 방영 이후 2020년까지 총 8개 시즌이 제작되었다. 시즌 1은 한중 양국에 동시 방영된 최초의 웹 예능 프로그램이었다. 시즌 1은 평균 20분 분량으로 인터넷 플랫폼에서만 방영되었으며, 전통적인 예능의 구도와 포맷을 타파하여 파편화된 시간을 활용하여 시청하게끔 설계되었다. 여기서 필자가 말한 '전통적인 예능의 구도'란 〈런닝맨〉처럼 1~2회 분량의 약 1시간의 러닝타임 안에 완결된 스토리를 담는 형식을 의미한다. 반면 〈신서유기〉 시즌 1은 전체 스토리보다 개별 사건에 집중하며 내용을 최대한 함축하여 방송된다. 따라서 〈신서유기〉 시즌 1은 하나의 시즌을 통해 전체 서사를 구성한다. 이야기는 서로 연결된 구조라기보다는 독립적인 사건들이 엮인 형태에 가깝다.

예능에서 가장 중요한 것은 대중의 욕구를 얼마나 제대로 충족시키느냐이다. 나영석 감독은 〈신서유기〉 시즌 1 시사회에서 이 프로그램이 깊이 있는 예능이라기보다는 전반적으로 가볍게 웃음을 선사하는 데 중점을 두었다고 밝혔다. 러닝타임이 5~10분인 이 프로그램은 지하철 등 짧은 여유 시간에 직장인과 학생들이 복잡한 일상에서 벗어나 잠시 즐길 수 있도록 제작되었다. 〈신서유기〉 시즌 1은 웹 예능이므로, TV 예능의 시청률 대신 조회수를 통해 인기도를 판단한다. 중국 최대 동영상 플랫폼 중 하나인 '텐센트(Tencent)'에서 방영된 〈신서유기〉 시즌 1은 첫날 조회수 500만 회를 기록했으며, 전체 23회 합산 조회수는 5000만 회를 돌파했다.

또한, 중국의 영화·드라마·예능 평가 사이트 '더우반'에서 〈신서유기〉 시리즈의 평점 또한 참고할 만하다.

표 1 신서유기 중국 평점(2024년 4월 기준)

프로그램	년도	평점	평가인수
〈신서유기〉 시즌 1	2015	9.3	32,106
〈신서유기〉 시즌 2	2016	9.6	30,813
〈신서유기〉 시즌 3	2017	9.6	37,146
〈신서유기〉 시즌 4	2017	9.7	41,399
〈신서유기〉 시즌 5	2018	9.6	41,379
〈신서유기〉 시즌 6	2018	9.7	40,726
〈신서유기〉 시즌 7	2019	9.5	42,998
〈신서유기〉 시즌 8	2020	9.6	33,499

도표를 보면, 2017년 '한한령' 이후 중국을 촬영지로 삼지 않았음에도 〈신서유기〉의 인기는 식지 않고 지속되었다. 그러나 이 많

은 시즌 중 왜 2015년의 〈신서유기〉 시즌 1만 선택하였는가? 〈신서유기〉 시즌 1은 네이버 TV에서 인터넷 방송으로 시작해 인기를 얻은 후, TV 버전으로 전환되어 tvN에서 방영된 대표적인 버라이어티 예능이다. 이후 파생 예능인 〈강식당〉 시리즈 등도 제작되었다. 〈신서유기〉 시즌 1은 모든 확장의 출발점이 되었고, 이에 따라 그 성공 요인을 분석할 필요가 있다. 더욱 체계적으로 발전한 후속 시즌들에 비해 시즌 1의 평점은 낮았지만 시즌 1은 이후 모든 시즌의 기반이다.

〈신서유기〉 시즌 1은 왜 중국에서 인기를 얻었을까?

〈신서유기〉 시즌 1은 다른 예능에 비해 어디가 다른가? 왜 중국에서 한류 예능을 사랑하는 시청자들이 아직까지 시즌 9를 기다리고 있는가? 먼저 중국 인기 요인을 살펴보자.

'한류'모든 시작점

한중 양국은 지리적으로 인접하며 모두 유가(儒家) 문화의 영향을 받은 국가로, 가치관과 감정 표현 방식 등에서 유사한 특징을 보인다. '한류(Korea Wave)'는 한국 문화의 국제적 영향력을 강조하는 개념, 즉 한국의 드라마, 음악, 예능 등 콘텐츠가 해외에서 인기를 얻고 세계적으로 확산되는 현상을 의미한다. 중국 학자는 한류를 "전 세계, 특히 동아시아 지역을 중심으로 유행을 일으키는 한국 대중문화로 한국 드라마, K-POP, 한국 영화, 한국 예능 등의 콘텐츠를 주요 매개체로 하고, 한류 스타를 중심으로 시청자들이 능동적이고 열광적으로 소비하는 문화 현상(Shen&Dong, 2016: 79)"이라고 정의하였다.

'한류'라는 용어는 1990년대 중국에서 한국 드라마의 인기를 설명하기 위해 사용되었으며, 그만큼 중국 대중들은 오래전부터 한류 및 한국 콘텐츠의 주요 수용자였다. 중국 내에서 가장 먼저 유행한 한국 예능 〈연애편지〉를 시작으로, 〈1박2일〉, 〈무한도전〉, 〈런닝맨〉 등 리얼 버라이어티 예능 프로그램이 큰 인기를 끌었다. 한류를 사랑하는 중국 시청자들은 한국 예능의 품질에 대해 높은 신뢰를 가지고 있었다. 2012년 이후, 드라마와 K-POP뿐만 아니라 다양한 한국 예능 프로그램이 중국의 유명한 온라인 플랫폼에서 방영되었으며, 비교적 높은 조회수를 꾸준히 유지하고 있다. 또한, 일부 프로그램은 저작권을 구입한 후 현지에 맞게 재편성되기도 한다. 따라서 드라마, 음악, 예능 프로그램을 포함한 한국의 엔터테인먼트 산업은 전면적이고 대규모로 중국에 수출되기 시작했다(Qin, 2015: 37).

표 2 중국내 한류 흐름도(강진석, 2020: 185)

진입기 (1993~1996)	고조기 (1997~2005)	침체기 (2006~2012)	중흥기 (2013~2016)	한한령 (2016~2020)
• 1992년 한중 수교 • 드라마, 가요 소개	• 드라마, 영화, 가요, 게임 영역의 전성기 • 중화권 「대장금」 방영 • CD, DVD 통한 확산	• 중국의 방송 규제법 영향으로 한류 축소 • 「대장금」 이후 반한류 등장 • 중국의 민족주의 강화	• 인터넷과 모바일을 통한 한국 드라마 방영 • 한중교류, 관광업, 제품 구매 고조기 • 예능프로그램 포맷 수출	• 중국 단체 여행 제한 • 한국게임 수입 제한 • 영화, 드라마 상영 제한

위 도표에서 보듯이, 2015년은 〈신서유기〉 시즌 1이 방영된 해이자 중국 내 한류가 중흥기에 접어 들어 한중 양국 간 문화 교류가 긴밀한 시기였다. 그러나 시즌 1의 인기는 단지 인터넷 예능 방영 방식이나 중국 여행 콘셉트 덕분만이 아니라, 2007년 나영석 감독의 〈1박2일〉이 만들어 놓은 기반 영향도 컸다.

한국 예능을 즐겨 보는 시청자라면 〈1박2일〉을 직접 보지 않았더라도 프로그램 제목과 출연진들은 익숙할 것이다. 〈삼시세끼〉와 〈꽃보다 할배〉 시리즈 등 인기 여행 예능을 연출한 나영석 감독은 중국의 한류 팬들 사이에서 막강한 영향력을 발휘하고 있다. 그가 만든 예능 프로그램에는 화려한 미장센으로 자극적인 시각적 효과가 아닌 시청자의 일상에 밀착된 리얼한 모습을 선보이는 것을 우선시하였다. 나영석 감독은 예능 프로그램에 대한 깊은 이해를 바탕으로 기존 버라이어티 포맷에 과감한 형식적 시도를 결합함으로써 중국 시청자들에게 '새로움'에 대한 기대를 불러일으켰다. 실제로 중국의 대표적 소셜 네트워크 서비스인 웨이보(微博)에서는 〈신서유기〉

표 3 2015년 중국 인터넷 사용자 나이 분포(2015년 "텐센트"조사)

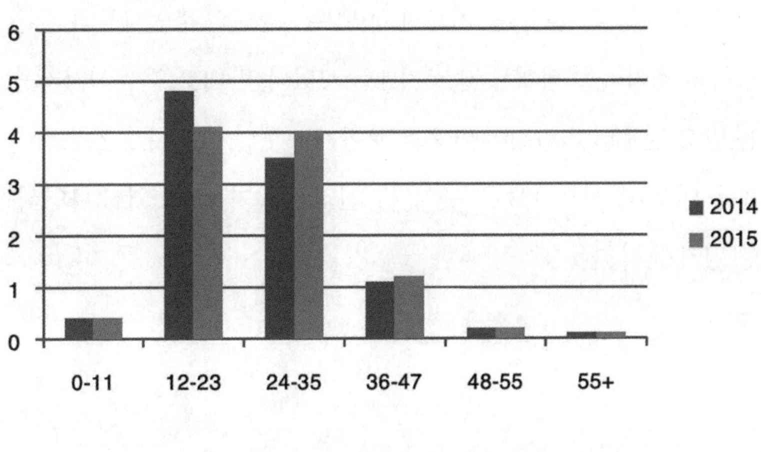

에 대한 관심이 지속되었으며 지금까지 약 97만 9000건의 댓글과 토론, 12억 3000만 회의 읽기 조회수를 기록했다.

'텐센트(Tencent)'에서 집계한 〈신서유기〉 시즌 1 방영 당시인 2015년 중국 인터넷 이용자의 연령 분포를 살펴본다. 이 통계 결과, 인터넷 사용자는 주로 젊은 층인 20대, 30대인 동시에 중국의 한류 시청자도 젊은 층이 주축을 이루고 있었다. 따라서 한국 예능 프로그램의 중국 시청자들은 대중 매체를 타고 자란 80, 90년대 젊은 세대이다(Hui, 2017: 24). 그들은 단순한 소비를 넘어 세계화 시대의 다양한 외국 문화의 충돌을 체험하게 되며, 이런 과정에서 개인의 자주 인식이 강하여 문화적 요구에 대한 개인화 및 차별화를 추구하게 된다. 〈신서유기〉 시즌 1은 기존 리얼 버라이어티 예능의 패러다임을 탈피하여 빠른 전개와 유연하고 다양한 콘텐츠를 통해 젊은 층의 취향에 맞추었고, 중국 내 한류 전파 환경에도 성공적으로 적응했다.

〈1박2일〉을 기억하던 중국 시청자들에게 〈신서유기〉 시즌 1은 멈춰 있던 〈1박2일〉의 감성을 다시 불러일으키는 콘텐츠였으며, 출연진의 재회와 여행이라는 설정은 그 자체로 아련한 감정을 자극했다. 최고 시청률 43.3%를 기록한 〈1박2일〉 출신의 출연자들과 같은 감독의 재기라는 점에서 많은 기대를 모았다. 반대로 일부 시청자들은 방송 전부터 비판적인 반응을 보이기도 했다. 그러나 프로그램이 방송 이후 왜 시청자들은 '웃기다', '진정성을 가진다', '역시 나영석' 등 평가를 남겼을까?

소통해야 공감한다

필자가 세세히 분석한 결과, 소통과 공감, 익숙한 낯설음, 그리고 문화교류 등이 중요한 역할을 하였다. 먼저 이 프로그램의 '소통과 공감'을 살펴본다.

공감을 하려면 소통을 해야 하고, 소통을 하면서 공감이 확산된다. 소통과 공감은 사회적 관계를 원활히 해 주며 인간들을 자연스럽게 연결시켜준다(임동욱, 2015: 1). 〈신서유기〉 시즌 1은 중국 서안을 촬영지로 여행과 미션 수행을 중심으로 한 예능 프로그램이다. 겉보기에는 〈1박2일〉과 유사하지만, 그 안에는 분명한 차별성이 존재한다. 〈신서유기〉 시즌 1은 스승이 '죄'를 지은 제자 3명을 데리고 '속죄'의 여정을 떠난다는 설정 하에, 제작진이 마련한 '미션' 또는 '게임'이라는 형태의 고난을 수행하도록 구성되어 있다. 제작진이 설계한 대부분 미션은 현지인의 도움 없이는 완수할 수 없는 구조로, 소통이 필수적인 요소였다.

먼저, 출연진이 스스로 게스트 하우스를 찾아가는 첫 미션부터 시작해, 공항 경비원, 승차권 판매 직원, 버스 승객, 택시 기사 등 다양한 현지인과의 우연한 만남을 통해 서안의 인문 환경과 문화를 자연스럽게 경험하고 이를 한중 양국의 시청자에게 전달한다.

출연진과 제작진 간의 소통은 대부분 미션과 촬영 과정에서 발생하며, 미션을 완수하려는 출연진과 이를 방해하려는 제작진 간의 치열한 심리전은 프로그램의 주요한 웃음 포인트로 작용한다. 웹 예능이라 TV 예능과 달리 제한이 그렇게 많지 않은 탓인지 출연진의 대담한 발언, 이전 TV 예능에서 볼 수 없었던 새로운 모습이 속출하였다. 따라서 〈신서유기〉 시즌 1에 출연진과 제작진이 더 자유롭고 편안한 모습이 드러나면서 그들뿐만 아니라 시청자들도 그 당시 추억을 되새기면서 공감하게 된다.

마지막으로 출연진 간의 상호 소통을 살펴보자. 〈1박2일〉에서 함께한 5년의 시간 이후, 각자의 사건으로 흩어졌다가 3년 만에 재회한 그들은 〈신서유기〉 시즌 1 속에서도 과거의 추억, 그리움, 그리고 서로에 대한 믿음을 공유한다. 너무 익숙한 사람들의 여행을 떠나는 예능이라 그런지 프로그램 중 주고받는 토크와 상호작용이 어색하지 않고 케미(조화와 호흡)가 좋았다.

〈신서유기〉의 서사는 '사람'으로 시작되며, 또한 '사람'에 의해 전개된다. 논란을 겪은 연예인들의 '속죄'에서 출발한 이야기는, 이들의 여행 속 행동 하나하나에 시청자의 시선이 집중되도록 하며 리얼한 모습을 통해 오락의 틀 안에서 사회적·도덕적 메시지를 전달한다. 예능은 대개 '재미'를 핵심 가치로 삼지만, 〈신서유기〉와 같은 프로그램은 단순한 웃음을 넘어서 사회적 이슈에 대한 성찰을 유도하고, 긍정적인 가치관을 자연스럽게 녹여 시청자에게 깊은 인식과 사고의 기회를 제공할 수 있다. 물론, 출연진에 대한 시청자의 인식을 완전히 바꾸기 어려울 수도 있지만, 그들이 공개적으로 반성하고 진정성 있게 사과하는 장면을 통해 시청자의 토론을 유도하는 자체가 중요한 사회적 의미를 지닌다. 이것은 프로그램과 시청자의 소통이 아닌가 싶다.

이처럼 다양한 형태의 소통은 시청자들의 공감을 자극한다. 〈1박2일〉을 즐겨보던 중국의 한류 시청자들은 〈신서유기〉 시즌 1을 통해 과거의 추억을 떠올리며 자연스럽게 감정을 이입하게 되었다.

처음 〈신서유기〉를 접한 시청자들 또한 '여행', '음식', '게임' 등의 요소에 공감하면서, 외국인의 여행 모습에 자신을 투영해 감정적 동일시를 경험하였다.

'더우반'에는 다음과 같은 댓글이 남겨져 있다. "〈1박2일〉의 팬은 아니지만 여전히 감동을 받았다. 아마도 출연진과 제작진이 진심어린 마음으로 프로그램 제작에 임했기 때문이다." 따라서 타인의 처지를 상상하고, 그의 기분을 느끼고, 그의 처지에 서고, 그의 견해를 취하고, 그의 눈으로 세상을 본다면, 저절로 그에게 박애정신을 갖는다(임동욱, 2015: 7).

익숙한 낯설음

익숙한 낯설음은 무엇인가? 익숙한 낯설음, 즉 '낯설게 하기'이다. "'낯설게하기(estrangement)'란 슈클로프스키와 브레히트의 미학에 바탕을 둔 개념으로, 형식의 혁신을 이루거나 내용에서 세계의 숨은 의미, 삶의 진실을 새롭게 발견하고 표명하여 수용자에게 이미 낯익은 세계를 깨버리고 세계 실체의 한 자락을 낯설게 드러내는 것, 텍스트 형식과 수용자 사이에 '거리두기'를 하여 수용자가 텍스트에 빠져들지 않고 주체로서 텍스트를 해석하고 이를 삶의 읽기로 가져가게 하는 것을 의미한다."(이도흠, 1999: 101)

〈신서유기〉 시리즈는 고전 『서유기』를 콘셉트로 삼아, 출연진이 각자 다른 캐릭터로 변신해 다양한 미션을 수행하도록 구성되었다. 이로써 익숙한 예능 포맷에서 벗어나 새로운 재미를 제공함과 동시에, 친숙한 고전을 현대적 맥락으로 재해석해 색다른 경험을 선사한다. 중국 시청자에게 친숙한 『서유기』 속 인물을 개성 있게 재해석한 모습—과감한 발언을 하는 삼장법사(이승기), 자기 비하형 몸 개그를 담당하는 손오공(이수근), "猪八戒(저팔계)" 구호를 외치는 저팔계(강호동), 그리고 "미친놈"이라 불리는 사오정(은지원)—을 아래 도표에서 확인해 보자.

표 4 〈신서유기〉 시즌1 출연진 등장 이미지 & 실제 특징

출연진 멤버	직업	캐릭터	등장 이미지	시즌1 실제 특징
이승기	배우	삼장법사	前 예능 황제 前 허당	거침없는 입담 '어차피 우승은 이승기'
이수근	개그맨	손오공	상암동 배팅남	몸 개그의 달인 자기 비꼬기
강호동	예능인	저팔계	예능 복학생	인터넷 프로그램 초보 옛날 사람
은지원	가수	사오정	미친놈	조력자/미친놈 두뇌 게임의 고수

이러한 성격과 특징을 지닌 출연진들은 『서유기』 속 인물로 분장한 채 여행 중 다양한 도전을 수행한다. 미션 과정은 고전 문학이 현대 콘텐츠로 재현되어 새로운 재미를 선사하는 방식을 잘 보여준다. 특히 출연진들은 고정된 역할에 머무르지 않고 미션과 게임의 상황에 따라 유동적으로 역할을 교체한다. 이로 인해 멤버 간 협력과 갈등이 동시에 발생하며, 승패의 경계가 모호해진다. 이는 단순한 승자-패자 이항 대립을 넘어서는 개념으로 멤버들을 승자와 패자로만 구분할 수 없게 만든다. 그들은 다양한 미션을 수행하며 프

로그램의 내러티브를 더욱 풍성하게 만든다. 이처럼 캐릭터 간 차이가 고전 소설과 예능 프로그램의 서사에 어떤 차이를 만드는지에 대해서도 살펴보자.

그림 1 서유기의 행위소 모형

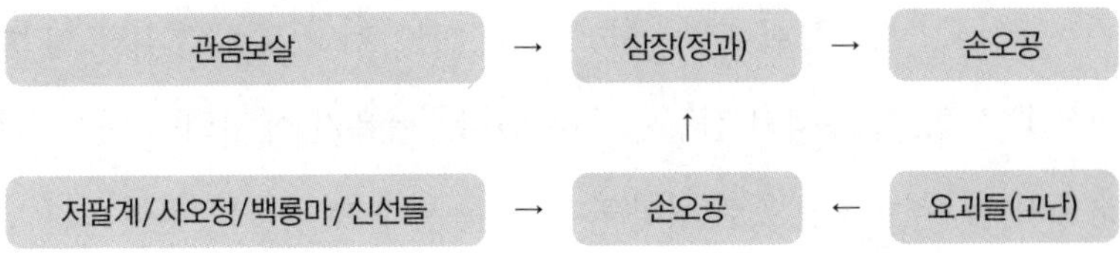

『서유기』에서는 서사의 시작부터 결말까지 일정한 조력자가 지속적으로 등장하며, 각 난관마다 새로운 적대자가 나타나는 구조를 갖는다. 반면, 〈신서유기〉에서는 출연진의 주된 적대자가 줄곧 '제작진'으로 고정되어 있다. 동일한 적대자인 제작진이 매번 새로운 미션을 통해 출연진에게 장애를 부여한다. 반면에 조력자인 일반인들은 우연히 등장할 뿐, 반복적으로 출연하지는 않는다. 또한, 캐릭터뿐만 아니라 〈신서유기〉 시즌 1의 서사 구조 역시 『서유기』와는 다르다. 비슷한 고난을 반복해서 겪는 패턴을 따르지만, 서사 내에서 각 캐릭터가 수행하는 역할은 서로 다르다.

그림 2 신서유기 시즌1의 행위소 모형

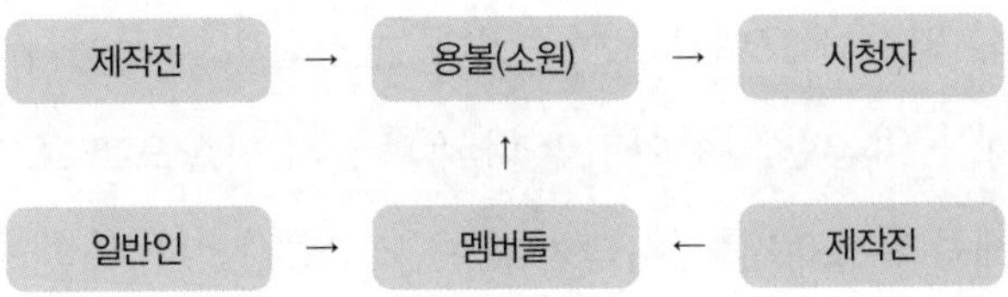

자세히 살펴보면 〈신서유기〉 시즌 1의 사제 4인은 모두 주인공으로 설정되며, 각자의 소원을 이루기 위해 용볼(욕망)을 얻고자 힘을 합쳐 노력한다. 〈신서유기〉에서는 미션을 시련으로, 성공과 실패 두 결과로 갈리게 되고 그 결과에 이어 다시 새로운 미션(고난-실패/성공-고난)을 완수해야 하는 순환 구조를 갖는다.

고전 소설을 소재로 한 예능 프로그램이지만 본 예능의 표현 방식은 대중적, 통속적인 접근을 취하였다. 『서유기』에서의 시련이 〈신서유기〉에서는 게임으로 치환되며, 이를 통해 멤버들의 현실적인 모습과 고전 캐릭터의 이상적 이미지 사이의 간극이 드러난다. 이러한 해체는 고전의 숭고함을 파괴하고 콘텐츠로 재창조하여 시청자들에게 보다 가깝게 다가간다. 따라서 〈신서유기〉는 통속성과 문학적 배경을 함께 갖추어 다양한 시청자층이 쉽게 접근하고 즐길 수 있는 콘텐츠가 되었다. 이러한 서사 구조의 차이는 중국 시청자들에게 '익숙한 낯설음'을 불러일으키며 새로운 서사로 인식되도록 이끈다. 미션이 성공할 수 있을지에 대한 긴장감, 미션 도중 발생하는 유쾌한 해프닝, 그리고 실패의 임팩트는 프로그램의 주요 시청 동기 중 하나다.

캐릭터와 서사의 '익숙한 낯설음' 외에도, 한국 예능의 시선으로 담긴 중국의 풍경도 시청자의 흥미를 끌었다. 중국 평점 사이트 '더우반'에는 "〈신서유기〉의 카메라에 진실한 서안을 담았다", "중국의 풍토와 일상을 그대로 보여주었다"는 칭찬이 가득하다. 중국 시청자에게는 익숙한 일상이지만 타국 예능의 시선으로 조명되면서 오히려 새롭게 느껴지는 '익숙한 낯설음'이 형성된다. 특히 출연진이 서안의 관광지를 평가하는 장면에서 중국 시청자들은 외부인의 시선을 통해 자국 문화를 새롭게 바라보는 계기를 갖게 된다.

문화 교류의 가교: 〈신서유기〉

'한류'의 장에서 〈도표2〉를 살펴보면 〈신서유기〉 시즌 1이 방영된 2015년은 한류의 중흥기로, 당시 한국과 중국은 K-POP, 관광 산업 등 다양한 분야에서 밀접한 문화 교류를 이어가고 있었다. 한류 예능도 한중 문화 교류의 가교로 중요한 역할을 하고 있다. 이러한 문화적 흐름은 〈신서유기〉 시즌 1의 미션에서도 반영된다. 예를 들어, '용볼 획득' 미션에서는 중국의 상점과 거리 곳곳에 설치된 한국 스타의 광고와 한국 브랜드가 자연스럽게 등장하며, 제작진은 이를 미션의 소재로 활용하였다.

웹 예능이라는 플랫폼은 개방적이고 포용적인 특성을 지니고 있어, 출연진과 현지인 간의 교류를 통해 '선함'과 '진정성'이라는 가치를 효과적으로 전달한다. 프로그램 내에서는 관광지 주민과의 교류 장면을 통해 인간적인 따뜻함이 강조되며, 이는 문화적 다양성에 대한 인식을 촉진하고 다른 문화에 대한 편견과 오해를 타파한다. "화이부동(和而不同)"은 한중 문화의 특성을 설명하는 데 더없이 적합한 단어다. 두 나라의 민속, 문화는 유사성을 가지고 있지만 동시에 많은 차이점을 가진다. 가깝고도 다른 특성은 양국의 시청자로 하여금 상대방의 문화를 접할 때 자연스럽게 친밀감과 호기심을 가진다(Shen, 2018: 21).

프로그램 속에서 한중 문화가 만나는 장면들과 웹 예능이라는 매체를 통한 문화 전파는 모든 시청자들에게 양국의 문화를 자연스럽게 체감하게 만든다. 빠른 콘텐츠 전파 속도와 지속적인 문화 수출 덕분에, 중국 및 서안 문화, 또는 한국 문화에 대해 알고자 하는 시청자들은 프로그램 속에서 자신이 원하는 정보를 얻을 수 있었다. 이러한 양국 간의 우호적인 문화 교류는 프로그램 곳곳에서 드러나며, 시청자들이 프로그램에 자연스럽게 호감을 갖도록 만든다. 그러나 〈신서유기〉 시즌 1의 문화 교류는 중국의 심층적인 역사와 문화에 대한 교류라기보다 관광지 중심의 표층적 교류에 머물렀다.

〈신서유기〉 시즌 1의 한계

관광지로 멈춘 서안 문화

〈신서유기〉 시즌 1은 회식 자리에서 우연히 나온 한마디로 기획된 예능으로, 본래는 친한 사람들끼리 떠나는 여행을 기록하기 위한 목적에서 출발했다. 이 과정에서 〈1박2일〉 시절의 추억을 되살리기 위해 과거의 게임과 미션이 삽입되었다. 하지만 프로그램에서 나영석 감독은 이 프로그램에 대한 자신의 고민을 털어놓기도 했다. 그는 이 프로그램이 어떤 형태로 완성될지 전혀 예상할 수 없었다고 밝혔다. 이 프로그램의 방영은 일종의 탐색과 실험이었다. 예상치 못한 인터넷 방송이라는 형식을 통해, 한때 해외에서 큰 인기를 끌었던 〈1박2일〉이 전혀 다른 형식과 새로운 이름으로 돌아왔음을 시청자들에게 알리는 계기가 되었다. 정점에서 나락으로 빠진 후 새롭게 시작한 이 프로그램은 단지 친숙한 사람들 사이의 기념할 만한 여행을 기록한 것이었다.

여기서 나영석이 말한 '새로움'과 '재미'가 드러난다. 친숙한 사람들이 함께 좋아하는 일을 하며 충돌하고 협업하는 과정에서 발생하는 '불꽃'이 재미와 무한한 창조 가능성으로 전환된다. 이것이 바로 창작의 출발점이 된다. 이 프로그램은 과거의 기억과 새로운 형식을 혼합한 형태였다. 이 프로그램은 빠르고 매끄러운 편집과 대화 중심의 자막 형식을 통해 출연진 간의 신뢰와 정서적 유대를 도모하였다. 이러한 감정은 〈신서유기〉 시즌 1의 의미를 구성하며, 멤버들의 모습 속에 구체적으로 나타난다. 멤버들이 웹 예능의 서먹서먹함에 바닥까지 추락했던 실의(失意)를 고스란히 카메라에 담았다. 이들의 컨디션은 좋지 않지만 그만큼 리얼했다. 리얼 버라이어티 예능의 핵심은 '진정성'이며, 이는 출연진의 행동 하나하나에서 구체적으로 드러난다. 그들은 자신의 고민을 털어놓고 스타의 화려함보다 더 많은 일상적인 면모를 보여주어 관객들과 더욱 친근감을 느끼게 한다. 결국, 의미는 '사람'을 통해 생산되고, '사람'을 통해 해석된다.

'사람'은 이 프로그램의 핵심이므로 기본적으로 많은 내용이 멤버들을 중심으로 전개된다. 프로그램이 '사람'을 중심으로 시작된 만큼 여행의 테마 역시 출연진 캐릭터에 맞춰 『서유기』를 선택하였다. 그중의 캐릭터들은 멤버들과 잘 어울렸으며 따라서 여행지 선정은 역사 속 현장이 서쪽으로 경전을 가져오는 출발점인 서안으로 정하게 된 것이다.

문화 교류에는 현지 문화에 대한 소개도 필수적이다. 〈신서유기〉는 서안 현지의 생활에 깊숙이 들어가 사람들과의 교류를 통해 현지의 삶을 더 잘 부각시켰다. 프로그램 중 관광한 명승지는 『서유기』와 관련되거나 잘 알려진 관광지로 선정된다. 진시황 병마용, 서안 성벽, 종루, 대안탑 등 상징적인 건물과 풍경은 서안이라는 도시의 대표이다. 하지만 일부 관광지는 단지 미션의 최종 목적지로 사용되었을 뿐이며 13대 왕조의 고대 수도였던 서안이 지닌 역사적 유산은 게임 배경으로만 소비되어 깊이 있게 조명되지 못했다. 결과적으로 한중 간의 교류는 사람 간의 소통에 한정되는 한계를 드러낸다.

따라서 〈신서유기〉 시즌 1은 뚜렷한 양면성을 갖추고 있다. 이 프로그램은 웹 예능이라는 새로운 형식의 버라이어티로서, 당대 예능의 형식에 개척적인 사회문화적 영향을 미쳤다. 앞서 언급한 바와 같이 프로그램의 혁신적인 형태에 의해 제약을 받게 되기도 하였다. 더 깊은 역사적 교감과 문화적 소양이 다소 미약하다.

그때의 한중 교류, 그리고 지금

〈신서유기〉 시즌 1은 웹 예능으로서 인터넷 플랫폼을 통해 지속적으로 전파되고 저장된다.

코로나 팬데믹으로 외출이 어려웠던 3년 동안, 중국의 한류 시청자들은 온라인 플랫폼을 통해 사회적 억압에서 탈출구를 찾는다. 〈신서유기〉는 단순한 재미를 넘어, 긍정적인 감정적 가치를 부여하며 보다 깊은 의미를 지닌 콘텐츠로 작용했다. 이는 2015년에 방영된 웹 예능이 코로나 시기에도 여전히 시청자들에게 지속적으로 사랑받는 이유이기도 하다. 이 프로그램이 제공한 감정적 공감과 정서는 우수한 예능으로서의 혁신성뿐만 아니라 '여행'이라는 장르가 주는 대리만족을 통해 현실 속 제약을 해소하려는 시청자들의 욕망을 충족시킨다. 사회적 불안정성과 인간 관계의 단절 속에서 예능이 제공하는 여유, 웃음, 그리고 사람 간의 긴밀한 연결성은 시청자들의 심리적 욕구를 치유하는 역할을 하였다.

한류는 오랜 기간 융합적 발전을 거치며 국제화와 다원화를 이루고 전 세계와 연결되어 왔지만 경제적, 정치적 요인으로 인해 불안정성이 여전히 존재한다. 아래 도표에서는 '한한령' 전후 중국 내 한류의 흐름을 살펴보자.

표 5 사드사태 전후 중국의 한류 추이도(강진석 2020: 189)

구분	사드배치 이전 (2013~2016.07)	사드배치 이후(한한령) (2016.07~2020.01)	코로나 이후 (2020.01~2020.07)
한중 관계	• 양국 관계 양호 • 국민 정서 양호	• 양국 관계 악화 • 국민 정서 악화	• 양국 관계 악화 • 국민 정서 악화
한류 전파 방식	• 중국 내 TV방송국 • 중국 내 OTT • 온라인 게임	• 중국 내 TV방송국 차단 • 중국 내 OTT 차단 • 온라인 게임 차단	• 중국 내 TV방송국 차단 • 중국 내 OTT 차단 • 온라인 게임 일부 개방
한류 대표 콘텐츠	• 드라마 '별에서 온 그대' • 포맷 수출 예능프로 • 인터넷 게임	• 드라마 차단 • 포맷수출 예능프로 제약 • 인터넷 게임 수출 차단	• 드라마 차단 • 포맷수출 예능프로 제약 • 인터넷게임 수출 일부허용
문화 규제	• 해외 콘텐츠 규제 • 해외 콘텐츠 사전 검열	• 해외콘텐츠 규제 강화 • 해외콘텐츠 사전검열 강화	• 해외콘텐츠 규제 강화 • 해외콘텐츠 사전검열 강화
민간 교류	• 중국관광단 방한 호황 • 한중 민간교류 호황	• 중국 관광단 방한 금지 • 한중 민간교류 축소	• 중국관광단 방한 금지 • 한중 민간교류 제한
한국 내 변화	• 한류의 중화권 수출 고조	• 중국 이외 지역의 시장 모색 • 넷플릭스 한국서비스 개시	• 넷플릭스 통한 한류 전파 • 넷플릭스 기반 한류열풍

〈신서유기〉 시즌 1부터 시즌 3은 모두 중국을 여행지로 서안, 청

두, 계림, 운남, 샤먼을 선정하였으나 한중 양국 사이의 우호적인 문화 교류는 한한령으로 인해 제한을 받았다. 한한령 시행 이후, 시즌 4부터 여행지는 중국이 아닌 동남아시아와 일본으로 변경되었다. 2015년에는 한중 간 활발한 문화 교류와 콘텐츠 수출로 인해 〈신서유기〉의 촬영지는 자유롭게 중국 각지로 선정되었고, 촬영 역시 문화교류와 관광을 중심으로 원활하게 이루어질 수 있었다. 한한령 이후 한중 간 온라인 플랫폼 협력 모델이 붕괴되고 콘텐츠 유통은 외교적 리스크에 취약해졌다. 이러한 외부 변수들은 콘텐츠의 형식과 유통이 예기치 않게 중단될 수 있음을 보여주며, 이는 〈신서유기〉와 같은 한류 예능이 지닌 구조적 한계라고 생각한다. 중국 평점 사이트 '더우반'에서 "谁能想到短短几年世界就变成这样了呢(짧은 몇 년 만에 세상이 이렇게 변할 줄 누가 알았을까)"라는 댓글이 눈에 띈다. 이는 〈신서유기〉 시즌 1 당시 보여주었던 따뜻한 문화 교류와 '인정미'에 대한 감동이 여운으로 남아 현재 교류가 단절된 상황 속에서도 후속 시즌을 기다리는 마음이 담겼기 때문이다. 한류 예능이 '한한령'과 같은 정치적 변수에 취약함을 보여준다.

또 한한령 이후에 중국 내 '혐한' 정서가 심화된 반면, 한국 내에서도 '혐중' 정서가 점차 강해지고 있다. 이러한 혐오 정서는 한한령을 기점으로 시작되어, 코로나19 이후 더욱 증폭된 양상을 보이고 있다. 양국 간 우호를 전하던 한류 예능은 이제 흐르는 시간 속에서 멈춰 섰다. 그때 그 당시 예능에서 보여준 문화 교류는 한중 양국 '일반인'의 평범한 소통과 교감이지만 지금은 한 번 또 한 번 재시청하면서 웃는 콘텐츠로만 남게 되었다.

맺음말

〈신서유기〉 시즌 1이 중국에서 인기를 얻은 요인을 분석하면서 자연스레 2015년 당시의 상황을 되짚어보게 된다. 당시 웹 예능으로 기획된 〈신서유기〉 시즌 1은 한한령 이전의 한중 문화 교류 상황을 여러 방면에서 반영하였다. 이는 한류의 영향 아래 형성된 한중 문화 교류의 구체적 사례라 볼 수 있다. 문화적 교감을 오락성에 녹여낸 〈신서유기〉 시즌 1은 중국 서안에서 시작된 이야기를 통해 중국 시청자에게 웃음과 감동을 동시에 선사했다. '한류'라는 영향 외에도, 프로그램이 지닌 소통의 힘은 시청자와의 깊은 공감을 이끌어냈다.

그렇다면 왜 필자는 〈신서유기〉 시즌 1을 선택했는가? 개인적인 애정도 있지만, 이 프로그램만이 지닌 한중 문화 교류의 연결고리로서의 역할이 선택의 가장 큰 이유였다. "〈신서유기〉 시즌 1에서 드러난 '인간미'와 '진실함'의 문화 교류가 앞으로도 다시 가능할까?" 라는 의문을 남긴다. 정치적 변수로 인해 한류가 제한되는 현실 속에서 기다림 외엔 별다른 해결책이 없다는 점은 예능, 나아가 한류 전반이 지닌 한계이기도 한다.

여러 가지 예능 프로그램이 등장하며 형식과 내용이 다양한 지금, 이 시점에서 다시 돌아본 〈신서유기〉 시즌 1은 단지 수많은 콘텐츠 중 하나일 뿐이다. 이 프로그램을 여전히 기억하고 있는 시청자는 얼마나 남았을까. 중국의 영상 플랫폼에는 지금도 〈신서유기〉 시리즈를 반복 시청하는 한류 시청자들이 존재한다. 10년이 지난 지금 〈신서유기〉 시즌 1은 단순한 웹 버라이어티 예능으로 남아 있을 뿐이다. 그러나 당시 이 프로그램이 웹 예능이라는 새로운 형식을 선보였다는 점에서 예능의 가능성을 확장시켰고 한류 예능사의 흐름에 중요한 이정표를 남겼다.

참고문헌

강진석 (2020). '사드사태'부터 '코로나 팬데믹'에 이르는 시기 생성된 동아시아 한류의 변화와 그 문화 공간적 함의. 중국학연구 94호, 177-208.

나영석 (2012). 어차피 레이스는 길다. 서울: 문학동네.

이도흠 (1999). 화쟁기호학, 이론과 실제-원효사상을 통한 형식주의와 마르크시즘의 종합. 서울: 한양대출판부.

임동욱 (2015). 소통과 공감의 힘. 서울: 커뮤니케이션북스.

沈茜 & 林升棟 (2016). "韓流"緣何流行?——基于新浪微博的"網絡志"觀察. 品牌研究.

秦然然 (2015). 新韓流的表現及其繁榮的原因分析. 人文天下.

潘奕妮 (2015). 熟悉的陌生化：中國電視字詞類節目的奇觀效果研究，碩士學位論文 天津師范大學.

惠書岳 (2017). 韓國綜藝節目傳播的文化效應分析，碩士學位論文 山東師范大學.

沈夢可 (2018). 韓國綜藝節目對華輸出的策略研究—文化折扣視角，碩士學位論文 上海師範大學.

텐센트(Tencent) 데이터 사이트 (2022.08.05.). 2015년 중국 인터넷 사용자 나이 분포. https://cloud.tencent.com/developer/article/2081433

더우반(DouBan) 평가 사이트 (2015.09.04.). 신서유기 중국 평점. https://www.douban.com/search?q=新西游记

제13장

〈나는 신이다〉: OTT와 결합한 K-다큐멘터리의 재현의 위기

신민정

- 다큐멘터리의 본질과 재현의 문제
- OTT 시대의 도래와 다큐멘터리의 변화
- 다큐멘터리의 재현의 위기: OTT시대 이후

2023년 3월에 공개된 넷플릭스 오리지널 다큐멘터리 〈나는 신이다: 신이 배신한 사람들〉(이하 '〈나는 신이다〉'라고 한다)은 한국 사회에 큰 반향을 일으켰다. 기독교복음선교회 JMS의 정명석을 비롯한 사이비 교주 4인의 범죄 행위를 폭로 고발하여 사회적 공분을 불러일으킨 것이다. 넷플릭스 오리지널 다큐멘터리를 연구한 전경란에 따르면 넷플릭스 오리지널 다큐멘터리는 2013년 발표된 〈더 쇼트 게임(The short game)〉 이후 지속해서 증가하는 경향을 보이며, 특히 2019년 이후 편수의 증가가 두드러진다. 그 중 '범죄'에 대한 다큐멘터리가 120편으로 가장 많다. 『방송트렌드 & 인사이트』(2020)에 실린 임종수 교수(세종대학교 미디어커뮤니케이션학)에 따르면 가장 큰 비중을 차지하는 '범죄'를 소재로 한 다큐멘터리는 시청자들의 선호도가 높은 인기 장르이자 내용상으로도 기존의 지상파나 텔레비전에서는 찾아볼 수 없는 소재와 주제를 다루는 일명 '넷플릭스향(向)' 다큐멘터리 장르라고 할 수 있는데, 살인자를 직접 인터뷰 하는 등 대상에 대한 직접적인 접근 방식을 취하고 있다.

넷플릭스 오리지널로 제작한 〈나는 신이다〉 역시, 범죄를 다루는 다큐멘터리로, 성범죄 피해를 적나라하게 드러내고 있다. 이 적나라한 연출 방식으로 인해 다큐멘터리 공개와 동시에 선정성 논란이 일어나게 된다. 지난 2023년 3월, 〈나는 신이다〉 기자간담회에서 이를 연출한 MBC 조성현 PD는 "어떤 일이 있었는지 아주 명백하게 보여줘야 (사이비 종교의) 피해자들이 한두 명이라도 그 소굴에서 나올 수 있다고 생각합니다. 내부자들이 억지스러운 방어 논리를 구축하는 것도 막기 위한 이유도 있었습니다."라고 밝힌 바 있다. 〈나는 신이다〉의 목적이 사이비 종교에 대한 경각심을 일깨웠다고 한다면, 순위나 화제성에서는 '명백하게 보여줘야'했던 그 목적만큼은 달성한 것으로 보인다. 그러나 그 명백함이란 있는 그대로 사실을 재현했다는 의미일 것이다. 그렇다면 과연 '사실을 재현'한다고 해서 다큐멘터리라고 할 수 있는가? 하는 의문이 생길 수밖에 없다. 왜냐하면 〈나는 신이다〉를 둘러싼 비판 가운데 가장 두드러진 것이 선정성 논란이기 때문이다. 〈나는 신이다〉는 '재연'을 통해 사이비 종교의 현실을 '재현'해낸 방식을 취하고 있다. 그 중심에 등장하는 것이 바로 성폭력이다. 이는 〈나는 신이다〉 에서 절대 악으로 자리한 교주를 폭로하는 피해자가 악의 세력과 싸우는 영웅으로 등장하며 스토리텔링이 더욱 증폭된다. 또한 OTT(Over-The-Top) 플랫폼인 넷플릭스는 방송사와 달리 국가 기관의 사전 심의 제도에서 벗어나 있다. 그로 인해 폭력적인 장면들도 여과 없이, 오히려 더 자극적인 이미지로 재현되는 경향이 있다. 이는 과거 넷플릭스의 인기 다큐멘터리였던 〈리얼 나르코스 리포트〉(2018)나 〈원티드: 세계 최악의 수배자들〉(2020) 같은 콘텐츠에서도 보이는 특징으로 과도한 노출과 폭로 장면들이 시청자의 관심을 유도하는 장치이기 때문이다. 방송심의에서 벗어난 다큐멘터리들이 넷플릭스와 같은 OTT로 향하면서 벌어지고 있는 하나의 현상이라고도 할 수 있다. 토종 OTT라고 불리는 웨이브(Wavve)와 티빙(TVING)의 오리지널 다큐멘터리도 앞다퉈 범죄, 악인, 성(性) 등 보다 자극적인 소재로 다큐멘터리를 제작하고 있다. 선정성으로 흥행을 잡았다는 비판의 중심에 선 〈나는 신이다〉, 다큐멘터리의 기본 근간을 이루는 '현실의 재현'에 근거하여 스스로 '재현의 위기'를 초래한 것은 아닌지 살펴보고자 한다. 이는 빌 니콜스가 밝힌 것처럼 다큐멘터리가 우리가 이미 접하고 있는 세계의 '재현'으로서 세계에 대한 특정 시각을 갖기 때문이다.

다큐멘터리의 본질과 재현의 문제

1895년 프랑스의 뤼미에르 형제가 영화를 발명한다. 다큐멘터리의 역사도 영화와 같이 시작되었다고 할 수 있다. 뤼미에르 형제는 퇴근하는 노동자들의 모습을 촬영했는데, 노동자들이 퇴근하는 모습, 플랫폼에 기차가 도착하는 모습, 아기에게 음식을 먹이는 모습 등과 같은 1~2분 길이의 영상으로 극화되지 않은 필름이었다. 본격적인 다큐멘터리는 '다큐멘터리의 아버지'라고 불리는 로버트 플래허티의 〈북극의 나누크〉에서 시작되었다. 이 영화는 현실을 있는 그대로 기록한 것을 넘어서 내러티브를 가진 최초의 다큐멘터리로 불리고 있다. 로버트 플래허티는 유럽의 편견이 담겨 일명 에스키모라 불리던 이누이트족의 사냥꾼 나누크와 그 가족과 함께 1년이 넘는 기간을 함께 시내며 그들의 삶을 카메라에 담았다. 그러나 이 원본 필름은 편집 작업 중 화재로 인해 소실되고 말았다. 이후 다시 이누이트족을 찾아 과거의 생활방식을 복원하고 이를 재현하는 방식으로 재촬영을 진행하였다. 최현주(2018) 「다큐멘터리와 사실의 재현성」에 따르면 플래허티는 필름에 담는 내용 그 자체가 사실이라면 진실의 표현을 위해 사용할 수 있다고 믿었다. 이후 플래허티는 남태평양 사모아섬에서 그들의 삶과 문화를 기록한 〈모아나〉(1926)를 제작하게 된다. 이 작품은 평단의 〈북극의 나누크〉와 달리 흥행에는 실패하지만, 다큐멘터리 역사에서 또 하나의 의미를 갖게 된다. 바로 이 작품을 비판하며 '다큐멘터리'라는 용어가 정립되었기 때문이다. 그리어슨은 플래허티의 〈모아나〉 이후 프랑스어 도큐망테르 ducumentaire에서 영감을 얻은 '다큐멘터리'라고 정의했다. 다큐멘터리는 'document'에서 나왔다. 'document'는 명사로는 '문서'를 말하고 동사로는 '기록한다'는 뜻이다. 그리어슨은 〈모아나〉를 비판하며 "지구의 끝으로 향하고 있는 사람들의 눈을, 지금 현재 일어나고 있는, 사람들 자신의 이야기로 이끌어와야 한다"라고 주장했다(Barmouw, 1993: 85). 이처럼 다큐멘터리는 현실을 재현하는 문제는 두고 논쟁을 하며 시작되고 진화한 장르라고 할 수 있다. 인류가 예술 활동을 시작한 이래 '재현'은 예술을 구현하는 데 중요한 역할을 담당해 왔다. 예술의 효용성에 의문을 제기한 플라톤조차 예술이 미메시스에 재현으로 이루어졌다는 것에 동의했다. 재현의 위기를 실감하게 된 것은 20세기 후반기로 접어들면서부터였다. 들뢰즈(Gilles Deleuze), 데리다(Jacques Derrida), 보드리야르(Jean Baudrillard) 그리고 료타르(Jean F. Lyotard) 등이 제시한 시뮬라시옹simulation과 시뮬라크르simulacre 개념은 재현이 애초에 불가능할 뿐만 아니라 재현의 기반이 되는 원본이 부재함을 의미했다. 또한 빈프리트 뇌트에 따르면 미디어의 영역 속에서 나타나는 재현의 위기는 여러 양상을 지닌다(빈프리트 뇌트, 2004: 123). 먼저 정치담화의 진실성이다. 사건과 사실을 옮기는 담화와 그것들이 옮겨진 담화가 서로 걸맞지 않은 위기가 그것이다. 예술과 미디어에서 드러나는 재현의 위기는 서로 다른 의미를 지닌다 해도 일정한 사실을 알려주며 모든 영역에서 재현의 위기는 곧 사라진 혹은 사라져가는 준거의 위기라는 것이다. 이러한 재현의 위기는 보드리야르가 지적한 걸프전쟁의 현실과 유사하다. "걸프전은 일어난 적이 없다"는 것이 가상기호에 대한 보드리야르적 사색의 종착점이었다.

이도흠은 재현의 위기를 현실, 현존, 실체에 대한 전복에서부터 비롯된 것이라고 보았다. 그는 현실을 세 가지, 곧 '지금 여기에서 현실로 나타나는 일과 사물', '실제 객관적으로 존재하는 현존', '원본에 해당하는 무엇'으로 정의한다(이도흠, 2005: 133). '지금 여기'가 아니라 현실에 과거와 미래가 중첩되고 현실이 텍스트로 재현되는 것이 아니라 거꾸로 텍스트가 현실을 구성하고, 가상현실과 실제 현실에 전도되거나 경계가 무너지고, 현실은 이미지에 의해 굴절되고 권력과 이데올로기, 형식에 의해 뒤틀려 재현된다. 객관적으로 현존하는 것은 없고, 해석만 존재한다. 원본은 사라지고 복사본만 떠돈다. 또한 이도흠에 따르면 텍스트는 현실을 투명하게 재현하지 않는다. 현실은 기호, 이미지, 형식, 이데올로기, 권력에 따라 다르게 재현된다. 작가는 자신이 가진 이데올로기의 프리즘을 통해 현실을 바라보고 현실을 선택한다. 말 그대로 현실을 다시 존재(re-presence)하게 되는데, 재현은 단순히 의미생산에서 그치지 않고 당대 권력과 유착해 지식을 생산하고 그 지식은 당대의 진실로서 이데올로기적 속성을 띠게 된다.

한국 방송다큐멘터리의 경우에는 시사다큐멘터리에서부터 시작되었다고 해도 과언이 아니다. 1960년대부터 시작해 1980년대 말에 이르기까지 시사다큐멘터리는 정권에 의해 정책 홍보나 사회 계도적 목적으로 활용되었다. 1990년대에 이르러서는 다양한 사회적인 문제에 접근하는 시사 프로그램이 나타나기 시작했다. 사회복지와 교통, 환경, 아동과 여성 같은 소수자, 장애인, 탁아, 고령화 시대에 대한 문제 등 이전에는 다루어지지 않던 다양한 소재를 마주하기 시작했다. 빌 니콜스(Bill Nichols)에 따르면 다큐멘터리는 재현을 통해 세상에 개입하고 있다. 여기에는 세 가지 방식이 있는데, 첫째, 다큐멘터리는 우리가 인식할 수 있는 익숙한 세상의 모습을 묘사하거나 비슷하게 보여준다. 다큐멘터리가 재현을 통해 세상에 개입하는 두 번째 방식은 다른 사람들의 이해관계를 대변하거나 대표하는 것이다. 다큐멘터리가 재현을 통해 세상에 개입하는 세 번째 방식은 변호사가 의뢰인의 이익을 대변하는 방식처럼 세상에 재현하는 것이다. 재현이라는 개념은 '다큐멘터리 영화 제작에서 윤리적 쟁점이 중점이 되는 이유는 무엇인가?'라는 질문을 던지게 하는데, 이를 바꿔 말하면 다큐멘터리를 제작할 때 '제작자는 사람들을 어떤 방식으로 다루게 되는 것일까?'와 같은 의미라고 할 수 있다. 극영화에서는 개인의 사회적 역할은 전통적인 배우의 역할로 정의되고 영화를 위해 연기하는 계약관계에 놓이게 된다. 논픽션 혹은 다큐멘터리에서는 이처럼 간단하지가 않다. 다큐멘터리에 등장하는 '사람들'은 일명 사회적 배우(social actors)로 다뤄지게 된다. 이 역시 빌 니콜스의 정의에 따르면 이들은 카메라가 없는 듯 행동하면서 자신의 삶을 계속 살아간다. 때문에 연극적 의미에서의 연기자가 아니라, 사회적·문화적 맥락에서 역할을 수행하고 있다고 봐야 한다는 것이다 (Bill Nichols, 2001: 29-32).

OTT 시대의 도래와 다큐멘터리의 변화

OTT 다큐멘터리의 등장

다큐멘터리는 사회문화적 배경과 매체 기술의 변화에 따라 그 내용과 형식이 다양하게 변모해왔다. 영화에서 시작된 다큐멘터리는 다양한 양식적 실험을 거쳐온 것도 사실이다. 오랜 시간 TV 매체와 함께 사회적 책임도 함께 해 왔다고 해도 과언은 아니다. 그러나 오랜 시간을 거쳐 영화와 TV가 만들어낸 다큐멘터리의 근간, 다큐멘터리의 현실 재현은 인터넷 통신망에 기반한 새로운 매체인 OTT 플랫폼의 등장과 함께 그 변화를 맞이하고 있다. OTT는 'Over The Top'의 머리글자를 딴 것으로 셋톱박스 없이 인터넷 스트리밍을 통해 콘텐츠를 시청할 수 있는 플랫폼을 말한다. OTT 플랫폼은 스마트폰이나 태블릿 등 다양한 기기를 사용해 시청할 수도 있고, 인터넷이 연결된 TV의 경우 TV로 시청할 수도 있다는 특징이 있다. 특정 통신망에 기반하지 않고 인터넷으로 콘텐츠를 제공하는 유튜브나 넷플릭스와 같은 OTT 플랫폼은 해당 국가의 허가를 받으면 서비스 지역에 제한이 없다는 특징이 있다. 글로벌 OTT 플랫폼 중 하나인 넷플릭스는 영화와 드라마, 다큐멘터리 등 영상 콘텐츠 스트리밍 서비스를 통해 새로운 기준을 만들고 있으며 단순히 콘텐츠를 재전송할 뿐 아니라 오리지널 작품을 제작하여 콘텐츠계의 변화를 주도하며 대세로 자리잡고 있다. OTT 플랫폼은 전 세계의 다양한 관객을 대상으로 하기 때문에, 글로벌 시청자에게 어필할 수 있는 자극적이고 흥미로운 콘텐츠를 우선시한다. 우리는 이미 〈오징어 게임〉을 통해서 그 위력을 체감한 바 있다. 또한 넷플릭스와 같은 OTT는 기존 지상파 방송사나 전통적 의미의 다큐멘터리 제작자와 달리, 흥행성과 즉각적인 결과, 즉 시청률에 크게 의존하는 경향이 있다. 이는 다큐멘터리가 자극적이고 시청률을 높일 수 있는 방식으로 변화할 수밖에 없다. 예를 들어 넷플릭스 오리지널 〈나는 신이다〉는 사이비 종교의 충격적 범죄 행위를 폭로하면서도 성적 폭력이나 선정적 장면을 강조하며 자극성을 극대화하여 시청율을 올렸다. 이 과정에서 다큐멘터리의 본래 목적이었던 사실에 대한 깊이 있는 탐구보다는 자극적인 요소를 앞세워 상업적 흥행을 노린다는 비판에 직면했다. 진실탐구와 상업성의 충돌, 이것이 OTT 플랫폼에서 태어난 다큐멘터리의 딜레마라고 할 수 있다.

OTT 다큐멘터리 〈나는 신이다〉의 딜레마

〈나는 신이다〉는 다큐 최초로 국내 넷플릭스 TV 시리즈 1위에 오른 바 있다. 넷플릭스 오리지널 예능 '피지컬: 100'과 마찬가지로 MBC에서 제작했다. 〈나는 신이다〉 기획이 회사의 지원을 받게 어렵게 되자, 넷플릭스로 눈을 돌렸다는 것이 연출자 조성현 피디의 이야기다. 그는 언론 간담회를 통해 "사이비 종교 문제는 내 가족과 친구 중에도 피해자가 있어 남의 이야기가 아니라 내 이야기였고 언젠가는 해야 할 숙제와 같은 주제였다"라면서 "소속된 〈문화방송〉에 제안했다가 보류된 기획서를 넷플릭스가 받아들여 제작할 수 있었다"라고 밝힌 바 있다. 특히 "〈피디(PD) 수첩〉 등 고정 프로그램에서 만들었다면 8~10주간 빠듯하게 제작할 수밖에 없었겠지만, 2년의 시간이 주어지면서 인터뷰만 200명 넘게 하는 등 심층적으로 접근할 수 있었다"라고 말했다. 처음 넷플릭스가 한국에 진출했을 때는 지상파와 경쟁 관계에 놓여 있었으나, 현재는 방송사가 직접 넷플릭스 오리지널 프로그램을 제작하고, 제작을 장려하고 있다는 것이다. 방송사 입장에서는 제작비를 확보하여 지상파에서 방송할 수 없는 콘텐츠를 방송할 플랫폼을 확보하고 넷플릭스는 넷플릭스대로 방송사의 우수한 콘텐츠를 확보할 수 있게 되었기 때문에 윈윈(win win)관계라고는 하나, TV로 대표되는 레거시 미디어의 현 상황과 함께 생존의 몸부림이라고도 볼 수 있다. 이와 함께 해외 영화제에서 부상한 탈지상파 독립다큐가 아닌, 방송사가 직접 넷플릭스에 프로그램을 공급했다는 것도 주목할 일이다. 실제 〈나는 신이다〉는 MBC의 아카이브를 적극적으로 활용하였다. 과거 MBC PD수첩에서 취재, 방송되었던 내용에 새로운 인터뷰를 추가하고 확장하여 제작된 다큐멘터리이기 때문이다. 이러한 다큐멘터리를 독립 프로덕션에서 기획했다면 실제로 자료 구매비용 및 제작비 증가로 인해 현실적으로 제작이 어려웠을 것이다. 때문에 지상파 방송사가 글로벌 OTT에 오리지널 콘텐츠를 제공하는 것에 대해 우려를 피할 수가 없다. 영화, 드라마, 예능, 다큐멘터리까지 우리의 콘텐츠 시장이 글로벌 OTT에 잠식당할 수도 있다는 우울한 전망 때문이기도 하다. 실제 전 세계 83개국에서 1위를 차지한 〈오징어 게임〉(감독 황동혁)의 IP를 소유한 넷플릭스는 저작권 독점 문제에 대해서는 아직도 언급하지 않는 상황이다. 다큐멘터리를 제작하기 전, 기획안 작성은 '기획의도'를 밝히는 것으로 시작한다. 기획 의도를 통해서 다큐멘터리의 존재 이유를 밝히는 것이다. '대한민국 현대사 속 메시아들과 이들 뒤에 숨은 사건과 사람을 추적하는 넷플릭스 다큐멘터리 시리즈' 이는 넷플릭스에서 제공하는 〈나는 신이다〉의 기본 정보로, 짧은 프로그램 소개만 제공된다. 이를 통해 보면 〈나는 신이다〉를 통해 도달하고자 하는 곳은 어디일까? 드러난 정보만으로는 알기 어렵다. 〈나는 신이다〉는 'JMS, 신의 신부들' '오대양, 32구의 변사체와 신' '아가동산, 낙원을 찾아서' '만민의 신이 된 남자' 등 총 8부에 걸쳐 JMS 정명석, 오대양 박순자, 아가동산 김기순, 만민중앙교회 이재록의 실체를 드러내기 위해 여러 가지 사건을 피해자의 증언을 토대로 구성하고 있다. 특히 JMS의 정명석, 이재록이 얼마나 많은 여성, 심지어 미성년자를 대상으로 성폭력을 일삼았는지가 다시금 사회적 공분으로 이어졌다. 그러나 이것은 새로운 것이 아니었다. JMS사건을 지상파에서 처음 다룬 것은 SBS '그것이 알고 싶다'였는데 JMS와 정명석 총재 문제를 1999년 3월, 1999년 7월, 2002년 11월, 2007년 6월에 방송한 바 있다. 넷플릭스에서 〈나는 신이다〉가 공개된 이후 SBS는 2023년 4월에 다시 한번 'JMS, 달박골 청년은 어떻게 교주가 되었나' 편을 방송하며 평소보다 한 시간을 더 할애하기도 했다. 예고편에서는 "제 치마를 이렇게 올리더니 성기를 만지더라" "정명석이 '벗어' 이 말을 딱 했다", "어떤 상황이냐면 (이 지역의) 초등학교 선생님 80~90%가 JMS 신도다" 등의 이례적으로 자극적인 인터뷰가 방송되었다. 〈나는 신이다〉를 의식하지 않을 수 없는 상황이라고 보여진다.

표 1 〈나는 신이다: 신이 배신한 사람들〉 각 회차 내용

순서	부제	시간	주요 내용
1화	JMS, 신의 신부들	53분	JMS 교주, 정명석의 성폭력 피해자인 메이플의 인터뷰를 시작으로 신의 신부라고 불리던 여성도들의 증언과 재연 인터뷰를 중심으로 어두운 진실을 폭로한다.
2화	JMS, 적색 수배 메시아	51분	반JMS엑소더스 김도형 교수를 중심으로 정명석의 범죄사실을 폭로하고 추적하여 마침내 검거되기까지의 과정을 그리고 있다.
3화	JMS, 전자 발찌 메시아	52분	교도소 수감 중에도 성학대를 일삼은 JMS와 그를 비호하며 성장하는 JMS의 현재의 모습을 담고 있다.
4화	오대양, 32구의 변사체와 신	71분	1987년 경기도 용인시 처인구 남사면에 있던 오대양(주)에서 일어났던 집단 자살 사건인 오대양 사건을 재조명한다.
5화	아가동산, 낙원을 찾아서	43분	교주 김기순이 공동체 '아가동산'을 설립하고 그 공동체 내부에서 일어난 충격적인 실상을 전 신도들이 증언한다.
6화	죽음의 아가동산	40분	아가동산에서 일어난 사망사건이 언론에 보도되고, 검찰이 김기순을 기소하지만 목격자들의 증언이 엇갈리며 재판은 복잡해지기만 한다.
7화	만민의 신이 된 남자	40분	만민중앙교회 이재록 목사의 기적적 치유능력으로 수많은 신도가 몰리고 그 영향력은 해외로 확산되기에 이른다.

순서	부제	시간	주요 내용
8화	감옥으로 간 만민의 신	46분	교회의 규모가 커지고 신도들에게 엄청난 헌금과 예물을 거두는 이재록, 그는 성폭행 혐의로 재판에 회부된다.

그렇다면 〈나는 신이다〉의 스토리텔링 방식을 살펴보자. 이는 미디어가 사이비 종교를 다루어 온 매우 익숙한 방식이다. 다큐멘터리에서는 사이비 종교의 성폭력 피해자들에게 어떻게 그들이 이야기하는 '신'을 만나게 되었는지 묻고, 피해자들은 이를 증언한다. 독대하기 어려운 '신'을 만나는 특별한 과정을 통해 '신'과의 면담이 이루어지고 그 과정에서 성폭력 범죄가 발생하는 구조가 공통적으로 보여진다. 그러나 정작 사이비 종교 사건에 대한 분석은 부족해 보인다. 한국 사회에 왜 이러한 종교 사기, 종교 범죄가 성행하는지에 대한 심도 있는 분석이나, 사이비 종교의 우상을 맹신하는 이들이, 그토록 시사 고발 프로그램에서 폭로되어도 사라지지 않는지, 그 뿌리의 진원지와 사회적 대안과 모색에 대해서도 시선을 돌리지 않은 건 아쉬운 지점이다. 〈오대양〉과 같은 과거의 사건도 당시 가졌던 의구심에서 한발도 더 나아가지 않고, 사건을 리마인드 하는 데 그치고 있다. 위 표에 나타난 〈나는 신이다〉 8화 중 JMS 관련, 1화부터 3화까지 즉 JMS를 다룬 회차를 세 가지 시선으로 바라보고자 한다. 첫째는 선정성의 문제이다. 〈나는 신이다〉가 공개된 지 1년 6개월이 지난, 2024년 8월. 서울 마포경찰서는 〈나는 신이다〉를 연출한 조성현 PD를 성폭력처벌법 위반 혐의로 서울서부지검에 송치했다. 조성현 PD는 공식 입장문에는 다음과 같은 내용이 들어 있다. "마포경찰서가 언급한 장면들은 현재 작품에서 볼 수 있듯 얼굴에 높은 수준의

모자이크가 적용되어 있습니다. JMS는 해당 영상이 날조됐다고 작품 공개 이전부터 끊임없이 주장한 바 있습니다. 이에, 저는 사이비 종교의 비정상성을 고발하는 공익적인 목적과 사실성을 위해 신체에 대한 모자이크를 적용하지 않았습니다. 이렇게 제작된 '나는 신이다'는 영상물등급위원회의 등급 심사와 결정을 받고 공개됐습니다." 이처럼 〈나는 신이다〉는 현재 법의 해석과 공익을 위한 표현을 두고 다투는 중이다. 〈나는 신이다〉의 선정성 시비는 넷플릭스에 공개되면서부터 피할 수 없는 문제였다. 성폭행 당시 음성 녹취, 특히 여신도들이 나체로 앉아 JMS총수 정명석에게 손짓하는 목욕탕 영상이 반복적으로 사용된 부분이 특히 지적되고 있다. 지난 2023년 3월 기자간담회에서도 조성현PD는 "어떤 일이 있었는지 아주 명백하게 보여줘야 피해자들이 한두 명이라도 그 소굴에서 나올 수 있다고 생각한다"고 했다. 이러한 시사 아이템으로 다큐멘터리가 제작되어 지상파 방송으로 송출되었다고 가정해보자. 문제적 장면은 방송사 내부 시사과정에서 보도 가이드라인에 맞춰 지적되었을 것이다. 하지만 넷플릭스에서는 여과 없이 방영될 수 있었다. 방송법 규제를 받지 않는 OTT에서 파급력이 커진 것은 부인할 수 없지만 이는 유료 회원제 서비스인 넷플릭스의 상업적 이윤추구에 동원된 선정성이라는 것에서 자유로울 수 없다. 〈나는 신이다〉 공개 이후 OTT저널리즘이라는 용어가 등장한 것도 사실이다. 아직 OTT 저널리즘에 대한 분명한 정의는 없고, 공식적으로 논의되고 있지 않지만, 지상파 방송 다큐멘터리의 영향력이 약화되는 현재, OTT다큐멘터리도 저널리즘의 영역에서 논의되어야 할 시기가 도래한 것이다. 〈나는 신이다〉에서 살펴볼 두 번째 시선은 관음증적 시각이다. JMS를 다룬 〈나는 신이다〉를 1화부터 3화에서 가장 중요한 것은 성폭력 피해자 메이플이다. 실제 〈나는 신이다〉에서는 성폭력 피해자 메이플의 자막을 '성피해자'라고 표기하여 또 다른 논란을 야기하기도 했다.[1] 〈나는 신이다〉 시리즈의 1화 첫 장면의 메이플과 JMS 정명석의 녹음으로 시작하여, 메이플의 눈물로 시작한다는 것은 이 다큐멘터리가 재현하고자 하는 지향이 어디인지 분명히 밝히고 있다고 해도 과언이 아니다. 마치 할리우드 첩보영화처럼, 기자회견을 하고자 홍콩에서 비행기에 오른 메이플과 그녀를 추적하는 JMS 신도들로부터 시작된다. 메이플은 이 다큐멘터리의 제작을 가능하게 된 뮤즈의 역할을 기꺼이 감당하며 1999년부터 대두되고 2008년에 구속되었으며 10년 만에 출소하여 다시금 같은 범죄를 저지른 정명석을 다시 구속할 수 있는 원동력이 되었다. 목숨을 건 기자회견과 함께 성폭력 피해 폭로와 인터뷰는 충격적이다. 특히 〈나는 신이다〉 3화 '적색수배 메시아'중에서 메이플이 재연한 내용을 주목해야 할 것이다. 과거 교도소에 복역하던 정명석을 만나러 가는 길부터 교도소 근처 아파트에서 교도소를 향해 대걸레를 흔들던 모습, 그리고 기도까지. 메이플은 과거의 자신을 재연하고 있다. 「다큐멘터리와 사실의 재현성」(2018)에서 최현주가 지적한 것처럼 최근 다큐멘터리가 '사실'과

---

1 2023.04.26. [라운드테이블] 나는 신이다는 다르지 않았다: 재현의 윤리와 저널리즘을 고민하다(주최: 한국여성민우회) 발제문 중에서 '성피해자'라고 성폭력 피해자들을 소개한다. 성피해자라는 단어는 어디에서 왔는가? 정명석은 교주라고 하는 지위를 이용해 성폭력을 저질렀다. '성피해자'라는 용어를 '성과 관련한 피해'라고 풀어서 생각했을 때, 지워지는 것은 가해자의 존재와 가해자와 피해자의 권력 차에서 일어난다는 성폭력의 특성이다. 폭력이라고 말하지 않았을 때, '성'이라는 단어는 '성 추문', '성 문제'라는 단어들과 결합하면서, 이 자체가 하나의 이야깃거리로 소비될 것 같은 가벼움을 만든다고 지적한 바 있다.

'허구', '실제 세계'와 '가상 세계'의 구분마저 혼합하는 것이 양상이라 하더라도 메이플의 재연은 '사실의 재현'을 추구하는 다큐멘터리를 위태롭게 만든다. 손희정 또한 다큐멘터리 전문 웹진 DOCKING (2023) '선정성은 가능성의 변수인가?: 쇼츠 시대의 다큐멘터리, 〈나는 신이다〉'에서 〈나는 신이다〉 3화의 메이플이 본격적으로 자신이 당한 성폭행을 묘사하면서 "어떤 호텔에 가서 수영하자고, 그래서 비키니 챙겨와라(고 했다)"라는 메이플의 내레이션과 함께 메이플의 얼굴에 음영을 준다던가, 그 증언을 토대로 인터뷰 준비를 위해 화장을 하는 모습에 예의 불길한 음악을 들려주는 다큐멘터리의 의도를 저격한다. 서동진 또한 웹진 DOCKING (2023)을 빌어 〈나는 신이다〉가 리얼리즘이라는 과제를 방기했다며 다큐멘터리인 척 시늉한다고 강하게 비판하고 있다. 2023년 4월 26일 한국여성민우회가 주최한 〈'나는 신이다'는 다르지 않았다: 재현의 윤리와 저널리즘을 고민하다〉 좌담회에서도 손희정 교수는 "피해자의 증언이 포르노 같다'라고 할 수 없지만, '나는 신이다'는 그 증언을 포르노적으로 매개하는 작품"이라고 주장하였다. 히토 슈타이얼에 따르면 리얼리즘 지지자들은 다큐멘터리 형식은 우리가 우리 자신의 눈으로 볼 수 있는 것을, 명백하고도 객관적인 현실의 외관을 충실하게 재현한다고 믿는다. 카메라가 우리의 눈을 대신하며 그 때문에 카메라를 신뢰할 수 있다는 것이다. 반면에 구성론자들은 다큐멘터리의 자명함은 고도로 코드화된 체제 내에서 생겨나는 것이고, 전혀 객관적인 것이 아니라고 주장한다. 현실의 제시뿐만 아니라 현실 개념 자체도 이데올로기적인 것, 기회주의적 구축물이라고 여겨진다(히토 슈타이얼, 2019: 17-19). 세 번째는 재현의 폭력과 사회적 배우로서의 역할이다. 앞서 지적한 〈나는 신이다〉 3화 '적색 수배 메시아'에는 메이플이 직접 재연하는 '교도소 가는 길' 시퀀스를 다시 살펴보자. 이 시퀀스는 "주님을 만나러 가는 길이니까 접견이 감사했죠."라는 메이플의 인터뷰에서 시작하고 있다. 그녀가 말한 주님은 JMS의 교주, 정명석을 의미한다. 모든 사람이 그 특별한 접견을 가질 수 있는 것은 아니라는 것에 자부심을 느꼈다는 메이플의 증언이 이어진다. 이후 교도소 근처 아파트에서 교도소를 쳐다보는 메이플의 모습이 등장한다. "교도소 어떤 한 곳 보여요. 매일 한시. 운동하러 나와." 이후 정명석 대역으로 이미지 재연이 이루어지고 이후 메이플 본인의 재연도 이루어진다. 메이플이 테라스에서 대걸레를 흔들면 그걸 보고, 정명석은 사람들이 왔다는 것을 알게 됐다는 것이다. 교도소 벽에, '메이플'이라고 이름을 썼다는 정명석의 대역. 그 모습에 메이플은 '감동받아서 울었다'고 인터뷰 하는 장면이 이어진다. 과거의 일을 재연하며 기도하는 메이플의 모습이 보인다. "하나님 주님께서 거기 억울하게 우리의 죄 때문에 저렇게 고통받고 계십니다. 열심히 전도할 테니까 우리 주님 빨리 나오게 해 주시옵소서." 이 장면을 보고 입을 다물 수가 없었다. 어떻게 성폭력 피해자에게 그 장면을 재연하게 할 수 있었을까. 다큐멘터리에서는 극영화에서처럼 정해진 배역이 아닌 '사회적 배우'의 역할을 수행하게 된다. 이들은 연극적 의미의 연기자가 아닌 문화적 맥락에서의 역할 수행자라고 할 수 있다. 〈나는 신이다〉의 메이플의 역할이 바로 '사회적 배우'라고 할 수 있다. 성폭력 피해자인 메이플이 자신의 과거를 재연하는 데 자발적으로 참여하는 것처럼 보일 수 있다. 하지만 메이플 자신은 본인이 실제로 원하는 모습과 관계없이 재연에 참여할 가능성이 존재한다. 메이플 자신이 겪은 일을 공개적으로 재연할 경우라도 출연자는 최종적으로 자신의 재연이 어떻게 재현되는지에 대해 명확하게 알 수 없기 때문이다. 설사 그 재연을 출연자가 동의했다고 해도 최종적인 책임은 제작자에게 있다. 빌 콜린스의 질문으로 대신하면 '제작자는 촬영 대상의 삶에 자신의 행위가 미치는 영향에 대해 어떤 책임이 있는 것일까?' 앞서 밝힌 것처럼 넷플릭스 〈나는 신이다〉와 이후, SBS의 시사 프로그램 〈그것이 알고 싶다〉에서도 JMS에 관한 방송을 방영했다. 1999년 JMS에 대해 처음 보도를 했던 방송사는 SBS, 2007년까지 총 4회에 걸친 방송을 한 바 있다. 2023년 〈나는 신이다〉 방영 이후, SBS도 16년 만에 다시 JMS에 대해 방송을 결정한다. 이례적으로 두 시간을 할애한 방송으로 〈나는 신이다〉에 빼앗긴 시청자의 관심을 의식한 편성이라고 볼 수 있다. 부제만 보더라도 〈나는 신이다〉와 〈그것이 알고 싶다〉가 지향하는 바가 다르다는 것을 알 수 있다. 같은 소재로 제작된 두 다큐멘터리의 가장 큰 차이는 스토리텔링과 현실과 재현된 이미지 사이의 간극이다. 먼저 'JMS, 신의 신부들', 'JMS, 적색 수배 메시아', 'JMS, 전자 발찌 메시아'와 아래 표 〈그것이 알고 싶다〉의 부제를 비교해 보자. 〈나는 신이다〉가 성적 메시지를 내포한 교주에 집중한 반면 〈그것이 알고 싶다〉는 사건의 인과 관계를 주목하고 있다. 〈나는 신이다〉에서 방영된 영상 일부 역시 〈그것이 알고 싶다〉에서도 방영 되었지만 전체 모자이크등 방송심의에 맞춰 편집되었다.

표 2 SBS 〈그것이 알고 싶다〉 JMS 관련 방송

1999년 3월 20일 262회	구원의 문인가 타락의 덫인가 J.M.S
1999년 7월 24일 280회	JMS, 그 후
2002년 11월 2일 423회	JMS 파문과 의혹, 정명석의 해외 성추문
2007년 6월 2일 625회	JMS 정명석 체포, 남겨진 의혹과 진실
2023년 4월 22일 1349회	JMS, 달박골 정명석은 어떻게 교주가 되었나

이도흠은 재현의 위기를 현실, 현존, 실체에 대한 사고의 위기로 보고 있다. 이는 현실을 세가지, 곧 '지금 여기에서 사실로 나타나는 일과 사물', '실제 객관적으로 존재하는 현존', '원본에 해당하는 무엇'으로 본다(이도흠, 2005: 133). 〈나는 신이다〉와 〈그것이 알고 싶다〉 모두 JMS 사건을 다루면서 실제 현실과 재현된 이미지 사이에 차이가 존재하고 있다. 특히 〈나는 신이다〉는 JMS의 가장 선정적인 면을 부각하는 방식으로 현실을 왜곡한다. 진실을 추구보다 재구성된 이미지를 통한 감정적 자극에 더 큰 반응이 일어난다. 〈그것이 알고 싶다〉 역시 중립적 재현이 불가능한 상황에서 방송사의 신뢰성과 권위를 지키기 위한 방식으로 재현을 하고 있다. 가장 큰 차이는 재현의 폭력이다. 〈나는 신이다〉는 성폭력 피해자들의 증언과 경험을 중심으로 자극적인 방식으로 재현되었다. 피해자들의 이야기가 사실이 아닌 것이 아니지만 어떻게 재현되느냐에 따라서 사건의 본질과는 점점 멀어질 수 있다. 〈나는 신이다〉가 시청자에게 충격을 주는 장면으로 가득 차 있어도 사건의 복잡한 맥락을 충분히 전달할 수 없는 이유가 여기에 있다. 재현된 이미지와 실제 사건의 진실 사이에 큰 차이가 발생하고 있는 것이다.

〈나는 신이다〉가 초래한 재현의 위기

재현의 위기는 기호가 현실을 재현할 힘을 상실하고 자기지시적(self-referential) 성격을 띠며, 원본과 모본이 뒤바뀌는 현상에서 발생한다(이도흠, 2005: 127). 이를 통해 보면 〈나는 신이다〉에서 JMS는 '절대악' 혹은 '악마'라는 기호적으로 고정되고 있다. 특정 기호, 이를테면 음울한 조명과 광기 서린 인물로 재연된 교주의 모습이나 공포심을 유발하는 B.G.M 등의 역할이 바로 그것이다.

실제 인물과 사건이 지닌 복잡한 맥락을 배제한 채 공포와 혐오가 만연하다. 그 결과 "사이비 종교 = 공포"라는 자기 지시적 기호만 남게 되었다. 이는 현실을 재현하는 것이 아닌, 기호들 간의 차이만으로 재현하고 있다고 해도 과언이 아니다. JMS라는 사건의 본질을 이해하기보다는 미디어를 통해 구축된 '사이비 교주'의 자기 지시적인 기호만 확대 재생산 하고 있다. 또한 넷플릭스는 OTT 플랫폼을 통해 한국의 사건을 글로벌 소비 대상으로 삼았다고 해도 과언이 아니다. JMS 사건이 한국 사회의 종교의 구조 혹은 사회 제도적 허점과 연결된 맥락은 거의 삭제된 채 글로벌 시청자들에게 익숙한 '사이비 컬트' 서사로 소비되었다는 의심을 지울 수가 없다. 다시 말해 사건의 본질이 아니라 '소비될 수 있는 이미지'만 강조했다는 것이다. 이는 향후 넷플릭스와 같은 글로벌 OTT 플랫폼에 편성된 K-디큐멘터리가 소재 선정에서부터 문화제국주의의 도구로 쓰일 수 있다는 의문이 제기된다. 마지막으로 이데올로기적 시각으로 〈나는 신이다〉 속 재현의 문제점을 다음과 같은 표로 들여다보고자 한다.

표 3 〈나는 신이다〉 재현 방식으로 본 문제점

이데올로기적 분석	〈나는 신이다〉 재현 방식	문제점
문화 제국주의	JMS 사건을 '한국적 컬트'로 다루며 서구의 시각으로 소비	한국사회의 종교, 권력, 사회 문제가 축소되고 엑소티시즘의 요소로 변질
가부장주의	피해자들의 감정만을 강조하며 '연약한 존재'로 재현	피해자들의 서사를 단순 희생자로 소비하며 주체적 존재로 보기 어려움
상업주의	사건을 극적으로 편집하거나 적나라한 영상등 시청각 자료로 범죄 스릴러적으로 연출	다큐멘터리의 본질인 진실탐구가 아닌 흥미유발에 치중하고 있음
신자유주의	사이비 종교의 문제를 사회구조적 맥락으로 보지 않고 개인의 신념과 선택의 문제로 축소	JMS와 같은 사건을 야기한 우리 사회의 구조적 문제와 시대 역사적 맥락을 충분히 다루지 않고 개인의 책임으로 환원하고 있음

이처럼 〈나는 신이다〉는 다큐멘터리 형식을 빌리고 있지만 실제적으로는 상업적이며, 글로벌 소비를 위한 선정적 콘텐츠로 기능하며 재현의 위기를 가속화 하는 방향으로 작동하고 있다. OTT 시대의 다큐멘터리는 '진실'이 아니라 '소비 가능한 진실'을 만들고 있는가? 우리는 우리는 이 과정에서 '진짜 현실'이 아니라 '재현된 현실'을 믿게 되지 않았는가하는 의문이 드는 것이다.

다큐멘터리의 재현의 위기 : OTT시대 이후

넷플릭스는 '포식자'라는 말을 들을 정도로 콘텐츠 영향력을 행사하며 가입자를 늘리기 시작했다(김종원, 2021: 173). 대표적인 OTT 플랫폼인 넷플릭스는 2022년 전 세계적으로 2억 3200만 명의 가입자[2]를 확보하고 있다. 2022년에 전년 대비 6.7% 증가한 316억 달러 수익을 창출하였으며 매출의 절반 정도인 140억 달러를 최대 시장인 북미에서 벌어들였다. 넷플릭스는 총 4200만여 편의 영상물을 보유하고 있으며, 2016년부터 2021년까지 130편 이상의 한국 콘텐츠를 출시한 바 있다. K-콘텐츠의 글로벌 팬덤이 계속해서 확장되는 가운데, 2022년 한 해 넷플릭스 전체 회원 중 60% 이상이 한국 콘텐츠를 시청한 것으로 밝혀졌다. 이에 힘입어 2023년 한 해, 넷플릭스는 다양한 종류의 한국 시리즈와 영화, 리얼리티 쇼를 공개할 예정인데, 오리지널 작품을 포함한 34편이 예정되어 있다. 넷플릭스는

---

2 넷플릭스 글로벌 멤버십 총계 2억 6960만 명(seakingalpha 2024년 4월 18일).

향후 4년간 3조 3천억 원에 달하는 돈을 한국 시장에 투자한다고 발표한 바 있다. 영화도 드라마도 이제 방송사까지 모두 넷플릭스에 줄 서 있는 상황에서 방송사에서 제작한 〈나는 신이다〉의 성공은 한국 미디어 지형에 어떤 영향을 끼치게 될지가 관건이었다. 〈나는 신이다 2〉의 제작은 예고되었다. 〈나는 신이다〉 연출자가 밝힌 것처럼 공영방송에서는 금지 혹은 금기된 것을 넷플릭스에서는 자유롭게 펼칠 수 있는 것인지. 그러나 그 금기 없음과 제한 없음이 재현의 위기를, 재현의 폭력을 가속화하는 것은 아닌지 우려하게 되는 것도 사실이다. 향후 넷플릭스의 영향력은 더 커질 것이다. 그들은 K-콘텐츠에 찬사를 보내고, 투자를 하고 수익을 모두 가져간다. 그러나 K-콘텐츠가 시들해지면 또 어딘가에서 대체재를 찾아낼 것이다. 이러한 넷플릭스의 전략을 문화제국주의 이론으로 이해해 보고자 한다. 네그리와 하트는 제국과 제국주의를 구분하고 있다. 여기서 제국주의는 주권 국가 중심으로, 제국은 탈국가적이고 글로벌화된 권력의 네트워크를 의미한다고 할 수 있다. 사실상 제국의 개념은 '문명을 지배'하려는 체제를 설정하는 개념이라고 할 수 있다. 즉 영토적 경계의 개념이 없다는 것으로 이해할 수 있다. 또한 제국의 지배는 모든 사회생활 속의 깊숙한 곳까지 그 힘을 확장하는, 사회 질서의 모든 영역에서 작동한다는 것이다(안또니오 네그리&마이클 하트, 2001). 넷플릭스와 같은 글로벌 기업은 콘텐츠 산업에서 새로운 형태의 문화적 제국주의를 이끌고 있다고 해도 과언이 아니다. 과거 제국주의가 물리적 정복과 자원을 통해 이루어졌다면, 오늘날의 문화제국주의는 콘텐츠와 미디어를 통해 전 세계의 문화를 통제하고 재구성하는 방식으로 작동한다고 할 수 있을 것이다. 넷플릭스는 전 세계 시청자를 대상으로 다채로운 콘텐츠를 제공하는 것처럼 보이지만, 실상 상업적으로 성공할 수 있는 콘텐츠를 강조하여 문화적 다양성을 억압하고 콘텐츠의 표준화를 가속화하고 있다고 의심한다. 이는 다큐멘터리도 예외가 아니며 〈나는 신이다〉를 통해서 이와 같은 속성을 드러내고 있다. 다큐멘터리의 진실성은 물론 사건의 복잡한 이면은 무시한 채, 글로벌 시청자의 흥미를 끌기 위한 자극적이고 단순화된 이야기에 집중하는 현상을 촉진하고 있다. K-POP, K-드라마와 같이 한류는 글로벌 시장에서 크게 성공하고, 따라서 그 외 문화 콘텐츠도 주목을 받고 있지만 그 과정에서 넷플릭스와 같은 글로벌 OTT 플랫폼의 상업 논리에 따라 한국 문화의 독창성은 물론 사회적 맥락이 왜곡되는 현상도 무시할 수 없다. 넷플릭스로 대표되는 OTT 플랫폼은 한류를 상업적 도구로 사용하여 더 자극적이고 쉽게 소비될 수 있는 이미지로 재현되고 있다. 글로벌 플랫폼, 넷플릭스를 통해 미국 중심의 문화적 헤게모니가 더욱 강화되고 있다고 추정한다. 넷플릭스에는 다양한 국가의 콘텐츠가 존재한다고 하지만 플랫폼의 알고리즘과 상업적 성공 기준에 의해 미국적 가치관과 자본주의 소비문화가 강조되는 콘텐츠가 우위를 점하고 있다. 이는 각국의 문화적 정체성을 약화하고, 자본주의 논리에 따른 콘텐츠 소비 패턴을 강화하는 결과를 낳고 있으며, OTT 이전의 문화 콘텐츠 생태계와는 비교할 수 없는 속도로 확장되고 있다고 할 수 있다. 이러한 배경에서 제작되는 다큐멘터리는 진실에 대한 접근보다는 상업적 성공과 화제성이 우선이 될 수밖에 없다. 복잡한 사회적 문제나 민감한 주제가 자극적이고 흥미 위주로 편집되고, 그 과정에서 진실성이 훼손될 위험이 크다는 것을 경고하고자 한다. 넷플릭스라는 지구 최강 글로벌 플랫폼에 오르기 위해서는 그에 걸맞은 콘텐츠가 필요한데, 이를 위해 다큐멘터리는 기꺼이 선정성과 폭력성을 감수하고 있는 셈이다. 최근 빛나던 한류의 성취는 곳곳에서 그 한계를 드러내고 있다. BBC에서 만든 다큐멘터리는 〈버닝썬: K팝 스타들의 비밀 대화방을 폭로한 여성들의 이야기〉로 지난 2019년 대한민국 사회를 뒤흔든 '버닝썬 게이트' 사건을 재조명하고 있다. 이를 통해 한국 사회의 어두운 단면을 드러내고 있는데, 그 주범이 바로 K-POP 스타라는 것을 지적하고 있다. 다큐멘터리는 장르의 특성상 자본에서 벗어나 진실 추구와 기록, 소외된 이야기, 사회적 약자의 목소리, 잊힌 역사를 발굴하여 공론화하여, 대중의 인식을 환기하고 변화를 촉구하는 데 그 의의가 있다고 할 수 있다. 그동안 한국의 다큐멘터리도 그러한 역할을 해 왔다. 이승준 감독의 〈달팽이의 별〉이 2011년 암스테르담 국제다큐멘터리 영화제 장편 경쟁 부문 대상을 수상하며, 이후 〈님아 그 강을 건너지 마오〉(2014), 위로공단(2015) 공동정범(2017) 등 한국의 독립다큐멘터리가 세계무대에서 주목을 받아왔다. OTT 플랫폼의 성장이 이런 독립다큐멘터리의 제작 및 유통 환경이 개선되어 더 많은 관객에서 선보일 기회라고 여겼으나 대중성을 앞세워 가장 선정적인 방식으로 제작된 다큐멘터리만 반향을 일으키고 있으니 안타까운 일이다. 넷플릭스 국내 TV 시리즈 1위를 기록한 다큐멘터리 〈나는 신이다〉, 그 상업적 성공과 재현의 위기에 따른 논란을 바라보며, 다시 다큐멘터리란 무엇인가? 질문을 던지고자 한다.

참고문헌

권상정 (2022). OTT 플랫폼 시대의 다큐멘터리 특징 연구: 넷플릭스 오리지널 다큐멘터리를 중심으로. 아주대학교 라이프협동 대학원.

김종원 (2021). 디즈니플러스와 대한민국 OTT 전쟁. 서울: 이은북.

네그리, 안또니오&하트, 마이클. 윤수종역 (2001). 제국. 서울: 이학사.

뇌트, 빈프리트. 신항식역 (2004). 재현의 위기에 관하여. 문학과 경계 vol.4 no.1, 123-131.

니콜스, 빌. 이선화역 (2005). 다큐멘터리 입문. 서울: 한울 아카데미.

서동진 (2023.06.19). 반-다큐멘터리적인 다큐멘터리: 〈나는 신이다〉에 관한 짧은 메모, 웹진 DOCKING.

손희정 (2023.06.19.). 선정성은 가능성의 변수인가?: 쇼츠 시대의 다큐멘터리, '나는 신이다', 웹진 DOCKING.

슈타이얼, 히토. 안규철역 (2019). 진실의 색: 미술 분야의 다큐멘터리즘. 서울: 워크룸 프레스.

엘리스, 잭C&멕레인, 베시A. 허욱, 김영란, 이장욱, 김계중, 노경태 공역 (2011). 다큐멘터리의 새로운 역사. 서울: 비즈앤비즈.

윤유경 (2023.03.22.). '나는 신이다' 촉발 OTT 저널리즘 원칙 적용 숙제 남기다. 미디어오늘.

이도흠 (2005). 재현의 위기론의 타당성과 한계. 한국미학예술학회 vol.22, 125-156.

임종수 (2020). 다큐 시장에 불어오는 변화의 바람: 넷플릭스 다큐멘터리. 방송트렌드&인사이트 25호, 13.

_____ (2023). 국내외 OTT 다큐 저널리즘의 커뮤니케이션 관습과 법제. 언론중재 167. 22-37.

전경란 (2023). 넷플릭스 오리지널 다큐멘터리 연구. 영상문화콘텐츠연구 28집, 33-57.

정종건 (2014). TV 시사다큐멘터리의 서사 및 영상구조 비교연구: '해고노동자' 주제 〈시사플러스〉, 〈시사프로젝트 통〉을 중심으로. 사회과학연구 제25권 1호. 충남대학교 사회과학연구소, 235-259.

최현주 (2018). 다큐멘터리와 사실의 재현성. 서울: 한울아카데미.

한국여성민우회 (2023.04.26.). 나는 신이다는 다르지 않았다: 재현의 윤리와 저널리즘을 고민하다 발제문.

황윤정 (2022). 동시대 다큐멘터리의 위기에 대한 연구: 히토 슈타이얼의 다큐멘터리 불확실성을 중심으로. 홍익대학교 대학원.

Barmouw, Erik, (1993). *Documentary A History of the Non-fiction Film* (2nd rev.ed.). New York: Oxford University Press.

노컷뉴스 (2023.03.16.). "넷플릭스 '나는 신이다'가 얻은 것과 놓친 것" (https://n.news.naver.com/mnews/article/079/0003747907?rc=N&ntype=RANKING&sid=102). 2024년 3월 1일 검색.

한겨레 (2023.03.11.). "'나는 신이다' 조성현 피디, 선정성 논란에 직접 답했다" (https://www.hani.co.kr/arti/culture/culture_general/1083037.html.). 2024년 3월 1일 검색.

제14장

대학로 소극장의 구조적 문제와 대안

공양제*

- 연극의 제작 과정과 가상의 소극장 연극 공연
- 실제 대학로 소극장 공연의 정산내역
- 한류와 대학로 소극장 공연
- 원인과 대안
- 소회

* 본 연구자는 음악을 전공하였으며, 대학로 공연을 포함해 10년 이상 공연음악 및 영상음악 작곡과 음악감독으로 활동하였다. 또한 현재 극단 '아무'의 대표로서 작·연출 및 대학로 소극장에서의 연극 제작을 직접 하고 있다. 가장 최근에는 2025년 5월 대학로 나온시어터에서 산업재해를 소재로 한 〈잘가요 삼수씨〉를 작·연출·제작하였다.

한류가 세계를 휩쓸고 있다. 〈기생충〉, 〈오징어 게임〉, 〈파친코〉 등의 한류 콘텐츠는 유례없는 K-영화와 드라마의 힘을 보여주며 전 세계에 큰 영향력을 발휘하고 있다. 그렇다면 이와 같은 한류 드라마와 영화의 저력은 과연 어디에서 오는 것일까.

일반적인 관점에서 영화는 편집예술이라 하고 드라마는 작가 예술, 연극은 배우 예술이라고 한다. 하지만 편집된 장면은 배우를 통해 발현되고, 작가의 언어는 배우의 입을 통해 표현된다. 결국 영화, 드라마, 연극 모두 배우 예술이라 할 수 있다. 흥미로운 점으로 한류를 대표하는 유명 배우들부터 영화나 드라마의 조연, 조조연, 단역들까지 상당수가 연극배우 출신이라는 점이다. 드라마 〈오징어 게임〉으로 골든 글로브 남우조연상을 수상한 오영수 배우는 대한민국 연극의 메카인 대학로를 지키는 원로 배우 중 한 명이며 〈오징어 게임〉 이후 바로 연극 〈라스트 세션〉으로 복귀하여 연극에 대한 애착을 보여 주었다. 영화 〈미나리〉로 오스카 여우주연상을 수상한 윤여정 배우 역시 1970년대 초반 극단 산울림의 창단 단원으로서 연극배우가 연기의 시작이었다. 2022년 칸 영화제에서 남우주연상을 수상한 송강호 배우 또한 1991년 대학로 연우소극장에서 연극 〈동승〉으로 데뷔 하였다. 이 외에도 일일이 열거하기 힘들만큼 한국을 대표하는 대부분의 배우들은 대학로 소극장에서의 연극이 연기의 출발점이었으며 그만큼 대학로 소극장과 끈끈한 인연을 가지고 있다. 결국 대학로[1] 소극장을 한류 드라마와 영화의 근원 중 하나이며 한류를 이어나갈 꿈나무들이 무럭무럭 자라고 있는 공간이라 할 수 있다. 하지만 한류의 발전이 무색할 만큼 현재의 대학로 소극장은 큰 위기에 봉착해 있다. 위기 정도가 아니다. 생존이 위협받고 있다. 당연히 여러 가지 이유가 있겠지만 가장 중요한 원인들 중 하나는 신자유주의체제로 인해 가속화된 '문화의 경제화', '경제의 문화화'를 들 수 있다(이영자, 2012: 88).

고전적 관점에서 문화예술은 정치, 경제, 권력과 독립하여 그 나름대로의 독자성을 가진 모습으로 존재해야 한다. 하지만 현재의 문화예술은 순수한 목적성을 잃어버린 채 정치와 자본과 결탁하여 모든 사람이 자본주의를 숭배하게 하는 억압성을 가지게 되며 이미 100여 년 전의 아도르노(Theodor Ludwig Wiesengrund Adorno)는 이를 '문화산업'이란 용어로 비판하였다. 물론 '배우'또한 현재를 살아가는 개인이자 하나의 전문적인 직업으로서 자본주의와 무관할 수는 없을 것이다. 하지만 자본과 대등하고 상호보완적인 관계를 이루

1 '대학로'라 함은 대략 서울시 종로구 혜화동을 중심으로 성균관 대학교와 한성대 정도 까지를 포함하며, 크고 작은 수많은 연극 또는 뮤지컬 등의 공연장이 밀집해 있는 특화지역이다.

는 것이 아니라 자본은 지배자로, 배우는 종속자의 관계로 변질되었으며 마찬가지로 대학로 또한 자본주의로 인해 마치 화려함만을 추구하는 관광 특구가 된 것 같다.

2010년 이후 대형 뮤지컬, 상업 연극, 가수나 영화배우 등 유명 연예인들의 출연으로 인해 공연시장의 규모와 대학로 내의 소비금액은 점차 늘어났으나 순수 예술로서의 연극은 점차 쇠퇴의 길을 걷고 있다(경향신문, 2023.12.27). 일례로서, TV와 영화에서 보던 유명 연예인들이 출연한 연극 〈셰익스피어 인 러브〉의 티켓 가격은 11만 원으로 단일 연극으로서 최고가의 티켓 가격을 갱신하였다(해럴드경제, 2023.2.2.). 본문에서 설명하겠지만, 작품 당 2만 원도 받기 힘든 소극장의 티켓 가격은 도대체 어떻게 설명되어야 할까.

대학로를 이끌어 온 연극인, 민간극단, 소극장은 존폐의 위기 속에서 하루하루를 살아가고 있으며 (이신영, 2016: 83), 2004년 대학로를 문화예술 지역으로 지정함으로 인해 신자유주의 체제의 대표적 폐해 중 하나라 할 수 있는 젠트리피케이션(gentrification)[2]을 발생시키고 이는 임대료와 대관료 상승을 유발하며 공연 및 창작 활동을 더욱 어렵게 만들었다(김미영, 고진수, 2019: 18). 또한 팬덤으로 매진 사례를 만들어내는 뮤지컬에 비해 팬덤 현상이 없는 연극은 수익을 만들기에 불리한 구조를 가지고 있으며, (김이경, 2015: 380) 연극인들의 연 평균 수입은 2015년 1285만 원, 2018년 1891만 원이며 월평균으로는 2015년 107만 원, 2018년 157만 원 수준으로 매우 열악한

2 젠트리피케이션은 낙후 된 지역을 재개발 하여 도시를 재활성화 시키며 삶의 환경과 부동산 등의 자산 가치를 상승하게 한다. 하지만 이러한 상승은 거주비용을 상승 시키고 기존의 저소득 주민들은 이를 감당하지 못하고 떠나게 된다(네이버 지식백과 '젠트리피케이션' 참조).

환경임을 보여준다(김선애, 2020: 319).

언급한 대로 2015년 연극인의 연평균 소득 금액은 1285만 원이다. 하지만 본 액수는 평균을 의미하며 인기 배우가 고액의 개런티를 받는 경우를 고려하면 하위 퍼센트의 연평균 소득 금액은 더욱 낮아지며 이와 같은 상황은 현재에도 크게 나아지지는 않았다(세계일보, 2019.9.13). 이러한 열악한 환경에서 더 이상 순수 예술로서의 연극을 제작하기란 어려운 정도가 아니라 불가능하다. 더 큰 문제는 자본주의 논리에서 밀려난 대학로 소극장 연극으로는 수익 창출이 애초에 불가능하다는 구조적 문제라는 것이다. 본문에서는 이러한 구조적 문제를 파악하기 위해 가상의 대학로 소극장 공연 모델을 만들어 볼 것이다. 본 모델을 통해 소극장 연극 제작에 필요한 최저 수준의 제작비용과 인건비 등을 제시하고 가상의 연극 공연이 대학로의 소극장에서 공연할 경우 그 손익분기점 또한 확인할 것이다. 이후 실제 대학로 소극장에서 공연된 다섯 편의 연극의 정산 내역과 비교를 통해 어떠한 구조적 문제가 있는지를 밝히고 대안을 제시하고자 한다.

본문에서 다룰 극장은 100석 내외의 좌석을 가진 대학로 내 소극장[3]을 기준으로 하며 연극의 성격으로는 상업극이 아닌 정극을 대상으로 한다. 소극장으로 규모를 한정한 이유는 중극장이나 대극장의 공연은 대형 기획사가 참여하거나 국가 기관 또는 특정 기업 등의 후원을 받는 경우를 제외하고는 민간극단 자체적으로 제작하는 것은 비용으로 인해 거의 불가능하기 때문이다. 예를 들어 사설

---

3 소극장이라 함은 일반적으로 300석 미만의 극장을 말한다(김동범, 김영재, 2019: 336).

극장으로서 대학로에 위치한 406석의 중극장 규모의 'yes24stage' 1관의 대관료는 준비대관을 제외하고 연극 기준으로 회당 2백만 원이다. 이는 100석 정도의 소극장 대관료의 약 6배 정도의 금액이다.[4]

상업극을 제외한 이유는 다음과 같다. 상업극은 애초에 수익창출을 목적으로 제작한 공연이기에 공연의 기간부터 연습과정 제작의 모든 면이 정극(순수 연극 또는 예술로서의 연극)과는 차이를 보이고 공연의 모든 요소가 수익을 창출하기 위한 방향으로 직결된다.[5] 반면 정극은 상업적 목적이 아닌 예술성을 목표로 한다. 그렇기 때문에 상업극이 주로 로맨틱한 내용이나 코미디, 스릴러, 호러 등 감각적이고 흥미 위주의 장르를 주로 다룬다면, 정극은 그에 비해 사회비판적이고, 진지한 주제를 다루는 경우가 많다. 결국 정극의 관객 수용층은 상업극에 비해 제한적이고 상대적으로 적다.

또한 객관성을 위해 국가나 지자체, 기업 등의 지원이나 후원을 일체 배제한다. 국가나 지자체, 기업의 지원은 그 규모나 방식에 있어 매우 다양하며 국가나 지자체, 기업의 지원이 경험 없는 신진 예술인들을 포함해 모든 예술인들에게 항상 일괄적으로 꾸준하게 지원된다고 말할 수 없기 때문이다.

---

4 https://yes24stage.com/ko/rent/stage.php 참조

5 일반적으로 상업극은 수익을 위해 제한 된 시간 내에 여러 회차의 공연을 해야 한다. 그렇기 때문에 하나의 공연에 여러 팀이 있으며, 스케줄로 인해 배우들이 교차로 투입되는 것이 일반적 현상이다. 즉, 상업극은 연습이나 공연 방식에 있어 정극과 많이 차이가 나타난다. 하지만 그렇다하여 상업극의 수준이 낮다거나 상업극 배우들이 풍족한 인건비를 받는다는 것을 의미하지는 않는다.

연극의 제작 과정과 가상의 소극장 연극 공연

연극 한 편을 제작하기 위해서는 매우 많은 인력이 필요하다. 또한 작품의 내용에 따라 특수한 성격의 감독이나 훈련을 담당하는 감독이 참여하는 경우도 많다. 예를 들어, 작품에 안무나 움직임이 필요할 경우 안무감독이, 마술이 필요할 경우 마술을 지도할 마술사가, 액션이 필요할 경우 무술 감독이 참여하기도 한다. 뮤지컬이 아니다 하더라도 합창이나 노래가 들어갈 경우 보컬 트레이너가 추가되는 경우도 있다. 하지만 배우를 제외하고 보편적으로 아래 〈표 1〉과 같은 인력(전문 스태프)을 필요로 한다.

표 1 연극 제작에 필요한 스태프 리스트

직책	역할
작가	희곡의 창작
연출	작품의 구성 및 구현/행정 포함 총괄책임
드라마투르기	연출의 조력자로서 작품의 해석 및 방향 설정에 참여

직책	역할
조연출	연출의 보조(보통 연출의 보조 역할이지만 음향이나 소품, 분장 등 다른 스태프의 영역을 담당하기도 한다)
무대감독	극장에서의 총괄책임
미술감독	무대 디자인 및 제작
조명감독	조명의 디자인 및 설치
음악/음향 감독[6]	음악 작곡 또는 선곡/음향 제작
분장	분장
의상	의상
기획	공연의 홍보 및 진행을 담당
사진(디자인)	사진 촬영 및 포스터 및 리플렛, 홍보자료 디자인
오퍼레이터[7]	조명/음향 오퍼레이터(2명)

원론적인 관점으로 보았을 때, 1명의 배우가 출연하는 모노드라마이든 10명의 배우가 등장하는 연극이든 위의 〈표 1〉과 같은 스태프들을 필요로 한다. 또한 무대제작이나 조명설치, 기획 등은 감독이나 팀장을 중심으로 보조 인력인 크류(Crew)들과 함께 팀으로 움직인다. 크류들까지 포함한다면 실제 참여하는 스태프의 인원수는 대폭 늘어나고 인건비 또한 크게 올라갈 것이다. 하지만 위의 〈표 1〉은 대규모의 연극 제작에 필요한 인력이며 소극장 연극에서는 예산

6 엄밀하게 말한다면 음악과 음향은 분리되어야 하며 서로 다른 영역이다. 마찬가지로 음악감독과 작곡가도 그 역할이 다르다. 음악감독은 음악에 관해 전체적인 사항을 총괄하며, 작곡가는 연출이나 음악감독의 요구에 따라 곡을 만드는 역할을 한다. 하지만 보통 연극제작에 있어 일반적으로 그 역할을 분리하지 않기 때문에 본문에서도 음악감독 한 명으로 한다.

7 오퍼레이터(operator)란 공연을 할 때 조명이나 음향기기를 공연에 맞춰 실제 조작하는 스태프를 말한다.

으로 인해 인력이 대폭 축소된다. 예를 들어, 대부분의 소규모 공연에서는 드라마투르기가 없고 분장이나 의상도 전문가를 섭외하기보다는 배우들이 스스로 하는 경우가 많으며 조연출이 오퍼레이터를 하는 등 많은 부분에서 겸업하여 인력을 축소한다.

무대는 상징적이거나 매우 단순한 무대를 만들 경우 미술 감독 없이 충분히 무대를 구성할 수 있다. 음악이나 음향 등은 많은 사이트에서 저작권 없이 무료로 제공하는 경우가 많다. 즉, 최소한의 제작을 가정하였을 경우, 미술감독이나 음악감독 없이 공연 제작이 가능하다. 하지만 조명은 전기를 다루는 작업이며 조명 콘솔에 조명의 변화를 순서에 맞추어 입력해야 하는 전문적 기술이 필요하기에 전문 인력 1명을 고용한다.[8] 분장 및 의상은 배우들이 스스로 해결하는 것으로 한다. 홍보물의 경우 사진 촬영 및 'Photoshop' 등 전문 프로그램을 다루어야 하며, 홍보물의 인쇄는 업체에 맡겨야하기 때문에 사진작가를 고용한다. 오퍼레이팅은 조연출이 음향 오퍼레이터를 하기에 조명 오퍼레이터 1명만 고용한다.

공연의 기획과 홍보를 담당하는 사람이 한 명 추가로 있다고 가정하며, 공연 전까지는 기획과 홍보를 전담하지만 공연기간에는 원활한 공연의 진행과 안내를 위해 극장 보조요원으로 투입하고 무대 제작이나 조명을 위한 크류는 배우들이 한다고 가정한다. 이를 간략히 정리해 업무분담을 재편성하면 〈표 1〉에서 14명의 인력이 아래

8 장면에 따른 조명의 변화를 조명 프로그램에 셋팅 하는 것을 '메모리'라 하며, 이는 전문적인 기술을 필요로 한다. 음악 또한 큐랩이나 멀티플레이어 등 공연용 전문 프로그램이 존재하지만, 핸드폰이나 노트북을 음향기기에 연결하고 일반적으로 사용하는 음악 감상용 어플리케이션이나 프로그램으로도 공연이 가능할 수 있다. 즉 음악은 전문 인력 없이 운용 가능하다.

의 〈표 2〉에서는 6명으로 드라마틱하게 축소된다.

표 2 공연 제작의 최소 인력 및 업무 분담

직책	역할
연출	작, 연출, 무대디자인, 무대감독
조연출	조연출, 음악/음향 디자인, 소품, 음향 오퍼레이터
조명 디자이너	조명 디자인
기획	기획, 홍보 및 극장 진행 요원
사진 작가	촬영 및 홍보물 디자인
조명 오퍼레이터	조명 오퍼레이터
배우	배우, 무대 및 조명 크류, 의상, 분장

물론 위 〈표 2〉의 스태프들 또한 더욱 축소시킬 수 있다. 예를 들어, 연출이 기획 및 진행을, 조연출이 조명 오퍼레이터까지 겸업을 하는 것이다. 만약 스태프나 배우 중 한 명이 간단한 그래픽 디자인을 할 줄 안다면 홍보물 디자인까지 자체적으로 해결할 수 있을 것이다. 하지만 어느 정도 현실성을 반영해야 하기에 위 6명을 최소 인력으로 가정한다. 이와 같이 스태프들과 배우들이 모여 연극을 만들며, 공연 기간을 제외하고 작품의 수준이나 배우들의 스케줄에 따라 대략적으로 길게 연습을 할 경우는 두 달 정도, 짧게는 한 달 정도 연습실이나 연습을 할 수 있는 특정 장소에서 연습을 진행한다.

다음으로는 위에서 설명한 내용을 바탕으로 가상의 소극장 공연 모델을 제시하고 손익분기점을 따져본다. 결과를 더욱 효과적으로 보여주기 위해 공연 제작비용은 정식 공연을 위한 비용이 아닌 워크숍 수준의 비용으로 최소화해 산정한다. 하지만 어느 정도의 현실성을 반영하며 몇 가지 조건을 설정한다.

첫째, 언급하였듯이 대학로와 그 근방에 위치한 소극장을 대상으로 한다. 둘째는 공연기간이다. 대학로 소극장의 공연은 크게 두 종류로 나뉜다고 볼 수 있다. 하나는 이틀간의 셋업과 평일 1회, 토요일 2회, 일요일 1회로서 1주일간 6회의 공연을 하는 스케줄이다. 또 다른 하나는 아래의 〈표 3〉과 같은 3일간의 셋업과 총 12회의 공연을 하는 2주일간의 공연 스케줄이다. 본문 속 가상의 소극장 공연 모델은 수익을 늘리기 위해 셋업을 포함한 2주간의 공연 기간으로 설정한다.

표 3 공연일정 및 횟수

요일	월	화	수	목	금	토	일	월	화	수	목	금	토	일
공연회차	셋업			1	1	2	1	쉼	1	1	1	1	2	1

셋째, 언급하였듯이 객관적인 수익구조를 위해 일체의 국가지원 및 후원은 없다는 전제를 한다. 넷째, 출연 배우는 4명으로 한다. 물론 소극장 공연에 출연하는 배우의 평균을 산정한다는 것은 불가능이다. 하지만 연구자의 경험이나 여러 소극장 공연 홍보물들을 바탕으로 파악하였을 때 배우 4명을 평균으로 보는 것은 크게 무리가 없다고 생각한다. 마지막으로 공연을 위해 사용되는 총 기간은 연습기간 1달에 공연 2주를 포함해 총 44일간으로 설정한다. 또한 연습

시간은 매 연습시마다 4시간으로 한정한다.[9] 다음 단락에서는 제시한 조건을 바탕으로 소극장에서의 공연 제작비용을 산출해본다.

공연을 하기 위해서는 당연히 공연장이 있어야 하고 공연장을 대관하고 대관료를 지불하여야 한다. 극장의 대관료는 시설이나 상태에 따라 천차만별이지만 본문에서는 (사)한국소극장협회의 '서울형 창작극장 지원사업'의 대관료를 기준으로 한다.[10] 서울형 창작극장 지원 사업에 있는 소극장과 그 대관료는 다음과 같다.

표 4 서울형 창작극장 지원사업 소극장 대관료[11]

소극장	객석수	대관료	위치
예술공간 혜화	110	300,000원	대학로
창조 소극장	80	250,000원	대학로
나온 시어터	105	500,000원	대학로
플렛폼74	70	300,000원	대학로
여행자 극장	100	440,000원	한성대
평균	**93**	**358,000원**	

---

9 정말 능숙하고 노련한 연출가와 스태프, 배우들이 아닐 경우 회당 4시간씩 1달의 연습으로 연극 한 편을 제작한다는 것은 매우 힘들고 어려운 일이다. 하지만 본문에서는 최저의 예산으로 공연을 제작해야 하기 때문에 이와 같이 연습 시간을 설정한다. 다만 하루 4시간의 연습이 결코 많은 연습이 아님을 밝힌다.

10 (사)한국 소극장 협회 홈페이지에서 '2023 서울형 창작극장 운영 사업' 참조

11 '서울형 창작극장 지원사업은' 본 금액에서 50%할인을 해준다. 그렇기에 본문에 언급된 대관료는 지원 받은 금액이 아니며 원래의 대관료임을 밝힌다.

위의 표를 기준으로 하였을 때 100석 규모의 소극장 대관료를 하루 35만 원 정도로 책정을 할 수 있을 것이며 2주 14일간으로 계산한다면 490만 원의 대관료가 산정된다.

인건비에 있어 2024년 최저 임금은 시간당 9860원이지만 계산의 용이함을 위해 시간당 1만 원으로 책정한다. 하루에 4시간 연습으로 한정하며 기간은 공연을 포함해 44일이지만 쉬는 날을 포함시켜 총 39일로 계산한다. 그렇다면 39일×4시간×1만(시급)으로 1인당 총 156만 원의 인건비가 책정된다. 연습과 공연기간 동안 항상 상주해야 하는 인력인 배우와 연출, 조연출이 이 분류에 들어간다. 그렇다면 배우 4명과 연출, 조연출의 총 인건비는 936만 원이다.

조명감독은 공연의 셋업에만 필요하기 때문에 40만 원의 인건비를 책정한다.[12] 사진작가 또한 조명감독처럼 전문 인력이지만 재택근무이기에 디자인 비용은 30만 원으로 하며, 홍보물 제작비(인쇄비)는 대략 30만 원으로 총 60만 원을 책정한다.

기획은 연습에 매일 참여해야 하는 인력이 아니다. 기획 회의를 위해 5일만 연습에 참석하고, 공연 진행요원으로서 극장에는 매일 와야 하기 때문에 총 19일간 시간당 1만 원에 4시간씩으로 계산한다면 총 76만 원이다. 조명 오퍼레이터는 연습에 3회, 공연 기간인 2주 동안 매일 오는 것으로 하며 하루 4시간, 시간당 1만 원으로 산정한다면 총 68만 원의 인건비가 책정된다.

---

12 2024년 현재 오전 9시부터 오후 8시까지 작업하는 무대 크류의 일당이 대략 12~15만 원 정도이다. 이와 비교했을 때 전문 인력인 조명감독의 하루 일당 40만 원은 절대 많은 금액이 아니다. 좀 더 솔직히 말한다면, 사적으로 친한 관계일 경우 40만 원 정도에 조명 감독을 섭외할 수 있다. 학연지연 없이 순수하게 '조명감독'을 섭외 할 경우 40만 원으로는 불가능이나 다름없다.

인건비를 제외한 비용을 산정할 차례이다. 공연 대관료 2주간 35만 원씩 490만 원, 기타 소품 및 무대재료, 식비, 부식비 및 기타 잡비, 예비비 등으로 50만 원을 추가로 책정한다.

보통 신생 극단이나 젊은 연극인들이 중심을 이루는 극단은 자체 연습실을 보유하는 경우가 드물다. 즉, 연습을 위해 연습실을 따로 대관하여야 한다. 보통 4명 정도 배우가 등장하는 규모의 공연에 필요한 연습실 중 저렴한 연습실이 대략 시간당 8000원 정도이다. 즉, 하루에 4시간씩 한 달을 연습하기에 연습실 대여료로 96만 원의 예산을 배치한다. 이를 정리해서 최종 예산안을 작성하면 다음과 같다.

표 5　2주간 연극 공연을 위한 제작비 내역

내용	비용	비용 산정 방식
연출, 조연출, 배우 4명	9,360,000원	39일×4시간×10,000원×6명
조명 디자이너	400,000원	셋업 40만 원
기획	760,000원	19일×4시간×10,000원
사진작가 및 디자인	300,000원	인건비 30만 원
포스터 및 팜플렛	300,000원	인쇄비
조명 오퍼레이터	680,000원	17일×4시간×10,000원
극장 대관료	4,900,000원	350,000×14일
연습실 대여료	960,000원	8,000원×4시간×30일
예비비	500,000원	부식 및 기타 잡비
		제작비 계 17,660,000원

위의 〈표5〉를 통해 알 수 있듯이 가상의 소극장 연극 제작을 위해 총 1766만 원의 제작비가 사용되었다. 연출이나 제작자는 등골

이 서늘해질 것이다. 최소의 인력에 최저임금으로 예산을 작성해도 벌써 상당한 돈이 지출된다. 하지만 이것은 최저임금이다. 조금 더 잘 먹고 잘 살려면 수익이 높아야 한다. 다음으로 수익과 직결되는 손익분기점을 계산해 보자.

일반적인 소극장 공연의 관람료는 보통 일반 3만 원, 학생 2만 원 정도로 책정되어 있거나 이보다 좀 더 저렴하고 대부분 자유석이다. 즉, S석, R석 등 좌석에 따른 가격 차이도 없다. 하지만 공식적인 가격에 예술인 할인, 지인 할인[13] 등 다양한 할인을 통해 관객들은 실제로 더욱 저렴하게 연극을 관람할 수 있다.[14] 티켓의 평균 가격으로 대략 2만 원을 책정한다면 제작비 1766만 원에 대한 손익분기점은 아래의 〈표6〉과 같다.

표 6 가상 공연의 손익분기점

제작비 17,660,000원 ÷ 공연 횟수 12회 = 회당 1,471,600원

↓

회당 1,471,600원 ÷ 티켓 평균 가격 20,000원 = 73.5명

---

13 공연에 제자에 참여한 스태프나 출연하는 배우의 지인들에게 해주는 할인이다.

14 티켓 가격을 올릴 수도 있겠지만 대부분의 소극장은 (엄밀히 말한다면 소극장 측이 아닌 공연제작자이다.) 티켓 가격의 인상에 있어 소극적이다. 현재 대학로에서 저렴하게 대관할 수 있는 소극장들은 그 상태가 많이 낙후되어 있다. 객석을 포함해 조명이나 음향기기 들도 성능이 좋지 않으며 화장실, 주차, 로비 등 편의시설 또한 많이 부족하다. 하지만 이러한 부분이 개선이 될 경우, 대관료가 인상된다는 아이러니가 발생한다. 즉, 낙후된 대학로 소극장일 경우 1만 5000원에서 2만 원 내외로 암묵적인 합의가 발생한 것으로 볼 수 있다.

위 〈표6〉을 통해 알 수 있듯이 본 가상공연의 제작비에 대한 손익분기점은 2만 원짜리 유료 티켓을 구매한 관객이 매 회 적어도 73명, 즉 100석 규모의 극장에 매 회 73% 이상의 유료 관객을 채워야 하는 것이다. 물론 이것이 불가능하지는 않다. 전문 기획사의 기획 하에 유명 연예인이 배우로 출연하고, 화려하고 멋진 무대와 의상, 조명, 음악이 있다면 매회 73% 이상의 유료관객을 채우는 것이 어렵지 않다. 하지만 본문에서 설정 된 가상공연은 아무것도 없는 텅 빈 무대에서 거의 알려지지 않은 무명의 배우들이 자신의 옷을 입고 자신의 연기력만으로 승부를 걸어야 하는 기획사도 없는 연극이다. 이와 같은 환경에서 과연 매회 73%의 유료관객을 모객 하는 것이 현실적으로 가능한 일인지는 의문이며 광고와 같은 또 다른 수익을 기대한다는 것은 당연히 불가능이다. 더욱 심각한 사실은 73%의 유료 관객이 모객 되었을 때 시간당 1만 원의 최저 임금 수준의 인건비를 받는다는 것이다.

이를 반대로 생각해보자. 상황은 더욱 흥미로워진다. 위 가상의 공연 모델에서 유료 티켓 가격을 2만 원으로 책정하였다. 만약 기적처럼 매회 전석 유료 관객으로 매진이 되었을 경우 '12회 공연×100석×2만 원'으로 생각한다면 2주간의 공연을 통해 얻을 수 있는 최고의 수익은 2천 4백만 원이라는 계산이 나온다. 다시 이를 역으로 생각해보자. 대학로 소극장에서 2주간의 공연을 기획할 경우 제작비용이 2천 4백만 원이 넘는다면 기적과 같이 전회 전석 매진이 일어난다 하더라도 무조건 적자를 본다는 의미이다. 드라마 한 회당 수십, 수백억의 제작비용을 쏟아 붓는 작금의 현실과 참으로 대조적이다(new1, July 7 2024).

또한 위 가상의 공연이 전석 유료관객으로 매진되었을 경우라 하더라도 초과 수익률은 2400만 원-1762만 원의 638만 원이며, 이를 공연 제작에 참여한 인력 전체인 10명이 1/N로 나눌 경우 1인당 단 63만 8000원을 추가로 받을 수 있다는 계산이 나온다. 이를 배우 1명의 기준으로 보았을 때 배우 1명의 총 수익은 156만 원+63만 8000원인 219만 8000원이며, 이를 다시 연습과 공연에 사용한 39일×4시간인 156시간으로 나눈다면 시간당 1만 4000원의 비용으로 연극 제작에 참여하였다는 결론을 내릴 수 있다.[15] 얼마나 흥미로운가! 기적이 일어나도 시급 1만 4000원 이상은 불가능하다는 것이! 유명 연예인들이 편당 수천만 원의 출연료를 받는다는 사실과 비교한다면 참담한 현실이다(티비조선, 2022.10.3.).

15 하루에 4시간 연습이라는 전제가 성립 될 경우이다. 언급하였듯이 하루 4시간 연습은 많은 연습량이 절대 아니며, 연습량이 초과한다면 결국 시간당 수익률은 감소할 것이다.

실제 대학로 소극장 공연의 정산내역

위에서 설명한 내용에 대해 '설마'라고 생각하는 사람들이 상당히 있을 것이라 본다. 하지만 '설마'가 사람 잡는다고 현실은 더욱 참담하다. 본 장에서는 대학로 소극장에서 공연한 실제 작품들의 정산내역을 통해 본문에서 제시한 가상의 공연 제작 모델이 그나마 아름다운 상상이었다는 것을 보여줄 것이다. 실례로서, 연구자 본인이 대표로서 제작했던 극단 아무의 〈상운동 대복상회〉와 〈정의의 사람들〉의 수익구조를 공개 할 것이다. 하지만 연구자 본인이 제작한 작품만으로는 신뢰성이 부족할 수 있기에 다른 극단에서 제작하고 대학로의 소극장에서 공연한 3개 작품의 수익구조를 추가로 공개해 비교해 볼 것이다.[16]

16 본문에 실례로서 언급되는 연극들은 인터파크에 티켓이 등록된 정식 연극 작품들이며, 인터넷 검색을 통해 포스터나 리플렛, 후기 등 공연에 관한 정보를 확인 할 수 있다.

연극 〈상운동 대복상회〉

연극 〈상운동 대복상회〉는 필자가 대표로 있는 극단 아무에서 제작한 연극으로서 2023년 1월 9일부터 1월15일까지 대학로에 위치한 80석 규모의 '소극장 혜화당'에서 공연하였다. 첫 이틀인 1월 9일과 10일은 셋업을 하였으며 1월 11일부터 1월 15일까지 5일간 6회의 공연을 하였다. 2022년 11월 중순부터 공연까지 대략 2달여의 시간을 작품을 위해 사용하였다. 연습실을 보유하고 있었기에 연습실 대여비는 지출하지 않았지만 당시 연습실의 월세가 한 달에 약 100만 원 정도였음을 감안해야 할 것이다.

〈상운동 대복상회〉는 필자가 작과 연출, 음악(작곡 및 편곡)과 음향 오퍼레이터를 담당하였고 조연출이 조명 오퍼레이터를 겸직하였으며, 배우 6명과 조명디자인, 사진, 진행을 포함해 총 11명의 인력이 제작에 참여하였다. 그 덕분으로 많은 부분에서 제작비를 절감하였다 하더라도 결국 적자로 끝난 작품이며 정산 내역은 다음과 같다.

표 7 연극 '상운동 대복상회' 정산 내역

내역	금액
무대 제작(인건비 및 무대 제작 재료)	50만 원
조명 디자인(인건비)	40만 원
포스터, 리플렛 인쇄비	30만 원
소품 및 의상	54만 원
대관료(하루 220,000원×7일)	154만 원
사진 촬영 및 편집	10만 원

내역	금액
티켓팅 및 진행 인건비	10만 원
연출과 조연출 인건비(각 15만 원)	30만 원
배우 인건비 (6명×15만 원)	90만 원
식대 및 간식	58만 원
기타 진행비(트럭 왕복 사용료 12만 원 포함)	30만 원

총지출액 : 556만 원

티켓수익 : 217만 원

최종정산 : −339만 원

연극 〈상운동 대복상회〉의 티켓 가격은 공식적으로는 2만 원이었으나, 각종 할인을 통해 실제 1만 원이 평균 가격이었다. 총 관객수는 약 217명으로 회 당 평균 36명의 관객이 관람하여 217만 원의 티켓 수익을 창출하였으나 결과적으로는 360만 원의 적자를 내었다. 적자라는 사실보다 더욱 중요한 점은 제작을 위해 2달여의 시간을 사용했음에도 불구하고 평균 인건비는 약 15만 원 정도라는 사실이다. 위에서 제시한 가상의 연극 모델은 한 달 연습을 하고 최저인건비로 계산하여 156만 원의 인건비가 지출되었으나 실제의 연극에서는 1/10 수준의 15만 원이 지급되었다. 암담한 현실이다.

상상을 해보자. 80석 규모의 극장에서 1만 원의 티켓 가격으로 전회 전석 매진이었을 경우 480만 원(80만 원×6회)의 수익을 올렸을 것이며, 불가능한 일이지만 480만 원의 수익을 올렸다 하더라도 15만 원의 인건비는 변동이 없으며 556-480만 원으로 아직 76만 원의 적자인 것이다. 상상으로도 행복한 결과를 만들 수가 없다.

연극 〈정의의 사람들〉

극단 아무의 정기공연인 연극 〈정의의 사람들〉 또한 필자 본인이 제작한 작품으로서 2023년 8월 7일부터 8월 13일까지 대학로에 위치한 70석 규모의 '단막극장'에서 공연하였으며 8월 7, 8, 9일은 셋업을, 10일부터 13일까지 4일간 5회의 공연을 하였다. 본 공연 또한 자체제작이었으며, 연습은 2023년 6월 중순부터 시작하여 공연

표 8 연극 '정의의 사람들' 정산 내역

내역	금액
무대 제작	35만 원
조명 디자인	20만 원
포스터, 리플렛 인쇄비	30만 원
무대소품	28만 원
대관료(하루 100,000원×7일)	70만 원
사진 촬영 및 편집	10만 원
티켓팅 및 진행 인건비	10만 원
배우 인건비(6명×10만 원)	60만 원
음향, 조명 오퍼레이터 15만 원(15만 원×2명)	30만 원
식대 및 간식	75만 원
기타 진행비	20만 원
연출 인건비	0원
	총지출액 : 388만 원 티켓수익 : 107만 원 최종정산 : −281만 원

을 포함해 대략 두 달간의 시간을 사용하였으며, 공연 제작을 위해 배우 6명을 포함해 총 10명의 인력이 참여하였다. 〈정의의 사람들〉의 정산내역은 〈표 8〉과 같다.

연극 〈정의의 사람들〉은 위 〈상운동 대복상회〉에 비해 제작비를 크게 절감하였다. 하지만 티켓 수익도 줄어들었으며, 배우들은 인건비라 부를 수 없는 금액인 10만 원을 받았다. 제작을 담당한 필자 본인의 인건비는 고사하고 281만 원의 적자를 본 작품이다.

〈정의의 사람들〉 또한 위의 〈상운동 대복상회〉와 마찬가지로 공식적인 티켓가격은 2만 원이었으나 여러 할인을 통해 실제 가격은 1만 원이었다. 이 역시 70석 규모의 극장에서 매회 매진의 기적을 이루었다 하더라도 총수익은 420만 원이며, 배우들이 10만 원의 인건비를 받았기 때문에 간신히 적자를 면하고 이익이라 부르기에는 너무 형편없는 38만 원의 이익을 낼 수 있었을 것이다.

연극 〈달빛 문밖에서〉

연극 〈달빛 문밖에서〉는 송현섭 작, 연출로 2019년 7월 25일부터 8월4일까지 '스튜디오 76'극장에서 주관하는 76페스티벌 참여한 작품이며 한 달간의 연습과 이틀간의 셋업, 열흘간의 공연을 포함하면 대략 45일간의 시간이 소요되었다. 본 공연은 페스티벌 참가작이며 정산내역은 아래와 같다.

표 9 연극 '달빛 문밖에서' 정산 내역

내역	금액
무대 세트 구입비	50만 원
대관료 및 조명자재 구입 등 기타 부대 비용	175만 원
연습실 대여비(시간당 6천 원×4시간×30일)	72만 원
작가/연출 인건비	0만 원
배우 인건비(10만 원×5명)	50만 원
오퍼레이터 인건비(10만 원×2명)	20만 원
셋업 3일치 식대(8천 원×10명×3일)	24만 원
기타 진행비	10만 원
	총지출액 : 401만 원
	티켓수익 : 350만 원
	최종정산 : −51만 원

연극 〈달빛 문밖에서〉는 위와 같이 공연을 위해 총 401만 원을 사용하였다. 하지만 무대디자인이나 음악 작곡, 조명 디자인은 자체 해결하였으며, 만약 인건비를 지불하고 전문가를 고용했다면 적자의 폭은 더욱 컸을 것이라 충분히 예상 가능하다. 티켓 가격은 1만 원이었으며, 10회의 공연동안 매회 평균 35명의 유료관객이 관람하였다. 총 지출액은 401만원 이었으나 티켓수익은 350만 원이며 결국 51만 원의 적자가 최종 정산 된 내역이다. 작가 겸 연출인 송현섭의 인건비는 없었으며, 배우들은 공연을 위해 45일간의 시간을 사용했음에도 불구하고 단지 10만 원을 인건비로 받았다. 마찬가지로 다른 모든 인력들 또한 단 10만 원의 인건비를 받고 제작에 참여한 것이다.

연극 〈루트64〉

연극 〈루트64〉는 신희존 연출로 100석 규모의 대학로 '더 시어터' 극장에서 2019년 10월9일부터 2019년 10월11일부터 10월 12일 가지 이틀간 셋업을 하고 10월13일까지 토요일 공연 2회를 포함해 총 6회의 공연을 한 작품이다. 2019년 8월부터 10월 13일까지 약 73일 정도의 시간이 소요되었으며 정산내역은 아래와 같다.

표 10 연극 '루트64' 정산 내역

내역	금액
극장 대관료 (셋업포함 7일×30만 원)	210만 원
배우 인건비 (4명×20만 원)	80만 원
조명, 음향 오퍼레이터 인건비 (2명×20만 원)	40만 원
작곡료	50만 원
무대제작	110만 원
연습실 대여비 (6000원×160시간)	96만 원
잡비 및 소품비	50만 원
공연기간 식사 및 진행비	60만 원
연출 인건비	0원
	총지출액 : 696만 원 티켓수익 : 300만 원 최종정산 : −396만 원

연극 〈루트64〉는 위와 같이 공연을 위해 696만 원을 사용하였다. 이 역시 다른 공연들과 다르지 않게 연출이 조명 등을 디자인하

며 제작비를 절감하였으나 결과적으로는 396만 원의 적자가 최종 정산 내역이다. 티켓의 정가는 2만 원이었지만 각종 할인으로 인해 결과적으로는 티켓당 1만 원의 가격으로 판매되었다. 객석 점유율은 평균 50프로로서 총 6회 공연의 티켓 수익은 300만 원이었다. 본 공연 또한 연출의 인건비는 책정되지 않았으며, 배우들은 2달 넘는 기간을 공연을 위해 사용하였음에도 불구하고 겨우 20만 원의 인건비를 받았다. 지인이 운영하는 연습실을 대여하여 평균 시세보다 좀 더 저렴하게 연습실을 대여하였으나 160시간이라는 연습 시간으로 인해 96만 원의 연습실 사용료를 지출하였다. 만약 본 연극이 매회 전석 매진이었을 경우 600만 원(100석×6회)의 티켓수익을 냈을 것이며, 하지만 그랬다 하더라도 결과적으로는 단 20만 원의 인건비를 지급하고 96만 원의 적자를 냈을 것이다.

연극 〈셋톱박스〉

위에서 언급한 실례들은 창단한지 얼마 되지 않고 규모 또한 상대적으로 작은 극단들이다. 하지만 중견 극단이다 하더라도 소극장에서의 공연은 크게 다르지 않은 것이 현실이다.

연극 〈셋톱박스〉는 창작공동체 아르케의 연극으로서 2023년 5월 2일부터 4일까지 3일간 셋업을, 5월 5일부터 14일까지 총 13일간 약 130석 규모의 대학로 예술극장 소극장에서 공연을 하였다. 연습은 약 4월초부터 시작하였으며 공연을 포함해 대략 43일 정도의 시간이 사용되었다. 본 작품을 제작한 '창작공동체 아르케'는 대학로에서 상당한 인지도를 가지고 있으며 창단한지 10년이 넘는 중견 극단이라 할 수 있으며, 본 작품인 〈셋톱박스〉 또한 상대적으로 큰 규모의 소극장 연극으로서 제작에 참여한 배우와 스태프의 인원수를 합치면 20명으로서 인원수부터 위의 작품들과 비교가 된다. 다음은 연극 〈셋톱박스〉의 정산내역이다.

표 11 연극 '셋톱박스' 정산 내역

내역	금액
대관료 및 극장 관련 비용	208만 원
기획비	145만 원
연습, 공연 진행비	169만 원
무대제작	500만 원
조명	173만 원
영상	200만 원
보험료	57만 원
배우 및 스태프 인건비 (20명)	1385만 원
	총지출 : 2,837만 원
	티켓수익 : 367만 원
	최종정산 : −2,470만 원

본 연극 역시 자체 제작이었기에 극장 대관료까지 필요한 모든 금액을 아무런 지원 없이 전액 지출하였다. 소극장 연극이라 하더라도 연극의 규모만큼 적자의 폭 또한 상대적으로 크며, 대부분의 제작비용은 인건비로 지출되었다. 배우와 스태프를 포함하여 평균 69만 원의 인건비를 지급받았다.

한류와 대학로 소극장 공연

한류의 열풍에 힘입어 대한민국의 문화예술 또한 급속도로 발전하고 있다. 하지만 한류 영화나, 드라마의 원천이라 할 수 있는 대학로의 소극장 문화는 신자유체제로 인한 순수 예술의 몰락과 젠트리피케이션 등의 사회 경제적 문제로 인해 위기에 봉착해 있다. 대학로를 지키던 순수 연극 단체나 연극인들은 생계에 치명적인 위협을 받으며 대학로를 떠나고 있다. 하지만 순수 예술로서의 대학로 소극장 문화가 몰락해 가는 이유는 근본적으로 자본주의의 폐해와 함께 대학로 소극장 공연으로는 수익 창출이 애초에 불가능한 구조적 문제가 있기 때문이다.

구조적인 문제를 보여주기 위해 본문에서는 가상의 연극 제작 모델을 제시하고 본 모델을 바탕으로 대학로 소극장에서의 연극 제작에 필요한 최소 비용을 산정해보았다. 하지만 최저시급의 인건비와 최소의 제작비를 투자한다 하더라도 매회 2만 원 이상의 티켓을 구매한 유료관객이 좌석의 73프로 이상을 차지해야만 손익분기점에 도달한다는 사실을 알 수 있었다. 그 역으로서 100석 규모의 대학로 소극장에서 4명의 배우가 출연하고 2주간 공연하는(셋업기간 포함) 연극을 제작할 경우 제작비가 2400만 원 이상 사용될 경우 유료 관객으로 전회 전석 매진이 된다 하더라도 필연적으로 적자를 낼 수밖에 없다는 암담한 사실 또한 밝혔다.

하지만 현실은 더욱 참담했다. 본문에서 제시한 실제 대학로 소극장 연극인 〈상운동 대복상회〉, 〈정의의 사람들〉, 〈달빛 창가에서〉, 〈루트64〉, 〈셋톱박스〉의 정산내역을 통해 소극장 연극인들은 최저 임금에도 미치지 못하고, 출연료라고 부르기 부끄러울 정도의 인건비를 받지만 연극을 하겠다는 일념으로 공연에 참여한다는 사실을 알게 되었다. 하지만 가장 큰 문제점은 이 같은 문제가 제작자의 횡포나 어떠한 불평등으로 인한 것이 아니라 제작자 또한 심각한 적자에서 벗어날 수 없는 구조적인 문제라는 것이다. 속된 말로 대학로 소극장에서 밥 벌어 먹고 산다는 것은 불가능한 환상인 것이다. 이러한 내용을 토대로 이를 해결하기 위한 대안을 제시한다면 가장 기본적인 그 방향은 인건비 지원을 통해 '생계'에 도움이 되어야 할 것이다.

원인과 대안

소극장에서 정극 위주의 공연을 하는 연극인들은 최저 인건비에도 훨씬 미치지 못하는 인건비를 받으며 연극을 만들고 있으며 그 원인은 특정 주체가 책임을 가지고 있는 것이 아니라 사회, 경제적으로 복잡하게 얽혀 있는 구조적 문제이다. 물론 이와 같은 구조적 문제는 자본주의, 젠트리피케이션, 임금의 착취, 열정페이의 강요, 지원금의 잘못된 운용, 인기작이나 인기 배우, 대형 뮤지컬로의 관객 편향, 연극인들 사이의 권력 싸움, 학연 지연 강요, 문화예술이 서울을 중심으로 밀집되며 발생하는 지역 불평등과 수요와 공급의 불균형 등 여러 문제들을 바탕으로 한다. 또한 독립된 예술가들의 저임금과 불안한 고용 환경에 관한 논문, 기관지, 출판물 등 학술자료 또한 셀 수 없이 많으며, 한 가지 문제를 직접적으로 언급하는 것 또한 매우 어려운 일이다(김준영, 2022: 65).

결국 긴 세월동안 이와 같은 수많은 문제들이 하나로 엉키면서 해결 불가능한 하나의 거대한 문제가 되었으나 무엇이 가장 큰 문제

인지 잘잘못조차 따질 수가 없는 현실이다. 그렇기 때문에 하나의 문제를 선택하여 해결하기 위한 노력을 쏟을 수도 없으며, 결국 여러 방편의 방법들이 제한적이고 미봉책이거나 임시적 효과만 보이는 경우가 많다.

예를 들어 연극인 조합을 결성하는 경우를 생각해 보자. 연극인 조합 또한 하나의 노동조합처럼 연극인들이 주체가 되어 연극 제작 환경을 개선하고, 착취에 대항하며 그 스스로의 지휘를 향상시키는 것이다. 하지만 문제는 그 투쟁의 대상이 불분명하다는 것이다. 기업일 경우는 소유자(회장이나 사장)라는 투쟁의 대상이 분명하다. 하지만 소극장 연극과 같은 경우 연출(제작자)이 더 큰 손실을 보는 경우도 허다하다. 즉 소득 자체가 발생하지 않는 구조이기 때문에 책임을 물을 대상이 존재하지 않는다. 이와 같은 현상은 계약서 또한 무의미하게 한다. 예술인 복지법 시행규칙 제3조를 보면 표준계약서에 대한 자세한 법률적 규정이 있다. 하지만 언급하였듯이 누군가가 법을 위반한 것이 아니라 소득 자체가 존재하지 않는 것이기에 아무리 꼼꼼하게 계약서를 작성하였던들 없던 소득이 생겨나는 것도 아니며 '생계'에는 도움이 되지 않는다.

또한 관객의 취향을 바꾸고 연극을 관람하기 위해 소극장으로 찾아오게 만드는 것 또한 매우 어려운 일이며 그 결과 또한 그리 긍정적이지 않다고 본다. 일반 관람객들에게 대학로는 하나의 이벤트이며, 좁고 불편한 소극장에 앉아 배우의 살아 있는 연기에 감탄하고 심각한 철학적 사고를 하기보다는 즐거움을 위해, 예를 들면 연인과 데이트를 하며 가볍고 즐거운 마음으로 공연을 관람하는 경우도 많을 것이다. 취향에 의해 순수 예술이 소외되는 현상은 일반적이며 그렇다 하여 관객의 취향을 탓하고 바꾸기 위해 노력하는 것 또한 억지일 수 있다. 즉 순수 예술로서 대학로 소극장 연극이 지속되기 위해서는 소극장 연극 자체가 관객이나 자본주의적 논리를 떠나 자체적으로 지속 가능한 방법을 모색하여야 할 것이며 이 과정을 통해 자연스럽게 관객이 올 수 있도록 하여야 할 것이다.

그렇다면 현재 시행되고 있는 연극인 복지에 관련된 제도들은 어떠할까. 연극인 복지재단의 경우 긴급생활비지원, 연극인 자녀들의 학자금 지원, 의료지원 등의 다양한 경로를 통해 연극인들을 지원하고 있다. 모든 예술인을 대상으로 하는 한국예술인 복지재단의 경우 저금리로 생활비를 대출해주는 예술인 생활안정자금 지원, 예술 활동 지원금 등이 있다. 또한 한국문화예술 위원회(아르코)나 각 지역의 연극협회, 지방 자치단체에서는 다양한 지원사업을 통해 공연 제작을 지원한다. 이와 유사하게 한국 소극장 협회는 대학로를 포함해 인근의 몇몇 소극장들과의 함께 연대하여 대관료 50%를 지원하는 사업을 통해 연극 제작의 부담을 낮추고 소극장 공연제작 활성화에 큰 역할을 하고 있다. 이 외에도 다양하고 많은 지원사업들이 있다. 물론 이러한 사업들이 무의미하다는 것은 아니다. 모두 필요한 사업이며 긍정적 영향을 가지고 있음은 분명하다. 하지만 연극인들의 생계에 관해 지속성을 보장하지 못한다는 아쉬움이 있다. 그렇기 때문에 직접적으로 생계에 도움이 될 수 있는 지원 방법을 통해 소극장 연극의 지속성을 갖춰야 할 것이다. 하지만 연극인들의 생계만 지원한다고 해서 소극장 문화가 살아나는 것이 아니다. 연극인을 포함해 소규모의 민간 극단, 그리고 소극장까지 모두가 공생할 수 있는 종합적인 방법을 찾아야 하며 필자는 다음과 같은 두 가지 방법을 제안한다.

최저공연비지원제도

본 '최저공연비지원제도'는 현재 국가에서 시행중인 '최저생계비지원'과 그 맥을 같이 한다. 소극장에서 공연 한 편을 올릴 때마다 '최저공연비'라는 명목으로 배우를 포함한 제작진에게 일정 금액을 국가에서 인건비로 지원하는 것이다. 하지만 모두가 받는 것은 아니다. 최저생계비를 지원받기 위해서는 여러 조건에 부합해야 하듯 최저공연비 또한 몇 가지 조건을 설정한다.

우선 소극장의 범위를 제한한다. 본 지원을 받을 수 있는 소극장은 보조석을 제외하고 120석 미만의 가장 작은 규모의 소극장으로 한정하며, 개관한 지 15~20년 이상의 '낙후 된' 소극장만을 대상으로 한다.

다음으로 본 제도를 지원받을 수 있는 연극인(배우, 제작진)의 기준을 정한다. 여기서 연극인이라 함은 연극을 업으로 하는 것을 기본으로 하며, 예를 들어 1년에 2편 이상 2~3년간 꾸준한 활동을 한 연극인으로 규정한다.[17] 연극인들을 중심으로 협회나 조직을 만들

17 서울연극협회의 입회 기준이 좋은 예시가 될 것이다. 서울 연극협회 회원가입규정 제4조에서는 회원의 자격을 '만20세 이상으로 첫 작품을 공연한 날로부터 만2년 이상 연극 활동을 하고 4개 공연 작품 이상의 공연실적 가운데 최근 만 1년 이내 1개 이상의 실적이 있는 자 또는 그와 동등한 자격이 있다고 인정한 자'로 제한하며 연극 활동의 범위에 대해서도 자세하게 규정하고 있다. 이와 동일 할 수는 없겠지만 협의를 통해 합리적인 기준을 만드는 것이 어렵지는 않을 것이다.

고 지자체 공무원들과 함께 본 기준에 부합하는 연극인들의 신청을 받고 선정 및 관리를 한다.

세 번째로는 금액의 산정이다. 2024년 기초수급자에게 지원하는 최소 생계비는 1인 가구 기준으로 한 달에 약 70만 원 정도이다. 최저생계비를 보장해주듯 연극인들에게도 이와 동일한 금액을 지원한다. 본문에서 언급하였듯이 배우나 연출, 조연출은 연습부터 공연까지 모든 과정에 참여해야 하는 상주인원이지만 스태프들은 상주인력이 아니기에 상주인력과 비상주 인력 간의 차이를 둔다. 상주인력에게는 최저생계비와 동일한 70만 원을, 비상주인력에게는 60% 정도의 40만 원을 지급한다.[18]

마지막으로는 지원받을 수 있는 공연의 범주를 제한하는 것이다. 본문에서 설명하였듯이 소극장 연극의 경우 2~3일 정도의 셋업 기간을 포함해 1주일에서 2주일 정도가 가장 보편적인 공연 기간이다. 반면 한 달 이상 장기 공연을 하는 경우는 애초에 수익창출을 목적으로 하는 상업극이거나 또는 충분한 지원을 받아 제작하는 공연이라 볼 수 있다. 따라서 최저공연비 지원을 받을 수 있는 소극장 공연은 그 기간이 2주 이하의 공연으로 한정한다. 마지막으로 일체의 중복 지원은 배제한다.

이를 정리하면 다음과 같다. '연극을 업으로 하는 배우나 제작진이 아무런 지원 없이 '오래된' 120석 미만의 소극장에서 2주 이내

18 필자의 경험에 의하면 소극장 연극을 위해 보통 길게는 두 달, 짧게는 한 달 정도의 연습을 하며 평균 한 달 반 정도라 할 수 있다. 하지만 하루 종일 연습 하는 것이 아니며, 시간을 조정해 아르바이트 등을 할 수 있는 여지가 충분히 있기에 한 달을 기준으로 금액을 지급하는 것이 합리적이라 본다.

의 공연을 할 경우 연출부와 배우를 포함한 상주인력은 70만 원을, 감독이나 스태프 등 비상주인력은 40만 원을 국가에서 기본 인건비로 지원한다.'라는 것이다.

본 제도가 시행될 경우 배우나 제작진들은 모객을 위해 매력적이지 않은 오래된 작은 소극장에서의 공연 부담도 당연히 적어질 것이며, 이는 소극장 공연의 활성화, 즉 시설이 낙후되고 오래된 극장의 대관률 상승 또한 이끌어낼 수 있을 것이다. 제작진이나 배우들 또한 국가가 보장하는 일정 금액을 현금으로 지급받기 때문에 지출 계획을 세울 수도 있고 이전에 비해 훨씬 안정적인 환경에서 작품 제작에 전념할 수 있을 것이다.

다음으로는 본 제도를 악용하는 경우를 살펴보자. 본 제도를 악용한다면 아마 불필요하거나 참여하지 않은 인원을 마치 참여한 것처럼 명시하여 허위로 지원금을 받는 경우일 것이다. 충분히 가능하지만 제작자나 연출의 입장에서 참여하지 않은 인원을 굳이 참여한 것처럼 조작하지는 않을 것이라 본다. 포스터나 리플렛에는 제작진부터 배우까지 참여인원이 명시되어 있다. 예를 들어 움직임이나 안무 감독이 명시되어 있는데 막상 공연에는 안무나 움직임에 관한 부분이 전혀 나오지 않는다면, 그 공연을 관람한 관객들은, 특히 다른 연극인들은, 본 제도를 악용한다는 것을 너무나 쉽게 알 수 있으며 이를 당연한 듯 여기지는 않을 것이다.

또한 제작진의 명단에 이름이 올라가고 지원금을 받는다면 연출의 입장에서는 그 인력을 적극 활용할 것이다. 만약 지원금으로 음악감독을 고용할 수 있다면 연출은 적어도 지원 금액만큼은 음악감독을 적극 활용할 것이며 작품의 수준은 당연히 올라갈 것이다.

그렇다면 지원제도를 악용한 것이 아니라 현명하게 사용한 것으로 보는 것이 타당하다. 이 외에도 본 제도를 시행할 때 주관단체에 '인력운용계획서' 등을 제출하고, 연습의 과정부터 공연까지 사진이나 동영상 등을 통해 참여 인력의 활동 내역을 보고하게 한다면 본 제도가 악용될 여지를 크게 줄일 수 있을 것으로 본다.

티켓정가보전제도

위에서 제시한 '최저공연비지원제도'가 제작진과 배우들을 위한 방법이라 한다면 다음의 '티켓정가보전제도'는 제작주체와 소극장 또한 지원제도의 혜택을 받을 수 있는 제도라 할 수 있다. 물론 본 제도의 지원 범위와 조건은 위와 동일하다.

연극인들이 암묵적으로 희망하는 소극장 공연의 관람료는 3만 원이라는 상징적인 금액이 있지만[19] 실제 판매되는 티켓 가격은 평균 1만 5000~2만 원이라 할 수 있다. 그렇기에 회당 관람객 인원 수만큼 일정 금액을 관람료 명목으로 국가에서 보전해 주는 것이다.

필자는 개인적으로 관객 1명당 5000원 정도가 적정 지원 금액이라 생각한다.[20] 즉 어떠한 작품이 120석의 소극장에서 총 6회 차

---

19 본문 마지막의 '소회'부분에서 왜 3만 원이라는 금액을 언급하였는지 좀 더 자세히 설명하였다.

20 필자가 지원 금액을 '5000원'으로 산정한 이유는 다음과 같다. '각주14'에서도 간략하게 설명하였지만 소극장 공연 제작을 하고 티켓 가격을 산정하는 과정에서 흥미로운 현상이 있다. 할인 티켓 가격을 1만 원으로 책정할 경우 모객을 하기에는 훨씬 유리하겠지만 수입 자체가 너무 낮아지고 최선을 다해 만든 공연을 스스로 '싸구려'로 만든다는 부담이 있다. 반면 2만 원으로 책정할 경우 수입 면에서는 매우 긍정적이지만 높은 금액과 낙후된 극장 시설 등으로 인해 관

의 공연을 하고 총 관람객 수는 전회 매진의 약 70% 정도인 500명이었다고 가정할 경우, 관람객 1인당 5000원씩 총 250만 원을 국가가 지원하는 것이다. 하지만 본 금액은 제작주체(극단 또는 기획사 등), 모든 참가 인원, 극장 측이 2:5:3의 비율로 분배하는 것이다. 예를 들어 A라는 극단에서 스태프와 배우를 포함하여 총 10명의 참가 인원이 공연을 만들고 위의 수치처럼 6회 공연에 500명의 관객을 모객하였다는 전제로 표를 만든다면 다음과 같다.

표 12 '티켓 정가 보전제도' 정산 내역

총지원금	2,500,000원(500명×5,000원)	
A극단(제작단체)	20%	500,000원
참가 인원 10명	50%	1,250,000원(참가인원 1인당 125,000원)
극장	30%	750,000원

위의 표를 기준으로 본 지원제도의 장점은 다음과 같다. 첫째, 이 역시 현금지원이기에 직접적인 효과를 볼 수 있다. 둘째, 제작주체와 제작인력, 극장 측 모두 혜택을 받을 수 있다. 셋째, 관람객이 많을수록 지원 금액이 커지기 때문에 제작진은 물론이고 극장 측까지 공연의 홍보에 더욱 적극적으로 노력을 할 것으로 예상이 가능하다. 넷째, 극장 또한 추가적인 수익이 보장되기 때문에 그 수익을 통

객이 외면할 것이라는 두려움이 있다. 그래서 그 중간인 1만 5000원으로 타협 아닌 타협을 한다. 그렇기에 티켓 가격을 1만 5000원으로 산정하였을 경우 국가에서 관객 1인당 5000원을 지원한다면, 티켓 가격은 어느 정도의 수익성을 가지고 있는 2만 원이 되기에 '5000원'으로 산정한 것이다. 하지만 본 금액은 필자의 경험을 바탕으로 한 금액이며, 실제 본 제도가 시행될 경우, 여러 변수가 고려되고 지원 금액이 달라질 여지는 충분히 있다.

한 극장의 환경 개선 및 임대료로 인한 지출을 보전할 수 있다. 이와 마찬가지로 제작주체(극단)로의 지원은 다음 공연의 제작을 좀 더 원활하게 이끌어낼 수 있을 것이며 결과적으로 위의 '최저공연비지원'제도와 마찬가지로 최소한의 지속성과 함께 소극장 공연의 활성화를 기대할 수 있다.

다음으로 논의할 부분은 '티켓정가보전제도'의 실행 방식이다. 본 지원제도의 핵심은 가감 없이 회당 관람객 수의 정확한 집계가 필요하다는 것이다. 정확한 집계를 위해 공연 시작 전과 공연이 끝마치고 관객이 퇴장하기 전에 객석의 사진을 찍어 협회나 관리 주체에 보고하는 방식을 사용한다. 물론 갑작스럽게 사진을 찍는다면 관객 입장에서는 당황스럽고 불쾌할 수가 있다. 그렇기 때문에 공연의 홍보 단계부터 미리 '티켓정가보전제도'로 인해 사진촬영이 있음을 공지하고 양해를 구하며, 공연 리플렛 등에도 본 제도를 홍보한다. 이러한 과정을 거친다면 관객 또한 충분히 이해를 할 것이라 본다.

본 '티켓정가보전제도'가 악용된다면 지인들을 불러 '머릿수'를 채워 지원 금액을 늘리는 방법을 쓸 수도 있을 것이다. 하지만 이러한 편법은 어느 누구도 사용하지 않을 것으로 본다. 명당 지원 금액은 5천 원이다. 5천 원 때문에 누군가가 시간을 들여 대학로에 와서 보고 싶지 않은 공연을 보고 다시 시간을 들여 귀가한다는 것은 상식적이지가 않다. 또한 공연의 시작과 끝에 사진을 찍기 때문에 그 과정에서 몇 명의 사람들이 이동하고 사진을 찍는다면 일반 관객에게도 편법을 쓰는 것이 고스란히 노출될 것이다. 열 명을 동원해봤자 고작 5만 원이다. 5만 원을 위해 이 같은 위험을 무릅쓸 사람은 없을 것이다.

반론에 대한 반론

대안으로 제시한 두 가지 지원제도, '최저공연비지원', '티켓정가보전제도'를 시행할 경우 보편적 관점에서 다음과 같은 반론이 예상되며 반론에 대한 반론 또한 본문에서 제시한다.

첫째, '현금지원'이라는 제도에 대한 근본적인 반대가 있을 수 있다. 이는 코로나 지원 제도에도 유사하게 있었던 반론이다. 왜 현금을 지원해야 하는지, 지원 받은 현금으로 술을 마시는 등 유흥을 목적으로 사용할 경우에 대한 문제점 등을 지적하였었다.

본 지원제도의 목적에 비추어 보았을 때 직접적인 효과를 위해서 현금 지원이 가장 적절한 방법이라 본다. 배우들의 생계에 도움을 주기 위하여, 젠트리피케이션으로 인상된 임대료를 해결하기 위해서, 극장의 소소한 시설물들을 관리하고 개선하기 위해 현금 말고 더 효과적인 방법이 있을지 의문이다.

또한 지원하는 '현금'의 명목은 공연을 제작한 노동에 대한 보상이다. 즉 하나의 인건비라 볼 수 있으며 그 지급주체가 기업이나 개인이 아니라 국가라는 것이다. 당연히 노동을 통해 받은 인건비를 유흥에 사용한다고 하더라도 그건 사용하는 주체의 개인적인 판단에 의거해야 한다. 또한 유흥을 통해 삶이 윤택해지고 스트레스 해소를 통해 다음 작품에 더욱 열심히 매진할 수 있다면 이를 부정적으로만 볼 수는 없다. 맑스가(Karl Marx) 언급하였듯이 여가 시간 없이 일만 하는 것은 사람을 바보로 만드는 일이며 창의성과 전문성을 향상 시키는 가장 좋은 방법은 개인 각자의 방법대로 자신의 여가시간을 활용하는 것이기 때문이다(Marx, 2008: 387).

둘째, 반대론자들은 예산의 확보를 문제점으로 제시할 수 있다. 우선 필자는 1년에 몇 편의 공연이 소극장에서 공연이 되고 그 제작 인원이 총 몇 명인지를 가늠해 예산을 책정하는 통계학적 문제보다 '누가' 예산의 혜택을 받을 수 있는지를 논의하고 싶다. 소극장 공연 한 편을 위해 긴 시간을 투자하고 최저공연비지원 70만 원과 티켓정가보전제도 명목으로 대략 10만 원 정도해서 약 80만 원 정도의 지원을 받는다. 속칭 '잘나가는' 배우가 이 금액이 욕심나서 120석 미만의 오래된 소극장에서 공연하지 않을 것은 분명하다. '잘나가지' 않는 배우라고 하더라도 단지 80만 원 때문에 다른 일을 마다하고 소극장 공연을 하지는 않을 것이다. 그렇다면 결국 본 지원제도의 가장 큰 수혜대상은 젊은 연극인들부터 사명감으로 소극장에서 고군분투하는 배우들일 것이다. 한류의 근원인 소극장 공연을 위해 오늘도 생계를 걸고 투쟁하는 이들에게 단돈 80만 원을 지원하며 예산의 확보라는 자본주의적 논리를 적용하는 것은 한류의 미래를 위협하는 일이라 본다.

예산확보를 위해 새로운 세금을 신설할 수도 있다. 2023년 전반기에만 K콘텐츠로 벌어들인 수익이 2억 4410만 달러(약 3244억 원)이며(Korea JoongAng Daily, July 5 2023) 1년으로 계산하면 대략 6천억 원 이상이다. 물론 새로운 세금을 만든다는 것에는 큰 어려움이 따르겠지만 한류로 만들어 낸 수익에 한류 발전을 위한 세금을 신설해 예산을 확보하고 대학로 소극장 연극을 지원하는 것도 충분히 가능할 것이며 이는 경제학적 접근이라기보다는 의미론적 접근으로 보는 것이 타당할 것이다.

다음으로 다른 예술 장르와의 형평성에 따른 문제를 지적할 수 있을 것이다. 근본적으로 필자가 제시한 두 가지 대안은 연극으로 국한되어야 하는 제도가 아니라 다른 예술 장르로 확대되어야 한다. 하지만 각 예술 장르의 특성상 지원 방식이나 내용은 동일할 수 없으며 각각의 생리에 적절하고 직접적인 지원 방식이 고려되어야 할 것이다. 예를 들어, 배우 4명이 출연하는 연극과 연주자 4명이 연주하는 현악 4중주 음악회는 공연의 방식부터 연습과정 등 모든 것이 크게 다르다. 가장 큰 차이 가운데 하나는 연극은 며칠에 걸쳐 수차례 공연을 하지만, 음악회는 일반적으로 1~2회의 공연을 한다. 또한 연습 과정에서도 연극은 한 달 이상 모든 배우가 모여 함께 연습해야 하는 반면, 현악 4중주 음악회는 개인 연습이 주를 이루고, 다 같이 모여서 하는 연습은 몇 회 정도로 끝내는 것이 일반적이다. 당연히 함께하는 스태프의 인원수 또한 상이하게 다르다. 즉 연극과 음악을 동일한 관점에서 다룰 수는 없으며, 이는 미술이나 무용 등도 마찬가지일 것이다. 하지만 언급하였듯이 이러한 직접적이고 최소한의 생계 지원을 위한 지원제도는 각 예술장르로 퍼져나가야 하며 각각의 장르에 맞는 지원 방법을 찾아야 할 것이다.

대안에 대한 소결

본문에서는 이상과 같이 '최저공연비지원', '티켓정가보전제도'의 두 가지 지원제도를 대안으로서 제시하였다. 물론 하나의 지원제도를 만들기 위해서는 여러 관점에서 검토하고 전문가들의 의견과 공청회 등을 통해 다양한 목소리를 수렴해야 할 것이다. 더욱이 필자는 정책 전문가도 아니며 개인의 경험을 바탕으로 대안을 제시하였기에 허점이나 문제점이 있을 여지 또한 크다. 하지만 중요한 점은 현재 한류 드라마의 근원인 대학로 소극장이 무너지고 있으며, 소수의 연극인들이 자본주의와의 결탁을 거부한 채 생계의 위협을 무릅쓰고 이를 지키기 위해 고군분투하고 있지만 그 투쟁이 오래가지는 못 할 것이라는 것이다. 즉, 제시한 두 가지 지원제도는 연극의 위상을 높이거나 연극인들이 풍요롭게 살기 위한 정책이 아니라 '생계'에 직접적인 도움을 주고 관객의 취향이나 자본주의 논리를 벗어나 연극이 하나의 순수예술로서 자생하고 지속될 수 있는 최소한의 기회를 제공하는 제도인 것이다.

지금의 한류는 한류 이전부터 보이지 않는 곳에서 피와 땀을 흘린 모든 이들의 노력으로 이루어진 것이다. 다음의 한류 또한 억대 개런티를 자랑하는 유명 아이돌이나 배우들이 이끌고 나가는 것이 아니라 지금은 아무도 알아주지 않더라도 꿋꿋이 자리를 지키는 이들로 인해 이뤄질 것이다. 하지만 수많은 배우들이 대학로 소극장에서 생존게임을 하고 있고, 피할 수 없는 처절한 구조적 패배를 맛보고 있다. 이들이 모두 대학로를 떠난다면 다음 세대의 한류 드라마와 영화는 누가 이끌고 나갈 것인가.

소를 잃으면 외양간을 고칠 이유가 없다. 소가 없는 외양간은 곧 허물어질 것이다. 마찬가지로 현재 생존게임에 내몰린 대학로 소극장과 배우들이 맞닥뜨린 구조적 문제를 해결하지 않는다면 언젠가 한류는 허물어지고 한 때 세계적인 한류가 있었다는 영광만 쓸쓸히 남아 있을 것이다.

소회

몇몇 지인 연극인들과 한류와 대학로의 실태에 관한 이야기를 나누게 되었다. 물론 보통 때도 왕왕 나누던 얘기였지만 본 글이 책으로 엮인다는 얘기에 지인들은 좀 더 흥분하면서 열변을 토했다. 늦은 시간까지 많은 얘기가 오갔고 그 중 가장 인상 깊었던 내용 두 가지를 여기서 소개한다.

33세의 여자 배우였던 그녀는 대학에서 뮤지컬을 전공하고 현재 대학로 소극장에서 꾸준히 작업 중이며 대략 10년 정도의 경력을 가지고 있다. 그녀에게 지금까지 대학로에 머물면서 가장 좋아진 점이 무엇이냐고 물었다. 그녀는 잘 모르겠지만 딱 하나 좋아진 게 있다고 하였다. 그것은 바로 '밥'을 준다는 것이었다. 예전에는 인건비는 고사하고 밥도 자기 돈으로 사먹으며 공연을 하였다고 한다. 물론 그것이 제작진의 횡포나 문제는 아니며 제작진(예를 들어 연출) 또한 개인 돈을 투자하고, 사비로 밥을 사먹으며 공연 제작을 했다고 하였다. 하지만 요즘은—경제는 더 힘들다고 하지만—그래도 밥은 먹여주면서 공연을 만든다고 하였다. 밥을 준다는 것. 우리는 그 사실에 감사해야 하는 것일까?

두 번째로, 기획 관련 일을 하고 있던 지인이 했던 얘기다. 10년, 20년 전의 연극 포스터에도 관람료는 3만 원이라고 적혀 있는데, 2024년 현재에도 일반인들의 관람료는 3만 원이라고 적혀 있다는 것이다. 즉, 20여 년 동안 일반인들의 관람료가 전혀 오르지 않았다는 것이다. 예를 들어 (고)오현경 배우가 15년 전인 2008년에 출연한 〈주인공〉의 포스터를 보면 일반 관람료가 3만 원으로 표시되어 있다. 우리는 잠시 '3만 원'이라는 금액에 대해 얘기를 나누었다. 왜 '3만 원'일까? 연극 한 편을 만들면서 배우를 포함한 제작진들이 먹고 살려면 관람객 한 명이 최소 '3만 원'은 지불해야 한다는 소리 없는 아우성이라는 결론을 내렸다. 하지만 현실은 치솟은 물가에도 불구하고 2024년 현재의 관람료가 2008년보다 더 저렴한 경우도 상당수라는 끔찍한 모습이다.

두 얘기의 공통점이 있다. 바로 '생존'이다. 너무 단순하게 정말 '밥'과 관련된 문제라는 것이다. 비유나 예를 든 것이 아니라 인간의 육체가 살아서 에너지를 만들 수 있게 만드는 진짜 먹는 '밥'을 의미하는 것이다.

언급하였듯이 한류 드라마의 산실이며 앞으로의 한류를 이끌어갈 꿈나무들이 자라는 곳이 바로 대학로 소극장이다. 그곳에서 수많은 연극인들이 제발 밥이라도 먹게 '3만 원'의 관람료를 부탁한다고 20여 년 동안 목이 터져라고 외치고 있지만 애석하게도 바뀌는 것은 없다. 아니 더욱 처절해질 뿐이다.

지금의 얘기는 거창하고 멋진 미래를 위해서 하는 것이 아니다.

한 끼 '밥'이 걱정인데 이것을 어느 곳에 하소연해야 할지 몰라 주절거리는 넋두리에 가깝다. 단지 한류를 이끌어낸 수많은 연극인들의 산실인 대학로의 소극장에서는 2024년 현재에도 먹고 사는 생존의 문제로 고군분투하고 있다는 사실을 기록하고 싶을 뿐이다. 과연 한류는 누구를 위한, 무엇을 위한 것일까.

참고문헌

김준영 (2022). 배우 임금과 고용계약을 중심으로 본 영미 대표 극장가 불평등 조건과 원인. 한국연극 551호, 64-66

김동범&김영재 (2019). 대학로 소극장 공간성의 내재적 의미에 관한 연구. 문화와융합 41(4), 336-362

김미영&고진수 (2020). 대학로 젠트리피케이션의 전개와 특성. 한국 도시설계 학회지 21(3), 5-19

김선애 (2020). 연극인 대상 소득 관련 실태조사의 개선 방향. 문화와융합 42(1), 307-335

김이경 (2015). 연극의 팬덤 형성 방법 연구. K-POP과 연극의 비교를 중심으로. 만화애니메이션 연구 12, 379-405

이영자 (2012). 신자유시대의 문화산업주의. 현상과인식 36(4), 87-116

이신영 (2016). 대학로 연극의 진단과 활성화 방안 연구. 문화정책논총 30(1), 80-103.

Marx, K. (1957). *Capital*. 강신준 옮김 (2008). 자본 I-1. 서울: 도서출판 길.

news1 (July 30 2024). "수백억은 기본'…치솟는 제작비에 편수 급감 [위기의 K드라마] ②". (https://www.news1.kr/entertain/broadcast-tv/5474557). 2024년 8월10일 검색.

Korea JoongAng Daily (July 5 2023). "[THINK ENGLISH] 한류 수출 기세 꺾이나? … K콘텐트 수익 27개월 만에 감소". (https://koreajoongangdaily.joins.com/2023/7/05/business/industry/20230705102747964.html). 2024년 8월 17일 검색.

TV조선 뉴스 (2022. 10. 03). "스타캐스팅에 좌우"…뮤지컬 톱스타 출연료는 2천만~3천만 원". (https://news.tvchosun.com/site/data/html_dir/2022/10/03/2022100390062.html). 2024년 3월 28일 검색.

경향신문 (2023. 12. 27.). "대학로 소극장이 사라진다…자본 · 스타 없는 '작은' 연극의 눈물". (https://www.khan.co.kr/culture/culture-general/article/202312271857001). 2024년 4월 30일 검색.

세계일보 (2019.09.13.). "표준계약서 유명무실…공연예술계 '열정페이'는 진행형 [연중기획 - 청년, 미래를 묻다]". (http://www.segye.com/newsView/20190910512683?OutUrl=naver). 2024년 1월 20일 검색.

헤럴드경제 (2023.02.02.). "연극무대 몰려든 대세 배우들, 객석은 '티켓플레이션." (https://news.heraldcorp.com/view.php?ud=20230202000337). 2024년 03 30일 검색.

집필진

이도흠 한양대학교 국어국문학과 명예교수. 국문학자이지만 동양과 서양, 인문학과 사회과학, 자연과학을 융합하는 작업을 하고 있고 세계적 학자를 양성하는 사업인 한국연구재단 융복합분야 우수학자에 선정된 바 있다. 한국시가학회 회장, 한국기호학회 회장, 한국언어문화학회 회장, 민주화를 위한 전국교수협의회(민교협) 상임의장, 윤석열정권퇴진운동본부 공동대표, 정의평화불교연대 상임대표, 계간 ≪불교평론≫ 편집위원장, 계간 ≪문학과 경계≫ 주간을 역임했다. 저서로 『화쟁기호학, 이론과 실제 - 화쟁사상을 통한 형식주의와 마르크시즘의 종합』, 『신라인의 마음으로 삼국유사를 읽는다』, 『인류의 위기에 대한 원효와 마르크스의 대화』, 『4차 산업혁명과 대안의 사회』, 『18-19세기 한국문학, 차이의 근대성』 등이 있고, 역서로 틱낫한의 『엄마』가 있다.

조기현 한양대학교 대중문화 시나리오 협동과정에서 박사과정을 수료하였으며, 디지털 플랫폼 매체이론을 중심으로, 넷플릭스와 한류를 연구하며 다양한 분야의 글과 논문을 쓰는 중이다. 총신대 신학대학원과 일반대학원에서 신학과 구약학을 공부하였고 목사가 되었으며 이후 목회활동과 더불어 히브리어 강의를 하며, 번역 및 저술활동을 하였다. 총신대학교에서 시간강사, 경건훈련원 원목 등을 역임하였고, 2011년 이후 같은 대학의 행정분야 전담교직원으로 전환하여 대학 기획조정실장 등 다양한 분야의 보직을 역임하며 활동하고 있다. 주요 저/역서로는 『리더가 저지르기 쉬운 10가지 실수』, 『아내를 사랑하는 10가지 방법』, 『신약개론, 구약개론』, 『레노바레성경』(공역), 「중세흑사병과 COVID-19의 양상 비교」(논문, 미발표) 등이 있다.

황선혜 조사이(城西)국제대학 미디어학부 및 대학원 비즈니스디자인연구과 교수. 1997년부터 한국방송공사(KBS)에서 정보 프로그램 제작을 시작으로 방송계에 입문했으며, 2002년 일본으로 건너간 후 2005년부터 소니 네트워크 커뮤니케이션즈에서 CS 채널의 편성, 제작, 구매 등 한일 콘텐츠 비즈니스 전반을 담당했다. 학문적으로도 연구를 심화해 2006년 히토츠바시(一橋)대학에서 사회학 석사 학위를, 2019년 게이오기주쿠(慶應義塾)대학에서 미디어디자인학 박사 학위를 취득했다. 2018년부터는 한국콘텐츠진흥원(KOCCA) 일본비즈니스센터 센터장으로 취임하여 한일 협력 지원에 기여하며, 콘텐츠 비즈니스의 실무와 연구 양 측면에서 활발히 활동하고 있다. 일본 출간 저서로 『韓国ドラマ全史(한국 드라마 전사)』, 『韓国コンテンツのグローバル展開(한국 콘텐츠의 글로벌 전략)』, 『수평화된 한일관계』, 『日韓関係のあるべき姿(한일관계의 바람직한 모습)』 등이 있다.

천위지에 한양대학교 대중문화 시나리오 협동과정에서 석사 학위를 받았고 박사 과정을 수료한 외국인 유학생이다. 여기저기 먹는 것을 좋아해서 박사 과정에 들어가면서 영상 콘텐츠에 등장한 재미있고 다양한 음식에 관심을 많이 갖고 있다. 유학생의 신분을 살려 한중 영화를 비교하면서 영상에 등장한 부차적 음식이 드라마나 영화의 중요한 요소로서 스토리텔링에 끼치는 영향과 문화 차원에서 담기는 상징 의미를 이론적으로 연구할 계획이다.

이정원 한양대학교 대중문화 시나리오 협동과정에서 한류 서사 콘텐츠에서 치유 음식의 스토리텔링과 문화심리적 효과에 관한 연구로 박사 학위를 받았다. 농림축산식품부 신지식농업 치유농업으로 명장을 받았으며 치유 음식과 농촌 자원을 활용한 문화 콘텐츠 프로그램을 진행하고 개발하고 있으며 한류를 바탕으로 농촌 자원과 치유 음식의 활성화를 위해 현장에서 연구하고 있다.

조혜원 한양대학교 대중문화 시나리오 협동과정에서 'BTS의 화쟁기호학적 연구'를 주제로 석사 논문을 작성 중이다. 넘치는 호기심 덕에 깊이 있는 탐구를 지향하며, 그 호기심과 문화에 대한 찬미만큼은 끝까지 잃고 싶지 않다. 동양 이론을 바탕으로 대중문화 텍스트를 다양한 관점에서 분석하며, 그 안에서 이루어지는 상호작용의 흐름을 탐구하려고 한다.

최은진 런던대학교 골드스미스 칼리지에서 동아시아 미디어 연구로 석사학위를 취득했고 한양대학교 대중문화 시나리오 협동과정을 수료했다. 대중문화 텍스트가 사회와 교접하는 방식, 특히 사회문화적 특수성 안에서 드러나는 재현의 문제에 대해 관심 갖고 연구할 계획이다. 2000년대 가족 멜로 영화에 드러나는 남성성을 주제로 박사 논문을 쓰고 있다.

박상미 현재 한양대 대중문화전공 겸임교수다. 한양대 대중문화 시나리오 협동과정에서 <대장금을 통해 본 한류 스토리텔링 발전방안 연구>로 박사학위를 받았다. 현대문학비평(석사), 심리상담전공(석사) 공부를 하며 대중문화를 심리학으로 비평하는 토대를 닦았으며, 꾸준히 연구하고 있다. 『모든 인생에는 의미가 있다』 외 9권의 책을 썼으며, 장편다큐영화 <내 인생, 책 한 권을 낳았네> 외 4편을 찍었다.

김예나 영국 리즈대학교에서 「Global Co-production Trend in Audio-visual Industry and its Cultural Implications」로 석사 학위를 받았다. 현재 한양대학교 대중문화 시나리오 협동과정 박사과정에서 한국드라마에서 한국현대사 성찰과 재현에 대한 논문을 준비하고 있다. 2023년 대한민국예술원 주최 포스트휴먼과 영상예술 평론 공모에서 <디지털 전환시대 현전의 공통 신체 감각 그리고 소수자 정치>로 가작을 수상하였다. 실비아 페데리치의 『우리는 당신들이 불태우지 못한 마녀의 후손들이다』를 공역하였다.

담옥천 한양대학교 대중문화·시나리오 협동과정에서 <한국 드라마 '응답하라 1988'의 중국 수용 양상>으로 박사학위를 취득하였다. 한국 문화 콘텐츠가 중국에서 수용되는 양상과 그 심층의 문화사회학적 원인을 탐구하며, 이를 바탕으로 한중 문화 예술 교류를 위한 가교 역할을 하려 한다. <중국에서 주목받는 스터디 브이로그(Study Vlog) 속 한국 여성 이미지 분석> 등 논문을 썼다.

박수진 한양대 국어국문학과에서 석사, 박사를 졸업하고, 현재는 한양대, 성결대에서 강의 중이다. 공간과 문화에 관심이 많아 이를 결합한 문화지리학으로 박사학위를 받았으며, 이후에는 소외된 지역문학, 소수자들에 대한 연구들을 진행하고 있다. 주요 논저로 『문화지리학으로 본 문림고을 장흥의 가사문학』, 『조선후기 기생의 공간과 문화』가 있으며, 『제주 고전문학의 지평과 해양문화』, 『위기와 성찰의 뉴노멀시대』 등의 공저가 있다.

권혜안 한양대 대중문화 및 시나리오 협동과정에서 예능 <신서유기>를 주제로 예능의 서사구조 분석에 관한 연구로 석사 졸업을 하였다. 지금은 중앙대 첨단영상대학원 영화영상이론 박사과정에 재학 중이다. 박사 재학 중에 한류를 바탕으로 예능뿐만 아니라 한국 영화, 애니메이션 등 여러 콘텐츠 분석을 진행하고자 한다.

신민정 1997년부터 방송을 시작하여 KBS <수요기획>, <SBS 스페셜>, EBS <다큐프라임> 등 다큐멘터리 작가로 활동해 왔다. 부산국제영화제 초청작 다큐영화 <목숨>의 작가, 인문다큐영화제 우수작 <남산은 말한다>를 제작하였다. 영화 <키다리 아저씨> 각색, 공저 『진로력, 10년 후 내 아이의 명함을 만든다』를 출간하였다. 경희언론정보대학원에서 디지털콘텐츠 전공으로 석사학위를, 한양대학교 대중문화 시나리오 협동과정에서 박사 수료 후, 넷플릭스 다큐멘터리 <나는 신이다>를 주제로 논문을 쓰고 있다. 동국대학교, 한라대학교 강사, 현재 동아방송예술대에서 강의 중이다.

공양제 영국 브리스틀 대학에서 영상음악 작곡으로 석사를 하고 한양대학교 대중문화 시나리오 협동과정에서 박사를 수료하였다. 스토리텔링에서 음악과 영상이 어떻게 어우러지는 지에 관해 논문을 쓰고 있다. 음악과 글쓰기에 관심이 많아 현재 음악감독이자 극단 '아무'의 대표로서 극작 및 연출로 활동 중이다. <화전>, <툇마루가 있는 집>, <시인 백석> 등의 음악감독을 맡았고, <상운동 대복상회>, <불멸의 태봉씨>의 극작 및 연출을 담당하였다.

한류의 빛과 그림자

펴낸날 2025년 6월 30일 초판 1쇄

지은이 이도흠·조기현·황선혜·천위지에·이정원·조혜원·최은진·박상미·

김예나·담옥천·박수진·권혜안·신민정·공양제 ● **펴낸이** 이기정

펴낸곳 한양대학교출판부 ● **출판등록** 제4-7호(1972.2.29)

주소 서울 성동구 왕십리로 222 ● **전화** 02.2220.1432-4 ● **팩스** 02.2220.1435

홈페이지 press.hanyang.ac.kr ● **이메일** presshy@hanyang.ac.kr

본문디자인·편집 김민지 ● **표지** 안광일 ● **인쇄** 네오프린텍

ISBN 978.89.7218.843.8 (93300)